Reihe: Unerwünschte Bücher zur Kirchen- und Religionsgeschichte Nr. 15.2

AHRIMAN-Verlag
Unser Programm ist die
Wiederkehr des Verdrängten

Hyam Maccoby

Der Mythenschmied

Paulus und die Erfindung des Christentums

Übersetzt und herausgegeben von

Fritz Erik Hoevels

Bibliographische Information der Deutschen Nationalbibliothek
Die Deutsche Nationalbibliothek verzeichnet diese Publikation in der Deutschen Nationalbibliographie; detaillierte bibliographische Daten sind im Internet über http://dnb.d-nb.de abrufbar.

Titel der Originalausgabe (New York 1986)
Hyam Maccoby:
The Mythmaker. Paul and the Invention of Christianity

Reihe: Unerwünschte Bücher zur Kirchen- und Religionsgeschichte Nr. 15.2

Hyam Maccoby:
Der Mythenschmied
Paulus und die Erfindung des Christentums
Übersetzt und herausgegeben von Fritz Erik Hoevels

1. und 2. Auflage 2007
3. Auflage 2013

AHRIMAN-Verlag GmbH
Postfach 6569, D-79041 Freiburg
Tel. 0761/502303, Fax 0761/502247

www.ahriman.com

Bestellungen per e-mail: ahriman@t-online.de oder
einfacher über den Warenkorb auf unserer Homepage.
(Bitte geben Sie bei e-mail-Bestellungen Ihre vollständige Postanschrift an.)

ISBN 978-3-89484-612-1

Gedruckt auf säurefreiem und alterungsbeständigem Papier.

Bestellungen an den Verlag werden innerhalb einer Woche bearbeitet.
Nichtantwort beweist NATO-Postzensur.
(In diesem Falle Bestellung per Einschreiben wiederholen – Lektion für fdGO- und Zufallsgläubige, ein Nachhilfeunterricht in Staatsbürgerkunde.)

Für Cynthia

Inhaltsverzeichnis

Vorwort des Übersetzers

ENDLICH liegt auch das dritte der Hauptwerke Hyam Maccobys auf deutsch vor: nach ›Jesus und der jüdische Freiheitskampf‹ (Ahriman), der die wohl engste und zugleich nüchternste Annäherung an die historische Wahrheit über Jesus bietet, welche mutmaßlich zu haben ist – und die den privilegierten christlichen Kirchen kaum gefallen wird, dafür aber deren ungefragt in ihre Organisation hineingezogenen Zwangsmitgliedern erleichternd die Augen öffnen kann –, über den ›Heiligen Henker‹ (Thorbecke), welcher unerwartetes Licht auf wichtige Bibelmythen von Kain und Abel über Noah bis hin zur metaphysischen Umfunktionierung der römischen Rebellenhinrichtung an Jesus durch die Christen wirft, beschäftigt sich *dieses* Buch mit dem Stifter ihrer Religion und mit den Rohstoffen, aus denen er sie geschmiedet hat: mit dem Apostel Paulus. Der orthodoxe (oder leidlich orthodoxe) jüdische, auf jeden Fall bei aller zeit- und ortsgebundenen religiösen Grundlage in erster Linie anti-imperialistische Jesus, welchen die Christen für diesen Stifter halten sollen, war das keineswegs: er war nur einer der (durchaus frei behandelten!) Rohstoffe, aus denen der in diesem Metier zweifellos hochbegabte Paulus seine Religion geschmiedet, eben »gestiftet« bzw. erfunden hat. Dies weist Maccoby nach und führt es vor.

Unter das erste paulinische Ingredienz »Jesus« können wir die gesamte schon bestehende »Jerusalemer Kirche« subsumieren, welche Jesus in ganz korrekt biblischem Sinne für den Messias hielt, also den wundersamen nationalen Befreier der Juden und in Nebenwirkung dazu aller Völker, die kein fremdes Territorium verletzten bzw. selber unter dieser Verletzung zu leiden hatten; diese Vorstellung hatten sie, wie viele ihrer jüdischen Zeitgenossen angeregt durch die biblische Eliaslegende, schon vor Paulus um eine recht elaborierte Auferstehungsphantasie erweitert. Paulus griff diese auf, entpolitisierte und hellenisierte sie nach dem Muster der Mysterienreligionen: vom vergleichsweise handfesten jüdischen Messias oder Messiasanwärter wird Jesus ein »sterbender und wiederauferstehender Gott« nach dem Modell von Attis, Dionysos, Osiris oder Adonis. Und nach dem Vorbild des wichtigsten unter diesen, dessen Titel er auch posthum übernimmt (»Σωτήρ«, meist mit »Heiland« oder »Erlöser« übersetzt), bekommt sein in der Wirklichkeit ganz anders determinierter bzw. motivierter Widerstandskämpfertod den Charakter eines religiösen bzw. rituellen Opfers, dem seine Anhänger eine Tilgung ihrer Sünden als objektive metaphysische Wirkung zuschreiben, welche Beobachter, die keine Anhänger sind, natürlich für subjektiv-psychologisch halten müssen – aber weder die einen noch die anderen für objektiv-politisch, effektiv-historisch.

So wenig wie die Welt kann eine Religion aus Nichts entstehen. »Kein Gott erschafft die Welt aus Nichts/so wenig wie irdische Sänger«, stellt Heinrich Heine treffend fest, und auch die Schöpfung des Paulus kann dabei keine Ausnahme machen. Zwei Rohstoffe haben wir schon kennengelernt, aber erst der dritte ermöglichte das spezifisch christliche Ergebnis: die Gnosis. Durch die Funde von Chenoboskion (heute Naġ Hammadi) wissen wir nach langen Gelehrtenstreitigkeiten verflossener Zeit endlich, daß sie älter als das Christentum ist – Paulus konnte also sehr wohl auf sie zurückgreifen. Genau wie im Buddhismus steht ein letztlich überweltlicher Lehrer in ihrem Zentrum, dessen Lehre in erster Linie die Überwindung der wesenhaft leidvollen, schlechten Welt durch »Erkenntnis« (γνῶσις) zum Gegenstand hat (»Akosmismus«, wie Maccoby das nennt) – mit Mysterienkulten hat das von Hause aus nichts zu tun. Wie weit es sich bei den oft verblüffenden Übereinstimmungen von Gnosis und Buddhismus um Konvergenzen oder Homologien (also indirekte Missionseinflüsse der älteren Religion) handelt, scheint derzeit nicht entscheidbar zu sein. Auf jeden Fall entstand die Gnosis unter hauptsächlich alexandrinischen Griechen (oder gräzisierten Zuwanderern) in polemischer Auseinandersetzung mit der Bibel. Wie Maccoby andernorts ausführt (nämlich im ersten Kapitel seines mehr philologisch ausgerichteten Buches ›Paul and Hellenism‹, Philadelphia 1991), muß es sich hierbei um Ex-Sympathisanten des Judentums gehandelt haben (sog. »Gottesfürchtige«, analog den »Hanifen« im vorislamischen Arabien), welche durch den vornehmlich von Plato mitgebrachten philosophischen Monotheismus auf dessen praktisch organisierte Form vorbereitet und von ihr angezogen gewesen waren, sich dann aber von ihr enttäuscht und oft mit Ressentiments abwandten. Erst Paulus schafft aus diesen drei Elementen jene brisante Synthese, an deren Folgen wir heute noch zu laborieren haben.

Neben dieser Analyse der paulinischen Religionsschöpfung, wie sie philologisch möglich ist, versucht der Autor auch noch die historische Gestalt ihres Gründers, des genialen Mythenschmiedes aus Tarsus, zu rekonstruieren; hier freilich muß durch den langen zeitlichen Abstand und die Dürftigkeit der Quellen notgedrungen vieles Spekulation bleiben (man vergleiche zur hier vorliegenden immerhin die ganz andersartigen Vermutungen Eisenmans in dessen ›Jakobus‹). Aber bemerkenswert bleibt dabei, wie viel sich historisch dennoch sichern und mindestens sehr wahrscheinlich machen läßt; alle Versuche moderner christlicher Theologen, ihren ihnen allmählich lästig werdenden Gründer loszuwerden (und ihm sogar die ältesten Paulusbriefe abzusprechen, wie etwa das absurde Machwerk Deterings [1995, im zuverlässig katholischen Patmos-Verlag], welches »Simon Magus« als ihren Verfasser reklamiert), zerschellen daran. Andererseits wollen viele angesehene Gelehrte, die als »kritisch« gerühmt werden, in erster Linie wohl LÜDEMANN (2001) in seinem Paulusbuch, Paulus gewiß als Organisator und Formelgeber des Christentums gelten lassen und insofern, aber nur insofern, als dessen praktischen Gründer, der er natürlich auch war, aber nicht, was viel bedeutender ist, als dessen substanziellen Erfinder. Doch als solcher muß er, wie Maccoby hier geduldig vorführt, vor allem begriffen werden: aus Gnosis, Mysterienkult und den Phantasien der jüdischen Jerusalemer Jesus»fans« hat Paulus das Christentum fabriziert, seine Mythen und seine Metaphysik, den Gehalt der wundersamen Biographie Jesu, wie sie die Evangelisten erzählen, und der Lehren, die sie ihm, lange nach Paulus oder zumindest dessen Hauptaktivitätszeit, in den Mund legen. Die Christen scheinen diesen Zusammenhang ungern zu sehen, denn sie verwirren schon immer in ihrem Neuen Testament die chronologische Abfolge der darin gesammelten Schriften; sie stellen die Evangelien an den Anfang und nicht die Paulusbriefe, gerade als wären diese später geschrieben, statt die Voraussetzung für jene zu bilden. Aber

> es iſt nichts ſo fein geſpunnen/
> es kömmt dannoch an die Sunnen.

Und nun will ich der Neugier des Publikums nicht mehr im Wege stehen.

Fritz Erik Hoevels

.—.

Zu den Übersetzungen der Bibel und des NT: Aus Gründen der Wiedererkennbarkeit und der vielen Echoeffekte in Alltagssprache und Hochliteratur wurde normalerweise die Lutherbibel in der Fassung von 1912 (= L) zitiert. Wenn die Herder-Einheitsübersetzung jedoch genauer ist und zugleich der von Maccoby verwendeten englischen Übersetzung entspricht, wird diese verwendet und durch nachgestelltes [H] gekennzeichnet. Oft bieten diese Übersetzungen parallele philologische Probleme zu den englischen; in diesem Fall wurde die Argumentation des Verfassers einfach übernommen. Wo er ein Problem diskutiert, das nur in den englischen Fassungen auftaucht, wurde diese Diskussion weggelassen. Wo dagegen ein solches in Bezug auf die laufende Argumentation zumindest in L auftaucht, habe ich in Anmerkungen darauf hingewiesen.

Vorwort des Autors

Als Talmudphilologe ist mir aufgefallen, daß die Kenntnis des Talmuds und anderer rabbinischer Schriften das Verständnis mancher rätselhafter Stellen des Neuen Testaments eröffnet. In meinem früheren Buch ›Jesus und der jüdische Freiheitskampf‹ habe ich vorgeführt, wie Jesus in den synoptischen Evangelien wie ein Pharisäer spricht und handelt, obwohl die Evangelisten dies zu vertuschen suchten, indem sie ihn sogar dort als Pharisäergegner hinstellten, wo seine Aussprüche weitestmöglich mit der Lehre der Pharisäer übereinstimmten. In dem vorliegenden Buch verfolge ich ein entgegengesetztes Ziel: ich benutze rabbinisches Belegmaterial, um zu zeigen, daß Paulus, den das Neue Testament als ausgebildeten Pharisäer zu porträtieren sucht, nie einer gewesen ist. Die Konsequenzen, die sich daraus für das Verständnis des frühen Christentums ergeben, sind immens.

Zusätzlich zu den rabbinischen Schriften habe ich ausgedehnten Gebrauch von antiken Historikern gemacht, insbesondere Josephus, Epiphanius und Eusebius. Deren Aussagen müssen in Relation zu ihren speziellen Interessen und Voreingenommenheiten gewichtet werden, aber sobald eine solche Voreingenommenheit einmal erkannt und von der vermittelten Information abgezogen werden kann, bleibt von dieser noch genug Wertvolles übrig. Für das Neue Testament gilt genau dasselbe. Sicher ist sein Gehalt oft genug von der Voreingenommenheit des jeweiligen Verfassers oder Bearbeiters der vorliegenden Texte entstellt worden, aber eine Kenntnis der Tendenz dieser jeweiligen Voreingenommenheit läßt den wahren Umriß der historischen Abläufe wieder aus ihrer Vernebelung auftauchen.

Was meinen Standpunkt gegenüber den verschiedenen modernen Schulen der NT-Philologie angeht, verweise ich den Leser auf meinen Anhang ›Zur Methode‹ (p. 230*sqq.*).

Beim Gebrauch der Paulusbriefe zur Rekonstruktion der Biographie des Apostels habe ich mich auf diejenigen Briefe beschränkt, welche von der überwältigenden Mehrheit der universitären Neutestamentler als echt angesehen werden. Zweifelhafte Briefe wie denjenigen an die Kolosser, obwohl sie gut in meine Argumentation gepaßt hätten, habe ich nie verwendet.

Wenn es um den historischen und organisatorischen Hintergrund von Paulus ging, bin ich auch auf einen der frühesten Berichte über diesen zurückgegangen, welcher noch erhalten geblieben ist, nämlich denjenigen der Ebioniten, wie er von Epiphanius überliefert wird. Dieser Bericht ist von den Spezialgelehrten aus recht unangemessenen und tendenziösen Gründen vernachlässigt worden. Robert Ranke-Graves und Joshua Podro haben in ihrem Buch ›The Nazarene Gospel Restored‹ [›Das rekonstruierte Nazarenerevangelium‹] den ebionitischen Bericht zwar ernstgenommen, ihn aber, wenn sie auch ein paar überzeugende Bemerkungen zu ihm machten, insgesamt sehr kurz abgehandelt. Ich hoffe, daß das vorliegende Buch dazu beitragen wird, die vorherrschende wegwerfende Haltung zu verändern, mit welcher die Fachwelt dem einzigen längeren Dokument begegnet, das uns Einblick in jene so gründlich ignorierte, aber wegen ihrer historischen Bedeutung faszinierende antike Religionsgemeinschaft geben kann.

Teil I

Saulus

Kapitel 1

Das Paulusproblem

ZWEI GESTALTEN stehen am Anfang des Christentums: Jesus und Paulus. Die Christen halten Jesus für den Gründer ihrer Religion, da die Ereignisse seines Lebens die Grundlegung oder Gründungsgeschichte des Christentums umfassen sollen; Paulus dagegen gilt als der große Ausleger der Sendung Jesu, welcher in einer Art, die sich bei Jesus selbst nicht findet, erklärte, wie dessen Leben und Sterben in einen kosmischen Heilsplan eingepaßt war, der sich von der Erschaffung Adams bis zum Ende der Zeiten erstreckt.

Wie sollen wir das Verhältnis von Jesus zu Paulus auffassen? Wir sollten uns an diese Frage nicht vom Standpunkt eines Glaubens heranbegeben, sondern von demjenigen von Historikern, welche die Evangelien und den Rest des Neuen Testaments als wichtige Quellentexte betrachten, die freilich sorgfältig gesiebt und geprüft werden müssen, da ihre Verfasser mehr die Verbreitung von Glaubensinhalten als leidenschaftslose historische Information im Auge hatten. Wir sollten auch jede relevante Mitteilung aus anderen Quellen in Rechnung stellen, etwa aus Josephus, dem Talmud, den Kirchenvätern und den Schriften der Gnostiker.

Was hätte Jesus selber von Paulus gehalten? Wir dürfen nicht vergessen, daß Jesus Paulus nie persönlich gekannt hat; die beiden Männer sind einander nie begegnet. Jesu Jünger, die ihn am besten kannten, etwa Petrus, Jakobus und Johannes, hinterließen keine Schriften, in denen sie darstellten, wie Jesus ihnen vorkam oder was sie für seine Sendung hielten. Waren sie einig mit den Deutungen, die Paulus in seinen beredten, wohlformulierten Schriften verbreitete? Oder dachten sie vielmehr, daß dieser Neuankömmling auf der Bühne ihrer Sekte, der phantasievolle und verzwickte Theorien über den Platz Jesu im Weltenplan ersann, alles verfälschte? Zwar stellte Paulus den Anspruch, seine metaphysischen Deutungen seien keineswegs einfach seine eigene Erfindung, sondern ihm vielmehr durch persönliche übernatürliche Inspiration zugeflossen; er behauptete, den auferstandenen Jesus persönlich getroffen zu haben, wiewohl er ihn zu Lebzeiten nie gesehen hatte. Diese Art von Bekanntschaft, gewonnen durch Visionen und Ekstasen, war, darauf bestand er, in Wahrheit jeder persönlichen Bekanntschaft mit Jesus zu dessen Lebzeiten überlegen, als dieser über seine Absichten noch erheblich wortkarger gewesen war.

Unser Wissen über Paulus entstammt nicht nur seinen Briefen, sondern auch der ›Apostelgeschichte‹, die einen umfassenden Bericht über sein Leben abgibt. Tatsächlich ist Paulus der Held der Apostelgeschichte, die von einem seiner Bewunderer und Anhänger geschrieben wurde, nämlich Lukas, von dem auch das nach diesem benannte Evangelium stammt. Nach der Apostelgeschichte sieht es so aus, als habe es etliche Reibungspunkte zwischen Paulus und der »Jerusalemer Kirche« gegeben, d.h. den überlebenden Jüngern Jesu; aber die Spannung soll sich aufgelöst haben, alle wurden beste Freunde mit gemeinsamen Zielen und Absichten. Aus gewissen Paulusbriefen freilich, insbesondere dem Galaterbrief, ergibt sich das Bild einer ernsteren Disharmonie als in der Apostelgeschichte geschildert, welche dadurch zumindest teilweise mehr wie ein Propagandawerk erscheint, geschrieben in der Absicht, ein Panorama innerer Eintracht in der frühen Kirche zu entrollen. Wieder taucht die Frage auf: was hätte Jesus von Paulus gehalten, und was hielten die restlichen Apostel von ihm?

Wir sollten im Kopf behalten, daß das Neue Testament, wie es uns vorliegt, wesentlich stärker von Paulus dominiert ist, als es uns auf den ersten Blick vorkommt. So, wie wir es lesen, arbeiten wir uns zunächst durch die Vier Evangelien, deren Hauptfigur Jesus ist, und lernen Paulus als Person erst in der Apostelgeschichte kennen, welche nach Abschluß der Jesuserzählung spielt. Dann erst kommen wir mit Paulus selbst in Berührung, nämlich in seinen Briefen. Aber dieser Eindruck ist irreführend, denn tatsächlich sind die Paulusbriefe der älteste Teil des NT, geschrieben zwischen 50–60 nach der christlichen Zeitrechnung, während die Evangelien erst aus der Zeit von 70–110 stammen. Das bedeutet, daß die metaphysischen Konstruktionen des Paulus schon existierten, bevor die ersten Evangelisten zur Feder (bzw. dem stilus) griffen, und dadurch ihren Schilderungen und Deutungen der Aktivitäten Jesu ihre Tönung verliehen (wie sich noch zeigen läßt). In diesem Sinne ist Paulus mit von der Partie von der ersten Zeile des NT an. Natürlich ist das nicht die ganze Wahrheit, da die Evangelien auf Überlieferungen und sogar schriftlichen Quellen aufbauen, die auf eine Zeit zurückgehen, in der der Einfluß des Paulus noch nicht hatte wirksam werden können, und diese frühen Überlieferungen und Quellen wurden in der Endversion nicht vollständig getilgt; sie bewahren für uns wertvolle Hinweise darauf, wie die Erzählung etwa ausgesehen haben muß, bevor paulinistische Bearbeiter ihr den letzten Schliff gaben. Jedoch ist der dominierende Eindruck und die grundlegende Linie der Evangelien diejenige des Paulus, aus dem einfachen Grund, weil die paulinistische Auffassung des Sinns von Jesu Erdenwallen in der Kirche, wie sie sich geschichtlich entwickelte, triumphierte. Konkurrierende Ansichten, die vormals rechtgläubig waren und nur den höchstpersönlichen des Paulus entgegengesetzt, waren auf einmal ketzerisch geworden und wurden aus der Endfassung dessen ausgesondert, was die paulinische Kirche als den vom hl. Geist inspirierten neutestamentlichen Kanon auf den Schild hob.

Dies erklärt die seltsame und doppeldeutige Rolle, welche die Evangelien den Gefährten Jesu zuerteilen, den Zwölf Jüngern. Sie bleiben schattenhafte Figuren, die nur sehr wenig Persönlichkeit entfalten dürfen, außer in ganz schematischer Art. Sie werden uns auch als dumm vorgeführt; nie verstehen sie ganz, was Jesus gerade will. Ihre Bedeutung für die Anfänge des Christentums wird bemerkenswert heruntergespielt. Beispielsweise stoßen wir darauf, daß direkt nach dem Tode Jesu dessen Bruder Jakob der Führer der Jerusalemer Kirche ist. Dennoch hat ebendieser Jakob nach Informationslage der Evangelien mit Jesu Leben und Sendung anscheinend überhaupt nichts zu tun. Stattdessen wird er dort nur kurz als einer der Brüder Jesu erwähnt, die sich diesem zu dessen Lebzeiten angeblich in den Weg stellten und ihn für verrückt hielten. Wie es dazu kam, daß ein Bruder Jesu, der diesem, solange er lebte, feindlich gegenüberstand, plötzlich der verehrte Führer von dessen Kirche wurde, sobald jener tot war, wird uns nirgendwo erklärt, obwohl man derlei doch für recht erklärungsbedürftig halten sollte. Natürlich überbrückten spätere Legenden der Kirche diesen Graben mit Geschichten über die wundersame Bekehrung Jakobs nach dem Tode Jesu sowie seine Entwicklung zu einem echten Heiligen. Aber die wahrscheinlichste Erklärung bleibt, wie ich später noch ausführen werde, daß die Tilgung jeder bedeutsamen Aktivität des Jesusbruders Jakob (und der sonstigen Brüder Jesu) aus den Evangelienberichten zu jener Abwertung, ja Anschwärzung der frühen christlichen Führer gehört, welche in enger persönlicher Verbindung mit Jesus gestanden hatten und jene christologischen Theorien des Senkrechtstarters Paulus mit großem Mißtrauen, ja Entsetzen betrachteten, eines Paulus, der mit brandneuen Visionen um sich warf, die endlich erklären sollten, was jener Jesus wirklich war und wollte, dem er als Menschen von Fleisch und Blut niemals begegnet war.

Wer war dann Paulus? Er scheint jemand zu sein, der über eine ganze Menge Informationen aus erster Hand verfügt; aber bei genauerem Hinsehen stecken diese voller Probleme. Wir verfügen über Informationen, die uns Paulus in seinen Briefen über sich selbst erteilt, da diese Briefe oft persönlich gehalten sind und bisweilen autobiographisch werden. Ebenso haben wir Kunde über ihn aus der Apostelgeschichte, in welcher er die Hauptrolle spielt. Aber was jemand über sich selbst erzählt, muß immer mit einem gewissen Vorbehalt aufgenommen werden, da jeder Mensch den inneren Drang hat, sich in ein möglichst gutes Licht zu stellen. Und was wir über Paulus aus der Apostelgeschichte erfahren, sollte auch mit erheblicher Sorgfalt durchleuchtet werden, da deren Verfasser ein ergebener Anhänger des paulinischen Unternehmens war. Verfügen wir zur Biographie des Paulus über irgendwelche anderen Quellen? Wir haben in der Tat einige, wenngleich sie an verschiedenartige unerwartete Ecken versprengt sind, deren Erforschung unsere Aufgabe sein wird: einen durch Zufall erhalten gebliebenen Extrakt aus den ansonsten verlorenen Schriften der Ebioniten, einer Sekte von großer Bedeutung für unsere Spurensuche; einen versteckten Angriff auf Paulus in einem für rechtgläubige Christen autoritativen Text; und ein arabisches Manuskript, in dem sich durch eine unwahrscheinliche Verkettung der Umstände ein Text der frühen Judenchristen erhalten hat, d.h. der internen Gegner des Paulus.

Sichten wir zunächst das Material der offenkundigen und allgemein bekannten Quellen! Aus der Apostelgeschichte geht hervor, daß Paulus zunächst »Saulus« hieß und sein Geburtsort Tarsus war, eine Stadt in Kleinasien (Apg. 9,11; 21,39; 22,3). Aber merkwürdigerweise erwähnt Paulus selber in seinen Briefen nie, daß er aus Tarsus stammt, auch nicht, wo er am meisten autobiographisch wird. Stattdessen informiert er uns folgendermaßen über seine Herkunft: »Ich bin auch ein Israeliter von dem Samen Abrahams, aus dem Geschlecht Benjamin« (Röm. 11,1) und: »der ich am achten Tag beschnitten bin, einer aus dem Volk von Israel, des Geschlechts Benjamin, ein Hebräer von Hebräern und nach dem Gesetz ein Pharisäer« (Phil. 3,5). Es sieht so aus, als hätte Paulus den Empfängern seiner Briefe nicht gerne mitgeteilt, daß er aus einem von den jüdischen Zentren so abgelegenen Platz wie Tarsus stammte, weit weg vor allem von Jerusalem, der Hochburg des Pharisäertums. Der Eindruck, den er erwecken wollte, nämlich denjenigen einer lupenrein pharisäischen Vergangenheit, wäre schwer geschädigt worden, wenn er zugegeben hätte, in Wahrheit aus Tarsus zu stammen, d.h. einer Stadt, in der es, falls überhaupt, nur sehr wenige pharisäische Schriftgelehrte gab und ein pharisäisches Studium daher nur schwer zu erlangen gewesen wäre.

Wir stoßen also schon am Anfang unserer Untersuchung auf die Frage: stammte Paulus wirklich aus einer echten Pharisäerfamilie, wie er seinen Korrespondenten mitteilt, oder sagte er das nur, um seinen Rang in deren Augen heraufzusetzen? Die Tatsache, daß diese Frage kaum je gestellt wird, zeigt, wie stark der Einfluß überlieferter religiöser Denkmuster nach wie vor sogar auf NT-Philologen ist. Auch Gelehrte haben das Gefühl, egal für wie objektiv ihre Forschungen gehalten werden mögen, Paulus gegenüber stets die Haltung tiefer Ehrfurcht bewahren zu müssen und nichts sagen zu sollen, das den Schluß zuließe, der große Heidenapostel habe es bisweilen mit der Wahrheit nicht so genau genommen, obwohl es gut belegt ist, daß er im Laufe seines Lebens ein paar Täuschungsmanöver nicht unter seiner Würde fand, wenn die Umstände das zu erfordern schienen.

Es sollte im Sinn behalten werden (noch bevor wir das Thema in aller Breite aufrollen), daß, wie die moderne Forschung gezeigt hat, die Pharisäer im ganzen Römer- und Partherreich ein hohes Ansehen als eine engagierte Gruppierung genossen, die im Angesicht schlimmer Tyrannei religiöse Ideale hochhielt, für Milde und Mitleid eintrat und die Rechte der Armen gegen deren Unterdrückung durch die Reichen auf ihre Fahnen geschrieben hatte. Ihr unverdienter Ruf als Heuchler – »Pharisäer« ist in mittelalterlicher wie moderner Literatur geradezu ein Synonym dafür geworden – stammt ausschließlich aus der Verleumdungskampagne gegen sie durch die Evangelien – eine Kampagne, die etwa vierzig Jahre nach dem Tode Jesu, als die Evangelien ihre überlieferte Form erhielten, von politisch-religiösen Erwägungen diktiert wurde. Paulus' Bestreben, als jemand mit pharisäischem Hintergrund zu gelten, sollte daher im Lichte der zu seiner Zeit aktuellen Wertschätzung der Pharisäer betrachtet werden; Paulus beanspruchte eine hohe Ehre, die sein Ansehen in den Augen seiner Adressaten steigern sollte.

Bevor wir den Anspruch des Paulus auf einen pharisäischen biographischen Hintergrund genauer untersuchen, sollten wir unsere Zusammenstellung dessen, was wir über seinen Werdegang aus den bekannteren Quellen erfahren, fortsetzen. Der junge Saulus, so lesen wir, verließ Tarsus und zog nach Israel, wo er sich an Gamaliels Pharisäerakademie einschrieb (Apg. 22,3). Wir kennen Gamaliel aus anderen Quellen; er genießt höchstes Ansehen in rabbinischen Schriften wie der Mischna und erhielt den Titel »Rabban«, also des geistlichen oder geistigen Führers seiner Zeit. Daß er die gesamte Pharisäerbewegung anführte, wird auch durch das NT selbst bestätigt, denn er spielt die herausragende Rolle in einer Szene der Apostelgeschichte (*cap.* 5) – eine Rolle, die sich, wie wir später sehen werden, nur schwer mit dem allgemeinen Pharisäerbild der Evangelien vereinbaren läßt.

Trotzdem erwähnt Paulus selbst in seinen Briefen niemals, daß er ein Schüler Gamaliels gewesen sei, nicht einmal dann, wenn er sehr darauf aus ist, seine Qualifikation als Pharisäer zu betonen. Schon wieder stellt sich die Frage: war Paulus jemals wirklich ein Schüler Gamaliels, oder hat Lukas diese Behauptung nur eingeflochten, um damit seinen Bericht aufzudonnern? Wie wir noch sehen werden, machen es gewisse Überlegungen höchst unwahrscheinlich, daß Paulus jemals ein persönlicher Gamalielschüler war, ganz abgesehen von seinem eigenen Vermeidungsstreben, bezüglich dieses Punktes je etwas zu sagen.

Wir hören auch, daß der junge Saulus in einem gewissen Maße in den Tod des Märtyrers Stephanus verwickelt gewesen sei. Die Leute, welche gegen Stephanus falsches Zeugnis ablegten, heißt es, und die auch die Anführer bei der Steinigung ihres unschuldigen Opfers waren, »legten ihre Kleider ab zu den Füßen eines Jünglings, der hieß Saulus« (Apg. 7,58). Dann wird der Tod des Stephanus beschrieben und hinzugefügt: »Saulus aber hatte Wohlgefallen an seinem Tode. Es erhob sich aber zu der Zeit eine große Verfolgung über die Gemeinde zu Jerusalem; und sie zerstreuten sich alle in die Länder Judäa und Samarien, außer den Aposteln« (Apg. 8,1). Wieviel stimmt von diesen Berichten? Sollen wir sie für historische Fakten oder dramatische Zutaten mit dem Zweck halten, den Kontrast in Paulus' Charakter vor und nach seiner Bekehrung hervortreten zu lassen? Auch der Tod des Stephanus selbst ist eine Episode, die sorgfältig untersucht werden sollte, da sie voller Probleme und Ungereimtheiten steckt. Bevor wir genauer wissen, warum und von wem Stephanus getötet wurde und für welche Ansichten er eigentlich starb, können wir die angebliche Verwicklung Saulus' in den Fall nur als Gegenstand späterer

Untersuchung vormerken. Im Augenblick halten wir nur fest, daß die angebliche Verwicklung des Saulus in den Fall Stephanus den Eindruck vertieft, Parteinahme für die Pharisäer bedeute gewalttätige Feindseligkeit gegen die Anhänger Jesu.

Das nächste, was uns die Apostelgeschichte über Saulus erzählt, ist: »Saulus aber verstörte die Gemeinde, ging hin und her in die Häuser und zog hervor Männer und Weiber und überantwortete sie ins Gefängnis« (Apg. 8,3). Wir erfahren an dieser Stelle nicht, im Dienste welcher Behörde oder auf wessen Befehl er diese Verfolgung durchführte. Es kann offenkundig keine rein individuelle Angelegenheit gewesen sein, denn nur Amtsträger irgendwelcher Art können Menschen ins Gefängnis schicken. Saulus muß im Auftrag irgendeiner Behörde gehandelt haben, und wer das Haupt derselben war, läßt sich aus späteren Vorfällen erschließen, in denen Saulus im Auftrag des Hohenpriesters tätig war. Wer immer sich auch nur einigermaßen in den religiösen und politischen Verhältnissen dieser Zeit in Judäa auskennt, merkt, daß hier etwas nicht stimmen kann: der Hohepriester war kein Pharisäer, sondern ein Sadduzäer, und die Sadduzäer waren die grimmigen Feinde der Pharisäer. Wie kann Saulus, angeblich ein begeisterter Pharisäer (»Pharisäer der Pharisäer«), rückhaltlos mit dem Hohenpriester zusammenarbeiten? Das Saulusbild, das uns das NT jedenfalls vor Sauli Bekehrung zeichnet, ist widersprüchlich und suspekt.

Als nächstes erfahren wir von Saul: »Saulus aber schnaubte noch mit Drohen und Morden wider die Jünger des Herrn und ging zum Hohenpriester und bat ihn um Briefe gen Damaskus an die Schulen, auf daß, so er etliche dieses Weges fände, Männer und Weiber, er sie gebunden führte gen Jerusalem« (Apg. 9,1-2). Diese Geschichte ist äußerst rätselhaft. Wenn Saulus mit der Christenverfolgung in Judäa derart beschäftigt war, wieso kam es ihm plötzlich in den Sinn, nach Damaskus aufzubrechen, um dort der Kirche nachzustellen? Warum wurde dieses Ziel so dringend? Weiterhin: welche rechtliche Autorität besaß der jüdische Hohepriester über die nicht-jüdische Stadt Damaskus, die ihm gestattet hätte, dort Verhaftungen und Überstellungen anzuordnen? Darüber hinaus befremdet es sehr, wie die Verbindung zwischen Saulus und dem Hohenpriester beschrieben wird: gerade so, als wäre er ein Privatmann, der aufgrund eigener Pläne die Verhaftungen irgendwelcher Bürger betreibt und sich dann an den Hohenpriester zwecks deren Autorisierung wendet. Ohne Zweifel muß es eine erheblich amtsförmigere Verbindung zwischen Saulus und dem Hohenpriester gegeben haben – Saulus kann ihn nicht einfach mal kurz um seine geschätzte Unterschrift gebeten haben, um ein paar politisch-religiöse Gegner ins Gefängnis zu bringen, was er schon immer vorhatte. Viel wahrscheinlicher ist doch, daß der Hohepriester derlei vorhatte und nicht Saulus, welcher vielmehr als dessen Agent oder Emissär tätig war. Die ganze Geschichte muß im Lichte der Wahrscheinlichkeiten und der damals aktuellen Bedingungen betrachtet werden.

Die Apostelgeschichte fährt dann mit dem Bericht über »Sauli Bekehrung« auf dem Weg nach Damaskus fort, welche durch eine Vision von Jesus bewirkt wurde, und schildert dann sein weiteres Leben als dessen Anhänger. Der vorchristliche Teil des Lebens von Saulus-Paulus kommt allerdings später noch zweimal in demselben Buch zur Sprache, nämlich in den Kapiteln 22 und 26. Dort werden weitere Einzelheiten erwähnt, die weitere Rätsel aufgeben.

Im 22. Kapitel hören wir Saulus, der jetzt Paulus heißt, in einer Rede vor dem Volk sein eigenes Leben erzählen, nachdem der römische Stadtkommandant ihn verhört hat. Sie lautet so:

> Ich bin ein Jude, geboren in Tarsus in Zilizien, hier in dieser Stadt erzogen, zu Füßen Gamaliels genau nach dem Gesetz der Väter ausgebildet, ein Eiferer für Gott, wie ihr alle es heute seid. Ich habe den (neuen) Weg bis auf den Tod verfolgt, habe Männer und Frauen gefesselt und in die Gefängnisse eingeliefert. Das bezeugen mir der Hohepriester und der ganze Rat der Ältesten. Von ihnen erhielt ich auch Briefe an die Brüder und zog nach Damaskus, um dort ebenfalls die Anhänger (der neuen Lehre) zu fesseln und zur Bestrafung nach Jerusalem zu bringen. (Apg. 22,3-5 [H])

Danach beschreibt Paulus seine Vision von Jesus auf dem Weg nach Damaskus. Zuvor hatte er sich gegenüber dem Stadtkommandanten ausgegeben als »ein jüdischer Mann von Tarsus, ein Bürger einer namhaften Stadt in Zilizien« (Apg. 21,39).

Aus dieser Passage erfahren wir Tarsus als Geburtsort des Paulus und hören etwas von seinem angeblichen Studium bei Gamaliel. Man bemerke, wie er, obwohl in Tarsus geboren, sagt, er sei »hier in dieser Stadt erzogen« (also Jerusalem), was nahelegt, er habe dort seine Kindheit verbracht. Meinte er damit, seine Eltern seien von Tarsus nach Jerusalem gezogen? Oder daß er, was wenig wahrscheinlich ist, als Kind nach Jerusalem geschickt worden sei? Falls Paulus nur ein paar Kinderjahre in Tarsus verbracht hätte, würde er sich kaum voll Stolz als »Bürger keiner geringen Stadt«, nämlich Tarsus, vorstellen. Juden, die den größten Teil ihres Lebens in Jerusalem verbracht haben, würden sich weitaus eher als Bürger von Jerusalem vorstellen. Wahrscheinlich ist doch, daß Paulus erst als Erwachsener nach Jerusalem zog und seine Eltern in Tarsus zurückließ, was umso wahrscheinlicher ist, als er sie in keiner Erzählung erwähnt, die auf seine Jerusalemer Zeit Bezug nimmt. Was Paulus' angebliche Studienzeit bei Gamaliel betrifft, so müßte diese in seine Erwachsenenzeit fallen, da Gamaliel nur regelrechte Studenten ausbildete und keine Kinder. Er hätte nur jemanden als Schüler angenommen, der schon über eine solide Basisausbildung verfügte und geeignet für eine spätere Rabbinertätigkeit schien. Die Frage bleibt, wo und wie Paulus diese gründliche Vorausbildung erhalten haben soll, falls er sie denn nun aufwies. Wie schon gesagt und später noch genauer ausgeführt: es sprechen gute Gründe gegen die Annahme, Paulus sei jemals Schüler bei Gamaliel gewesen.

Eine wichtige Frage, die sich auch in diesem Kapitel der Apostelgeschichte wieder stellt, ist diejenige nach Paulus' römischer Staatsbürgerschaft, die erstmals im 16. Kapitel erwähnt wird. Paulus behauptet, **geborener** römischer Staatsbürger zu sein, wonach sein Vater ebenfalls römischer Staatsbürger gewesen sein müßte. In diesem Zusammenhang ergeben sich viele Fragen, und einige davon stoßen mit Paulus' Anspruch zusammen, geborener oder gelernter Pharisäer zu sein.

Ein weiterer Bericht über Paulus' Leben vor seiner Bekehrung findet sich im 26. Kapitel der Apostelgeschichte, nämlich seiner Rede an König Agrippa. Paulus sagt dort:

> Zwar mein Leben von Jugend auf, wie das von Anfang unter diesem Volk zu Jerusalem zugebracht ist, wissen alle Juden, die mich von Anbeginn gekannt haben, wenn sie es wollten bezeugen. Denn ich bin ein Pharisäer gewesen, welches ist die strengste Sekte unseres Gottesdienstes. Und nun stehe ich und werde angeklagt über die Hoffnung auf die Verheißung, so geschehen ist von Gott zu unsern Vätern, zu welcher hoffen die zwölf Geschlechter der Unsern zu kommen mit Gottesdienst emsig Tag und Nacht. Dieser Hoffnung halben werde ich, König Agrippa, von den Juden beschuldigt. Warum wird das für unglaublich bei euch geachtet, daß Gott Tote auferweckt? Zwar meinte ich auch bei mir selbst, ich müßte viel zuwider tun dem Namen Jesu von Nazareth, wie ich denn auch zu Jerusalem getan habe, da ich viele Heilige in das Gefängnis verschloß, darüber ich Macht von den Hohenpriestern empfing; und wenn sie erwürgt wurden, half ich das Urteil sprechen. Und durch alle Schulen peinigte ich sie oft und zwang sie zu lästern; und war überaus unsinnig auf sie, verfolgte sie auch bis in die fremden Städte. (Apg. 26,4–11)

Wieder schließt sich der Bericht von der Vision auf dem Weg nach Damaskus an.

Natürlich kann diese Rede nicht als authentisch gelten, als Wiedergabe der wirklichen Worte, die Paulus an König Agrippa richtete, sondern nur als literarische Kunstrede, die Lukas in der üblichen Art der antiken Historiker komponiert hatte. Dadurch läßt sich Paulus' derartige Behauptung, seine Laufbahn als weithin angesehener, »allen Juden« bekannter Pharisäer nicht wörtlich nehmen. Es ist interessant, Paulus sich so darstellen zu hören, als habe er gegen die Anhänger des Jesus »seine Stimme abgegeben« und dadurch zum Todesurteil gegen sie beigetragen. Dies kann sich nur auf die Abstimmung im Sanhedrin (oder »Rat der Ältesten«) beziehen, der sich mit Kapitalverbrechen zu befassen hatte; also beansprucht Lukas hier für seine Hauptfigur Paulus, dieser sei einstmals ein Mitglied des Sanhedrin gewesen. Das ist äußerst unwahrscheinlich, denn Paulus hätte sicherlich in seinen Briefen, wo er seinen Pharisäerstatus glaubhaft zu machen sucht, darauf hingewiesen, wenn es denn nun wahr gewesen wäre. Dagegen gibt es sowohl in diesem Bericht wie in den beiden weiter oben vorgeführten einige Verwirrung hinsichtlich der Frage, ob auch der Sanhedrin, so wie der Hohepriester bzw. »die Hohenpriester«, etwas mit der Verfolgung der Jesusanhänger zu tun hatte. Manchmal wird nur der Hohepriester erwähnt, manchmal wird der Sanhedrin mit ihm kombiniert, so, als ließen sich beide Instanzen nicht trennen. Aber wir sehen in der Apostelgeschichte, daß bei zwei Anlässen der Hohepriester von den Pharisäern im Sanhedrin überstimmt wurde; beidesmal *widersetzen* sich die Pharisäer einem Versuch, die Anhänger Jesu zu verfolgen; somit ist die Darstellung, Hoherpriester wie Sanhedrin verfolgten identische Ziele, einer der verdächtigen Züge der vorliegenden Berichte.

Sowohl aus unserer Zusammenstellung einiger Passagen der Apostelgeschichte, die sich mit dem Hintergrund und Vorleben des Paulus befassen, wie auch aus dessen eigenen biographischen Andeutungen in seinen Briefen entsteht folgendes suggestives Bild: Paulus war zunächst ein durch und durch schriftgelehrter pharisäischer Rabbi, beschlagen in allen Feinheiten der rabbinischen Schriftkommentare und Gesetzestraditionen (wie sie später in den rabbinischen Kompilationen ›Talmud‹ und ›Midrasch‹ gesammelt wurden). Als Pharisäer stand Paulus in heftigem Gegensatz zu jener neuen Sekte, welche Jesus als ihren Gründer betrachtete und des Glaubens war, er sei nach seiner Kreuzigung auf wundersame Weise wiederbelebt worden. So feindselig stand Paulus dieser Sekte gegenüber, daß er gewaltsam gegen sie vorging und für die Verhaftung ihrer Mitglieder sorgte. Obwohl nun dieses Bild suggeriert worden ist, haben sich auch einige Zweifel hinsichtlich seines Realitätsgehalts eingestellt, welche bisher nur gerade eben angerissen worden sind: wie kommt es beispielsweise, daß Paulus behauptet, als über Tod und Leben der Christen im Sanhedrin abgestimmt wurde, *gegen* diese gestimmt zu haben, während doch in Wahrheit, nämlich in der anschaulich geschilderten Verhandlung gegen Petrus vor dem Sanhedrin (Apg. 5), die Pharisäer unter Führung Gamaliels für dessen *Freilassung* stimmten? Welche Art Pharisäer war Paulus, wenn er den frühen Christen gegenüber eine sogar gemäß eben jener ›Apostelgeschichte‹ für die Pharisäer *untypische* Haltung einnahm? Und wie kommt es, daß die ›Apostelgeschichte‹ derartige innere Widersprüche aufweist, daß sie die heftige Feindschaft des Paulus bzw. Saulus gegen die Christen gerade von seiner Zugehörigkeit zu der Pharisäerbewegung *ableitet* und trotzdem die Pharisäer gegenüber den frühen Christen eine wohlwollende Haltung einnehmen läßt – indem sie sich für diese einsetzen und ihnen sogar das Leben retten?

Schon viele Gelehrte haben darauf hingewiesen, daß die Apostelgeschichte, jedenfalls im Großen und Ganzen, verblüffend viel Material zugunsten der Pharisäer enthält, sie als tolerant und dem Mitleid zugänglich porträtiert. Einige Gelehrte haben sogar behauptet, die Apostelgeschichte sei ein pro-pharisäisches Werk; doch dies läßt sich nicht aufrechterhalten. Denn das Material, das sich auf Paulus bezieht und das ein in jeder Hinsicht ungünstiges Bild der Pharisäer zeichnet, überwiegt bei weitem das ihnen günstige; nicht nur erscheint Paulus selber als ein grimmiger Christenverfolger, *solange er noch Pharisäer war,* sondern er teilt uns auch persönlich mit (2. Kor. 11,24), er sei später »von den Juden« (womit gewöhnlich die Pharisäer gemeint sein müßten) fünfmal mit Auspeitschung bestraft worden. Jedenfalls erhält, auch unabhängig von dieser direkten Mitteilung, niemand ein sympathisches Bild von den Pharisäern, der die Apostelgeschichte liest; eher festigt sie seinen negativen Eindruck, den er aus den Evangelien mitbringt.

Warum ist dann Paulus ständig so sehr darauf bedacht, seine pharisäische Vergangenheit zu betonen? Viele Motive lassen sich erkennen, aber eines davon muß hier besonders hervorgehoben werden: das Streben, die angebliche Kontinuität von Judentum und paulinischem Christentum herauszustreichen. Paulus will sagen, daß er, als er noch Pharisäer war, irrtümlich die frühen Christen als Glaubensabweichler betrachtete, die die wahre jüdische Religion verlassen hatten, während er nach seiner Bekehrung zu der entgegengesetzten Ansicht gelangte, nämlich der, daß das Christentum das wahre Judentum sei. Alle seine Studien als Pharisäer, so legt er uns nahe, all seine Gelehrsamkeit in Schrift und Überlieferung, führen in Wahrheit zu der Einsicht, daß Jesus der im Alten Testament vorhergesagte Messias war. So weist Paulus, wenn er seine pharisäische Vergangenheit vorführt, nicht einfach nur auf eigene Verfehlungen und bereute Sünden hin – »Seht, wie ich mich vom pharisäischen Verfolger zum Anhänger Jesu gewandelt habe!«, vom Saulus zum Paulus eben –, sondern ebensosehr auf seine Vertrauenswürdigkeit. »Wenn jemand, der sich so gut in den Schriften auskannte wie ich, glaubt, daß Jesus der Schlußpunkt der Thora ist, wer traut sich da noch zu widersprechen?!«[1]

Wie es aussieht, ist Paulus' Lehre von Jesus ein gewagter Bruch mit dem Judentum. Paulus vertrat eine Lehre, die mit den paganen Mythen sehr viel mehr gemeinsam zu haben schien als mit dem Judentum: daß Jesus eine göttlich-menschliche Figur war, die vom Himmel auf die Erde herabgestiegen war und für das ausdrückliche Ziel der Erlösung der Menschheit den Tod erlitt. Allein die Tatsache, daß die Juden diese Lehre neu und anstößig fanden, weist schon darauf hin, daß sie im jüdischen Schrifttum keinen Platz hat, wenigstens keinen, der sich leicht erkennen ließe. Aber Paulus begnügte sich nicht damit, eine neue Lehre aufzustellen und dies auch zuzugeben; im Gegenteil, er bestand darauf, daß jede Zeile des jüdischen Schrifttums eine Vorankündigung des Jesusereignisses in seiner Sicht sei und daß diejenigen, welche die Schrift in irgend anderer Weise verstanden, einfach nicht kapierten, was das Judentum schon immer ausgemacht hatte. Dergestalt war sein Pochen auf seiner pharisäischen Erziehung und Ausbildung taktischer Teil seiner Kontinuitätsdoktrin.

Es gab durchaus Menschen, die die Lehre des Paulus annahmen, aber sie sehr wohl als etwas radikal Neues betrachteten, das keinerlei jüdische Wurzeln

---

[1] Die Universitätspsychologie kennt – unter dem Stichwort »Impfung« – einen ähnlichen Vorgang. Die empirisch wirkungsvollste Propaganda gegen eine Ansicht leistet immer deren sachliche, ja wohlwollende Darstellung durch eine Person, welche dem Publikum als deren Gegner bekannt ist. (Anm.d.Übs.)

aufwies und mitnichten aus der Bibel abgeleitet werden konnte. Der bekannteste Vertreter dieser Position war Markion, der etwa hundert Jahre nach Paulus lebte und diesen durchaus als Hauptquelle seiner Inspiration ansah. Dennoch wollte Markion nichts jüdisches in dessen Lehre entdecken, sondern betrachtete sie als eine neue Offenbarung. Er betrachtete die heiligen Schriften der Juden als Werke des Teufels und schloß das Alte Testament aus seinem Kanon aus.

Paulus selbst wies diesen Standpunkt zurück. Wenn er auch große Teile des Alten Testaments als veraltet betrachtete, überwunden durch die Ankunft Jesu in der Welt, so betrachtete er sie immer noch als Gottes Wort, das die neue christliche Kirche vorhergesagt hatte und das ihr Autorität verlieh. Auf diese Weise symbolisiert seine Selbstdarstellung als Pharisäer die Kontinuität zwischen dem alten religiösen System und dem neuen: ein Selbstporträt, das in der eigenen Person den Wendepunkt einschloß, an welchem das Judentum zum Christentum umgestaltet wurde.

In allen christlichen Jahrhunderten hat es christliche Gelehrte gegeben, die Paulus' Anspruch auf eine pharisäische Vergangenheit in diesem Licht gesehen haben. In mittelalterlichen Disputationen, welche Christen zwecks Bekehrung der Juden organisiert hatten, fielen von ihrer Seite Argumente, die beinhalten sollten, daß nicht nur die heiligen Schriften der Juden, sondern auch Talmud und Midrasch den christlichen Anspruch unterstützten, Jesus sei der Messias gewesen, göttlicher Natur und genötigt, für die Menschheit den Tod zu erleiden.[2] Wenngleich Paulus in diesen Disputationen nicht oft erwähnt wurde, so hätte er dieser Unternehmung doch seinen Segen gegeben. In moderner Zeit haben sich weitere Gelehrte große Mühe gegeben zu belegen, daß die paulinische Doktrin über den Messias und das göttliche Erleiden nur Gedanken fortsetzten, die sich schon in der Bibel, den Apokryphen und Pseudepigraphen fänden und sogar im rabbinischen Schrifttum (der bekannteste Versuch dieser Art ist Davies 1965).

Somit ist der Anspruch des Paulus, als pharisäischer Schrift- und Gesetzesexperte angefangen zu haben, bedeutsam für eine sehr wichtige und zentrale Angelegenheit – nämlich ob das Christentum in der Form, die es durch ihn erhielt, wirklich eine Fortsetzung des Judentums darstellt oder aber eine neue Lehre ohne Wurzeln in demselben, dagegen historisch abgeleitet aus paganen Mythen über sterbende und wiederauferstehende Götter sowie gnostische Mythen über vom Himmel herabgestiegene Erlöser. War Paulus wirklich in der jüdischen Tradition verankert oder im Grunde von hellenistischer Religiosität geprägt, jedoch von dem Bestreben erfüllt, einem Erlösungskult einen jüdischen Anstrich zu geben, der in Wahrheit so ziemlich allem und jedem entgegengesetzt war, wofür das Judentum stand?

---

[2] Siehe Maccoby 1982a.

Kapitel 2

Der Standpunkt dieses Buches

Im Gegensatz zu dem konventionellen Paulusbild, wie ich es im letzten Kapitel skizziert habe, will ich in diesem Buch eine gänzlich andere und ungewohnte Sicht des Apostels verbreiten. Diese Sicht ist nicht nur selber ungewohnt, sondern impliziert auch viele ungewohnte Ansichten über andere Themen, welche aber von Bedeutung sind, ja wesentlich für eine zutreffende Einschätzung des Paulus; z.B.:

- Wer und was waren die Pharisäer? Wodurch unterschieden sich ihre religiösen und politischen Ansichten von denen der Sadduzäer und anderer religiöser und politischer Gruppierungen der Zeit? Wie standen sie zu Jesus? Wie standen sie zur Jerusalemer Kirche?
- Wer und was war Jesus? Sah er sich selbst als einen Heiland, der vom Himmel herabgestiegen war, um sich kreuzigen zu lassen? Oder verfolgte er gänzlich andere Ziele, die besser zu den jüdischen Ansichten und Hoffnungen seiner Zeit paßten? War der historische Jesus eine ganz andere Person als der Jesus der paulinischen Ideenkonstruktion, die auf Pauli Visionen und Eingebungen aufbaute?
- Wer und was war die frühe Jerusalemer Kirche, die ersten Anhänger Jesu? Wurden ihre Ansichten von der späteren Kirche zutreffend wiedergegeben? Stimmten Jakobus und Petrus, die Führer der Jerusalemer Kirche, mit den Ansichten des Paulus überein (wie das rechtgläubige Christentum behauptet), oder standen sie in scharfem Gegensatz zu ihm, betrachteten ihn als Glaubensabweichler und Verräter der Ziele Jesu?
- Wer und was waren die Ebioniten, deren Meinungen und Schriften von der »rechtgläubigen« Kirche unterdrückt wurden? Warum prangerten sie Paulus an? Wieso verbanden sie den Glauben an Jesus mit praktiziertem Judentum? Warum glaubten sie wohl an Jesus als Messias, aber nicht als Gott? Waren sie eine spätere »judaïsierende« Gruppe, oder waren sie, ihrem Selbstbild gemäß, die Überbleibsel der echten Jesusanhänger, der Kirche von Jakobus und Petrus?

Die Argumentation innerhalb dieses Buches wird unausweichlich kompliziert werden, da jeder Strang derselben mit jedem anderen verknüpft ist. Es ist unmöglich, eine der obigen Fragen zu beantworten, ohne alle anderen miteinzubeziehen. Deshalb ist es praktisch, an dieser Stelle meinen Standpunkt zu skizzieren, an dem sämtliche Argumente dieses Buches zusammenlaufen. Damit will ich keineswegs das Urteil über diesen vorwegzunehmen suchen; die folgende Zusammenfassung der Funde, die in diesem Buch vorgestellt werden, dürfen in diesem Stadium ohne weiteres dogmatisch erscheinen, aber meine Absicht bei ihrer Präsentation ist ausschließlich die Bereitstellung eines Ariadnefadens durch die Verzweigungen der aufeinander aufbauenden Argumente und einen Blick auf das gesamte Buch aus der Vogelperspektive zu ermöglichen – dieses steht und fällt mit der Schlüssigkeit der Argumente selbst und natürlich nicht mit der Präsentation der hier vorweggenommenen Ergebnisse. Diese sind:

1. Paulus war nie ein pharisäischer Rabbi, sondern ein Abenteurer ohne irgendwie hervortretenden Hintergrund. Er verband sich zunächst mit den Sadduzäern, und zwar als dem Hohenpriester unterstellter Polizeiagent, bevor er sich zum Glauben an Jesus bekannte. Seine Beherrschung jener Bildung und Kenntnis, die allgemein mit den Pharisäern assoziiert wurde, war unvollkommen. Er verzerrte absichtlich seine Biographie, um seine missionarischen Aktivitäten wirkungsvoller durchführen zu können.

2. Jesus und seine unmittelbaren Anhänger waren Pharisäer. Jesus beabsichtigte nie, eine neue Religion zu gründen. Er betrachtete sich selber als den Messias im Sinne des normalen jüdischen Wortgebrauches, d.h. als einen Menschen, der es als Volksführer schaffte, die jüdische Monarchie zu restaurieren, die römischen Besatzer zu vertreiben, einen unabhängigen jüdischen Staat zu errichten und ein Zeitalter des Friedens, der Gerechtigkeit und des Wohlstands herzustellen (bekannt als »Reich Gottes«), und zwar weltweit. Jesus glaubte selbst daran, er sei jene in der hebräischen Bibel vorhergesagte Gestalt, die dies alles leisten werde. Er war kein Militarist und baute keine Armee zum Kampfe gegen die Römer auf, da er glaubte, Gott werde ein großes Wunder vollbringen, das die Macht Roms brechen werde. Dieses Wunder würde, wie von Sacharja prophezeit, auf dem Ölberg stattfinden. Als dieses Wunder ausblieb, war seine Mission gescheitert. Er hatte keineswegs die Absicht, sich zwecks Rettung der Menschheit vor der ewigen Verdammnis als Ersatzopfer kreuzigen zu lassen. Nie hielt er sich selbst für ein göttliches Wesen und hätte stattdessen eine solche Idee heidnisch und götzendienerisch gefunden, eine Verletzung des ersten der Zehn Gebote.

3. Unter der Führung von Jakobus und Petrus gründeten die ersten Anhänger Jesu die Jerusalemer Kirche nach dessen Tod. Sie wurden Nazarener genannt, und in allen Glaubensfragen waren sie von den Pharisäern nicht zu unterscheiden,

ausgenommen in ihrem Glauben an die Auferstehung Jesu und daran, daß Jesus noch immer der versprochene Messias sei. Sie glaubten nicht, daß Jesus eine Art Gott war, sondern daß er, durch ein Wunder Gottes, nach seinem Tode am Kreuz wieder ins Leben zurückgebracht worden sei und bald zur Vollendung seiner Mission zurückkehren werde, nämlich zur Überwindung der Römer und zur Errichtung des messianischen Königreiches. Die Nazarener glaubten nicht, Jesus habe die jüdische Religion oder das jüdische Gesetz aufgehoben. Da sie Jesus persönlich gekannt hatten, war ihnen bewußt, daß er das jüdische Religionsgesetz lebenslänglich beachtet und nie dagegen rebelliert hatte. Seine Sabbatheilungen widersprachen nicht dem pharisäischen Gesetz. Selber befolgten die Nazarener das jüdische Gesetz mit Sorgfalt. Sie führten Beschneidungen durch, hielten sich an die Speisetabus und erwiesen dem Tempel große Achtung. Die Nazarener hielten sich nicht für Angehörige einer neuen Religion; ihre Religion war das Judentum. Sie errichteten eigene Synagogen, aber sie besuchten gelegentlich auch nicht-nazarenische, wie das unter allen praktizierenden Juden üblich war. Die Nazarener schöpften Verdacht gegen Paulus, als sie seine Predigt vernahmen, Jesus sei der Gründer einer neuen Religion und habe das mosaïsche Gesetz aufgehoben. Nach einem Versuch, mit Paulus ins Reine zu kommen, brachen die Nazarener (d.h. die Jerusalemer Kirche unter Jakobus und Petrus) unwiderruflich mit ihm und wollten nichts mehr mit ihm zu tun haben.

4. Paulus, nicht Jesus, war der Gründer des Christentums als einer neuen Religion, die sich sowohl vom normalen Judentum wie von dessen nazarenischer Variante hinwegentwickelte. In dieser neuen Religion war das mosaïsche Gesetz aufgehoben mit der Begründung, es habe nur eine zeitlich begrenzte Gültigkeit besessen. Der Zentralmythos der neuen Religion war der vom Versöhnungstod eines göttlichen Wesens. Glaube an dieses Opfer und die mystische Teilhabe am Tod der Gottheit eröffnete den einzigen Weg zur Errettung. Paulus entwickelte diese Religion aus hellenistischen Quellen, hauptsächlich durch eine Fusion von Motiven aus gnostischen und aus mysterienreligiösen Quellen[1], besonders aus dem Attiskult. Die Kombination dieser Elemente mit Zügen, die dem Judentum entnommen waren, insbesondere die verbindliche Übernahme dessen heiliger Schriften, freilich umgedeutet zwecks Versorgung des neuen Mythos mit einem Hintergrund an geheiligter Vorgeschichte, war einzigartig; und Paulus

[1] Gnosis und Mysterienreligion hatten bis dahin wenig miteinander zu tun; ähnlich wie der Buddhismus kennt die Gnosis zwar einen außerweltlichen Lehrer, dessen Lehre die Erlösung der Seele aus weltlichen Banden bewirken kann, aber kein göttliches Opfer (Osiris, Attis, Adonis, Dionysos u.a.) mit vergleichbarer Wirkung, wie es für die Mysterienreligionen essentiell war. Siehe bes. Maccoby 1991, *cap.* 1. (Anm.d.Übs.)

allein war der Schöpfer dieses Amalgams. Jesus selber hatte nie eine ähnliche Vorstellung besessen; er wäre über die ihm von Paulus zugeschriebene Rolle als eine leidende Gottheit verblüfft und schockiert gewesen. Ebensowenig hatte Paulus irgendwelche Vorgänger unter den Nazarenern, wenngleich spätere Mythographen diese Rolle dem hl. Stefan zuzuweisen suchten und moderne Gelehrte ebenso mythische Paulusvorläufer in einer Gruppe namens »Hellenisten« oder »Hellenisierer« entdeckten. Paulus, der persönliche Urheber des christlichen Mythos, ist niemals ausreichend in seiner Originalität gewürdigt worden. Der jahrhundertelange Respekt vor dem großen Apostel Paulus hat die farbigeren Seiten seiner Persönlichkeit ganz verdunkelt. Wie so viele Evangelienverkünder war er ein Kompositum aus eigener Überzeugtheit und Scharlatanerie. Evangelienverkünder seines Typs waren häufige Erscheinungen in der griechisch-römischen Welt seiner Zeit (z.B. Simon »Magus«, Apollonius von Tyana).

5. Eine Quelle von Information über Paulus, die nie ernst genug genommen wurde, ist eine Gruppe, welche unter dem Namen »Ebioniten« bekannt ist. Ihre Schriften wurden von der Kirche unterdrückt, aber einige ihrer Ansichten und Überlieferungen erhielten sich in den Schriften ihrer Gegner, besonders in der umfangreichen »Widerlegung aller Ketzereien« von Epiphanius. Aus diesen ergibt sich, daß die Ebioniten eine ganz andere Geschichte über Pauli Herkunft und Vorleben zu erzählen hatten als die, welche im NT zu finden ist und die Paulus selber als Legende nährte. Die Ebioniten bezeugten, daß Paulus *keinen* pharisäischen Hintergrund aufwies noch eine entsprechende Ausbildung besaß; er war der Sohn von Nichtjuden, bekehrte sich noch in Tarsus zum Judentum, kam als Erwachsener nach Jerusalem und schloß sich dem Hohenpriester als Gefolgsmann an. Nachdem seine Aufstiegshoffnungen gescheitert waren, brach er mit dem Hohenpriester und suchte Ruhm durch Gründung einer neuen Religion. Mag dieser Bericht auch nicht in allen Einzelheiten korrekt sein, so dürfte er doch in der Substanz zutreffen. Er ist in sich weitaus stimmiger und geeigneter, alle die befremdlichen und widersprüchlichen Einzelheiten der Lebensgeschichte Pauli auf einen Nenner zu bringen, als der Bericht der von der Kirche offiziell anerkannten Dokumente.

6. Die Ebioniten wurden von der Kirche als Häretiker gebrandmarkt, die es nicht schafften zu verstehen, daß Jesus eine göttliche Person war, und stattdessen versicherten, er sei ein Mensch gewesen, der ein neues Zeitalter auf Erden einleiten sollte, wie es von den jüdischen Propheten der Bibel vorhergesagt worden war. Schlimmer noch, die Ebioniten weigerten sich, die von Paulus stammende Kirchenlehre zu akzeptieren, daß Jesus das mosaïsche Gesetz abgeschafft oder aufgehoben habe. Stattdessen beachteten die Ebioniten das jüdische Gesetz und betrachteten sich selbst als Juden. Die Ebioniten waren keine Glaubensabweich-

ler bzw. Ketzer, wie die Kirche versicherte, und auch keine »Re-Judaïsierer«, »Judaïzanten« usw., wie moderne Gelehrte sie nennen, sondern die authentischen Nachfolger der unmittelbaren Jünger und Anhänger Jesu, deren Ansichten und Lehren sie getreulich weitergaben, wobei sie zutreffend glaubten, daß sie von Jesus selber stammten. Sie waren dieselbe Gruppe, die zuvor unter dem Namen »Nazarener« bekannt gewesen war, welche von Jakobus und Petrus geführt wurden, die Jesus zu Lebzeiten gekannt hatten und dadurch in einer viel besseren Lage waren, etwas über dessen Ziele und Absichten auszusagen, als Paulus, der mit Jesus nur in Träumen und Visionen zusammengetroffen war. Insofern ist die von den Ebioniten überlieferte Meinung über Paulus von außerordentlichem Interesse und verdient ernsthafte Kenntnisnahme statt gedankenloses Abtun als »skurrile Propaganda« – die klassische Reaktion christlicher Gelehrter auf sie von der Antike bis in unsere Zeit hinein.

Der obige Sechs-Punkte-Konspekt läßt die Umrisse unserer Frage deutlicher hervortreten, ob Paulus wirklich jemals Pharisäer gewesen ist. Es wird sich zeigen, daß dies keine rein akademische oder bloße Neugierfrage ist. Sie ist vielmehr eng verwoben mit der umfassenden Frage nach den Ursprüngen des Christentums. Sehr viel hängt von dieser Frage ab; denn wenn Paulus kein in jüdischer Gelehrsamkeit und Tradition verwurzelter Pharisäer war, sondern stattdessen ein hellenistischer Abenteurer, dessen Bekanntschaft mit dem Judentum vergleichsweise spät und seicht war, dann wird die Konstruktion des Mythos und der Theologie, die er in seinen Briefen leistet, zu einer ganz anderen Sache. Statt daß wir in seinem Gedankensystem nach Zeichen von dessen Kontinuität mit dem Judentum suchen sollten, sollten wir besser dazu fähig werden, es als das zu erkennen, was es ist – ein geniales Gebräu und Gewirk aus hellenistischen Bestandteilen, das oberflächlich mit jüdischen Schriften und Überlieferungen verlötet wurde, die es mit einer Art Historizität und einer Aura von Gültigkeit versehen sollten.

Die Christen bezogen zu den Pharisäern und dementsprechend zu dem Bild von Paulus als einem Pharisäer immer eine auffällig ambivalente Position. In den Evangelien werden die Pharisäer als Heuchler und potentielle Mörder angegriffen; dennoch vermitteln die Evangelien auch einen Eindruck von den Pharisäern als Trägern ungeheurer Autorität und Würde. Diese Ambivalenz spiegelt die Haltung des Christentums zum Judentum an sich; einerseits Träger eines angeblich verknöcherten und überholten Ritualismus, andererseits aber eines Panoramas ehrfurchtgebietender Geschichte, eine Quelle gültiger und heiligender Tradition, so daß die Kirche sich genötigt sah, sich um jeden Preis als das »neue Israel« zu präsentieren, das wahrhafte Judentum. Dadurch wird Paulus als Pharisäer Objekt alternierender Haltungen. Im 19. Jahrhundert, als Jesus – z.B. von Renan – als romantischer Rebell gegen das autoritäre pharisäische Judentum aufgefaßt wurde, wurde Paulus als typischer Pharisäer abgewertet und mißbilligt, als einer, der die süße Einfalt Jesu in die Nebel theologischer Abstraktionen und Spitzfindigkeiten zu hüllen suchte. Im 20. Jahrhundert, als es mehr darum ging, den jüdischen Kern des Christentums freizulegen, wurde der pharisäische Aspekt des Paulus genutzt, um paulinische Doktrinen mit rabbinischen Schriften zu verknüpfen – wiederum läßt man ihn sein innerliches Pharisäertum beibehalten, aber diesmal gilt es als etwas Gutes, nämlich als ein Mittel, das Christentum aus seiner Isolation vom [mittlerweile angesehenen] Judentum zu retten. Jüdisch zu sein und doch nicht jüdisch, das ist das wesenhafte Dilemma des Christentums, und die Gestalt des Paulus, wie er seinem angeblichen Pharisäertum als einem Seelenrettungs-Hindernis abschwört und dennoch irgendwie weiterhin an ihm hängt, weil es ihm Autorität sichert, mag dafür ein Sinnbild sein.

Kapitel 3

Die Pharisäer

Wenn wir die Frage beantworten wollen, ob Paulus ein Pharisäer war oder nicht – oder auch die Bedeutung seines Anspruchs verstehen wollen, einmal einer gewesen zu sein –, dann ist es nötig, uns genauer als gewohnt damit vertraut zu machen, wer die Pharisäer waren und wofür sie standen. Hierbei dürfen wir nicht dem Pharisäerbild der Evangelien vertrauen, welches durch massive Feindseligkeit verzerrt ist. Die Evangelien zeichnen die Pharisäer als die Hauptwidersacher Jesu, die ihn dafür kritisierten, daß er am Sabbat Kranke heilte, und sogar planten, ihn wegen dieser Krankenbehandlungen zu töten. Ebenso stellen die Evangelien Jesus als jemanden hin, der die Pharisäer massiv kritisierte und als Heuchler und Volksbedrücker bezeichnete. Aufgrund dieses Evangelienbildes ist das Wort »Pharisäer« für den abendländischen Geist ein Synonym für »Heuchler« geworden, und die den Pharisäern zugeschriebenen Charaktermängel – Selbstgerechtigkeit, Schäbigkeit, autoritäre Rigidität und Ausschließlichkeitsanspruch – haben manches zu den Stereotypen des Antisemitismus beigetragen und wurden schließlich den Juden allgemein zugeschrieben.[1]

In neuerer Zeit sind auch viele christliche Gelehrte dahintergekommen, daß dieses Pharisäerbild der Evangelien Propaganda ist und nicht Tatsache.[2] Unsere Hauptquelle authentischer Information über die Pharisäer ist deren eigenes umfangreiches Schrifttum, das Gebete einschließt, Preislieder, Weisheitsbücher, Gesetzbücher, Predigten, Bibelkommentare, mystische Abhandlungen, Geschichtswerke und vielerlei mehr. Weit davon entfernt, öde und trockene Ritualisten zu sein, waren sie vielmehr eine der schöpferischsten Menschengruppen der Geschichte.

Des weiteren aber waren die Pharisäer – alles andere als starre und mechanische Gesetzesanwender und religiöse Vorschriftenverpasser – für die Milde ihrer Gesetzesentscheidungen bekannt (wie der im ersten nachchristlichen Jahrhundert schreibende Historiker Josephus ausführt [ant. XIII 10,6] und wie dies die pharisäischen Gesetzesausführungen in aller Breite bestätigen), ebenso wie für die Menschlichkeit

---

1 Genaueres über das Thema dieses und der beiden folgenden Kapitel findet sich in meinem Buch: ›Jesus und der jüdische Freiheitskampf‹, Freiburg 2013, in demselben Verlag.

2 Siehe Moore 1927, Herford 1924, Parkes 1960, Sanders 1977 und *id.* 1985.

und Elastizität, mit welcher sie das »Gesetz« der Bibel den sich wandelnden Bedingungen und höher entwickelten Moralkonzepten ihrer Zeit anzupassen suchten. Sie waren dazu in der Lage, weil sie, obwohl sie die Bibel durchaus als göttlich inspiriert betrachteten, bei der *Auslegung* dieser Bibel keineswegs am Buchstaben klebten. Ihr Wort für religiöse Lehre hieß »Thora«, und sie glaubten, daß es gerade so gut wie die geschriebene Thora auch eine mündliche Thora gab, welche die geschriebene Thora zur Grundlage nahm und ausweitete – durch Definition ihrer Begriffe, ihre Kommentierung, Befragung und Auslegung, so daß sie zur lebendigen Wirklichkeit wurde. Manches aus dem mündlichen »Gesetz«, so glaubten sie, war gerade so alt wie das geschriebene und war Moses von Gott übermittelt worden; aber dieser uralte Ursprung wurde nur für gewisse Grundelemente des mündlichen »Gesetzes« beansprucht. Das meiste davon war im Laufe der Zeit als Antwort auf neue historische Umstände aufgekommen; beispielsweise wurde nicht behauptet, daß die Gebete der Liturgie, wie etwa die »Achtzehn Danksagungen«, von Moses oder irgendeinem der Propheten der hebräischen Bibel verfaßt worden seien. Es wurde zugegeben, daß diese Gebete von führenden Pharisäern verfaßt worden waren, die von Zeit zu Zeit diesen Gebeten etwas hinzufügten oder aus ihnen strichen oder ebenso mit dem Fest- und Fastkalender verfahren waren, wie es eben angemessen schien.

Da die Pharisäer ein menschliches Element in der religiösen Lehre anerkannten – ein Element, das keine göttliche Inspiration beanspruchen konnte –, anerkannten sie auch das Recht auf Nichtübereinstimmung oder Unterschied in der Meinung. Auf diese Weise fallen die Schriften der Pharisäer durch das Maß der Vielfalt differierender Ansichten auf, die sie aufzeichnen: die Mischna und der Talmud sind auf weite Strecken Aufzeichnungen dieser Meinungsunterschiede über jeden denkbaren Gesetzesgegenstand unter der Sonne. Um einfach zufällig einen solchen herauszugreifen, schauen wir uns den Anfang des Traktats ›Sanhedrin‹ an (in dem die Struktur des Gesetzessystems als solchem diskutiert wird):

> Fälle, in denen die Strafe der Geißelung verhängt werden kann, werden durch ein Dreiertribunal entschieden. Unter Berufung auf Rabbi Ischmael sagten sie: durch ein Dreiundzwanzigertribunal. Fragen des Schaltmonats und des Schaltjahrs werden von einem Dreiertribunal entschieden. So spricht Rabbi Meir. Aber der Rabbane Simeon ben Gamaliel spricht: diese Fragen werden von dreien aufgebracht, von fünfen beredet, von sieben entschieden; haben aber die drei schon entschieden, ist die Entscheidung [trotzdem] gültig. (Babyl. Talmud, Sanhedrin 2a)

Die Personen, die an diesem Meinungsaustausch teilnahmen, gehören einer Zeit etwa hundert Jahre nach derjenigen von Jesus an, aber ihre Bewegung setzte in gerader Linie diejenige der Pharisäer aus der Zeit von Jesus und Paulus fort. Eine der erwähnten Personen war ein direkter Nachkomme jenes Gamaliel, der in der Apostelgeschichte des NT als Pharisäerführer zur Zeit des Paulus auftritt.

Die Pharisäer erörterten untereinander nicht nur Fragen des Religionsgesetzes, sondern auch solche der Theologie. Jedoch waren es die Gesetzesfragen, die, wie sie empfanden, irgendwie bindend entschieden werden mußten, und da sie zu diesem Zweck über keine anderen Methoden als Diskussion und Debatte verfügten, wurden die von der Mehrheitsmeinung abweichenden Rabbis ersucht, sich an die allgemeine Linie zu halten und das Abstimmungsergebnis zu akzeptieren, nicht deshalb, weil man sie als argumentativ widerlegt betrachtete, sondern wegen des Prinzips, daß ein Gesetz zu regieren habe, in ganz der gleichen Weise und Terminologie, wie das im modernen Parlamentarismus konzipiert ist, in welchem die Opposition vor der Abstimmung so heftig und grundsätzlich argumentieren darf, wie ihr beliebt, und dazu ebenso heftig über die Torheit des Abstimmungsergebnisses schimpfen darf, aber eben dieses dennoch so lange als Gesetz des Landes anerkennen muß, bis sie es selber durch eine neue Abstimmungsmehrheit wieder rückgängig machen oder durch sein Gegenteil ersetzen kann. Unter den Pharisäern wurde eine Mehrheitsentscheidung so ernst genommen, daß es in ihren Kreisen eine Legende gab, daß Gott selbst einmal versucht habe, sich zwecks Rückgängigmachung einer solchen Mehrheitsentscheidung persönlich einzumischen (indem er ihnen mittels einer »Stimme vom Himmel« mitteilte, diesmal sei die Minderheit [in Wahrheit nur ein einziger Diskussionsteilnehmer, Übs.] im Recht gewesen), aber sich daraufhin anhören mußte, daß Er hier gar nichts mitzureden habe, da Er den versammelten Weisen höchstpersönlich das Recht auf Mehrheitsentscheidung verliehen habe, da Er Selbst in Seiner Thora gesagt habe, diese sei »nicht im Himmel« (Dtn. 30,12), was die Weisen so auslegten, daß die Thora mittels menschlicher Denkprozesse anzuwenden und auszulegen sei, nicht jedoch durch Wunder oder analoge göttliche Einmischung. Gottes Reaktion darauf, fährt die Legende fort, sei gewesen, zu lachen und zu sagen: »Meine Kinder haben mich besiegt!«[3]

Solcherart trafen die Versammlungen der Weisen (wie man die Pharisäerführer vor der Zerstörung des Tempels von Jerusalem im Jahre 70 chr. Ztr. nannte; danach hießen sie »Rabbis«) ihre Entscheidungen, aber sie umkleideten diese nicht mit göttlicher Autorität. Die Minderheitsmeinungen und -voten wurden sorgfältig aufgezeichnet und in solche Berichtsammlungen wie die Mischna aufgenommen, so daß sie (wie die Mischna selbst in Eduyoth 1,5 erklärt) als Ausgangspunkt möglicher neuer Entscheidungen in der Zukunft verwendet werden können, falls Bedarf entsteht (gerade so, wie heute die Minderheitsvoten am englischen Obersten Gerichtshof aufgezeichnet werden und zur Unterstützung späterer Bestrebungen zitiert werden können, um eine neue Regelung der früher anders entschiedenen Frage herbeizuführen).

---

3 Babyl. Talmud, Baba Metziah 59b.

So vermieden die Pharisäer die Option, die allen Religionen offensteht, welche sich eine Schrift zugrunde legen, die sie für göttlich inspiriert halten: der Unfehlbarkeit dieser Schrift auch noch die Unfehlbarkeit ihrer Kirche oder Organisation hinzuzufügen. Stattdessen entwickelten sie das Konzept eines Schriftenkanons, der im Zentrum menschlicher Aufmerksamkeit zu stehen hatte und ständig im Lichte des menschlichen Verstandes zu durchforschen war; und, was noch bedeutsamer war, sie hatten die Vorstellung, daß Gott selbst wünschte, daß dieser Prozeß menschlicher Verstandesbetätigung ohne Seine Einmischung seinen beständigen Fortgang nehmen solle, während Er besagte Verstandesanstrengungen, Seinen Weltplan zu ergründen, billigte, auch wenn dabei Irrtümer eintreten mochten: »Die Belohnung entspreche der Anstrengung.«[4] So bewahrten die Pharisäer die Fähigkeit, verschiedene Meinungen zu behalten, ohne daß dies zu grobem Zank und der Verfolgung abweichender Ansichten geführt hätte; denn die Existenz verschiedener Meinungen war selber ein wesentlicher Bestandteil ihrer Vorstellung vom religiösen Leben und galt nicht als dessen Bedrohung. Dennoch griffen sie gelegentlich auf Disziplinarmaßnahmen gegen Rabbis zurück (wie im obigen Beispiel den großen Rabbi Elieser), nicht wegen deren abweichender Meinung als solcher, sondern weil sie sich nicht dem gegen sie gerichteten Mehrheitsvotum hatten beugen wollen.

Aber nur im Bereich des Religionsgesetzes gab es derlei Disziplinarmaßnahmen (die *de facto* aus einer zeitweiligen sozialen Isolierung des Schuldigen bestanden). Im Bereich der Theologie, der bloßen Ansichten über Gott und die Welt, wo kein dringender Bedarf einer praktischen Entscheidung bestand, wurden solche Maßnahmen nie ergriffen. Eine große Bandbreite von Ansichten wurde von den »Weisen« und deren Nachfolgern, den Rabbis, toleriert, ohne jede Häresiebeschuldigung. Auf diese Art war es für einen angesehenen Rabbi hinsichtlich des Glaubens an den kommenden Messias oder der Definition der Natur von dessen Herrschaft möglich, die Ansicht zu vertreten, es werde überhaupt keinen persönlichen Messias in der Zukunft geben, da sich alle biblischen Vorhersagen schon in der Person des Königs Hiskia erfüllt hätten. Das war eine ungewöhnliche, ja außenseiterische Ansicht, aber der Rabbi, um den es hier geht[5], wurde keineswegs als Ketzer betrachtet. Dies steht in scharfem Gegensatz zu den Ketzerjagden und erbitterten Fraktionskämpfen des Christentums, das Menschen aus dem einzigen Grunde auf Scheiterhaufen verbrennen ließ, weil sie unübliche Ansichten über die Natur Christi vortrugen (wobei zu bedenken ist, daß »Christus« nur die griechische Form des hebräischen Wortes »Messias« bzw. *maschiach* משיח ist). Die Pharisäer unterschieden zwischen dem, was sie *halachah* הלכה (= »gehen«, also etwa »funktio-

---

[4] Mischna, Pirke Avot 5,23.

[5] Hillel (nicht der berühmte Hillel der Ältere), erwähnt im Babyl. Talmud, Sanhedrin 99a.

nieren, ausführen«), und dem, was sie *aggadah* (»erzählen«) nannten; und während sie, nach Abschluß der ausführlichen Diskussion des Gegenstandes, bezüglich der *halachah* auf einheitlicher Befolgung bestanden, erlaubten sie die volle Bandbreite individueller Ansichten bezüglich der *aggadah*, die sie mehr als Dichtung denn als Theologie betrachteten.[6]

Obwohl keine Verfolgungssüchtigen noch Ketzerjäger, betrachteten die Pharisäer in der Tat gewisse Gruppen als ketzerisch, hauptsächlich deshalb, weil diese das Konzept des »mündlichen Gesetzes« ablehnten. Die mächtigste dieser von den Pharisäern als häretisch angesehenen Gruppen waren die in den Evangelien häufig erwähnten Sadduzäer, welche dort als Gegner der Pharisäer beschrieben werden, aber ohne jede klare Darstellung des zugrundeliegenden Streitpunkts. Dabei ist es zum Verständnis nicht nur von Jesus und Paulus, sondern auch der Zeit, in der sie lebten, von äußerster Wichtigkeit, das Verhältnis zwischen Pharisäern und Sadduzäern zu kennen.

Der wesentliche Punkt der Auseinandersetzung zwischen den Pharisäern und den Sadduzäern betraf die Gültigkeit des »mündlichen Gesetzes«; aber dies war ganz und gar kein akademischer Streitgegenstand, denn er bewirkte enorme Unterschiede des Standpunkts, von dem aus gesellschaftliche und politische Fragen betrachtet wurden, und ebenso hinsichtlich der praktischen Religionsausübung. Da sie das »mündliche Gesetz« zurückwiesen, sahen die Sadduzäer keinen Bedarf an einer Klasse von Schriftauslegern, d.h. Weisen oder Rabbis, die sich darein vertieften, die Schrift so zu erklären, daß sie zu neuen historischen Situationen paßte oder auf neue Ideen antwortete. Der Unterschied zwischen Sadduzäern und Pharisäern kommt deshalb klar zum Ausdruck im Typus des religiösen Führers, den sie jeweils hochhielten. Die Sadduzäer suchten die Führerschaft bei den Priestern und insbesondere dem Hohenpriester, während die Pharisäer die unterschiedlichsten Persönlichkeiten zu Führern hatten, die aber alle darin gleich waren, daß sie die Forderungen des »mündlichen Gesetzes« als ihre Existenzgrundlage betrachteten. Die Priesterschaft war eine erbliche Kaste, angeblich die Nachkommen Aarons, des Bruders des Moses. Sie hatten eine besondere Funktion im offiziellen Tempeldienst, und sie erhielten Zuschüsse zu ihrem Lebensunterhalt aus den Zehnten, die das ganze Volk zu zahlen hatte, wenngleich nicht zwangsweise. Zu den Priestern als Führern aufzuschauen, bedeutete somit, den Tempeldienst ins Zentrum des eigenen religiösen Lebens zu stellen. Drei Institutionen umschlossen somit den Kern der sadduzäischen Religion: Bibel, Tempel und Priesterschaft.

Für die Pharisäer dagegen besaßen Priester und Tempel nur eine sekundäre Bedeutung. Sie sahen in den Priestern keine Autoritätsträger oder geistliche Führer,

[6] Damit waren sie gar nicht so weit von den zeitgenössischen »Heiden« entfernt, umso mehr aber von den späteren Christen! (Anm.d.Übs.)

sondern bloße Zeremonienleiter, deren Aufgabe es war, die Tempelopfer am Laufen und ganz allgemein den Tempel in Schuß zu halten. Sogar der Hohepriester galt als bloßer Kultfunktionär und hatte keine Autorität in Religionsdingen. Es war ein pharisäischer Ausspruch, daß »ein schriftgelehrter Bastard den Vorrang hat vor einem unwissenden Hohenpriester«[7], und in Wahrheit galten die meisten Hohenpriester den Pharisäern als solche »Unwissenden«.

Anstelle der Priester suchten die Pharisäer ihre Leitung durch ihre eigenen Führer, die *chachamim* חכמים (»Weisen«), die keine erbliche Klasse bildeten, sondern aus jeder Gesellschaftsschicht kamen, auch der ärmsten. Die *chachamim* oder Rabbis waren wirklich Laien, die andere Laien geistlich führten und die ihre Autorität durch die Fähigkeit erworben hatten, das ausgedehnte Material meistern zu können, welches einer pharisäischen Ausbildung zugrunde lag. Dieses enthielt nicht nur die gesamte Bibel im hebräischen Originaltext, was nur als die erste Ausbildungsstufe galt, sondern auch deren gesamten Überbau aus Religionsrecht, Geschichte, Allgemeinwissen und homiletischer Exegese (= *midrasch*), der sich in den pharisäischen Akademien angehäuft hatte. Ein pharisäischer Führer mußte sowohl ein Experte im Religionsrecht wie auch ein begeisternder Prediger sein, denn die Bibel selbst enthält sowohl den Umriß einer umfassenden gesetzlichen Regelung aller Lebensbelange wie auch eine Geschichtsschau mit einer Theorie der geistlichen Sendung des jüdischen Volkes und dessen Platz in Gottes Menschheitsplänen. So mochte ein pharisäischer Weiser am einen Tag als Richter in einem komplizierten Schadenersatzverfahren tätig sein und am anderen in der Synagoge über Gottes Liebe zu dem reuigen Sünder predigen, wobei er für seine Predigt nicht nur beispielhafte Bibelgeschichten nutzte, sondern auch herzbewegende, einfache Gleichnisse aus eigener Produktion oder dem pharisäischen Vorrat an homiletischem Material. Während sie diese Aufgaben wahrnahmen, wurden die »Weisen« in diesem Stadium ihrer Geschichte noch zu keinem Berufsstand; die allgemeine Regel war, daß jeder »Weise« seinem eigenen Beruf nachging, von dem er lebte, wobei einige dieser Berufe nur ein bescheidenes Ansehen aufwiesen, und er diente seiner Gemeinde ohne Bezahlung oder höchstens gegen eine Aufwandsentschädigung für diejenigen Stunden, die er solcherart für seine Berufsausübung verloren hatte.

Als Folge dieser Übertragung der Autorität von den Priestern auf die Weisen, d.h. religiös praktizierenden Schriftgelehrten, nahm der Tempel in der inneren Welt der Pharisäer einen anderen Platz ein als in derjenigen der Sadduzäer. Der Tempel diente nicht dem Lernen, sondern Zeremonien und Opfern, und während die Pharisäer die Bedeutung von Tier- und Pflanzenopfern zwar anerkannten, da die Bibel sie nun einmal eingerichtet hatte, gaben sie diesen Riten aber keinen zentralen Platz in ihrem religiösen Leben, das sich vielmehr um den Erwerb jenes Wissens

[7] Mischna, Horayot 3,8.

herum konzentrierte, wie Menschen in der Gesellschaft zusammenleben sollten und wie die Prinzipien von Gerechtigkeit und Liebe zur praktischen Wirksamkeit zu bringen seien. Die Einrichtung bzw. der Ort, wo dieser Prozeß der Erziehung zu gemeinschaftlichem Handeln sich vollzog, war nicht der Tempel, sondern die Synagoge. Die Pharisäer waren die Schöpfer des Kongregationalismus: der Pflege nämlich einer lokalen religiösen Gemeinschaft.

Diese Dezentralisation und Diffusion der Religion in mannigfache örtliche Kleinzentren war typisch für das Pharisäertum, und das bedeutete, daß das gewöhnliche Volk die Priesterschaft von Jerusalem als recht weit weg bis unwirklich zu betrachten begann, sobald sie sie mit ihrem örtlichen Rabbi verglich, zu dem man mit seinen Problemen kommen konnte und der regelmäßig in der Synagoge unterrichtete. Er kam aus ihrer eigenen Schicht und beanspruchte keinen aristokratischen Vorrang vor ihnen; er beanspruchte aber auch keinerlei magische oder mystische Autorität, sondern bestand nur auf seinem Kenntnisvorsprung, den einzuholen er sie immer wieder anspornte, da entsprechendes Lernen als Pflicht jedes Juden galt und als Grundlage jedes nützlichen und tugendhaften Lebens. So waren die Pharisäer nicht nur die Gründer des Kongregationalismusses, sondern auch die Urheber der Idee sowie der Wirklichkeit einer umfassenden Ausbildung, obwohl sie sich an dieser Stelle nur darauf beriefen, die Gebote der Bibel selbst zu erfüllen, welche in der Tat an vielen Stellen die Pflicht zum Wissenserwerb und zur Wissensvermittlung einschärft (z.B. Dtn. 4,9; 6,7; 11,19; Ps. 78,4–6).

Während sie die Autorität der Priesterschaft untergruben, hielten sich die Pharisäer nicht für Neuerer oder Umstürzler, sondern eher für die Bewahrer des authentischen Judentums. In der Bibel fällt die vornehmste Lehrerrolle nicht an die Priester, sondern an die Propheten, die keine Erbansprüche geltend machen konnten und aus jeder beliebigen Ecke des Volkes stammen durften. Moses, der sagenhafte Gründer der israelitischen Religion, machte sich selbst nicht zum Hohenpriester, sondern gab diese Rolle an seinen Bruder Aaron ab, ein relatives Fliegengewicht. Die Rabbis sahen sich solcherart als die Erben der Propheten und besonders des Moses und beanspruchten dementsprechend die Lehrerposition, die in Praxis und Religion des Judentums immer sorgfältig von der priesterlichen geschieden worden war. Allerdings beanspruchten die Rabbis keine Prophetengabe für sich und ihresgleichen; sie gingen davon aus, daß das Prophetentum mit dem letzten der biblischen Propheten dahingeschwunden war und erst im Zeitalter des Messias wieder erneuert werde. Ihre Aufgabe, wie sie sie sich stellten, bestand darin, die inspirierten Worte der Schrift durch eine gemeinschaftliche Anstrengung richtig zu deuten, eine Anstrengung, die strukturell durchaus mancherlei mit derjenigen der modernen Wissenschaft gemeinsam hat, bei welcher jeder einzelne Rabbi seinen eigenen Beitrag an Gedanken und Deutungen zu einem gemeinsamen Fond beisteuerte. In der Folge entwickelten sie Methoden der logischen Analyse und des Analogieschlusses, die den Talmud zu einer der größten Errungenschaften des Menschengeistes werden ließen, indem sie mit größter gedanklicher Beweglichkeit und geschulter Könnerschaft Gegenstände des sittlichen Verhaltens, der Geschäftsmoral und der öffentlichen Verwaltung in einer Weise behandelten, die ihrer Zeit weit voraus war.

Auf der Gegenseite betrachteten sich die Sadduzäer als Verteidiger des *status quo* gegen die Neuerungen der Pharisäer. Bibel, Priesterschaft und Tempel waren die Institutionen, die sie in Ehren hielten; die Bibel brauchte keinen komplizierten Apparat von Erklärungen, die Priesterschaft keine professionelle Klasse von gelehrten Laien, um diesen Apparat noch zu ergänzen, und der Tempel bot alle zu Sündenvergebung bzw. Seelenberuhigung nötigen Einrichtungen, auch ohne daß für diesen Zweck das Land mit einem Synagogennetz für Gebet, Schriftstudium und Predigt hätte überzogen werden müssen. Viele moderne Gelehrte haben die Sadduzäer als Repräsentanten des alten Judentums gesehen, die sich gegen die Neuerungen der Pharisäer sträubten; doch dieses Bild weist ernste Mängel auf. Die Sadduzäer verteidigten wirklich den ***status quo***, aber es war ein *status quo*, den es noch gar nicht so lange gab; er stammte aus dem dritten vorchristlichen Jahrhundert, als Judäa von den Ptolemäern regiert wurde, also Griechen, die Ägypten beherrschten. Unter dieser Regierung hatte der Hohepriester seinen zentralen Status und seine Macht von den griechischen Oberherren erhalten, die ihrerseits an Ort und Stelle Rechtsnachfolger Alexanders des Großen waren. Das Hohepriestertum dieser Epoche war zum Werkzeug einer Fremdherrschaft gemacht worden, eine Rolle, die es bis in die Römerzeit hinein behalten sollte. Als die Pharisäer sich als erkennbare Bewegung zu formieren begannen, nämlich um die Zeit herum (ca. 160 v.d.chr.Ztr.), als die Juden gegen die Fremdherrschaft aufstanden – die Herrschaft war inzwischen von den ägyptischen Ptolemäern auf die ebenfalls griechischen Seleukiden Syriens übergegangen –, stellte sich diese nicht nur aus religiösen, sondern auch aus politischen Gründen gegen die Priesterschaft. Sie wollten die Juden nicht nur zwecks Rückkehr zu dem alten Prophetenideal des Laienführertums aus dem Würgegriff der Priesterschaft befreien, sondern auch, um dieser ihre vorgesehene biblische Rolle als Gilde von Zeremonialbeamten zurückzuerteilen, sie also keinen zentralen Träger politischer Macht mehr sein zu lassen.

Die politische Opposition der Pharisäer gegen das Hohepriestertum setzte sich sogar nach dem Sieg der Juden über die griechische Fremdherrschaft fort; denn die Hasmonäerdynastie verband, sobald sie einmal die Herrschaft über ihre Mitjuden angetreten hatte, das Königtum mit der Hohenpriesterwürde, wodurch die politische Macht der vom Hohenpriester abhängigen Priesterschaft weiter gestärkt wurde. Die Pharisäer widersetzten sich heftig dieser Verfassungsentwicklung und erlitten in der Folge mancherlei Drangsal von seiten der hasmonäischen Könige. Das Zeugnis von den Pharisäern als starker Opposition gegen die Träger der

Macht, auch die jüdischen, ist denen, die ihr Pharisäerbild auf das tendenziöse und unangemessene Bild von diesen stützen, welches die Evangelien zeichnen, gründlich unbekannt. Weit davon entfernt, Volksbedrücker zu sein, bildeten die Pharisäer stets die Partei der Opposition. Ein vom politischen Standort her weitaus treffenderes Bild von ihnen läßt sich aus den Schriften des Flavius Josephus gewinnen, der ihnen in der Tat aus dem einzigen Grunde nicht gewogen war, weil sie ihm als Unruhestifter vorkamen, als Dorn im Fleische der politischen Machthaber (Jos. ant. XVII 2,3).

Obwohl der religiöse Standort der Sadduzäer die Priester mit der obersten Autorität versah, war es nicht wahr – und das sollte nicht übersehen werden –, zu sagen, daß die Priesterschaft als Ganzes die sadduzäische Position unterstützt hätte. Viele der gewöhnlichen Priester waren Pharisäer und dadurch, sowohl politisch wie religiös, Opponenten des Hohenpriesters. Wie die Mehrheit des jüdischen Volkes betrachteten diese einfachen Priester die herausragenden pharisäischen Vertreter (die »Weisen«) als ihre geistlichen Führer und versuchten nicht, sich unter Berufung auf ihre aaronische Abstammung als Gegenautoritäten aufzubauen. Sie akzeptierten, daß sie als Priester nur tempelgebundene Kultbeamte und nicht Lehrer der Religion waren; einige schlossen sich sogar den pharisäischen Akademien an und studierten darauf, selber Schriftgelehrte zu werden – denn daran wurde niemand gehindert, auch nicht ein Priester.

Unter den Priestern waren es hauptsächlich ein paar Familien von erheblichem Reichtum und politischem Einfluß bei den (fremden und kollaborierenden) Herrschaftsträgern, die Sadduzäer waren. Die Sadduzäer bildeten in der Tat nur eine kleine Minderheit im jüdischen Volk, meist reiche Grundbesitzer oder ähnlich reiche Priester. Solche Leute waren die natürlichen Verbündeten aller gerade regierenden Machtträger, seien das ptolemäische Griechen, seleukidische Griechen, Hasmonäer, Herodianer oder Römer. Von der Unruhe im Volk waren sie demgemäß isoliert. Den Tempel als das sichtbare Zentrum des Judentums konnte jede beliebige herrschende Macht übernehmen und seine Funktionärsstellen mit Kollaborateuren besetzen. Aber mit den wahren Zentren der jüdischen Religion, die diese Funktion durch ihr Ansehen erworben hatten, nämlich den Synagogen, in denen die Pharisäer dominierten, ließ sich das nicht machen, da sie zu unscheinbar und zu verstreut waren; sie wären nicht »pluralistisch« durch eingeschleuste Einflußagenten umzufunktionieren gewesen, auch wenn die Römer dies als besten Weg zur Aushöhlung des jüdischen Widerstands erkannt hätten. Zu Zeiten Jesu und Pauli waren die Römer die Besatzungsmacht, welche für die Einsetzung eines ihnen genehmen Hohenpriesters sorgten, genau wie vor ihnen Herodes. Sie dachten, durch die Einsetzung eines dienstfertigen Quislings als Hohenpriester schon Kontrolle über die jüdische Religion gewonnen zu haben, kaum bemerkend, daß in dieser Religion das äußerlich sichtbare Haupt, der

Hohepriester, in Wirklichkeit wenig zählte, da ihn die Mehrheit der Juden verachtete und ihm sogar im Bereich seiner offiziellen Zuständigkeiten wenig echte Autorität zuschrieb.[8]

Es ist unmöglich, die Ereignisse in der Zeit von Jesus und Paulus zu verstehen, wenn man keine klare Vorstellung von der zweideutigen Rolle und Stellung des Hohenpriesters in der jüdischen Gesellschaft hat – er war einerseits eine Figur, die als Leiter glänzender Tempelzeremonien von pompöser Prachtentfaltung umgeben war, andererseits aber über keine geistliche Autorität verfügte. Der normale Evangelienleser nimmt an, was ja nahe genug liegt, der Hohepriester sei eine Figur gewesen, die im Judentum dem katholischen Papst oder dem anglikanischen Erzbischof von Canterbury entsprach. Dieser Fehler erwächst aus der Tatsache, daß im Christentum die Rolle der religiösen Lehrautorität stets mit derjenigen des Zeremonienleiters kombiniert war: der christliche Priester hält die Messe, und ebenso lehrt er das Volk durch Predigt und Unterricht. Christen sind daher nicht mit der Tatsache vertraut, daß im Judentum (und übrigens noch viel stärker seit je im Jainismus, der sogar Fremdgläubige für Tempelriten anstellen kann, d. Übs.) diese beiden Rollen stets getrennt gewesen waren: wer die Opfer vollzieht, macht keine theologischen Aussagen und entscheidet nicht über Fragen des Religionsrechts; er schlüpft auch nie in die Rolle eines Verkünders oder Propheten. Diese jüdische Funktionszerlegung hat sich für das Überleben der jüdischen Religion als unschätzbarer Vorteil erwiesen, denn sie bedeutet, daß Korruption oder Vernichtung der äußerlich sichtbaren Mittelpunkte der Religion nur wenig auf deren Fortsetzung durchschlug. Oftmals wurde die Hohepriesterschaft hoffnungslos korrupt, aber so lange es Bewegungen in der Art der Pharisäer gab, welche die Quellen ihres Einflusses in der Laienschaft am Fließen zu halten verstanden, litt die Religion nicht ernsthaft unter dieser Korruption. Sogar die Zerstörung des Tempels, die aus nichtjüdischer Sicht das Erlöschen des Judentums hätte herbeiführen müssen, bewirkte dieses nicht, da die Lebensfähigkeit dieser Religion, wie wir gesehen haben, nicht vom Tempeldienst oder dessen Vollzugsberechtigten abhing.

---

[8] Anm. d. Übs.: Eine wenig bekannte, doch sehr enge Parallele zur Stellung der antiken Judenheit zu Tempel und dort amtierender, mit einer kolonialistischen Besatzungsmacht kollaborierender Tempelpriesterschaft bietet das 19. Jahrhundert in Gestalt des »Goldenen Tempels« der Sikhs in Amritsar; die eng mit den englischen Besatzern verflochtene, von diesen kontrollierte und mit Hausrecht und Einkünften aus Tempelgut versehene, allgemein verachtete Oberpriesterschaft hatte den unter so großen Opfern erbauten »Goldenen Tempel« fest im Griff, ohne daß dieser deswegen als solcher von den Gläubigen boykottiert worden wäre, ganz im Gegenteil – aber die kollaborierenden Priester standen steter starker Opposition des Sikh-Volkes gegenüber, das immer wieder Anläufe zu ihrer Vertreibung und der Säuberung des Tempels von ihnen unternahm, die mit dem Schwinden der Macht Englands zunehmend und schließlich endgültig erfolgreich verliefen. Siehe das außerhalb Indiens wenig bekannte, aber informative Buch von Davinderpal Singh, The Golden Temple and the City of Amritsar (SINGH 2007, *cap.* 4: The Golden Temple after the Fall of the Sikhs 1849–1947).

Die Korruption der Hohenpriesterschaft zur Jesus-Paulus-Zeit wird auch durch die essenischen Schriftrollen vom Toten Meer belegt. Allerdings unterschied sich die Sekte, welche sie hinterließ, sehr von den Pharisäern hinsichtlich ihrer Reaktion auf die und Wertung der Verderbnis des Tempels und seiner Priesterschaft. Die Pharisäer konnten mit den dem Hohenpriester unterstellten Kultträgern zusammenarbeiten, da sie sie als unbedeutend ansahen. Da der Hohepriester in ihren Augen weiter nichts als ein Kultfunktionär ohne Lehrautorität war, schien es nicht allzu schlimm, wenn er als Person unzulänglich für seinen Posten war, solange er seine Zeremonialpflichten leidlich wirkungsvoll erfüllte. Darum achteten sie darauf, daß der Hohepriester bei der Erfüllung seiner Pflichten sie, die Pharisäer, im Nacken hatte; dies sollte ihn einerseits gegen Folgen seiner Gesetzesunkenntnis schützen, andererseits aber auch jeden Versuch unterbinden, dem Tempeldienst irgendeinen spezifisch sadduzäischen Akzent zu verleihen. Sobald diese Vorsichtsmaßnahmen einmal wirksam geworden waren, waren die Pharisäer mit dem Ergebnis zufrieden, da nach gemeinsamer Auffassung der Tempeldienst gültig sein würde, egal welche Mängel moralischer oder glaubenstheoretischer Art sein Offiziant auch aufwiese. (In der Praxis unterwarf sich der Hohepriester fast immer dieser pharisäischen Aufsicht, da er sonst dem Druck der pharisäisch dominierten öffentlichen Meinung kaum standgehalten hätte.[9])

Dagegen nahm die Sekte vom Toten Meer das Amt des Hohenpriesters sehr viel ernster, und als sie sich überzeugen mußte, daß die Träger dieses Amtes zusamt ihrer unmittelbaren Umgebung hoffnungslos korrupt geworden waren, zog sie sich in Folge gänzlich aus der jüdischen Gesellschaft zurück und bildete eine Mönchsgemeinschaft, die von den »letzten aller Tage« träumte und für deren Eintreffen betete, in denen endlich ein »reiner« Tempeldienst wiederhergestellt würde. Die Sekte vom Toten Meer schätzte tatsächlich die Bedeutung des Tempels und der Priesterschaft sehr viel höher ein als die Pharisäer, und neuere wissenschaftliche Untersuchungen (Baumgarten 1980) haben Hinweise darauf gefunden, daß sie wohl selber eine Abspaltung von den Sadduzäern bildeten resp. als solche

[9] Josephus (ant. XIII 13,5) beschreibt einen Vorfall, bei dem das Volk seine Entrüstung über einen sadduzäischen Hohenpriester demonstrierte. Der Vorfall wird in der Terminologie der pharisäischen Rechtssprache in der Mischna, Sukkah 4,9, des weiteren erörtert (siehe auch Tosefta, Sukkah 3,1 und Babyl. Talmud, Sukkah 43b). In diesen Passagen wird das einfache Volk (*ammei ha-aretz* עמי הארץ) als mit den Pharisäern im Bunde vorgeführt, was die Verlogenheit des Bildes erkennen läßt, das eine Feindschaft zwischen Pharisäern und Volk zeichnet und hauptsächlich aus den Evangelien stammt, sich aber auch aus gewissen Talmudstellen ableiten läßt, wenn man sie aus ihrem Zusammenhang reißt (Anm. d. Übs.: wie dies beispielsweise mit systematischem Fleiß in antijüdischer Tendenz bei der schändlichen entstellenden deutschen Uraufführung von Maccobys Stück ›Die Disputation‹ im Jahre 2004 in München geschah; zu diesem Zweck hatten kirchennahe Freiwillige mit erstaunlichem Aufwand verdrehbare Talmudstellen aufgespürt und sinnentstellend heimlich in den Text montiert. Siehe dazu Hoevels 2004).

entstanden waren (sie nannten sich selber »Söhne des Zaddok«). Sie vertraten die religiösen Ideale der Sadduzäer, bevor diese politisiert und korrumpiert worden waren – eine Sekte, die aufrichtig an die zentrale Bedeutung der Bibel, des Tempels und der Priesterschaft glaubte und zur Laienbewegung der Pharisäer im Gegensatz stand.

Wenn wir im Neuen Testament von Begebenheiten lesen, in denen der Hohepriester vorkommt, sei es in Bezug auf Jesus oder auf Paulus, dann müssen wir uns von unseren vorgefaßten Meinungen über diesen Hohenpriester und dessen Position befreien und versuchen, die fraglichen Vorgänge im Lichte der historischen Tatsachen zu verstehen. Insbesondere wird es die Erzählungen des Neuen Testaments schlagartig erhellen, wenn man den tiefen Gegensatz zwischen der Pharisäerbewegung und dem Hohenpriester jener Zeit im Auge behält, einem Hohenpriester, der nicht einfach nur Sadduzäer war, sondern der sein Amt den Römern verdankte und mit ihnen als ein Quisling kollaborierte.

Kapitel 4

War Jesus ein Pharisäer?

Im Lichte des vorangegangenen Kapitels wird man sich gewiß fragen: »Wenn die Pharisäer wirklich eine so aufgeklärte und fortschrittliche Bewegung waren, warum hat Jesus sie dann so harsch getadelt?« Die Antwort liegt schon seit einer Weile nahe: der historische Jesus hat die Pharisäer überhaupt nicht getadelt und schon gar nicht so, wie das in den Evangelien vorgeführt wird; in Wirklichkeit war er selber einer. Das gesamte Bild von Jesus im Streit mit den Pharisäern ist die Schöpfung einer Zeit nach dem Tode Jesu, als sich die christliche Kirche im Konflikt mit den Pharisäern befand, weil sie behauptete, das Judentum überwunden zu haben. Die Evangelien sind Produkte dieser späteren Zeit; oder genauer, sie enthalten Materialien, von denen einige in eine frühere Zeit hinabreichen, aber in einem pharisäerfeindlichen Sinne überarbeitet worden sind. Dadurch läßt sich das antipharisäische Bild der Evangelien aus diesen selbst heraus widerlegen, da sie sogar nach ihrer Überarbeitung noch viele Einzelheiten aus früheren Berichten bewahrt haben, die zeigen, daß Jesus sich mit den Pharisäern nicht im Konflikt befand, sondern selber ihrer Bewegung angehörte.

Der Vorgang der Überarbeitung mit dieser Tendenz ist nicht einfach eine Hypothese; er läßt sich ganz leicht in den Evangelien selbst beobachten, wenn man deren Erzählungen des jeweils gleichen Vorgangs miteinander vergleicht. Daß es vier Evangelien gibt und nicht nur eines, macht die Rekonstruktion der Primärerzählung sehr viel einfacher, besonders wenn man dabei die Resultate der modernen Forschung im Kopf behält, welche zeigen konnte, in welcher Reihenfolge sie geschrieben wurden. Nach übereinstimmender, gut begründeter Meinung der Fachleute ist das Markusevangelium am ältesten; wir können also manche Nuß knacken, wenn wir dessen Version mit derjenigen eines späteren Evangeliums vergleichen.

Um ein einleitendes Beispiel vorzuführen: im Markusevangelium finden wir ein Gespräch zwischen Jesus und einem gewissen »Schriftgelehrten« (so die alternative Bezeichnung für »Pharisäer« in den Evangelien ebenso wie in späteren christlichen Schriften), das folgendermaßen lautet:

> Und es trat zu ihm der Schriftgelehrten einer, der ihnen zugehört hatte, wie sie sich miteinander befragten, und sah, daß er ihnen fein geantwortet hatte, und fragte ihn: Welches ist das vornehmste Gebot vor allen? Jesus aber antwortete ihm: Das

> vornehmste Gebot vor allen Geboten ist das: »Höre, Israel, der Herr, unser Gott ist ein einiger Gott; und du sollst Gott, deinen Herrn, lieben von ganzem Herzen, von ganzer Seele, von ganzem Gemüte und von allen deinen Kräften.« Das ist das vornehmste Gebot. Und das andere ist ihm gleich: »Du sollst deinen Nächsten lieben wie dich selbst.« Es ist kein anderes Gebot größer denn diese. Und der Schriftgelehrte sprach zu ihm: Meister, du hast wahrlich recht geredet; denn es ist ein Gott und ist kein anderer außer ihm. Und ihn lieben von ganzem Herzen, von ganzem Gemüte, von ganzer Seele und von allen Kräften, und lieben seinen Nächsten wie sich selbst, das ist mehr denn Brandopfer und alle Opfer. Da Jesus aber sah, daß er vernünftig antwortete, sprach er zu ihm: Du bist nicht ferne von dem Reich Gottes. (Mk. 12,28–34)

Im nächsten erhaltenen Evangelium, also dem des Matthäus, lautet diese Geschichte so:

> Da aber die Pharisäer hörten, daß er den Sadduzäern das Maul gestopft hatte, versammelten sie sich. Und einer unter ihnen, ein Schriftgelehrter, versuchte ihn und sprach: Meister, welches ist das vornehmste Gebot im Gesetz? Jesus aber sprach zu ihm: »Du sollst lieben Gott, deinen Herrn, von ganzem Herzen, von ganzer Seele und von ganzem Gemüte.« Dies ist das vornehmste und größte Gebot. Das andere aber ist ihm gleich: »Du sollst deinen Nächsten lieben wie dich selbst.« In diesen zwei Geboten hanget das ganze Gesetz und die Propheten. (Mt. 22,34–40)

In dieser zweiten Version der Geschichte ist die Freundlichkeit des Meinungsaustausches getilgt worden. Der pharisäische Fragesteller ist nicht von Bewunderung motiviert wie in der älteren Fassung (»und sah, daß er ihnen fein geantwortet hatte« – dieser bald fünfhundertjährige Ausdruck Luthers enthält keinerlei Ironie), sondern will Jesus nur »versuchen«, d.h. ihm eine Fangfrage stellen. In der ersten Version darf der pharisäische Fragesteller seinen Beitrag ausführlicher gestalten, ein Lob für Jesus aussprechen und eine eigene Bemerkung bezüglich der Überlegenheit der Liebe über rituelle Opfer hinzufügen, und Jesus antwortet ihm höflich und achtungsvoll, denn er sagt ja, der Fragesteller sei »nicht ferne von dem Reich Gottes«. All dies ist aus der späteren Version herausgefallen; diese ist nur noch eine der vielen Geschichten von einem Jesus, dessen überlegene Weisheit wieder einmal einen neidischen Pharisäer zum Schweigen brachte.

Man sollte auch nicht vergessen, daß Jesu Aussonderung der beiden Bibelverse (Dtn. 6,4–5 und Lev. 19,18) als den vornehmsten der Gebote nicht seine eigene Idee war, sondern ein längst gefestigter Bestandteil des pharisäischen Denkens. Die Säule der von den Pharisäern geschaffenen Liturgie, die heute noch bei allen gläubigen Juden in Gebrauch ist, ist das, was unter dem Namen »Schemá Israël« (שמע ישראל) bekannt ist: nichts anderes als eben jene von Jesus zitierte Deuteronomiumstelle. (»Höre, Israel, der Herr, unser Gott, ist ein einiger Herr. Und du sollst den Herrn, deinen Gott, liebhaben von ganzem Herzen, von ganzer Seele, von allem Vermögen.«) Diesen biblischen Befehl hielten die Pharisäer für so bedeutsam, daß sie verfügten, sein zweimaliges Aufsagen pro Tag genüge, um alle Gebetspflichten als erfüllt betrachten zu können.[1] Interessanterweise – nämlich im Hinblick auf Jesu Abschlußbemerkung an den »Schriftgelehrten« – betrachteten auch die Rabbiner diese Verse als eng mit dem »Reich Gottes« verknüpft (einem Schlagwort, das nicht erst Jesus in Umlauf brachte, sondern das zum Kern der pharisäischen Phraseologie gehörte). Sie erklärten, das Aufsagen dieser Verse umfasse »die Annahme des Joches des Reiches Gottes«. Man sollte im Sinn bewahren, daß im pharisäischen Denken das »Reich Gottes« zwei Bedeutungen hatte: einerseits das *gegenwärtige* Reich oder die Herrschaft Gottes, andererseits die *künftige* Herrschaft Gottes über die ganze Welt im messianischen Zeitalter. Auch in Jesu häufigem Gebrauch des Ausdruckes lassen sich beide Bedeutungsschichten finden: manchmal will er auf einen künftigen Weltzustand hinweisen, zu dessen Verkündigung er gesandt ist (»Tut Buße, denn das Reich Gottes ist nahe herangekommen!«), und manchmal bezieht er sich auf die gegenwärtige Königsherrschaft Gottes, die jeder Sterbliche anerkennen sollte (»Das Reich Gottes ist mitten unter euch.«). In der vorliegenden Stelle herrscht anscheinend die zweite Bedeutung vor.

Der andere Vers, den Jesus aus dem Leviticus zitiert, wurde von den Pharisäern ebenfalls für zentral gehalten, und die beiden bedeutendsten Exponenten des Pharisäertums, Hillel[2] und R. Akiba[3], behandelten ihn als das große Prinzip des Judentums, von dem alles andere abhing. Das hieß natürlich nicht, daß der Rest des »Gesetzes« mißachtet oder beiseite gewischt wurde, nur weil man diesen Vers als dessen bedeutendstes Prinzip ansah; im Gegenteil, das Gesetz galt als Ausarbeitung und praktische Anwendung des Prinzips der Nächstenliebe, das Leitlinien aufstellte, wie sich die Nächstenliebe in den Wirrnissen des Alltagslebens durchführen ließe; ohne eine solche Ausarbeitung hätte er nicht nützlicher sein können als die euklidischen Axiome ohne die dazugehörigen Lehrsätze. Spätere christliche Autoren, die diesen Sachverhalt mißverstanden, dachten, Jesus habe durch seine Aussonderung der Gottes- und der Nächstenliebe als oberste Prinzipien der Bibel deren Rest als bedeutungslos abtun wollen. Für diese Annahme gibt es keine Grundlage, vor allem nicht, weil er mit den pharisäischen Schriftgelehrten, jedenfalls in der früheren und wohl tatsachennäheren Markusfassung, so herzliche Übereinstimmung zeigte.

Ebenso sollte die geringschätzige Bemerkung des »Schriftgelehrten« über die Opferriten nicht falsch verstanden werden. Er meinte damit nicht, seiner Ansicht nach seien die Opferriten oder der Tempeldienst generell abzuschaffen, sondern nur, daß man die Worte der jüdischen Propheten nie vergessen sollte, die davor

[1] Babyl. Talmud, Berachot 13b.

[2] Babyl. Talmud, Schabbat 31a, wo das Prinzip der Nächstenliebe durch die Goldene Regel ausgedrückt wird: »Was Du nicht willst, das man Dir tu, das füg auch keinem andern zu.«

[3] Sifra 89b, Gen. Rabbah 24,7: »Rabbi Akiba sprach: ›Liebe deinen Nächsten wie dich selbst‹ ist das größte Gebot im Gesetz.«

warnten, Opferriten als magische Entsühnungsmittel zu betrachten, wo sie doch ihrer Ansicht nach nur Symbole aufrichtiger Reue und als Folge davon Wiederversöhnung mit Gott sein sollten. Der feierlichste Tag im jüdischen Kalender war der Versöhnungstag, an dem Opferriten im Tempel vollzogen und der Sündenbock in die Wüste gejagt wurde; trotzdem blieb es pharisäische Lehre, daß alle diese feierlichen Riten vor dem Eintritt aufrichtiger Reue und insbesondere als deren natürlicher Folge realem Schadenersatz am real geschädigten Mitmenschen wirkungslos blieben. So widersetzten sich die Pharisäer zwar nicht dem vorgeschriebenen Opfervollzug (da er sich nun einmal in der Heiligen Schrift verordnet findet), aber sie setzten ihn an seine »passende Stelle«, so wie sie auch im allgemeinen den Tempeldienst und die Priesterschaft in ihren Pflichten unterstützten, aber sich heftig jeder Neigung entgegenstellten, ihn in der Art oder zumindest Tendenz der Sadduzäer für das Herzstück der jüdischen Religion zu halten. Wiederum gibt es keinen Grund zu der Annahme, daß sich Jesu Haltung zum Tempeldienst hiervon unterschieden habe.

Unsere Analyse dieser Geschichte von Jesus und dem »Schriftgelehrten« zeigt somit zwei Dinge: erstens gab es keine Differenzen zwischen Jesus und den Pharisäern, und zweitens wurden die Evangelien fortschreitend in dem Sinne bearbeitet, daß man solche Differenzen annehmen sollte. Denn das spätere Evangelium verwandelt eine freundschaftliche Diskussion in eine feindselige Konfrontation. Das bedeutet nicht, daß wir aus dem Markusevangelium, auch wenn es das älteste ist, ein vorurteilsloses Bild der Pharisäer extrahieren können; im Gegenteil, gerade das Markusevangelium steckt voller Vorurteile gegen die Pharisäer, aber weil es das älteste ist, hat es den Prozeß antipharisäischer Bearbeitung noch nicht in solcher Gründlichkeit erlitten wie die folgenden Evangelien, wodurch in ihm der ursprüngliche Sachverhalt noch am ehesten durchscheint.

Hier kommen wir zu einem bedeutsamen Prinzip der Evangelieninterpretation: stoßen wir auf eine Stelle, die der Gesamterzählung gegen den Strich geht, dann können wir darauf vertrauen, daß hier ein Teil der ursprünglichen, tatsachennahen Erzählung die zensorischen Eingriffe nachträglicher Bearbeiter überlebt hat. Da die allgemeine Erzähltendenz pharisäerfeindlich ist, wird auch die Erzählung selbst mit jeder Neubearbeitung pharisäerfeindlicher, weswegen pharisäerfreundliche Stellen keine späteren Hinzufügungen zum schon bestehenden Text sein können (denn die Neubearbeiter streben ja nach Streichung solcher Stellen, nicht etwa deren Vermehrung); vielmehr müssen sie Reste früherer Schichten sein, die dem Auge des Bearbeiters entgingen. Das bedeutet nicht, daß ein späteres Evangelium stets und bei allem, wovon es berichtet, stärker bearbeitet sein muß als ein älteres, da die verschiedenen Evangelien nicht aus einer einzigen Quelle schöpfen, die sie dann bearbeiten. Jedes Evangelium enthält Material, das nicht aus seinem Vorgängerevangelium stammt und dem sein Verfasser somit als Erstbearbeiter gegenübersteht (wenn nicht unbekannte Vorläufer schon in diesem Sinne tätig gewesen waren); diese verschiedenen Materialvorlagen haben von modernen Gelehrten Etiketten mit Großbuchstaben bekommen, etwa Q, L usw. Wenn also eine solche (von den uns bekannten Texten) unabhängige Quelle vorliegen kann, dann kann also das spätere Evangelium folglich authentischeres und früheres Material enthalten als ein früheres Evangelium, in dem es fehlt. Jede wissenschaftliche Beschäftigung mit den Evangelien muß diese Überlegungen berücksichtigen. Daraus folgt, daß ein späteres Evangelium, welches ein bekanntes Vorurteil bzw. die bekannte Tendenz verschärft, mutmaßlich die gleiche Quelle wie das frühere bearbeitet, aber eben in einem fortgeschritteneren Stadium. Genau dieser Fall liegt in unserem obigen Beispiel vor, wo es klar ist, daß der Bericht über den Vorfall zwischen Jesus und dem »Schriftgelehrten« zuerst bei Markus auftaucht, und wenn er das später auch bei Matthäus tat, so hat dort jener Matthäus, oder wer immer diesen Namen benutzte, den Vorfall nach der Markusversion bearbeitet, die ihm bei der Abfassung seines Matthäusevangeliums vorlag.

Dieses Beispiel soll freilich nur eine Probe liefern. Jetzt will ich eine ausführliche Argumentation folgen lassen, die zeigen soll, daß Jesus kein Gegenspieler des Pharisäertums war, sondern selber ein Pharisäer. Diese Argumentation ist keineswegs eine unzulässige Abschweifung von unserem Gegenstand, also Paulus, denn die Frage, ob Jesus ein Pharisäer gewesen ist, ist höchst wichtig für die Entscheidung jener anderen, ob Paulus jemals einer war. Denn nur das in den Evangelien gezeichnete Bild von einem Jesus, den die Pharisäer in den Tod hetzen, läßt das später in der Apostelgeschichte gezeichnete Bild von einem Paulus bzw. Saulus, der als Pharisäer hinter Jesu Nachfolgern, der »Jerusalemer Kirche«, hinterherhetzt, glaubwürdig erscheinen. Wenn die Pharisäer Jesus niemals verfolgten und er vielmehr selber Pharisäer war, wird es immer unglaubwürdiger, daß Paulus, als er hinter der Jerusalemer Kirche her war, selber Pharisäer war. Die milde und duldsame Haltung Gamaliels, des anerkannten Pharisäerführers seiner Zeit, gegenüber der Jerusalemer Kirche wird dann verständlich: als eine bloße Fortsetzung der freundlichen Haltung der Pharisäer zu Jesus zu dessen Lebzeiten. Dieses Buch sucht zu zeigen, daß Jesus, der normalerweise für alles andere als einen Pharisäer gehalten wird, genau ein solcher war, während Paulus, der vor seiner Bekehrung stets als Pharisäer dargestellt wird, niemals einer gewesen ist. Im Verlaufe meiner Argumentation wird es erkennbar werden, weswegen die Autoren des NT diese seltsame Umkehr der Fakten vorgenommen haben.

Ein bedeutender Konfliktbereich soll sich, wenn wir den Evangelien trauen dürfen, zwischen Jesus und den Pharisäern durch dessen Bestehen auf Krankenheilungen am Sabbat eröffnet haben, welche angeblich gegen pharisäisches Gesetz verstießen. Die Evangelien verbreiten die Behauptung, daß die Pharisäer Jesus nicht nur für seine Sabbatheilungen tadelten, sondern sogar planten, ihn aus genau diesem Grunde umzubringen (Mk. 3,6; Mt. 12,14). Ebenso werden Jesus gewisse Überlegungen in den Mund gelegt, mit denen er gegenüber den Pharisäern seine

Sabbatheilungen verteidigt haben soll: wenn z.B. eine Beschneidung am Sabbat stattfinden durfte, warum dann keine Heilung (Joh. 7,23)? Es erstaunt nicht wenig, wenn wir in den pharisäischen Originalschriften nachschlagen, was die Pharisäer wirklich über Sabbatheilungen dachten, daß wir darin finden, daß sie gar nichts gegen solche hatten und noch dazu diese ihre Ansichten ganz mit denselben Argumenten begründen, mit denen Jesus seine eigenen Sabbatheilungen verteidigt haben soll. Noch mehr: der gefeierte Ausspruch Jesu: »Der Sabbat ist geschaffen um des Menschen willen, nicht der Mensch um des Sabbat willen«, der so oft als erstmals von Jesus verkündete, epochemachende neue Einsicht gepriesen worden ist, findet sich fast wortwörtlich in einer pharisäischen Quelle, wo er genau zur Unterstützung der Ansicht geäußert wird, daß die Rettung von Menschenleben Vorrang vor den Sabbatgesetzen habe. So sieht es doch so aus, daß, wer auch immer Jesu Gegner gewesen sein mögen, gegen die er seine Sabbatheilungen zu verteidigen hatte, dies unmöglich die Pharisäer gewesen sein können.

Ein Hinweis auf die wahre Identität dieser Gegner läßt sich in einer dieser Sabbatgeschichten finden. Dort heißt es, aus Zorn über Jesu Sabbatheilungen hielten die Pharisäer »alsbald einen Rat mit des Herodes Dienern über ihn, wie sie ihn umbrächten« (Mk. 3,6). Diese »Diener des Herodes« (nämlich des Herodes Antipas, des von den Römern eingesetzten Herrschers über Galiläa) waren die hellenisiertesten aller Juden und in dem Sinne am meisten politisiert, daß ihre Motivation alle religiösen Elemente abgestreift hatte und stattdessen nur von Machtüberlegungen angetrieben wurde. Eine Allianz zwischen Pharisäern, d.h. dem Rückgrat des Widerstands gegen die römische Besatzung, und den Herodianern ist ganz unmöglich. Aber eine Allianz zwischen Herodianern und Sadduzäern war nicht nur möglich, sondern bestand sogar. Mochten die Sadduzäer, wie oben erklärt, auch mit Nachdruck als religiöse Fraktion auftreten, so waren sie doch mit der Erhaltung des *status quo* derart beschäftigt, daß sie zu Roms Spießgesellen geworden waren, wobei man ihrem Führer, dem Hohenpriester, einer von den Römern eingesetzten Marionette, die Wahrnehmung der römischen Besatzungsinteressen anvertraut hatte. Es dürfte am wahrscheinlichsten sein, daß durch den Eingriff eines Bearbeiters das Wort »Pharisäer« hier an die Stelle des ursprünglichen »Sadduzäer« geraten ist, und eben dies dürfte auch an den anderen Stellen über Sabbatheilungen eingetreten sein, an denen Jesus unerklärlicherweise den pharisäischen Standpunkt über den Sabbat *gegen* die Pharisäer verficht. Wie wir wissen, nahmen die Sadduzäer einen strengeren Standpunkt zum Sabbat ein als die Pharisäer, und es kann schon sein, daß sie im Gegensatz zu den Pharisäern Sabbatheilungen wirklich verboten (auch wenn sich das nicht belegen läßt, da keine sadduzäischen Dokumente bis auf uns gekommen sind). Auf jeden Fall wäre das eine sinnvolle Hypothese, während die Geschichten, so wie sie dastehen, in welchen Pharisäer Jesus für die Verbreitung der pharisäischen Lehre töten wollen, einfach Unsinn sind.

Da Jesus gewiß mit dem Hohenpriester seiner Tage in Konflikt geraten ist, der ja Sadduzäer war, wäre es ganz erwartungsgemäß, wenn sich Geschichten erhalten hätten, in denen Jesus als Gegner sadduzäischer Lehren auftritt, wenn auch, wie wir sehen werden, der *zentrale* Punkt der Auseinandersetzung zwischen Jesus und den Sadduzäern eher politischer als religiöser Natur war. In den pharisäischen Schriften finden wir viele Geschichten von pharisäischen Wortführern im Streitgespräch mit Sadduzäern. Ein häufiger Gegenstand dieser Debatten war die Frage der Totenauferstehung, an welche die Pharisäer glaubten, die Sadduzäer nicht. Wie es sich trifft, hat sich in den Evangelien auch eine derartige Geschichte über Jesus erhalten (Mk. 12,18-27, mit Parallelen in anderen Evangelien). Die Antworten, die Jesus hierbei den Sadduzäern gibt, sind typisch für die entsprechenden der Pharisäer. Sogar unter Nichtjuden war es zu gut bekannt, daß die Pharisäer an die Auferstehung der Toten glaubten, als daß man diese Geschichten in Kontroversen zwischen Jesus und den Pharisäern hätte umschreiben können – also blieben sie unverändert und bilden dadurch einen interessanten Beleg für Jesus als Pharisäervertreter, wenn auch die Evangelien ihn an dieser Stelle natürlich nicht als Pharisäer auftreten lassen, sondern nur als jemanden, dessen Auffassungen an dieser Stelle zufällig einmal mit denen der Pharisäer übereinstimmten.

Was war dann das Motiv für die Verwandlung aller Geschichten, die einen Konflikt zwischen Jesus und den Sadduzäern schilderten, in solche, in welchen diese durch die Pharisäer ersetzt waren? Die Antwort ist einfach. Die Pharisäer waren schon lange als führende religiöse Autoritäten der Juden bekannt, die Sadduzäer hatten, als die Evangelien geschrieben wurden, jede noch so kleine einstmalige religiöse Bedeutung verloren, und alle religiöse Autorität hatte sich in den Kreisen der Pharisäer angesammelt. Wie wir bald noch genauer sehen werden, war es für Verfasser wie Bearbeiter der Evangelien von größter Wichtigkeit, Jesus als Rebellen gegen die jüdische Religion und nicht gegen die römische Besatzungsmacht darzustellen. Die flächendeckende Überarbeitung des überlieferten Materials zwecks Herstellung eines Bildes von einem Konflikt zwischen Jesus und den Pharisäern wurde dadurch unverzichtbar. Da außerdem noch bekannt war, daß die Sadduzäer mit Rom kollaboriert hatten, durfte es kein tatsachengetreues Bild von Jesu Opposition gegen die Sadduzäer mehr geben, nicht einmal unter Beschränkung auf rein religiöse Themen – es hätte einen Eindruck von Jesus als einem Widersacher Roms erwekken können, eben jenen, den die Evangelisten um jeden Preis vermeiden wollten.

Daß es in der Realität keinen Konflikt zwischen Jesus und den Pharisäern gegeben hatte, zeigt sich an verräterischen Erzählelementen, die im Text stehengeblieben sind. Hier ein bedeutendes Beispiel: »An demselben Tag kamen etliche Pharisäer und sprachen zu ihm: Hebe dich hinaus und gehe von hinnen, denn Herodes will dich töten!« (Lk. 13,31). Diese Stelle hat alle Kommentatoren befremdet. Warum sollten die Pharisäer, welche wir in vorangegangenen Geschichten als gierig auf den Tod Jesu kennengelernt haben (nämlich wegen dessen Sabbatheilungen), sich dazu aufraffen, ihm eine Warnung zukommen zu lassen, um sein Leben zu retten? Etliche fromme christliche Kommentatoren, die unbedingt das Bild von den übelwollenden Pharisäern aufrechtzuerhalten trachteten, haben ein verzwicktes Szenario zusammengebraut, in welchem die Pharisäer ein Doppelspiel treiben: weil diese wußten, daß Jesus in Jerusalem mehr Gefahr als in Galiläa drohte, wo er sich noch aufhielt, gaben sie ihm eine falsche Warnung vor Herodes, um ihn dadurch zur Flucht nach Jerusalem und damit in seinen Tod zu veranlassen. Abgesehen von dem erheblichen Phantasieaufwand, den diese komplizierte Konstruktion benötigt, ist es doch sehr unwahrscheinlich, daß die Pharisäer, wenn sie sich zuvor als Jesu Todfeinde herausgestellt hatten, von ihm Glauben für ihre Botschaft hätten erwarten können, der ja nur die freundlichsten Motive hätten zugrunde liegen können.

Diese Erzählung ist wirklich ein wertvoller Beleg für freundliche Beziehungen zwischen Jesus und den Pharisäern; wenn sie Jesus eine solche Warnung überbrachten, müssen sie ihn als einen der ihren betrachtet haben. Schon die bloße Tatsache, daß diese Geschichte so schlecht zum allgemeinen Evangelienbild von Jesu Beziehungen zu den Pharisäern paßt, spricht für ihre historische Wahrheit; eine derartige Geschichte kann nicht in einem späteren Bearbeitungsstadium der Texte hinzugefügt worden sein, sondern muß das Überbleibsel einer früheren Stufe sein, das durch mangelnde Aufmerksamkeit der Bearbeiter nicht ausgemerzt worden ist.

Ein wichtiger Hinweis darauf, daß man den Geschichten über die pharisäische Opposition gegen Jesu Sabbatheilungen nicht voreilig Glauben schenken sollte, ist die Tatsache, daß die entsprechende Beschuldigung in dem ganzen Prozeß Jesu niemals auftaucht. Wenn Jesus, wie die Evangelien das hinstellen, sich wirklich in den Augen der Pharisäer durch seine Sabbataktivitäten eines todeswürdigen Verbrechens schuldig machte, warum wurde diese Anklage nicht gegen ihn vorgebracht, als es für ihn um Leben und Tod ging? Warum wird tatsächlich *keine einzige* spezifisch pharisäische Anklage gegen Jesus in dessen Prozeß vorgebracht? Wie wir im nächsten Kapitel sehen werden, gab es im Prozeß Jesu überhaupt keine religiösen Beschuldigungen, sondern nur politische, wenngleich die Evangelien, die allgemein Jesu Ziele zu entpolitisieren trachten, diesen politischen Beschuldigungen einen religiösen Anstrich zu verleihen suchen. Aber wenn dieser Prozeß wirklich echte oder vermeintliche Religionsfrevel zum Gegenstand gehabt hätte, wer wäre von Jesu Anklägern besser für die Hauptrolle geeignet gewesen als die Pharisäer, wenn sie denn nun, wie unermüdlich behauptet, Jesu erbitterte religiöse Widersacher waren? Man sollte die Frage lieber ins andere Extrem wenden und sich fragen: warum haben die Pharisäer Jesus bei seinem Prozeß nicht *verteidigt*, so wie der Pharisäerführer Gamaliel dessen Jünger Petrus verteidigte, als dieser vor das religiöse Gericht des Sanhedrin gebracht wurde? Die Antwort liegt darin, daß die Pharisäer bei dem Prozeß Jesu nicht einmal anwesend waren, geschweige denn die Ankläger abgegeben hätten, da dieser Prozeß nicht vor dem für Religionsfragen zuständigen Sanhedrin geführt wurde, sondern vor jenem politischen Tribunal, welchem der Hohepriester als Repräsentant und Gefolgsmann der Römer präsidierte, während sich die Besetzung dieses Gerichtes aus seinen »Spezis« rekrutierte.

Läßt sich nun die Frage der Sabbatheilungen als Konfliktgrund zwischen Jesus und den Pharisäern nicht dingfest machen, wie verhält es sich dann mit den anderen Gegenständen seiner Lehre, die die Evangelien als revolutionäre Neuerungen hinstellen, welche die jüdischen Religionsautoritäten seiner Zeit erzürnen mußten? Wie verhielt es sich mit Jesu Anspruch, er sei der Messias? War er nicht gotteslästerlich in den Augen der Pharisäer? Wie mit Jesu Drohung, den Tempel zu zerstören – die ja auch in seinem Prozeß als Beschuldigung gegen ihn vorgebracht wird? Wie mit seinem Ehrgeiz, das mosaïsche Gesetz zu reformieren oder sogar abzuschaffen? – Die Antwort ist: keiner dieser Punkte lag im Konflikt mit den religiösen Ansichten der Pharisäer, und prüfen wir sie näher, so erweisen sich Jesu Ansichten zu ihnen sämtlich als Konsequenzen reinen Pharisäertums und ihn selbst als Mitglied der Pharisäerbewegung.

Jesu Messiasanspruch war in den Augen der Pharisäer, in Wahrheit sogar aller Juden mitnichten gotteslästerlich, da dem Wort »Messias« keine gottesartige oder irgendwie übernatürliche Bedeutung anhaftete. Es bedeutet einfach »der Gesalbte« und ist ein Königstitel; jeder König der davidischen Dynastie wurde so genannt. Der Anspruch auf die Messiaswürde bedeutete einfach den Anspruch auf den Thron Israels, und so sehr dies, nachdem die Römer die jüdische Monarchie abgeschafft hatten, eine wagemutige bis tollkühne Sache war, so wenig war es ein Verstoß gegen das jüdische Gesetz. Im Gegenteil, alle Juden lebten in der Hoffnung auf das Kommen des Messias, der ihre Leiden unter fremder Besatzung beenden und ihre nationale Unabhängigkeit wiederherstellen sollte. Jeder, der verkündete, er sei der versprochene Messias (versprochen durch die Prophezeiungen der hebräischen Bibel), welcher die geliebte Davidsdynastie restaurieren würde, hat mit Sympathie und Gefolgschaft rechnen können. Die messianischen Prätendenten, von denen wir einige kennen, waren nicht gleichartig: einige waren in erster Linie Krieger, wie Bar Kochba oder Judas von Galiläa, während andere recht unkriegerische Enthusiasten waren, wie Theudas oder »der Ägypter« (beide erwähnt im NT ebenso wie bei Josephus[4]), die eine Menge gläubiger Anhänger um sich scharten und vertrauensvoll auf ein Wunder warteten, mittels dessen die Römer überwunden werden sollten. Jesus gehörte dem zweiten Typ an, wie ich andernorts ausgeführt habe; wie »der Ägypter« erwartete er ein großes Wunder auf dem Ölberg, wie es Sacharja prophezeit hatte.[5] Einige der Messiasse verfolgten das begrenztere Ziel, nur die Juden von

[4] Apg. 5,36 und Jos. ant. XX 5,1 (Theudas), Apg. 21,38 und Jos. ant. XX 8,6 (»der Ägypter«).

[5] Siehe mein Buch ›Jesus und der jüdische Freiheitskampf‹, *cap.* 13.

Rom zu befreien, während andere, darunter offenbar auch Jesus, sich von dieser nationalen Befreiung als Folge diejenige der ganzen Welt in Gestalt universaler nationaler Befreiung und infolgedessen weltweiten Friedens versprachen, so daß, wie es die Propheten verkündet hatten, überall Schwerter zu Pflugscharen umgeschmiedet würden und der Wolf friedlich neben dem Lamm liegen würde. Aber alledem haftete nichts Gotteslästerliches an; im Gegenteil, alles war untrennbarer Bestandteil der jüdischen Religion, in welcher die Messiashoffnung als logische Konsequenz des Glaubens an den Einzigen Gott galt, dessen Reich sich eines Tages über die ganze Menschheit ausdehnen würde.

Im späteren Christentum dagegen hatte, nach dem Tode Jesu, die griechische Übersetzung des Wortes *maschiach* (»Christus«, also Χριστός) die Bedeutung einer Gottheit oder eines göttlichen Wesens angenommen. Als Folge davon projizierten die Christen diese neue Bedeutung in die Lebenszeit Jesu zurück, in der sie noch gar nicht existierte, und konnten darum natürlich leicht glauben, daß Jesu Behauptung, der Messias zu sein, seine Mitjuden in Rage gebracht und ihm selbst eine Blasphemiebeschuldigung eingetragen habe. In der Tat schreiben die Evangelien Jesus ein Konzept seiner eigenen Messiashaftigkeit zu, das sich von demjenigen seiner Mitjuden unterschieden hätte; aber sogar dann, zumal er den Begriff »Messias« ja auf sich selbst anwendete, hätten sie keinen Grund zu der Annahme gehabt, daß er mit ihm etwas Abnormes und grob Übernatürliches gemeint hätte, besonders, da er nach Auskunft der Evangelien über diese angebliche Sonderbedeutung des Wortes, welche er ihm beigelegt haben soll, derart unmitteilsam war, daß sogar seine eigenen Jünger sie nicht verstanden. Folglich hätte keine Blasphemiebeschuldigung aus einem Konzept abgeleitet werden können, das der Öffentlichkeit niemals zu Ohren gekommen war. In der NT-Wissenschaft aber gilt die Vorstellung von einem unveröffentlichten Messiaskonzept (»das Messiasgeheimnis«) nur als Versuch der Christen späterer Zeiten, Jesus selbst eine Vorstellung zuzuschreiben, die sich in Wirklichkeit erst eine Weile nach seinem Tode gebildet hatte.

Wieder ist es interessant zu beobachten, daß in den synoptischen Evangelien niemals die Pharisäer Jesus im Zusammenhang mit seinem Messiasanspruch Vorwürfe machen, sondern immer nur der Hohepriester. Dies deutet darauf hin, daß die Anklage gegen Jesus wegen dessen messianischen Anspruchs überhaupt keinen religiösen Charakter hatte, sondern vielmehr einen politischen. Es war keine Verletzung des pharisäischen Gesetzes, sich zum Messias zu erklären, aber da »Messias« »König« bedeutet und die Römer die jüdische Monarchie abgeschafft hatten, handelte jeder, der sich zum Messias erklärte, subversiv (oder »terroristisch«) gegen die römische Besatzungsmacht, und als von Rom eingesetzter Quisling, dessen Aufgabe in der wachsamen Niederhaltung romfeindlicher Aktivitäten bestand, konnte der Hohepriester nicht umhin, sich für jeden denkbaren Messiasanwärter zu interessieren, um ihn eines Tages den Römern zur entsprechenden Weiterbehandlung zu überstellen. Die Evangelien dagegen, die nie von ihrer Linie abweichen, Jesus als Rebellen gegen die traditionelle jüdische Religion vorzuführen, zeichnen den Hohenpriester im Kampf gegen eine Gotteslästerung und nicht gegen einen Aufstandsversuch.

In gleicher Weise wird die Beschuldigung gegen Jesus, er habe angedroht, den Tempel zu zerstören und in drei Tagen wieder aufzubauen, nur in seinem sogenannten Prozeß gegen ihn vorgebracht; die Pharisäer geraten mit diesem Vorwurf nie in Verbindung. In der Tat hat dieser Vorwurf einen politischen und keinen religiösen Charakter, denn die Pharisäer erwarteten nicht, daß der von Herodes errichtete Tempel bis in die messianische Zeit hinein halten würde. Jesus hat höchstwahrscheinlich seinen Vorsatz, den Tempel zu zerstören und neu zu errichten, tatsächlich erklärt, denn nichts anderes hätte jeder getan, der ernsthaft behauptete, der Messias zu sein. Abergläubische Verehrung des Tempelgebäudes war den Pharisäern fremd; nie wären sie darüber erschrocken, daß Jesus einen Tempelneubau wie sein Vorgänger Salomo beabsichtigte. Die einzigen Leute, welche durch einen solchen Plan ernsthaft zu erzürnen waren, waren der Hohepriester und seine Gefolgschaft, da sie erwarten konnten, von der geplanten Messiasregierung hinweggefegt zu werden. In der Tat war es die erste Amtshandlung der antirömischen Aufständischen des Jüdischen Krieges von 66, den Hohenpriester abzusetzen und einen neuen aus einer Familie einzusetzen, die nicht durch Kollaboration mit Rom befleckt war. Schon wieder aber wird dieser Vorwurf (vom geplanten Tempelabriß und -neubau) in den Evangelien als religiös motivierte Blasphemiebeschuldigung dargestellt – statt als politische Beschuldigung einer Auflehnung gegen den *status quo*, in dem der Hohepriester und dessen Tempel Werkzeuge Roms waren.

Was nun die angeblichen Reformen am Judentum angeht, für welche Jesus sich eingesetzt haben soll, so erweist sich bei näherem Hinschauen keine einzige als im Gegensatz zu den pharisäischen Anschauungen. So erfahren wir, Jesus habe sich gegen das »Auge-für-Auge«-Prinzip aus dem Gesetzesteil der Bibel ausgesprochen und das Gesetz der Rache durch das Gesetz der Liebe ersetzt. Mit dieser Behauptung wird die pharisäische Position zur Sache travestiert. Kein Pharisäer hielt den Ausdruck »Auge für Auge« für eine wörtlich zu befolgende Gesetzesvorschrift. Vielmehr schütteten sie Hohn und Spott über eine solche Auffassung aus (z.B. durch die Frage: »Was geschieht, wenn ein Einäugiger jemandem das Auge ausschlägt?!«), welche ihnen verschroben und barbarisch vorkam. Sie schrieben stattdessen dem Ausdruck »Auge für Auge« die Bedeutung zu, daß prinzipiell jede Schädigung des Nächsten gemäß der Schwere dieser Schädigung, also vollständig bzw. symmetrisch zu kompensieren sei (so daß der Schädiger von seiner Handlung keinen Vorteil behält). In Wahrheit sieht das biblische Gesetz selbst eine derartige Entschädigung vor, indem es feststellt, daß Arbeitsverlust und Arztrechnungen durch den Verantwortlichen der zugrundliegenden Schädigung zu zahlen seien (Ex. 21,19).

Derart vertraten die Pharisäer eindeutig keine überzogene Auslegung der Bibel, wenn sie unter der Formel »Auge für Auge« eher eine ausgewogene, symmetrische Wiedergutmachung, auch mittels einer angemessenen Schadenersatzzahlung, verstanden als eine blutrünstige Vergeltung. Was Jesu weitere Empfehlungen angeht, man solle als Opfer von Unrecht keine Satisfaktion anstreben, sondern lieber noch die andere Backe hinhalten, so weitete er dieses Konzept gewiß nicht dahingehend aus, daß niemand mehr verpflichtet werden könne, die Schäden voll auszugleichen, die er angerichtet hatte. Als Ratschlag auf dem Wege zur Vollkommenheit[6] (nicht als praktische Vorschrift) bestand die Option auf Wiedergutmachungsverzicht auch im Denken der Pharisäer, doch dies bedeutete keineswegs, daß man damit einen Freibrief für Übergriffe ausgestellt hätte, gegen welche jede gesetzliche Abhilfe aufgehoben worden wäre – ganz im Gegenteil, wer immer bereit war, auf sein ihm durch das Gesetz zustehendes Entschädigungsrecht zu verzichten, wäre der erste gewesen, der das Entschädigungsrecht anderer verteidigt hätte, besonders, wenn er es selbst gewesen war, durch welchen sie Schaden erlitten hatten. Auf diesem Gebiet macht sich die größte gedankliche Verwirrung breit, und man traut Jesus eine Definition des »Gesetzes der Liebe« zu, die nur als völliger Blödsinn bezeichnet werden kann und deren Anwendung zu dem Ergebnis einer Gesellschaft führen würde, in der Unterdrückung und Gewalt ungehindert das Zepter schwängen. Auch die Pharisäer glaubten an das »Gesetz der Liebe«, wie ihr Grundsatz zeigt, daß die Liebe zu Gott und die Liebe zum Nächsten die Grundprinzipien der Thora seien; aber die Nächstenliebe zeigt sich mehr in der Entschlossenheit, die Rechte des Nächsten zu sichern, als in einer Blanko-Abschaffung aller Rechte überhaupt. Es gibt keinen Grund zu der Annahme, Jesus habe eine derart närrische Doktrin vertreten oder an dieser Stelle überhaupt andere Ansichten als der Rest der Pharisäer gehabt.

Was nun Jesu individuelle »Reformen« der jüdischen Gesetze angeht, so gab es diese Reformen einfach nicht. In Mk. 7,19 findet sich ein Ausdruck, dem Übersetzer die Bedeutung beigelegt haben, Jesus habe »alle Speisen für rein erklärt«[7], aber diese Übersetzung wurde häufig bestritten, und die meisten Gelehrten halten die

---

[6] Z.B. im Gebet des Mar bar Ravina (Babyl. Talmud, Berachot 17a: »Gegen die, so mir fluchen, soll meine Seele taub sein«; dieser Satz ist in die jüdische Liturgie eingegangen. Siehe SINGER o.J., p. 110*sqq.*)

[7] L: »Denn es [*sc.* das Gegessene] geht nicht in sein Herz, sondern in den Bauch, und geht aus durch den natürlichen Gang, der alle Speise ausfegt.« H fügt ohne jede griechische Textgrundlage und ohne Kennzeichnung als eigenen Einschub hinzu: »Damit erklärte Jesus alle Speisen für rein.« Luther ist zwar texttreu (wie an unserer Stelle der hl. Hieronymus auch), aber ihm entgeht die Pointe: »καθαρίζον πάντα τὰ βρώματα«, was nur besagen kann, daß Jesus hier die *Speisen* durch den Ausscheidungsvorgang als gereinigt ansieht (daher ganz richtig die Vulgata: *»et in secessum exit purgans omnes escas«*). Auch die ebenfalls überlieferte Lesart καθαρίζων, die grammatisch verzwickter wäre, ändert diesen grundlegenden Sinn – Reinigung der Speisen durch den Ausscheidungsvorgang – keineswegs. (Anm.d.Übs.)

Stelle ohnehin für einen späteren Einschub. An einer anderen Stelle zeigt sich übrigens, daß Jesus die jüdischen Reinheitsgebote erklärtermaßen teilt; er sagt nämlich zu dem von ihm gerade geheilten Leprösen: »Gehe hin und zeige dich dem Priester und opfere für deine Reinigung, was Mose geboten hat, zum Zeugnis über sie« (Mk. 1,44).[8]

Es ist schon wahr, daß wir Jesus in der Bergpredigt im Tonfall eines Reformers reden hören; oft genug sagt er ja: »Ihr habt gehört, daß zu den Alten gesagt ist [...] ich aber sage euch [usw.]«. Hier stellt er sich offensichtlich als Autorität hin und erklärt sich für unabhängig von früheren Lehren in einer Art, die seine Etikettierung als »Reformer« sehr wohl rechtfertigen könnte. Aber da die ganze Geschichte von der Bergpredigt nur eine aparte Erfindung von Matthäus ist (denn Jesu dort zusammengestellte Aussprüche finden sich verstreut auf die verschiedensten Anlässe auch in den anderen Evangelien – außer in demjenigen des Lukas, der diese Predigt in eine Ebene verlegt und sie auch ohne den großspurigen Verkündigerton überliefert), bleibt die einfachste Erklärung des Phänomens, daß die Reformer-Attitüde Jesu von späteren christlichen Bearbeitern in die Geschichte hineingetragen wurde, weil es nicht nach deren Geschmack war, sich Jesus als einen Pharisäer vorzustellen, der mit derselben Art von Autorität lehrte wie die anderen pharisäischen Gesetzeslehrer auch.

Eine interessante Episode, die das Bild von Jesus als einem rücksichtslosen Zusammenstutzer bzw. Reformer der Thora und unbekümmert um deren Vorschriften zu stützen scheint, ist der Vorfall mit dem »Ährenraufen«, der zuerst im Markusevangelium auftaucht:

> Und es begab sich, daß er wandelte am Sabbat durch die Saat; und seine Jünger fingen an, indem sie gingen, Ähren auszuraufen. Und die Pharisäer sprachen zu ihm: Siehe zu, was tun deine Jünger am Sabbat, das nicht recht ist? Und er sprach zu ihnen: Habt ihr nie gelesen, was David tat, da es ihm not war und ihn hungerte samt denen, die bei ihm waren? Wie er ging in das Haus Gottes zur Zeit Abjathars, des Hohenpriesters, und aß die Schaubrote, die niemand durfte essen, denn die Priester, und er gab sie auch denen, die bei ihm waren? Und er sprach zu ihnen: Der Sabbat ist um des Menschen willen gemacht, und nicht der Mensch um des Sabbat willen. So ist des Menschen Sohn ein Herr auch des Sabbats. (Mk. 2,23–28)

---

[8] Die Stelle ist etwas seltsam und durch die spätere Doktrin vom »Messiasgeheimnis« verdorben, da Jesus dem gleichen Geheilten verbietet, irgend jemandem anderen als den zuständigen Priestern von seiner Heilung zu erzählen – bis heute die sicherste Methode, die z.B. ganz bewußt von Firmenleitungen gegenüber ihren Angestellten eingesetzt wird, für die Verbreitung einer Aussage zu sorgen. Abgesehen von der höchst dubiosen Historizität der Stelle scheint sie mir wenig über Jesu persönliche Ansichten zu den Reinigungsriten zu sagen; denn ohne offizielle Heilungsfeststellung hätte der arme Lepröse von Jesu Wunder sehr viel weniger gehabt, unabhängig davon, was jener über den vorgeschriebenen Vorgang dachte oder nicht. (Anm. d. Übs.)

Dieser Vorfall läßt sich nicht damit erklären, daß er ein später auf die Pharisäer umgeschriebener Wortwechsel Jesu mit den Sadduzäern gewesen sei; denn die Pharisäer verboten tatsächlich Kornpflücken am Sabbat, ebenso wie jede andere landwirtschaftliche Arbeit. Also verhöhnte Jesus, indem er seine Jünger zum Ährenraufen am Sabbat anhielt, ein klar formuliertes pharisäisches Gesetz – oder wenigstens scheint es so.

Einen Hinweis darauf, daß alles nicht so ist, wie es scheint, gibt Jesu Ausspruch am Ende der Erzählung: »Der Sabbat ist um des Menschen willen gemacht, und nicht der Mensch um des Sabbat willen.« Wie schon erwähnt, ist genau das eine pharisäische Maxime[9], und sie liefert den Schlüssel zu der ganzen Geschichte. Denn die Pharisäer benutzten sie zur Demonstration ihrer Ansicht, daß *beim Vorliegen von Lebensgefahr* die Sabbatgesetze mißachtet werden konnten und auch sollten. So, wie die Erzählung dasteht, enthält sie keinen Beleg einer Lebensgefahr, mit der die Jünger ihren Bruch des Sabbatgesetzes entschuldigen konnten; schauen wir sie uns aber genauer an, dann verdichten sich die Hinweise, daß die Umstände, unter denen sie spielte, tatsächlich für die Anhänger Jesu äußerst bedrohlich waren.

In der Erklärung, die Jesus den Pharisäern zuteil werden läßt, zitiert er in echt pharisäischer Art eine Bibelgeschichte, auf welche er seine Haltung zum Ährenraufen aufbaut. Es geht um David und dessen Verletzung der Unantastbarkeit der Schaubrote; und dieser Fall wurde, im Text selbst gut begründet, im pharisäischen Schrifttum[10] als ein solcher von höchster Lebensgefahr dargestellt, da David und seine Mannen auf ihrer Flucht vor Saul zu verhungern drohten. Deshalb waren gemäß pharisäischer Theorie David und seine Leute berechtigt, die heiligen Schaubrote zu verzehren, was, solange keine Lebensgefahr bestand, als abscheuliche Verfehlung betrachtet wurde. Da es sich im herangezogenen Falle Davids um eine extreme Notlage handelte, wäre dessen Heranziehung durch Jesus unsinnig gewesen, wenn er sich nicht mit seinen Jüngern im Zusammenhang mit dem Ährenraufen in einer gleichermaßen schlimmen Situation befunden hätte. Hätte die Schar, wie der Evangelientext suggeriert, einfach am Sabbat einen Freizeitspaziergang durch die Kornfelder gemacht und die Jünger dabei nichts Besseres zu tun gehabt, als aus Mangel an anderer Beschäftigung Körner aus den Ähren zu stibitzen und auf diesen herumzukauen, dann hätte die herangezogene Davidsgeschichte zu diesem Fall einfach nicht gepaßt (abgesehen davon, daß sie auch nichts mit dem Sabbat zu tun hat). Stellen wir dagegen den getilgten Notfallhintergrund der Erzählung wieder her, so wird sie mit einem Schlag völlig sinnvoll.

In diesem Falle erreichen Jesus und seine Anhänger gänzlich erschöpft und ausgehungert auf der Flucht vor Herodes Antipas und den römischen Besatzern ein

---

9 Im Babyl. Talmud, Yoma 85b, leitet sie R. Jonathan ben Joseph aus der Exodusstelle 31,14 ab (»denn er [*sc.* der Sabbat] soll *euch* heilig sein« [Hervorhebung Jonathan b. Joseph]).

10 Babyl. Talmud, Menachot 96a.

Kornfeld. Es ist zwar Sabbat, aber Jesus, der die Situation analog zu derjenigen Davids auf der Flucht vor Saul als Notlage einschätzt, in welcher nach pharisäischem Gesetz alle Ritualvorschriften außer Kraft gesetzt sind, seien sie nun mit dem Sabbat verknüpft oder mit dem Tempel, hat nichts dagegen, wenn seine Jünger jetzt ihren Hunger mit notgeernteten Körnern stillen. Später von seinen pharisäischen Freunden nach dem Vorfall befragt, erklärt er ihnen, warum er anordnete, daß das Sabbatgesetz zu brechen war.

Diese Lösung wirft auch auf einen anderen befremdlichen Punkt einiges Licht. Selbstbedienung an einem Weizenfeld war nicht nur ein eventueller Bruch der Sabbatregeln, sondern auch Diebstahl, den das jüdische Religionsgesetz eindeutig untersagt. Etliche christliche Gelehrte haben diesen Punkt zu verwischen gesucht, indem sie auf die Vorschrift Dtn. 23,26 hinwiesen: »Wenn du in die Saat deines Nächsten gehst, so magst du mit der Hand Ähren abrupfen; aber mit der Sichel sollst du nicht darin hin und her fahren.« Doch dies bezieht sich, wie die pharisäische Literatur klarmacht (z.B. Mischna, Baba Metziah 7,2), nur auf Taglöhner, die auf einem Felde für dessen Eigentümer arbeiten; das Leben würde bald unmöglich werden für die Bauern, wenn jeder zufällige Passant sich von ihren Kornfeldern bedienen dürfte. Aber bei drohender Lebensgefahr galten die Gesetze gegen Diebstahl als ungültig und aufgehoben – in Wahrheit betrachtet das pharisäische Gesetz den Diebstahl sogar als Pflicht, wenn er zur Rettung eines Menschenlebens nötig wird.[11] Deshalb war Jesus gemäß dem pharisäischen Konzept voll berechtigt, unter solchen Umständen sowohl das Diebstahls- wie das Sabbatgesetz zu mißachten.

Warum wurde dann der Hintergrund einer bestehenden Notlage aus der uns vorliegenden Evangelienerzählung getilgt, wodurch sie völlig unsinnig wird? Die Antwort ist: aus demselben Grund, aus welchem das Element bestehender Not aus dem gesamten Text aller Evangelien getilgt wurde, jenen Evangelien, in denen wir Judäa und Galiläa als friedliche Provinzen unter einer wohlwollenden römischen Herrschaft vorgeführt bekommen, während sie in der historischen Wirklichkeit zur Zeit der Erzählung Zentren unaufhörlicher Unruhe und erbitterter Widerstandskämpfe waren, gerichtet gegen die blutrünstige Unterdrückung durch die römischen Besatzer und die Ausplünderung durch die Steuerpächter (*publicani*). Hätte man diesen gewaltsamen Hintergrund von Not und Besatzergewalt in der Evangelienerzählung belassen, würde beim Lesen nicht nur sofort deutlich werden, daß Jesus sich keineswegs schlechte Späße mit dem pharisäischen Gesetz erlaubte, sondern vor allem, daß er ein Gehetzter und Gejagter war, dem Herodes und die Römer auf den Fersen waren, während er gegen sie ankämpfte.

[11] »Alle Gesetze dürfen zur Rettung von Menschenleben gebrochen werden, nur nicht die gegen Götzendienst, Inzest und Mord.« Paläst. Talmud, Scheviit 4,2 (35a); Babyl. Talmud, Sanhedrin 74a.

So ist die Episode mit dem Ährenraufen, deren einfacher Wortlaut uns nie auf den Gedanken brächte, Jesus sei Pharisäer gewesen, im Gegenteil nur durch die Annahme verständlich, daß er eben dieses gerade war. Seine Berufung auf biblische Präzedenzfälle und auf eine pharisäische Maxime, mit denen er darauf besteht, daß außergewöhnliche Umstände Brüche des Religionsgesetzes erfordern, liegen völlig auf der Linie pharisäischer Praxis und Lehre; sie rechtfertigen keine Deutung Jesu als eines Religionsrebellen. Man hält allgemein seine Schlußbemerkung »So ist des Menschen Sohn ein Herr auch des Sabbats« für eine hochtrabende Unabhängigkeitserklärung Jesu vom jüdischen Gesetz und diejenige seines Rechtes, dessen Vorschriften abzuschaffen, wie es ihm beliebt. Doch das muß der Satz keineswegs bedeuten. Auf aramäisch bedeutet der Ausdruck »Menschensohn« oft einfach nur »Mensch«. Darum kann der Satz auch bedeuten: »Menschen sind wichtiger als der Sabbat«, eine Ansicht, der alle Pharisäer zugestimmt hätten. Viele der verwirrenden »Menschensohn-Sprüche« des NT lassen sich ähnlich erklären, obwohl unter ihnen ein Rückstand verbleibt, in dem Jesus den Ausdruck »Menschensohn« als einen exklusiven Titel einsetzt, welcher seine eigene messianische Rolle bezeichnen soll. Als solcher impliziert er aber keinen gottartigen, sondern eher einen prophetenartigen Status; so benutzt ihn auch das ganze Buch Hesekiel.

Auch über den angeblichen Konflikt zwischen Jesus und den Pharisäern in der Frage der »Zöllner und Sünder«, mit denen er umging, sollten noch ein paar Worte gesagt werden. Der normalerweise gemachte Fehler besteht in der Vorstellung, diese Leute seien nicht wirklich Sünder in des Wortes ernster Bedeutung gewesen, sondern bloß nicht respektabel gewesen oder auch geneigt, die Gesetze der rituellen Reinheit schleifen zu lassen. Tatsächlich ging es weder um bürgerliche Reputierlichkeit noch rituelle Reinheit; die »Zöllner« (= *publicani*, d.h. Steuerpächter) waren Verbrecher, Folterer und Mörder, die den römischen Tributeintreibern dabei behilflich waren, Geld und Gut aus ihren Mitjuden mit einer Brutalität herauszupressen, daß viele davon in den Selbstmord getrieben wurden oder sich lieber Räuberbanden anschlossen als in Elend oder Sklaverei zu geraten. Jesus jedoch, der voll auf seine die ganze Nation umfassende »Bußkampagne« vertraute, die einem messianischen Wunder, das die Befreiung von Rom zu bewirken hatte, vorausgehen sollte, näherte sich diesen desperaten Sündern nicht, weil er sich in ihrer Gesellschaft wohlfühlte, sondern weil er hoffte, sie von ihrem üblen Weg abbringen zu können. Jene *publicani* oder »Zöllner«, die auf Jesu Appell ansprachen, blieben keine solchen. Ein Beispiel dafür bietet Zachäus (Lk. 19), der sein ganzes bisheriges Leben verwarf und es auf sich nahm, seine ganze Beute den von ihm Beraubten zurückzuerstatten und zusätzlich die Hälfte seines Besitzes den Armen zu geben. Genau dieser Wiedergutmachungsmodus wird reumütigen Tributeintreibern in dem pharisäischen Werk ›Tosefta‹ vorgeschrieben. Etliche Gelehrte unterstellten den Pharisäern, diese hätten gar keine Hoffnung auf Reue bei den Tributeintreibern gehabt. Das stimmt so nicht, aber gewiß hielten sie Reue und Rückerstattung des Raubes für diesen Personenkreis für sehr schwierig.[12] Es kann sein, daß an dieser Stelle ein echter Streitpunkt zwischen Jesus und den anderen Pharisäern bestand, weil Jesus auf seine Bekehrungsstrategie bei den Steuereintreibern vertraute, während andere Pharisäer dachten, daß der Umgang mit Raubhelfern der Römer sich eher übel auf den Möchtegern-Bekehrer statt günstig auf die Räuber auswirken würde.

Man sollte nicht vergessen, daß Jesus ein äußerst ungewöhnlicher Pharisäer gewesen wäre, wenn er niemals Meinungsverschiedenheiten mit anderen Pharisäern gehabt hätte. Wie oben dargelegt, war die freundschaftliche Auseinandersetzung ein wesentlicher Bestandteil des Pharisäertums, und das pharisäische Schrifttum ist voll von Meinungsverschiedenheiten zwischen den verschiedenen »Weisen« der Bewegung. Bisweilen hat das NT einen Konflikt zwischen Jesus und den Pharisäern durch bloße Stilisierung einer Auseinandersetzung unter Freunden zu einer feindseligen Konfrontation herbeisuggeriert, nicht nur durch den Ersatz des Wortes »Sadduzäer« durch »Pharisäer« oder durch Unterdrückung eines wesentlichen Erzählelements.

So wurde Jesus in den Evangelien auf mannigfache Weise von der Bewegung isoliert, der er angehörte, den Pharisäern. Dennoch stempelt ihn trotz aller Bemühung, ihn zu einer isolierten Gestalt zu machen, seine Art zu predigen unauslöschlich und unverkennbar zum Pharisäer. Sein Gebrauch von Gleichnissen (der oft von Leuten, die mit dem pharisäischen Schrifttum nicht vertraut sind, für ein Zeichen seiner Einzigartigkeit gehalten wird) war typisch für den pharisäischen Predigtstil; sogar seine drolligen Ausdrücke wie vom Kamel, das durch kein Nadelöhr geht, oder vom Balken im eigenen Auge sind Redensarten der Pharisäer, die sich im Talmud finden. Dies gilt natürlich nur für den Jesus der Synoptiker (d.h. Markus, Matthäus und Lukas). Im vierten und spätesten Evangelium, dem des Johannes, ist Jesus nicht mehr wiederzuerkennen. Dort erzählt er keine Gleichnisse mehr und bedient sich auch keiner pharisäischen bzw. rabbinischen Ausdrucksweise; stattdessen wirft er mit großspurigen hellenistischen Mystizismen um sich und erklärt sich selber zur Verkörperung Gottes bzw. grob übernatürlichen Figur. Hier ist der historische Jesus unter späterer Mythologie verschüttet worden. In Schriften dieser Art können wir den echten Jesus nicht mehr wiederfinden, der in der jüdischen Religion seiner Zeit verwurzelt war und Ziele verfolgte, welche seine Mitjuden nachvollziehen konnten.

[12] Nämlich wegen der Schwierigkeit für reumütige *publicani*, die ihre Opfer entschädigen wollten, diese überhaupt ausfindig zu machen. In der Tosefta, Baba Metziah 8,26, findet sich die Lösung einer Geldabgabe für Wohltätigkeitszwecke oder öffentliche Arbeiten.

Kapitel 5

Warum wurde Jesus gekreuzigt?

Wenn Jesus ein Pharisäer war, keine blasphemischen Ansprüche stellte und niemals versuchte, den Sabbat oder irgendwelche anderen anerkannten Institutionen der jüdischen Religion abzuschaffen, warum wurde er dann gekreuzigt? Diese Frage hat sich für christliche Gelehrte, die genügend Kenntnis des Pharisäertums erworben hatten, um zu merken, daß die überlieferte Geschichte vom Konflikt zwischen Jesus und den religiösen Machtträgern einfach nicht stimmen kann, stets als rätselhaft und peinlich erwiesen. Manche versuchten, eine Lösung in den Parteiungen *innerhalb* des Pharisäertums zu finden, etwa zwischen dem »Haus Hillel« und dem »Haus Schammaï«. Gemäß dieser Ansicht war Jesus zwar ein Pharisäer, doch er mißfiel dem strengeren Flügel derselben, den Schammaïten. – Aber die Streitigkeiten und Meinungsunterschiede, welche zwischen diesen pharisäischen Fraktionen ausgetragen wurden, wurden dieses in aller Freundlichkeit und wurden durch Mehrheitsbeschluß entschieden, der manchmal zugunsten der Hilleliten, manchmal der Schammaïten ausfiel. Es ist undenkbar, daß die Schammaïten jemals versucht hätten, einen prominenten Hilleliten zu Tode zu bringen. Darüber hinaus sieht es nicht einmal so aus, als habe Jesus zu den Hilleliten, also dem liberaleren Flügel der Pharisäer, gehört, denn seine strenge Ansicht über die Scheidung paßt anscheinend viel mehr zu den Ansichten des Hauses Schammaï.

Eine andere Vorstellung sieht Jesus als Mitglied einer Pharisäerfraktion namens »Chassidim« (also: »die Frommen«, genau wie die spätere ostjüdische Bewegung der mittleren Neuzeit), welche einem weit über das gebotene Maß hinausgehenden Verhaltenskodex folgte und von denen viele als Wunderheiler und sonstige Wundertäter bekannt waren; von dieser Art waren Männer wie Chanina ben Dosa, Honi der Kreismacher und Abba Hilkija. Als »charismatischer« Pharisäer mag Jesus, so wird uns nahegelegt, die »legalistischen« Pharisäer verärgert haben (Vermes 1973a). – Schon wieder gibt es keinen Grund zu der Annahme irgendeines ernsten Konfliktes zwischen »charismatischen« und »legalistischen« Pharisäern; im Gegenteil, alle Belege zeigen, daß beide Gruppen die größte Achtung voreinander hatten. Jesus kann durchaus zu den Chassidim gehört haben, die wirklich von allen Pharisäergruppierungen im Typ die größte Ähnlichkeit mit Jesus aufwiesen; aber das hätte ihm von seiten der Pharisäermehrheit nur eine noch größere Wertschätzung eingetragen.

Andere Gelehrte unternahmen verzweifelte Anstrengungen, irgendeinen Punkt dingfest zu machen, in dem Jesu Ansichten die Wut der Pharisäer hätten entfesseln können; ein Gelehrter hat sogar vorgeschlagen, die Wurzel allen Ärgers zwischen Jesus und den Pharisäern sei dessen Gewohnheit gewesen, im Freien zu predigen (GRANT 1977). Solche weithergeholten Ideen zeigen, wie schwierig es ist, irgendeinen glaubwürdigen Grund dafür zu finden, warum Jesus die Pharisäer durch seine Lehrauftritte beleidigt haben könnte.

Für die Grundüberlegung dieses Buches ist es wichtig, daß wir eine klare Vorstellung davon haben, wofür der geschichtliche Jesus wirklich gestorben ist, denn Paulus, mit dem wir uns hier primär befassen, machte Jesu Kreuzigung zum Mittelpunkt seines Denkens. Sein Jesusbild hat den Evangelienerzählungen ihre spezifische Färbung verliehen und von dort aus die Einbildungskraft der gesamten abendländischen Zivilisation beeinflußt. Deckt man nach alledem die historischen Tatsachen des Todes Jesu auf, so enthüllt man auch die reale Welt, in welcher Paulus' Denken seinen Ursprung nahm, und kann erklären, was ihn dazu veranlaßte, einen historischen Vorfall in einen kosmischen Mythos umzuschmieden. Den Pharisäern oder den Juden und ihrer Religion allgemein die Schuld am Tode Jesu zuzuschieben, war eines der Abfallprodukte aus der Esse des großen Mythenschmiedes, der es unternahm, einen Menschen in einen Mythos umzuschaffen. Das Bild von einem jungen Paulus (oder vielmehr Saulus) als einem verfolgungswütigen Pharisäer hat diesen Aspekt des Gegenstandes mächtig verstärkt.

Jesus war ein Mensch, der in die jüdische Gesellschaft Galiläas hineingeboren worden war; er war kein göttliches Wesen aus dem Weltraum, hinabgestiegen auf die Erde zwecks Errettung der Menschheit durch seinen qualvollen Tod. Wenn wir wissen wollen, warum Jesus getötet wurde, so müssen wir uns fragen, warum wohl in jener Zeit ein Jude aus Galiläa an einem römischen Kreuz enden konnte.

Viele Juden aus Galiläa starben zu dieser Zeit auf dieselbe Weise. Judas von Galiläa war ein jüdischer Patriot, der einen bewaffneten Aufstand gegen die Römer anführte. Viele hundert seiner Unterstützer wurden von den Römern gekreuzigt. Einmal, als Jesus noch ein kleiner Junge war, wurden viertausend Juden von den Römern wegen einer Erhebung gegen deren Raubsteuern gekreuzigt. Kreuzigung war jene grausame Hinrichtungsform, welche die Römer an Widerständlern gegen ihre Herrschaft vollzogen; man denke an die vielen gekreuzigten Mitstreiter des Spartakus an der Ausfallstraße von Capua. Galiläa war immer ein Widerstandsnest gewesen[1], teilweise, weil es nicht unter unmittelbar römischer Herrschaft stand und dadurch, ähnlich wie Vichy-Frankreich im letzten Weltkrieg, der Organisation des Widerstands einen gewissen Spielraum ließ.

---

[1] Siehe hierzu aber FREYNE 1980, der vor einer Überbewertung dieses Aspekts warnt.

Zu vermuten ist daher, daß der Galiläer Jesus aus dem gleichen Grunde am Kreuz starb wie so viele andere Galiläer: weil er für die römische Besatzungsmacht eine Bedrohung oder Herausforderung darstellte. Tatsächlich berichten uns die Evangelien auch von dieser Anklage gegen ihn. Die wirklich vorgebrachte Anklage lautete nach Lukas so: »Diesen finden wir, daß er das Volk abwendet und verbietet, den Schoß [= die Steuer] dem Kaiser zu geben, und spricht, er sei Christus, ein König« (Lk. 23,2). Wie es bei den Römern üblich war, wurde der Grund, weswegen er gekreuzigt wurde, an seinem Kreuz befestigt: es war sein Anspruch gewesen, »König der Juden« zu sein, ein Kapitalverbrechen, nachdem die Römer die jüdische Monarchie abgeschafft hatten. »Das Volk abwenden« bedeutete, dessen Untertanentreue zu Rom zu untergraben. Der Gebrauch des Ausdrucks »Christus« (= »Messias«) in diesem Zusammenhang in seiner politischen Originalbedeutung ist interessant, denn er zeigt, daß trotz aller christlichen Bearbeitung der Evangelientexte, welche die Entpolitisierung dieses Begriffs unter fast allen Umständen sicherstellen sollte, hin und wieder irgend etwas der zensorischen Wachsamkeit entging.

Doch die Evangelisten stecken ihre ganze Energie in die Aufgabe, uns mitzuteilen, daß, wiewohl Jesus aufgrund einer politischen Beschuldigung hingerichtet wurde, die Beschuldigung *falsch* gewesen sei. Der wahre Grund, warum Jesus solcherart getötet wurde, so unterstellen die Evangelien, war nicht politischer, sondern religiöser Natur. Gewiß wurde die politische Beschuldigung, das geben sie zu, mit Nachdruck vorgetragen; Johannes läßt sogar die Juden zu Pilatus sagen: »Läßt du diesen los, so bist du des Kaisers Freund nicht; denn wer sich zum König macht, der ist wider den Kaiser« (Joh. 19,12). Aber die Evangelien unterstellen, daß diese Anklage grundlos gewesen sei, denn Jesus habe keinerlei politische Ziele welcher Art auch immer verfolgt, sei in Wahrheit Pazifist gewesen, habe keineswegs das Ende der römischen Fremdherrschaft angestrebt, und wenn er dennoch »König der Juden« habe sein wollen, dann sei das in irgendeiner unschuldig spirituellen Weise gemeint gewesen, die mit dem römischen Besatzungsregime ganz und gar nicht unvereinbar gewesen wäre.

Sollten wir den Evangelienberichten Glauben schenken, wäre Jesus Opfer einer Intrige geworden; er wäre unschuldig im Sinne der Beschuldigung gewesen, für die er hingerichtet wurde. Aber, das sollte im Auge behalten werden, auch die Römer wären im Sinne dieser Berichte schuldlos an seinem Tode. Sie wurden reingelegt, irregeführt und hintergangen, damit sie Jesus hinrichteten. Die Szene, in welcher der römische Gouverneur von Judäa, Pontius Pilatus, mit den Worten »Ich bin unschuldig an dem Blut dieses Gerechten« (Mt. 27,24) seine Hände wäscht, symbolisiert Roms Unschuld. Der volle Vorwurf, am Tode Jesu Schuld zu tragen, wird damit auf die Juden verlagert, die man sogar ihre Schuld mutwillig auf sich nehmen läßt, indem sie in der gleichen Szene in den Sprechchor einstimmen: »Sein Blut komme über uns und unsere Kinder« (Mt. 27,25). Drastischer hätte sich die Schuldübertragung von den Römern auf die Juden nicht mehr darstellen lassen.

Alles hängt somit davon ab, ob sich das Bild von Jesus als einem Rebellen gegen die jüdische Religion erhärten läßt. Nur wenn einleuchtend gezeigt werden kann, daß Jesu Messiasanspruch nach dem jüdischen »Gesetz« blasphemisch, seine Sabbatheilungen für die Pharisäer anstößig oder seine Drohung, den Tempel zu zerstören, für sie ein Ärgernis war, ließe sich sagen, daß die Anklage, auf deren Basis Jesus hingerichtet wurde – die politische Anklage, die römische Besatzungsmacht zu bedrohen –, falsch war, während der wahre Grund in seiner Kampfansage an die jüdischen Religionsautoritäten bestand, die ihn sich durch eine erlogene Beschuldigung beim römischen Statthalter, er sei ein politischer Unruhestifter, vom Halse schaffen wollten. Wenn sich kein einziger dieser religiösen Vorwürfe erhärten läßt, dann hatten die jüdischen Religionsführer einfach keinen Grund, ihn den Römern zu überantworten. Der einzige Vorwurf, der dann noch übrig bleibt, ist genau jener, der auch laut und deutlich vorgetragen wurde, nämlich derjenige politischer Subversion, und ebendort muß der wahre Grund für Jesu Tod gesucht werden.

Wie wir im vorigen Kapitel gesehen haben, sind die verzweifelten Versuche der Evangelien, uns Jesus in irgendeiner Weise als Rebellen gegen die jüdische Religion hinzustellen, in Wahrheit durch und durch abwegig, wenn man nur die kleinste authentische Kenntnis der jüdischen Religion und ihres Zustands zu jener Zeit besitzt. Nur ein einziges Evangelium, dasjenige des Johannes, führt uns Jesus bei der Äußerung von Ansichten vor, die die jüdischen Religionsautoritäten seiner Zeit sowie die Juden allgemein in der Tat sehr verstört hätten – aber das Johannesevangelium ist das späteste und am wenigsten authentische Evangelium von allen und entbehrt aller jüdischen Züge, die sich in den älteren Evangelien finden und deren Porträt Jesu als jüdischem Gesetzeslehrer untermauern. In den synoptischen Evangelien wird Jesus tatsächlich so vorgeführt, als habe er die Pharisäer gewohnheitsmäßig schockiert – aber stets nur mittels Vorstellungen und Ausdrucksweisen, die sie nicht im geringsten hätten schockieren können, sondern denen sie nur aus vollem Herzen zugestimmt hätten. Jesu echte Meinungen und Lehren haben sich in den älteren Evangelien also noch wenigstens fragmentarisch erhalten; nur ihre Wirkung wurde falsch dargestellt.

Es bleibt also nur noch die Anklage der politischen Rebellion gegen Rom übrig. An dieser Stelle müssen wir uns den alles entscheidenden Unterschied zwischen den Pharisäern und dem Hohenpriester ins Gedächtnis rufen. Der Hohepriester wäre von Jesus in der Tat aufgestört gewesen und hätte ihm feindselig gegenübergestanden, denn sein Messiasanspruch und seine Drohungen gegen den Tempel richteten sich gegen seine Funktion, als Geschöpf der Römer sich um deren Interessen zu kümmern. Messianische Ansprüche bedeuteten den Anspruch auf den jüdischen Thron. Hätten sie bedeutet, Jesus betrachte sich als Gott, hätte ihn der Hohepriester nur für einen harmlosen Irren gehalten; aber es bedeutete etwas viel Dringenderes und Praktischeres – es entrollte das Banner des Aufstands. Jesu

Drohung gegen den Tempel unterhöhlte mitnichten die jüdische Religion – aber sie richtete sich ganz real gegen die Kollaborateursregierung des Hohenpriesters.

Andererseits hatten die Pharisäer keinen politischen Grund, sich Jesu messianischen Ansprüchen zu widersetzen. Sie waren die Partei des Widerstands gegen Rom. Aus ihren Reihen kamen die Zeloten, jene tapferen Untergrundkämpfer, die zu Judas von Galiläa als ihrem Führer aufblickten. Die meisten Pharisäer nahmen einen gemäßigteren Standpunkt ein, weil sie davon ausgingen, die römische Herrschaft bliebe noch für lange Zeit stabil, aber sie hörten nicht auf, auf ihre Befreiung zu hoffen, und deshalb betrachteten sie jeden messianischen Anlauf mit Sympathie. Ihre Haltung wird hervorragend in der Rede Gamaliels (Apg. 5,38–39) auf den Punkt gebracht: »Ist der Rat [*sc.* der Jesus-Anhänger] oder das Werk aus den Menschen, so wird's untergehen; ist's aber aus Gott, so könnet ihr's nicht dämpfen; auf daß ihr nicht erfunden werdet als die wider Gott streiten wollen.« Dieses abwartende Verhalten gegenüber jedem messianischen Anlauf war vorsichtig und vernünftig, aber im Kern sympathisierend, denn die Pharisäer waren die Partei des Patriotismus und hätten nichts lieber gesehen als eine erfolgreiche messianische Bewegung, wie ihre Unterstützung Bar Kochbas ein Jahrhundert später zeigen sollte.

Der Grund für Jesu Kreuzigung war also somit ganz einfach, daß er ein Aufständischer gegen Rom war. Es gab keine jüdische Intrige gegen ihn mittels einer fingierten politischen Beschuldigung; eher sind die Evangelien als Ergebnis einer Intrige gegen die Juden zu verstehen, denn sie lassen es sich angelegen sein, die Schuld an der Kreuzigung von den Römern (und deren jüdischen Spießgesellen wie dem Hohenpriester und dessen Anhang) auf die Juden und deren Religion zu übertragen bzw. diesen in die Schuhe zu schieben.

Damit wird Jesus natürlich nicht ein rein weltlicher politischer Rebell wie etwa Che Guevara in unserem Zeitalter. Solch ein Politikverständnis wäre ganz anachronistisch. Jesu subjektives Anliegen war religiös, nicht politisch. Er predigte als Rabbi, verkündete das kommende Gottesreich wie ein Prophet und erklärte sich bei Gelegenheit zum König in der religiösen Tradition Davids, Salomos und Hiskias. Im Judentum lassen sich Religion und Politik nicht trennen, denn es kümmert sich mehr um das Diesseits als das Jenseits. Wie der Psalmist sagt: »Gottes sind die Himmel, die Erde für die Menschenkinder«, was heißen soll, daß es die Aufgabe der Menschheit ist, aus der Welt einen besseren als den bestehenden Platz zu machen – sie mit Gerechtigkeit, Liebe, Mitleid und Frieden zu erfüllen – und sich nicht in eine »bessere Welt« hinter dem Himmelszelt davonzuschleichen. Jesus trat in die Fußstapfen des Moses, welcher zugleich Prophet und Befreier gewesen war; aber Jesus stieß mit einer unerbittlichen imperialistischen Macht zusammen, die ihn zermalmte.

Kapitel 6

War Paulus Pharisäer?

PAULUS IST ES GEWESEN, der Jesus von seinem politischen Freiheitskampfprogramm abkoppelte und ihn in eine Figur aus einer anderen Welt verwandelte, deren Ziele keine politischen Bezüge mehr aufwiesen und auch keine mehr zu den massenhaften Leiden seiner Mitjuden unter dem römischen Joch. Diese Umformung hatte die Wirkung, daß auf einmal die Juden und nicht mehr die Römer für Jesu Kreuzigung verantwortlich sein sollten. Da Jesus von nun an hoch über aller Politik schwebte, wurden die Juden zu Opfern einerseits in einem genuin politischen Sinne, andererseits in einem religiösen, indem sie die Parias der Christenheit wurden, beraubt vieler bis aller politischen und ökonomischen Rechte und Zielscheibe nie ganz abreißender Verfolgungen.

Wer war dann dieser Paulus? Was für ein Mensch muß er gewesen sein, wenn er es schaffte, den Sinn von Jesu Leben und Sterben derart zu verbiegen, daß sich auf dem Ergebnis seiner Verbiegung der Tatsachen eine neue Religion aufbauen ließ, in deren Zentralmythos den Juden die Schurkenrolle zufiel und sie nicht mehr, wie zuvor, die Helden der Heilsgeschichte waren? Jesus hatte das Kommen des Gottesreiches gepredigt und in diesem sich selbst als König Israels inmitten einer Welt des internationalen Friedens vorgesehen, aus welcher das römische Imperium zusammen mit allen anderen Militärimperien verschwunden und getilgt war. Dabei hatte er sich niemals göttliche Natur zugesprochen (welche anzudeuten oder recht offen zu proklamieren im lange danach entstandenen Johannesevangelium seine Lieblingsbeschäftigung werden sollte) oder gar behauptet, sein Sterben werde die Sünden der Menschheit abgelten; als er dabei versagt hatte, die Römer mittels eines großen Wunders Gottes zu überwinden, war dies das Ende aller seiner Hoffnungen, dessen Nachhall wir noch in seinem finalen Verzweiflungsschrei am Kreuz vernehmen können. Jesu Szenario der Zukunft enthielt die Juden als Gottesvolk, welches seine Unabhängigkeit in seinem eigenen Territorium wiedererlangt hatte, dem Heiligen Land, und von nun an als eine Art Priestervolk in einem internationalen Gottesreich tätig sein sollte. Das neue Szenario Pauli, in dem den Juden keine großartige Rolle mehr zufiel, sondern vielmehr die höchst unrühmliche der Feinde Gottes, hätte Jesus erschreckt und angeekelt. Er hätte die neue Bedeutung des Wortes »Christus« bzw. »Messias«, die Paulus diesem untergeschoben hatte, nicht verstanden, eine Manipulation, durch die es zu einem metaphysischen Titel statt der altehrwürdigen Bezeichnung legitimer jüdischer Könige geworden war.

Pharisäer der er war, hätte Jesus für dieses neue Konzept keinen Sinn gehabt oder gar es angenommen; er hätte es als gotteslästerlich und götzendienerisch betrachtet, da es in provokantem Gegensatz zu der bewährten historischen Rolle der Juden als steter Opposition sowohl gegen alle Gottkönige wie auch den Gedanken stellvertretender Sühne durch Menschenopfer stand[1]. Dennoch behauptete Paulus, für den Jesus Gottkönig und Menschenopfer zugleich war, als Pharisäer erzogen und ausgebildet zu sein. Wir müssen uns jetzt ernsthaft mit der Frage befassen, ob diese Behauptung wahr oder gelogen war.

Das Bild der Pharisäer, welches wir in der Apostelgeschichte finden, weist dieselben inneren Widersprüche wie dasjenige der Evangelien auf, mit dem einzigen Unterschied, daß diese Widersprüche noch eklatanter sind. Einerseits setzt die dort zu findende Charakterzeichnung des Paulus selbst das alte Bild von den verfolgungswütigen Pharisäern fort: so wie die Pharisäer in den Evangelien als Verfolger Jesu dastehen, so erscheint Paulus hier in seinen frühen Tagen als angeblicher Pharisäer in der Rolle des Verfolgers der Jesusanhänger. Andererseits enthält der Text zugleich viele Hinweise darauf, daß die Pharisäer mit den frühen Nazarenern *nicht* auf Kriegsfuß standen, sondern ganz im Gegenteil mit ihnen sympathisierten. Tatsächlich scheint es Lukas, den Verfasser der Apostelgeschichte, kaum zu stören, daß er die pharisäerfeindlichen Strickmuster aus seinem Evangelium fortsetzt und dabei anscheinend unbekümmert die gleichen Pharisäer nahezu rehabilitierende Erzählelemente in seinem neuen Buch stehenläßt, offenbar, weil er sich darauf verläßt, daß sein Paulusporträt ausreichend für die pharisäerfeindliche Note sorgen würde, die für die Tendenz seines Werkes wesentlich ist.

Läßt sich aber die grundsätzliche Übereinstimmung zwischen den frühen Jesusanhängern und den Pharisäern glaubhaft vorführen, dann werden schwerste Zweifel an der durchgängigen Behauptung der Apostelgeschichte wach, daß Paulus zunächst Pharisäer gewesen sein soll. Eine sehr bedeutende Episode bildet in diesem Zusammenhang diejenige, in der Gamaliel den Petrus und die anderen Apostel verteidigt. Ich habe schon öfters auf sie angespielt, aber jetzt müssen wir sie uns im Detail vornehmen. Sie findet sich im 5. Kapitel der Apostelgeschichte.

Petrus ist vom Hohenpriester verwarnt worden, nicht länger über Jesus zu predigen, aber er und die anderen Apostel fahren damit fort. Dies bewegt den Hohenpriester zum Eingreifen: »Es stand aber auf der Hohepriester und alle, die mit ihm waren, welches ist die Sekte der Sadduzäer, und wurden voll Eifers und legten die Hände an die Apostel und warfen sie in das gemeine Gefängnis« (5,17-18). – Im Gegensatz zu den Evangelien vertuscht die Apostelgeschichte nicht die Tatsache,

---

[1] Siehe dazu Maccoby 1999a, bes. *cap.* VI. (Anm. d. Übs.)

daß der Hohepriester Sadduzäer war und dadurch im Gegensatz zu den Pharisäern stand; in ihr wird ganz klar ausgesprochen, daß es die Sadduzäerpartei war, welche die Verhaftung der Apostel bewirkte. Diese werden vor den Sanhedrin gebracht[2], der hier als »alle Ältesten der Kinder Israel« charakterisiert wird, und beschuldigt, ihre Agitation verbotswidrig fortgesetzt zu haben (5,28). Petrus entgegnet darauf als Sprecher der Apostel: »Man muß Gott mehr gehorchen als den Menschen.« Die Erzählung fährt fort:

> Da sie das hörten, ging's ihnen durchs Herz, und dachten, sie zu töten. Da stand aber auf im Rat ein Pharisäer mit Namen Gamaliel, ein Schriftgelehrter, in Ehren gehalten vor allem Volk, und hieß die Apostel ein wenig hinaustun und sprach zu ihnen [*sc.* dem versammelten Sanhedrin]: Ihr Männer von Israel, nehmet euer selbst wahr an diesen Menschen, was ihr tun sollt. Vor diesen Tagen stand auf Theudas und gab vor, er wäre etwas, und hingen an ihm eine Zahl Männer, bei vierhundert; der ist erschlagen, und alle, die ihm zufielen, sind zerstreut und zunicht geworden. Darnach stand auf Judas aus Galiläa in den Tagen der Schätzung [*sc.* Volkszählung zwecks schärferer Steuererfassung] und machte viel Volks abfällig ihm nach; und der ist auch umgekommen, und alle, die ihm zufielen, sind zerstreut. Und nun sage ich euch: Lasset ab von diesen Menschen und lasset sie fahren! Ist der Rat oder das Werk aus den Menschen, so wird's untergehen; ist's aber aus Gott, so könnet ihr's nicht dämpfen; auf daß ihr nicht erfunden werdet als die wider Gott streiten wollen. Da fielen sie ihm zu und riefen die Apostel, stäupten sie und geboten ihnen, sie sollten nicht reden in dem Namen Jesu, und ließen sie gehen. Sie gingen aber fröhlich von des Rats Angesicht, daß sie würdig gewesen waren, um seines Namens willen Schmach zu leiden. (5,33–41)

Die historische Bedeutung dieses Abschnitts ist von der Fachwelt bisher nicht angemessen gewürdigt worden. Sie widerspricht vollständig einigen fundamentalen Voraussetzungen der Evangelienberichte und sogar der Apostelgeschichte selbst. Nach dem oben erklärten Grundsatz, Stellen, die der Erzähltendenz zuwiderlaufen, besondere Aufmerksamkeit zu widmen, sollten wir in der Erhaltung dieses Abschnitts eine wertvolle Möglichkeit zur Einblicknahme in die wirkliche historische Situation der untersuchten Zeit sehen.

Zunächst fällt auf, daß Gamaliel in keiner Weise die Apostel als Ketzer oder Rebellen gegen die jüdische Religion verurteilt. Vielmehr betrachtet er sie als Mitglieder einer messianischen Bewegung, deren Spitze *gegen Rom* gerichtet ist. Dies beweist sein Vergleich zwischen ihr und den analogen Bewegungen der Zeit. Er

---

[2] Dies geschieht nur, weil die Verhafteten heimlich befreit worden sind und jetzt im Tempel nicht nur Zuflucht gefunden haben, sondern dort auch lautstark auf sich aufmerksam machen. Die Häscher des Hohenpriesters verhaften sie nur deshalb nicht, weil sie fürchten, daß ihnen dann seitens der schützenden Menge Steine um die Ohren fliegen; erst dadurch entschließt sich der Hohepriester kompromißhalber zu seinem »legalen« Vorgehen (5,19–27). (Anm. d. Übs.)

erwähnt davon zwei, diejenige des Theudas und diejenige Judas von Galiläa, und wie sich das fügt, sind wir über diese beiden Bewegungen durch Josephus im Bilde, der sein entsprechendes Geschichtswerk etwa im Jahre 90 schrieb und auf Quellen fußte, die mit den Ereignissen zeitgleich waren (auch die Apostelgeschichte wurde ca. 90 chr. Ztr. verfaßt). Josephus bestätigt, daß beide erwähnten Bewegungen messianischen Charakter trugen und sich gegen Rom richteten; keine davon richtete sich in irgendeiner Weise gegen die jüdische Religion. Theudas trat mehr im Stile eines Propheten auf, der über keine militärische Organisation verfügte, sondern, in Übereinstimmung mit den biblischen Prophezeiungen, ein göttliches Wunder erwartete, das die Römer niederwerfen sollte.

Natürlich gibt es keinen Grund zu glauben, die Worte, mit denen der Autor der Apostelgeschichte Gamaliels Rede wiedergibt, seien genau dieselben, mit denen jener sich an den Sanhedrin wandte. Aber der Gehalt der Ausführungen Gamaliels paßt so gut zu den damals aktuellen historischen Bedingungen und unterscheidet sich dadurch so deutlich von den Reden anderer Personen, die in der Apostelgeschichte stehen, daß sie im Kern authentisch klingt. Das wird nicht von der Tatsache beeinträchtigt, daß Einzelheiten nicht stimmen können; z. B. kann der Name »Theudas« so kurz nach Jesu Kreuzigung nicht auftauchen, da dessen Aufstand erst 45 chr. Ztr. stattfand. Offensichtlich setzt Lukas den Namen Theudas an die Stelle eines anderen Namens aus seiner Quelle, mit dem er nichts anfangen konnte, da dessen Träger in Vergessenheit geraten war, aber dem Theudas, mit dem die Leser noch vertraut waren, als messianischer Führer ähnlich gewesen sein muß.

Andererseits paßt Judas von Galiläa durchaus in die Zeit und Rede, da seine Aktionen sich während des Zensus und der Steuereintreibung des Quirinius abspielten (des »Cyrenius« des Lukas, dem »Kyrene« in Libyen mit seiner großen und rebellischen Judengemeinde zweifellos mehr sagte als der verblaßte altrömische Stadtgott Quirinus, Lk. 2,2). Als Gründer der ausgedehnten Zelotenbewegung, die ihn noch lange überlebte, war Judas den Lesern der Apostelgeschichte vertraut. Anders als Theudas hatte sich Judas auf geplante militärische Aktionen von Guerillacharakter gestützt. Auch er war alles andere als ein Rebell gegen die jüdische Religion gewesen, sondern vielmehr ein pharisäischer Rabbi.

Gamaliel stellt die Jesusbewegung in dieselbe Kategorie wie jene zwei Bewegungen. Die Analogie zwischen Theudas (oder dem Proto-Theudas von Lukas' Vorlage) und Jesus ist enger als diejenige zwischen Jesus und Judas von Galiläa, da sich Jesus nie mit organisierten militärischen Aktionen befaßte, sondern wie Theudas auf ein göttliches Wunder setzte. Auf dem Höhepunkt seiner Revolte fragte er seine Jünger laut Lukas (22,38), ob sie Schwerter hätten, und als sie antworteten, sie hätten nur zwei, antwortete er: »Es ist genug.« Dieser nur in einem Evangelium überlieferte Vorgang zeigt, daß Jesus durchaus kein Pazifist war, aber ein bloßes Modellgefecht von seiner Seite für ausreichend hielt, daß Gott auf diese Initialzündung hin den

Rest erledige. Er folgte damit dem biblischen Beispiel Gideons. Aber wenn er als militärischer Führer auch nicht ernst zu nehmen war, so war Jesus dadurch doch nicht weniger ein Gegner für die Römer, die auch Theudas ernst genug nahmen, um ihn zu töten.[3]

Sollte Jesus, wie ihn die Evangelien hinstellen, wirklich ein Rebell gegen die jüdische Religion gewesen sein, die Thora für abgeschafft erklärt haben und sich selbst für befähigt, deren Vorschriften nach eigenem Belieben für ungültig zu erklären, wie kommt dann der Pharisäer Gamaliel, Führer einer Religionspartei, deren Thoratreue bestens bekannt war, dazu, diesen Punkt mit keiner Silbe zu erwähnen, als er seine Meinung zu der Frage kundtat, wie mit Jesu unmittelbaren Mitstreitern zu verfahren sei? Wären die Pharisäer zu Jesu Lebzeiten dessen Todfeinde gewesen, weshalb sollte dann deren Führer all dies ganz plötzlich nach dem Tode Jesu vergessen haben und eben jenen Männern, die Jesu treue Kameraden gewesen waren, Unterstützung zukommen lassen, unter Einschluß des Petrus, der Jesu rechte Hand gewesen war? Hätten die Apostel Jesu den Sabbat entheiligt und andere jüdische Religionsgesetze ostentativ mißachtet, wie der konventionelle Christenglaube sie das in Fortsetzung der persönlichen Haltung Jesu tun läßt, was veranlaßt dann Gamaliel zu der Aussage, ihre Bewegung könne »von Gott« sein?! Schließlich: sollte es sich hierbei nur um die außergewöhnlich gutartige, individuelle Haltung des Führers der Pharisäer handeln (die für die konventionelle christliche Theorie freilich unerklärlich bleiben muß), warum nimmt dann der angebliche Pharisäer Paulus die gründlich entgegengesetzte Haltung ein, schnaubt gegen die Jesusanhänger Feuer wie ein Drache und wirft auf sie Blitze wie ein Donnergott, zerrt sie endlich in die gleichen Gefängnisse, aus denen Gamaliel sie mit knapper Not befreit hat?

Selbstverständlich fanden auch christliche Kommentatoren diese Fragen problematisch, und sie lösten sie so, daß sie Gamaliel zu einem untypischen Pharisäer erklärten, der in Wahrheit ein geheimer Sympathisant des Christentums gewesen

---

[3] Auch einige Anhänger des Theudas sind getötet worden, andere gefangen genommen (Jos. ant. XX 5,1). Jesu Anhänger dagegen ließ man laut den Evangelien laufen. Hieraus schließt Sanders, daß Jesus keine politischen Ziele gehabt haben könne (SANDERS 1985, p. 231) und niemals als Ausgangspunkt politischen Widerstands gegen die Römer gegolten habe. Aber das Ziel der Evangelien, Jesus und seine Bewegung zu entpolitisieren, erklärt ausreichend die Auslassung aller Mitteilungen über Verhaftungen seiner Anhänger. Trotzdem haben Spuren davon überlebt, daß Jesus nicht als einziger verhaftet wurde. Er wurde ja zwischen zwei »Schächern« (λῃσταί, ein griechisches Wort, das oft zur herabsetzenden Bezeichnung von Rebellen diente) gekreuzigt, und höchstwahrscheinlich waren diese Mitglieder seiner Bewegung gewesen (ganz anders, als das spätere Legenden wollen). Auch hat das Rätsel, wie sich Jesus und Barabbas zueinander verhalten, etliche Kommentatoren zu der Folgerung veranlaßt, sie seien beide Mitglieder der gleichen Bewegung oder zweier verbündeter Bewegungen gewesen (siehe BRANDON 1968, p. 102). Zur Ansicht, Jesus und Barabbas seien die gleiche Person gewesen, von welcher Barabbas als Verkörperung der verleugneten politischen Aspekte Jesu abgespalten wurde, siehe mein Buch ›Jesus und der jüdische Freiheitskampf‹.

sei, d.h. jenes Christentums der Kirche, das sie für mit demjenigen der Apostel identisch hielten. Für jeden, der die pharisäischen Zeugnisse über Gamaliel kennt, ist diese Konstruktion lächerlich, aber sie wird ein wenig durch die Apostelgeschichte selber angebahnt, da diese es unterläßt, dem Leser die volle Bedeutung Gamaliels im Lager der Pharisäer erkennbar zu machen. Sie nennt ihn zwar »einen Pharisäer mit Namen Gamaliel, ein Schriftgelehrter, in Ehren gehalten von allem Volk«, aber dadurch wird nicht deutlich, daß er der unbestrittene Pharisäerführer seiner Zeit war, ein lebenswichtiges Glied in der Kette der jüdischen Überlieferung, eine jüdische Analogie zu dem, was die Christen ihre Kirchenväter nennen. Ihn in dem oben aufgeführten Sinne zu einem geheimen Christen zu erklären, ist so, als wolle man dem Heiligen Thomas von Aquin unterstellen, er sei insgeheim Hindu gewesen. Natürlich war Gamaliel zweifellos ein Sympathisant der Jesusbewegung, wie unsere Geschichte zeigt, in dem Sinne, daß er sie für unschädlich hielt und ihr sogar zutraute, sich möglicherweise als »von Gott« kommend herauszustellen; aber diese Sympathien hätte er nie entwickelt, wenn sie von den Ansichten durchdrungen gewesen wäre, die ihr und sogar ihrem Gründer Jesus der spätere christliche Glaube zuschrieb.

Es ist auch beachtenswert, daß Gamaliel als jemand beschrieben wird, der »von allem Volk in Ehren gehalten wurde«. Das ist einer der im NT raren Hinweise auf die Stellung, die die Pharisäer im jüdischen Volk einnahmen. In den Evangelien erhalten wir keine Gelegenheit, uns diese klarwerden zu lassen; stattdessen lernen wir sie dort nur als eingebildete Bedrücker kennen, die dieses Volk unter allerhand Lasten stöhnen lassen und selber eine ostentative, aber heuchlerische Frömmigkeit an den Tag legen. Aus diesen Schilderungen wäre nie zu schließen, daß die Pharisäer die Partei des Volkes gegen die Sadduzäer vertraten, welche dessen Bräuche und Überlieferungen bedrohten, und vom Volke als dessen natürliche Beschützer gegen korrupte Hohepriester und Importkönige betrachtet wurden.

Eine modernere Lösung des von der Apostelgeschichte aufgeworfenen Gamalielproblems besteht darin, wieder einmal die Divergenzen innerhalb der Pharisäerbewegung zu bemühen. Gemäß dieser Theorie gehörte Gamaliel zu dem nachgiebigeren hillelitischen Flügel der Pharisäer, Paulus zu dem fanatischeren und rigoroseren schammaïtischen (siehe Townsend 1968, Haacker 1972, Hübner 1973). Das soll erklären können, wie zwei Pharisäer derart unterschiedliche Haltungen gegenüber den Anhängern Jesu einnehmen konnten. Aber es erklärt gar nichts. Wahr ist, daß Gamaliel Hillelit war, zumal er von Hillel persönlich abstammte. Aber zwischen Hilleliten und Schammaïten existierten keine so schwerwiegenden Unterschiede, daß sie dadurch zu solch unterschiedlichen Beurteilungen der Jesusbewegung hätten gelangen können. Die ganze Argumentation baut auf der Ansicht auf, die Nazarener seien in irgendeiner Form in ihren Ansichten oder Praktiken ketzerisch gewesen; das aber waren sie gar nicht. Vielmehr waren sie nach ihrer ganzen Lebensweise erkennbar rechtgläubige Juden, die Beschneidungen durchführten und Speisetabus einhielten, ebenso wie das Sabbatgesetz und die Festbräuche und sogar den Tempelkult. Alles, was sie von normalen pharisäisch orientierten Juden unterschied, war ihr Glaube, Jesus sei der Messias, und da dieser Glaube keinen solchen an dessen göttliche Natur einschloß, bewegte er sich voll im jüdischen Toleranzbereich, zumal viele andere Juden ähnliches von Judas von Galiläa oder von Theudas gedacht hatten. Es gab somit für keinen Pharisäer, sei er Hillelit oder Schammaït, irgendeinen Grund, gegen die Jesusanhänger eine Position zorniger Unduldsamkeit einzunehmen.

Wenn überhaupt ein Unterschied bestand, dann hätten die Schammaïten den Jesusanhängern mit *mehr* Sympathie begegnen müssen als die Hilleliten, denn sie neigten eher als diese zu einer aktiven Frontstellung gegen die römische Besatzung. Daher hätte jede messianische Bewegung, die eine Befreiung vom römischen Joch versprach, bei den Schammaïten ein freundlicheres Echo als bei den vorsichtigeren Hilleliten gefunden. Damit soll nicht gesagt sein, daß die Hilleliten mit dem Gedanken der Kollaboration gespielt oder jede Hoffnung auf Restitution der jüdischen Souveränität in überschaubarer Zukunft aufgegeben hätten. Auch Gamaliels Rede zeigt das Gegenteil, denn es ist deutlich, daß hier ein politischer Aktivist spricht, dessen Worte den tieferen Sinn haben: »Nichts gefiele mir besser als ein Erfolg der Jesusanhänger; aber weil Gruppen ihres Charakters in der Vergangenheit oft schrecklich scheiterten, muß ich eine abwartende Haltung einnehmen.« Genau das war in der Tat die Haltung der gemäßigten Pharisäer, die auch weiterhin inbrünstig mit dem Kommen des Messias rechneten, und jeder Messiasanwärter ließ in ihnen erst einmal Hoffnung aufkeimen, eine Hoffnung allerdings, die durch viele verflossene Enttäuschungen gedämpft war. So konnte sogar ein gemäßigter Pharisäer ganz leicht von politischer Passivität zur Aktivität umschwenken, wie das exemplarisch im Bar-Kochba-Aufstand eingetreten ist, und wo immer eine anti-römische Gärung im Volk auftrat, waren die Pharisäer die Hefepilze darin. Die politische Ausrichtung der Rede Gamaliels hebt sich scharf von der gewöhnlichen Tendenz der NT-Berichte über die Beziehungen zwischen Jesusbewegung und Pharisäertum ab, welche diese ausschließlich um religiöse Fragen kreisen lassen.

Es läßt sich fragen, warum Lukas, der Verfasser der Apostelgeschichte, diesen vielsagenden Vorfall in seiner Erzählung stehenließ, der dem in den Evangelien einschließlich dem des Lukas gezeichneten Bild so sehr widerspricht. Die Antwort scheint zu sein, daß sich Lukas vergleichsweise mehr als Historiker empfand als die anderen Evangelisten; er scheint öfter als diese mit schriftlichen Quellen nüchtern-archivalischer Natur zu arbeiten und diese gerne mit fast pedantischer Sorgfalt zu vermitteln. Deshalb gibt er uns die Anklage gegen Jesus, als dieser den Römern ausgeliefert wurde, in seinem Evangelium in einer Form wieder, die authentisch klingt und gewiß aus einer offiziellen Quelle stammte (»Wir haben festgestellt, daß dieser Mensch unser Volk verführt, es davon abhält, dem Kaiser Steuer zu zahlen, und behauptet, er sei der Messias und König« Lk. 23,2 [H]). Diese Neigung des Lukas, seine Quelle wörtlich zu zitieren, läßt bisweilen einen Hauch der politischen Wirklichkeit in seine Erzählung eindringen, die er dann durch wechselnde Mittel zu neutralisieren sucht, nicht immer erfolgreich. So versucht er in dem gerade von uns betrachteten Abschnitt, die Verhandlung gegen die Apostel vor dem Sanhedrin ihres politischen Charakters mittels der Rede des Petrus zu berauben, die er diesem in den Mund legt, als er vor der Verhandlung vernommen wurde: »Man muß Gott mehr gehorchen denn den Menschen. Der Gott unserer Väter hat Jesum auferweckt, welchen ihr erwürgt habt und an das Holz gehängt. Den hat Gott durch seine rechte Hand erhöht zu einem Fürsten und Heiland, zu geben Israel Buße und Vergebung der Sünden. Und wir sind seine Zeugen über diese Worte und der Heilige Geist, welchen Gott gegeben hat denen, die ihm gehorchen« (Apg. 5,29-32). Diese Rede richtet sich an den Hohenpriester, und dadurch wird die Beschuldigung »den ihr erwürgt habt« durchaus passend, aber daß Jesus nur eine Mission der Entsühnung zugesprochen wird, nicht diejenige des zielbewußten Freiheitskampfes gegen Rom, läßt die Jesusbewegung (= die Nazarener) zu einer ganz anderen Gruppierung werden als derjenigen, deren politisches Wesen in Gamaliels anschließender Rede vorausgesetzt wird. Der Begriff »Heiland« (σωτήρ) fällt schon, aber nicht im jüdischen Sinne von »nationaler Befreier«, sondern im hellenistischen (und späteren christlichen) Sinne von »Erlöser von [metaphysischer] Verdammnis«. Somit ist diese Rede kalkuliert als Mittel zur Vertuschung des Eindrucks, den die anschließende Sanhedrinszene hinterlassen muß, wenn auch auf Kosten der inneren Stimmigkeit, denn hätten Petrus und die Apostel wirklich derartige Ansichten gehabt, dann hätte Gamaliel sie gar nicht verteidigt. Bei der narrativen Neutralisierung der offenbar richtig wiedergegebenen Anklage gegen Jesus hat Lukas demgegenüber viel bessere Arbeit geleistet.

Wirkungsvoller ist aber ein anderer Trick, der in Lukas' Fassung der Gamalielepisode zum Einsatz kommt: die Präsentation Gamaliels als eines einsamen Rufers und keineswegs als des wohlbekannten Repräsentanten der Pharisäer. Dies geschieht nicht nur dadurch, daß diese Tatsache im Text nicht erwähnt wird, sondern auch durch Vertuschung der anderen, daß die Freilassung der Apostel durch einen Mehrheitsbeschluß des Sanhedrin bewirkt wurde. Stattdessen wird einfach gesagt, daß Gamaliel es geschafft habe, die Versammlung zur Übernahme seines Standpunktes zu überreden, was so wirkt, als habe er durch eine rhetorische Meisterleistung den Sanhedrin dazu gebracht, einen einmaligen Akt der Milde zu vollziehen. Dadurch steht Gamaliel als einsame Gestalt da, fähig, bei einem gewissen Anlaß nahezu ein Wunder von Überzeugungsarbeit zu leisten, aber in keiner Weise typisch für die Gesamtheit der Pharisäer, und so haben christliche Autoren die ganze Angelegenheit auch immer verstanden. Außerdem wirft es einen Schatten auf die anscheinend ungewöhnliche Milde des Sanhedrin, daß er die Apostel vor ihrer Freilassung noch einmal auspeitschen läßt, was kaum zu dem Votum paßt, zu dem sich der Sanhedrin von Gamaliel hatte bewegen lassen. In der Welt der historischen Tatsachen hätte Gamaliel bei einer Sanhedrinabstimmung sämtliche Pharisäerstimmen hinter sich gehabt, da er der anerkannte Pharisäerführer war, aber nicht eine Sadduzäerstimme, da die Sadduzäer dem Hohenpriester folgten. Es handelt sich also um einen Fall, in welchem die Sadduzäer und der Hohepriester von den Pharisäern überstimmt wurden, was einen wichtigen Punkt belegt, der auch aus anderen Quellen berichtet wird: daß nämlich der Hohepriester im Sanhedrin des öfteren nicht durchkam, da dort eine pharisäische Mehrheit bestand, weswegen man die Standpunkte des Hohenpriesters und der Pharisäer nicht im Großen und Ganzen gleichsetzen darf, wie das immer noch von nur allzu vielen Neutestamentlern gemacht wird.

So nimmt im christlichen Kosmos Gamaliel, dargestellt als einsame Gestalt mit einer unerwartet freundlichen Haltung gegenüber den Nazarenern, seinen Platz neben etlichen gleichartigen Figuren ein: neben Joseph von Arimathia und Nikodemus, die beide in den Evangelien vorkommen. Beide werden als Pharisäer und Sanhedrinmitglieder bezeichnet; sie nahmen mit Sympathie Anteil an der Jesusbewegung, ohne sich ihr anzuschließen, und setzten sich für ein würdiges Begräbnis Jesu nach dessen Kreuzigung ein. Während diese Gestalten in Wirklichkeit vorzügliche Belege dafür abgeben, daß zwischen Jesus und den Pharisäern, mit denen er persönlich in Verbindung stand, kein Konflikt existierte, wird der Eindruck genährt, sie seien uncharakteristisch für die Pharisäerbewegung gewesen, wodurch sich das Bild von den feindseligen Pharisäern aufrechterhalten läßt. Aber: wäre Jesus wirklich ein Religionsfrevler, Selbstvergotter und Thoragegner gewesen, dann hätten er oder seine Anhänger unter den Pharisäern keinen einzigen Sympathisanten gefunden. Andererseits gilt: wenn er keiner war, dann besteht kein Grund zu der Annahme, daß Joseph von Arimathia, Nikodemus und erst recht Gamaliel mit ihrer freundlichen bzw. sympathisierenden Haltung zu Jesus nicht die Gesamtheit der Pharisäer repräsentierten.

So finden sich in der Apostelgeschichte zwei Figuren, die dort beide als Pharisäer gelten, Gamaliel und Paulus, die jedoch an einander entgegengesetzten Polen angesiedelt werden. Gamaliel bildet dabei die Fortsetzung aller Belege, die sich in den Evangelien – allerdings nicht deren Oberfläche – dafür finden lassen, daß Jesus Pharisäer war und die restlichen Pharisäer seiner Bewegung mit Sympathie begegneten. Paulus dagegen ist der Exponent der in den Evangelien dominierenden anti-pharisäischen Tendenz, die für deren Verfasser zur Erklärung der Todesumstände Jesu wesentlich ist; Paulus ist der tobende, gewalttätige Pharisäer dieser wohlbekannten Konstruktion, den Jesu Botschaft in Wut versetzt und der dessen Bewegung vernichten will. Gamaliel ist eine authentische historische Figur, deren

Haltung sich problemlos aus allem heraus verstehen läßt, was wir über seine Person und Zeit wissen; aber Saulus ist nur eine Karikatur, ein Schreckgespenst und Butzemann von einem Pharisäer ohne nachvollziehbare Motive. Jedenfalls lassen sie sich nicht nachvollziehen, wenn unser Saulus wirklich ein Pharisäer war; aber sie lassen sich vorzüglich nachvollziehen, wenn er *keiner* war. Und hier müssen wir uns mit seiner Verbindung mit dem Hohenpriester befassen, denn diese liefert uns den besten verfügbaren Schlüssel zur historischen Wahrheit.

Wie wir gesehen haben und wie auch das NT bezeugt, war der Hohepriester der Führer der Sadduzäer und als solcher mit den Pharisäern beständig auf Kriegsfuß, nicht nur in Fragen der Religion, sondern auch der Politik, nämlich in erster Linie der Frage, wie weit man sich in eine Kollaboration mit der römischen Besatzungsmacht einlassen dürfe, wobei der entscheidende Konfliktpunkt darin bestand, daß die Sadduzäer zu *aktiver* Zusammenarbeit mit den Römern bereit waren, auch wenn das die Aushändigung von Unruhestiftern an jene zwecks Hinrichtung bedeutete. Eingesetzt von den Römern, war der Hohepriester mehr als ein Zeremonienleiter mit Jurisdiktion über den Tempelbezirk; faktisch war er ein Polizeichef mit eigener Truppe, eigener Polizeigerichtsbarkeit (die sich mit politischen Vergehen befaßte)[4] und eigenem Strafapparat unter Einschluß eigener Gefängnisse und Auspeitschungsstätten. Nur wo eine Todesstrafe anstand, wie im Falle ernsthaften Widerständlertums gegen die römische Besatzungsmacht, mußte er den Täter an eben diese ausliefern und durfte nicht selber dessen Urteil fällen. Die Situation läßt sich am besten verstehen, wenn wir sie mit derjenigen im besetzten Frankreich während des 2. Weltkriegs vergleichen.

Es ist darum unglaubwürdig, daß irgendein herausragender Pharisäer, ja irgendein Pharisäer überhaupt, sich derart eng mit dem Hohenpriester eingelassen hätte, wie das von Saulus berichtet wird, insbesondere, daß er für ihn Schergendienste geleistet hätte. Diese waren und galten als Polizeiarbeit, denn der Hohepriester war kein Großinquisitor, der sich mit Ketzerverfolgungen befaßte (als Sadduzäer galt er eher den meisten Juden selber als Ketzer, und hätte es unter den Juden eine Inquisition gegeben, dann wäre er ohne römischen Schutz deren erstes Opfer geworden). Daß der Hohepriester überhaupt zur Gewaltanwendung fähig war, verdankte er ausschließlich den Römern, welche ihm die dafür nötigen Mittel zu ihren eigenen Zwecken zur Verfügung stellten; und wenn auch die Hohenpriester nicht immer der Versuchung widerstehen konnten, diesen Gewaltapparat auch für ihren Eigenbedarf einzusetzen (so bezeugen antike Quellen, daß sie ihre Polizei auch zum Zwangseinzug von allerhand Tempelsteuern einsetzten, die eigentlich auf freiwilliger Basis zu entrichten waren), so ging ihre Hauptenergie doch in die Erzielung von Resultaten, die ihre römischen Herren zufriedenstellten.

---

[4] Siehe dazu BÜCHLER 1902 und MANTEL 1965, p. 54–101.

Wäre also die Jesusbewegung eine ketzerische gewesen und hätte theologische Lehren vertreten, die den überlieferten Kernsätzen des Judentums widersprachen, so hätte dies den Hohenpriester völlig kalt gelassen, da er kein Religionslehrer war. Hätte sich die Bewegung auf religiösem Gebiet den Pharisäern entgegengestellt, so hätte das dem Hohenpriester sogar gefallen, zumal er sich selber in dieser Lage befand und wohl jeder Mensch in seiner Situation von ihm erkennbar unabhängige Spalter geschätzt hätte, welche Eigenheiten sie auch aufweisen mochten. (Tatsächlich legen die Evangelien, stets bestrebt, Jesus als Religionsrebellen zu porträtieren, diesem bisweilen sadduzäische Lehren in den Mund, die sie offenbar sadduzäischer Polemik gegen die Pharisäer entnommen haben[5] – nach der Devise, daß kein Stein zu schlecht ist, um ihn einem Gegner an den Kopf zu werfen.) Die einzige Voraussetzung, unter der der Hohepriester seine Polizeitruppe einsetzte, um Leute zu verhaften und einzukerkern, war immer nur, wenn diese sich in irgendeiner Weise als Störer des römischen Besatzungsregimes hervorgetan hatten. Wenn der Hohepriester Saulus dafür anstellte, Leute zu verhaften und einzukerkern, dann kann das nur eines bedeuten: Saulus war ein Mitglied der hohenpriesterlichen Polizeitruppe, und seine Aufgabe bestand darin, zu verhaften, wer immer in irgendeiner Form das Besatzungsregime bedrohte. Nie hätte ein Hoherpriester auch nur entfernt daran gedacht, einen Pharisäer mit dieser Aufgabe zu betrauen: *ergo* war Saulus kein Pharisäer.

Diese Schlußfolgerung ist so unausweichlich, daß sogar Neutestamentler, die niemals die Möglichkeit ins Auge fassen, daß Paulus zu keinem Zeitpunkt ein Pharisäer war, Zugeständnisse einräumen, die sie diesem Sachverhalt sehr nahe bringen. So sagt Johannes Munck (1967) in seinem Buch über die Apostelgeschichte, im Lichte der vielen Belege für ein freundschaftliches Verhältnis zwischen Pharisäern und Nazarenern müsse gefolgert werden, Paulus sei der *einzige* Pharisäer gewesen, der sich dem Hohenpriester zwecks Nazarenerverfolgung anschloß: »Der einzige Pharisäer im Dienste der höchstgestellten Erbpriesterschaft war Paulus, der Gamaliel verlassen hatte und ein glühender Christenverfolger geworden war, bevor ihn eine noch radikalere Wandlung zum Apostel Jesu machte« (Vorwort). Die Argumentation hat sich jetzt voll im Kreis bewegt. Statt daß Gamaliel im Sinne der traditionellen christlichen Auffassung als einziger Pharisäer dasteht, der die Jesusbewegung unterstützt (wenn auch sein einmaliger rhetorischer Überrumpelungserfolg sich nicht mehr wiederholen sollte), steht jetzt auf einmal Paulus als ein isolierter Pharisäer da – obwohl in der traditionellen Auffassung der Christen Paulus nur einem pharisäertypischen Muster folgte, als er den Nazarenern auf den

5 Z.B. Mk. 7,13 [H]: »So setzt ihr durch eure eigene Überlieferung Gottes Wort außer Kraft.« Siehe Maccoby 2013, p. 80. Die Kontrastierung des »Wortes Gottes«, d.h. der Bibel, mit der »Überlieferung« ist typisch sadduzäisch und würde, konsequent fortgesponnen, alle Reformen zunichte machen, durch welche die Pharisäer die Strenge der biblischen Gesetze gemildert hatten.

Fersen war. Daß jemand dazu genötigt sein kann, die ganze überlieferte Geschichte derart auf den Kopf zu stellen, zeigt einfach, daß sie grundfalsch ist; und eine Unwahrscheinlichkeit durch eine andere zu ersetzen, einen einsam toleranten Gamaliel durch einen einsam verfolgerischen Saulus, ist keine Lösung. Die einzige Lösung, die einen Sinn ergibt, aber diesmal ganz ungezwungen, ist die, daß Saulus eben niemals Pharisäer war, sondern die Christen aus genau dem gleichen Grund verfolgte wie der Hohepriester auch – weil sie sich der römischen Herrschaft über das Heilige Land widersetzten. Welches denkbare Motiv hätte denn andernfalls irgendein Pharisäer zur Verfolgung einer Gruppe von Leuten haben können, welche die Gesamtheit der Pharisäer, angeführt von ihrem verehrten Sprecher und Theoretiker, für fromme Juden hielten, deren Glaube an Jesus als den Messias sich im Laufe der Zeit am Ende noch als richtig herausstellen mochte?

Was für eine Sorte Jude hätte sich nach alledem noch als politischer Polizist in hohenpriesterliche Dienste begeben? Die Polizeitruppe des Hohenpriesters war ohne Zweifel ein zusammengewürfelter Haufe, der z.T. aus niederen Erbpriestern mit Beziehungen zur Sadduzäerpartei bestand oder zu jenen wenigen Familien gehörte, aus denen der Hohepriester herkömmlicherweise entnommen wurde; dazu kamen fremde Söldner unterschiedlicher Art, Juden wie Nichtjuden, denen die Wiederherstellung der alten jüdischen Freiheit gleichgültig war und denen es nicht viel ausmachte, daß ihnen jene Unbeliebtheit entgegenschlug, die niemandem erspart bleibt, der zugunsten einer verhaßten militärischen Besatzung zur Gewaltausübung bereit ist.

An dieser Stelle können wir uns, und nicht zum letzten Mal, jenem Bericht über die Herkunft des Saulus zuwenden, den uns die Ebioniten hinterlassen haben, jene juden-christliche Gemeinschaft, welche den Paulus als Fälscher und Verdreher der Botschaft Jesu betrachtete und als Gründer einer neuen Religion, mit der Jesus nichts hätte zu tun haben wollen. Nach Aussage der Ebioniten war Paulus nie ein Pharisäer gewesen, er selber ein Konvertit und als solcher ins Heilige Land gereist, wo er beim Hohenpriester Anstellung fand. Diese Darstellung weicht erheblich von der neutestamentlichen ab, die Saulus einen hervorstechenden Pharisäer sein läßt, der weniger beim Hohenpriester Anstellung sucht als sich dazu herabläßt, sich mit ihm gegen einen Gegner zu verbinden. Der ebionitische Bericht ist bisher immer von christlichen Autoren wie Fachgelehrten verächtlich als skurrile Polemik abgetan worden, welche Paulus einfach anschwärzen sollte, basierend alleine auf Gehässigkeit und Feindschaft. Aber die Ebioniten verdienen es, ernster genommen zu werden. Wie wir noch sehen werden, sobald wir uns näher mit Art und Geschichte der Ebioniten befassen, kann deren Bericht Elemente authentischer Überlieferung enthalten (siehe *cap.* 15).

Die Argumentation des vorliegenden Kapitels sollte uns dazu bringen, die traditionelle Mißachtung des ebionitischen Berichts über Saulus' Herkunft aufzugeben und ihn vielmehr ernsthaft in Erwägung zu ziehen. Daß Saulus Pharisäer gewesen sei, wird durch seine Beteiligung an der Nazarenerjagd ebenso unwahrscheinlich gemacht wie durch seine Verbindung mit dem Hohenpriester. Aber jemand aus fremdem, nichtjüdischem Substrat hat viel eher die nötigen Eigenschaften, um in den Dienst des Hohenpriesters zu treten und sich mit einer Polizistentätigkeit abzugeben, die ein geborener Jude, der die römische Weltherrschaft so wenig schätzte wie das sadduzäische Quislingsregime, nur mit Feindschaft und Verachtung ansah. Es hätte Paulus, der für Gemeinschaften schrieb, denen er als ein Träger von Inspiration galt, nur nahe gelegen, sich eine glanzvollere als seine wirkliche Herkunft zuzulegen und seine Zeit in hohenpriesterlichen Diensten lieber mit religiösem Eifer zu erklären als durch das Bedürfnis eines mittellosen Einwanderers nach dem schnöden Mammon. Die Gemeinden, an die Paulus schrieb, kannten die politisch-religiöse Situation in Judäa nicht und konnten ohne weiteres glauben, daß es zwischen den Pharisäern und Jesu frühen Anhängern Spannungen gegeben habe, und dadurch einleuchtend gefunden haben, daß des Paulus früher Gegensatz zu der Bewegung durch dessen Pharisäertum ausgelöst worden sei. Diese Erklärung, die Paulus zunächst selber in Umlauf gesetzt hatte (nämlich in seinen Briefen, in denen er uns nicht einmal seinen Geburtsort Tarsus verrät, dafür aber sorgfältig den Eindruck zu erwecken sucht, obwohl er das niemals offen sagt, er sei in Judäa geboren worden), wurde später von Lukas in die Apostelgeschichte übernommen.

Aber wie können wir uns dazu versteigen, derlei auch nur zu erwägen, wenn doch so viele Fachleute, jedenfalls ihrer eigenen Meinung nach, in des Paulus eigenen Schriften unzweideutige Beweise für dessen pharisäische Ausbildung und Argumentationsweise gefunden haben?! Immer wieder bekommen wir zu hören, Argumentations- und Denkweise der Paulusbriefe sei typisch rabbinisch; Paulus, wenn er auch Sichtweisen und Argumente entwickle, »die weit über rabbinisches Denken hinausgehen«, benütze die rabbinische Logik und Art der Bibelexegese so nachhaltig, daß seine pharisäische Erziehung vor aller Augen liege. – So beliebt diese Ansicht in Philologenkreisen ist, so falsch ist sie. Sie ist nur auf der Grundlage einfacher Unkenntnis oder groben Mißverstehens der rabbinischen Exegese und der rabbinischen Logik möglich. Es wird nötig sein, diese meine Behauptung erst einmal zu beweisen, bevor wir uns mit anderen Einwänden gegen die Ansicht beschäftigen können, daß der ebionitische Bericht über Paulus der Wahrheit näher steht als derjenige des Neuen Testaments.

Kapitel 7

Angeblich rabbinischer Stil in den Paulusbriefen

Die Leitgedanken der Paulusbriefe stehen dem pharisäischen Judentum sehr fern, wie ich später noch genauer darstellen werde. Hier genügt es hervorzuheben, daß Paulus' Erhebung Jesu zu göttlichem Rang für die Pharisäer wie auch für andere Juden als Rückfall ins Heidentum gelten mußte. Das Judentum hatte sich standhaft geweigert, sogar Moses, seinem größten Propheten, Gottesrang zuzuerkennen; es beschreibt mit Nachdruck dessen menschliche Schwächen in seiner Bibel. Während seiner ganzen Geschichte war das Judentum einer langen Reihe gottmenschlicher Gestalten begegnet, von den vergöttlichten Pharaonen Ägyptens bis hin zu ebenfalls vergöttlichten hellenistischen Monarchen und römischen Kaisern, und hatte stets bemerken können, daß ein derartiger Kult mit Unterdrückung und Sklaverei verknüpft war. Die Juden erachteten ihre eigenen gesalbten Könige als bloße Menschen, deren Taten sie genau unter die Lupe nahmen und nötigenfalls kritisierten; die Folge war, daß die Erhöhung eines Messias (»Gesalbten«) zum Gottesrang in ihnen nicht nur ihre Verachtung für den Götzendienst wachrief, sondern es auch ihr tiefverwurzeltes politisches Empfinden beleidigte und erzürnte, wenn jemand eine Machtposition zu usurpieren suchte, die jenseits der geregelten Abläufe von Kritik und konstitutioneller Opposition stand. So sehr und so lange die Juden die Ankunft ihres Messias erhofften, so wenig stellten sie sich diesen als eine göttliche und darum aller Kritik entzogene Gestalt vor; im Gegenteil, in seinem Gefolge würde sich ein Prophet befinden, der, ganz wie Elias, nicht zögern würde, auch diesen gesalbten König zu tadeln, wenn er seine Pflichten verletzen oder das Wort des Deuteronomiums mißachten würde: »Er [*sc.* der König Israels] soll sein Herz nicht erheben über seine Brüder« (17,20).

Wie Paulus den Terminus »Christus« (χρῖστός, also die griechische Übersetzung des hebräischen *maschiach*) als göttlichen Titel verwendet, hat somit keinen Präzedenzfall im Judentum, und jeder Jude mußte darin ein komplettes Verlassen aller Geleise sehen, in denen sich das jüdische Denken über den Messias bewegt hatte. Weiterhin gibt es für das Konzept eines »Seins in Christo« u.ä. nicht die allerkleinste Parallele in sämtlichen Schriften des Judentums, ob sie nun von Pharisäern stammten oder von anderen Sekten. Dieser Ausdruck sollte eine Art Einheit mit der oder Versenkung der eigenen Individualität in die göttliche Person Jesu bedeuten, eine mystische Teilhaberschaft an seinem Leidens- und Triumphweg von der Kreuzigung bis zur Auferstehung. Auch abgesehen von der impliziten Erhebung Jesu zu göttlichem Rang enthält dieses Konzept ein Verhältnis zum Göttlichen, das dem Judentum fremd ist, denn in diesem wird die Autonomie der menschlichen Persönlichkeit geachtet und niemals aufgehoben. Dagegen findet die Vorstellung eines »Seins in Christo« ihre leicht erkennbaren Parallelen in den Mysterienkulten.

Sogar noch provozierender auf das jüdische religiöse Empfinden wirkt Paulus' Wortgebrauch des Terminus »Herr« (κύριος) als Titel des vergöttlichten Jesus. Mit genau diesem Terminus wird nämlich in der griechischen Standardübersetzung der hebräischen Bibel, in der Septuaginta also, das Tetragramm wiedergegeben, der heilige Name des Allmächtigen Gottes, Schöpfers Himmels und der Erden. Die Bezeichnung κύριος oder »Herr« im Sinne der Anrede Gottes[1] in Anwendung auf einen Menschen, der kürzlich auf Erden gelebt hatte und darum gestorben war, wäre jedem Pharisäer oder sonstigen Juden als eine schiere Gotteslästerung vorgekommen. Die Empfänger der Paulusbriefe aber dürften den Terminus »Herr« für Jesus überhaupt nicht provozierend gefunden haben, denn dies war die reguläre Bezeichnung der Mysteriengötter, dieser göttlichen Heilsbringer, mit denen deren Gläubige ihre Seelen in gemeinsamem Nachvollzug ihres Todes und ihrer Auferstehung vereinigten.

Das religiöse Erscheinungsbild der Paulusbriefe wirkte solcherart auf Juden schockierend, aber auf nichtjüdische Mitglieder des hellenistischen Kulturkreises vertraut. Paulus muß durchaus gewußt haben, daß er, wenn er solche Vorstellungen auf jemanden übertrug, dessen Leben sich im jüdischen Kontext abgespielt hatte, etwas Umstürzlerisches und Schockierendes tat – und er sagt auch wirklich, daß er sich dessen bewußt ist (*e.g.* 1. Kor. 1,23; Gal. 5,11). Das hat einige Gelehrte nicht daran gehindert, das Problem der Übernahme durch und durch unjüdischer Konzepte durch Paulus dadurch lösen zu wollen, daß sie dennoch nach einer Kontinuität zwischen eben diesen und dem Judentum suchten. Wir werden diesen Ansätzen in dem vorliegenden Buche noch nachgehen. Aber sogar jene Gelehrten, die durchaus zugeben, daß zwischen dem Judentum und den paulinischen Konzepten ein unüberbrückbarer Abgrund klafft, haben unverdrossen darauf bestanden, daß Paulus seine religiöse Existenz als Pharisäer begonnen habe. Freilich werden sie darum mit dem Problem konfrontiert, wie Paulus als ausgebildeter und

---

[1] Natürlich konnte der Terminus »Herr« auch in seinem menschlich-gesellschaftlichen Sinn ohne Anstößigkeit verwendet werden (siehe Vermes 1973a, p. 103–128). Im Hebräischen werden die beiden Anwendungsbereiche unterschieden: *adon* אדון wird für Menschen verwendet, *adonai* אדוני nur für den »Herrgott«.

überzeugter Pharisäer es geschafft haben soll, zu Konzepten überzugehen, die den Pharisäern derart wesensfremd sind. Die Lösung soll sich in der Beschaffenheit seines Bekehrungserlebnisses auf dem Weg nach Damaskus finden lassen: dieses sei keine allmähliche Entwicklung gewesen, sondern eine durchschlagende Offenbarung, die seine sämtlichen früheren Vorstellungen und Lehren davonspülte; also müsse man auch nach keiner Kontinuität zwischen Pauli Christologie und seiner vorigen religiösen Position suchen, welche gewissermaßen am anderen Magnetpol angesiedelt war.

Aber sogar dieser Ansatz kann nicht leugnen, daß Paulus auch nach seiner Bekehrung noch dieselbe Person war; er konnte nicht alle Spuren seiner Kindheit und Erziehung tilgen. In Übereinstimmung damit wird es für selbstverständlich gehalten, daß sich in seinen Schriften noch deutliche Spuren dieser Erziehung gehalten haben; daß Paulus, so sehr sich sein jetziges Denken von seinem verflossenen pharisäischen unterscheiden mochte, weiterhin Ausdrucksmittel und Argumentationstechniken verwenden würde, die für den Pharisäismus typisch waren – er hätte das ebensowenig ändern können wie die Linien seiner Fingerabdrücke. Die Paulusbriefe, so wird uns versichert, führen unpharisäische Konzepte in pharisäischer Ausdrucksweise vor und bestätigen damit den neutestamentlichen Bericht über Pauli Vorleben.

Obwohl viele Autoren vertrauensvoll versichern, die Paulusbriefe seien voller pharisäischer Ausdrücke und Argumente, so haben doch nur wenige davon ernsthafte Versuche unternommen, Belege für diese ihre Behauptung heranzuschaffen. Wenn sie es schließlich versuchten (z.B. Schoeps oder Klausner), so ist man verblüfft, wie wenig überzeugend diese Belege dann sind. Man kann in der Tat ohne jedes Risiko die Behauptung aufstellen, daß niemand, der nicht schon, veranlaßt durch die Selbstdarstellung des Paulus und deren Echo in der Apostelgeschichte, die Überzeugung mitbringt, Paulus sei einmal Pharisäer gewesen, allein durch die Lektüre seiner Briefe auf diese Idee gekommen wäre (oder auf die Vermutung, Paulus habe eine rabbinische Schulung absolviert). Er hätte ihn einfach für einen hellenistischen Autor gehalten, der mit der griechischen Übersetzung der Bibel wohlvertraut war, ähnlich wie Philo von Alexandria, aber nicht vertraut mit der charakteristischen Herangehensweise der pharisäischen Rabbanen und deren ganzem Stil.[2]

---

[2] Man kann natürlich einwenden, daß wir nicht authentisch wissen, wie das Pharisäertum zu Lebzeiten des Paulus ausgesehen hat, da uns nur pharisäische bzw. rabbinische Schriften aus späterer Zeit erhalten sind (diesen agnostischen Standpunkt nimmt Sandmel ein, siehe SANDMEL 1970, p. 14–15 u. 44–46). Dagegen zeigt VERMES (1983), wie abwegig es ist, auf dem Boden dieses philologischen Radikalismusses sich in die Idee hineinzusteigern, wir könnten die rabbinischen Zeugnisse, die sich auf die Zeit von Jesus und Paulus beziehen, einfach ignorieren. Der agnostische Standpunkt hat immerhin den Vorteil, zuzugeben, daß sich an Paulus höchst wenig rabbinisches bzw. pharisäisches entdek-

Wenn wir uns von der mitgebrachten Annahme freistrampeln können, Paulus sei allemal ein ehemaliger Pharisäer gewesen, dann stehen wir nicht mehr unter dem inneren Zwang, im Stil der Paulusbriefe pharisäische Spezifika zu finden, und können ihnen ihren angemessenen Platz im Schrifttum des Hellenismus zuweisen. Die Versuche sowohl christlicher wie jüdischer Gelehrter, um jeden Preis pharisäische Fingerabdrücke in den Paulusbriefen zu identifizieren, können dann getrost als einer der Abwege der Altphilologie bewertet werden, welche dann, wenn äußere Ursachen ihr eine entsprechende Annahme aufgedrängt haben, immer versucht sein wird, deren Bestätigungen aus einem Text herauszulesen, egal, ob dieser sie auch leidlich überzeugend hergibt oder aber nicht.

Nun sollten wir einige der üblicherweise vorgeführten Beispiele – von jenen Gelehrten, die sich überhaupt die Mühe jener Vorführung machen – daraufhin untersuchen, wie sehr oder wie wenig Paulus tatsächlich in der Art der Pharisäer gedacht oder argumentiert hat. Beginnen wir am besten mit einem Beispiel für jene exegetische Argumentationsweise, die für das pharisäische Denken grundlegend ist.

Eines der wichtigsten Instrumente der pharisäischen Dialektik war das, welches als »*qal va-homer*«-Argument bekannt wurde. In der abendländischen Zivilisation ist es als *argumentum a fortiori* bekannt, aber es spielt im abendländischen Denken, das auf der Logik des Aristoteles basiert, eine viel geringere Rolle als in demjenigen der Pharisäer und des Talmuds. Das *qal va-homer* קל והומר (wörtlich: »leicht und schwer«) geht so: ist etwas von einer Sache bekannt, welche eine bestimmte Eigenschaft in vergleichsweise »leichter« Form aufweist, dann wird das »erst recht« für eine andere Sache stimmen, welche dieselbe Eigenschaft in einer vergleichsweise »schweren« Form aufweist. Ein typisches Beispiel findet sich schon in der Bibel: nachdem Mirjam durch ihr Nörgeln sich verfehlt hat und dafür mit Lepra gestraft wurde, betet Moses zu dem Herrn für ihre Heilung und erhält von diesem die Antwort: »Wenn ihr Vater ihr ins Angesicht gespieen hätte, sollte sie nicht sieben Tage sich schämen? Laß sie verschließen sieben Tage außerhalb des Lagers; darnach laß sie wieder aufnehmen« (Num. 12,14). Aus einem Grunde, der sich bei unserer Untersuchung über Paulus noch als wichtig herausstellen wird, wird diese Stelle in den rabbinischen Schriften tatsächlich als strukturell beispielhaft zitiert. Die Argumentation läßt sich folgendermaßen umschreiben: wenn die Beleidigung des eigenen Vaters (eine vergleichsweise leichte Sache) mit sieben Tagen Verbannung bestraft

ken läßt, aber er strebt danach, die Ansicht, er sei doch einmal ein Pharisäer gewesen, mit anderen, allerdings unfalsifizierbaren Mitteln, letztlich bloßen Suggestionen, zu stützen. Was wirklich an dieser Argumentation dran ist, ist nur: wenn wir auf der Grundlage von Paulus' eigenen Schriften weder zeigen können, daß Paulus ein Pharisäer war, noch, daß er es nicht war, dann sind wir wieder auf seine eigene Versicherung zurückverwiesen, daß er doch einer gewesen sei. Das ist zumindest ein Fortschritt gegenüber der dogmatischen, also bloßen und beleglosen, jedoch erstaunlich selbstsicheren Behauptung, die Schriften des Paulus zeigten uns diesen als einen typischen Rabbi seiner Zeit.

wird, dann sollte die Beleidigung Gottes (eine vergleichsweise schwere Sache) erst recht eine solche Strafe erhalten (und Mirjam daher nicht sofort begnadigt werden). Nehmen wir ein leichter nachvollziehbares Beispiel aus dem Leben unserer Zeit: wenn jemand mit 0,8 ‰ Alkohol im Blut für eine gewisse Zeit den Führerschein entzogen bekommt, kriegt er ihn für die gleiche Zeit mit 1,2 ‰ erst recht entzogen.

Nun benutzt Paulus das *argumentum a fortiori* in seinen Briefen recht gern, und das wurde als unumstößlicher Beweis seiner pharisäischen Ausbildung betrachtet, welche ihn mit einer Neigung zu dieser Argumentationsweise auch dort zurückgelassen habe, wo er sie für eine Lehre nutzte, welche die Pharisäer scharf mißbilligt hätten. Beispiele für den Einsatz von *qal va-homer* durch Paulus sind die folgenden:

1) Denn so wir Gott versöhnt sind durch den Tod seines Sohnes, als wir noch Feinde waren, viel mehr werden wir selig werden durch sein Leben, so wir nun versöhnt sind. (Röm. 5,10)
2) Denn so um des einen Sünde willen der Tod geherrscht hat durch den einen, viel mehr werden die, so da empfangen die Fülle der Gnade und der Gabe zur Gerechtigkeit, herrschen im Leben durch einen, Jesum Christum. (Röm. 5,17)
3) Denn so ihre Verwerfung der Welt Versöhnung ist, was wird ihre Annahme anders sein als Leben von den Toten? (Röm. 11,15)
4) Denn so du aus dem Ölbaum, der von Natur wild war, bist abgehauen und wider die Natur in den guten Ölbaum gepfropft, wie viel mehr werden die natürlichen eingepfropft in ihren eigenen Ölbaum. (Röm. 11,24)

Von diesen vier *qal va-homer*-Argumenten des Römerbriefs sind gemäß dem Regelwerke der pharisäischen Logik drei ungültig, denn es ist ein Grundprinzip dieser Logik, daß in einem *qal va-homer*-Argument die Folgerung nicht über das, was im Ausgangssatz enthalten ist, hinausgehen darf. (Diese Regel ist als »*dayo*-Prinzip« bekannt.[3]) Um dieses Prinzip zu erklären, kehren wir zu unserem obigen Beispiel aus der Bibel zurück. Nach pharisäischer Logik wäre es ungültig, so zu argumentieren: wenn die Beleidigung des eigenen Vaters sieben Tage Verbannung verdient, dann diejenige Gottes vierzehn. Denn dieser Argumentation fehlt die Bestimmtheit; woher sollen wir wissen, wieviel den Mengenangaben des Voraussetzungssatzes hinzuzufügen ist, wenn wir alleine aus diesem zu schließen haben? Die einzige logisch saubere Form der Argumentation kann nur lauten: wenn die Beleidigung des eigenen Vaters sieben Tage Verbannung verdient, dann verdient diejenige Gottes erst recht sieben Tage Verbannung. Genau in dieser Form ist die Argumentation

[3] Siehe GUGGENHEIMER 1967, p. 181–185, wenn man eine ausgezeichnete Diskussion dieser Struktur aus der Feder eines professionellen Logikers sucht. In der Mischna, Baba Qamma 2,5, dreht sich ein Streit der Weisen und Rabbi Tarfon um die Frage des *dayo* דיו. Es ist aber klar, daß auch R. Tarfon das *dayo*-Prinzip anerkennt; er ist nur der Ansicht, ein bestimmter, fest definierter Typ eines *a-fortiori*-Argumentes könne von ihm ausgenommen werden (siehe Gemara *ad loc.*).

schon in der Bibel aufgetaucht, und die Pharisäer haben sie zur Unterstützung ihrer analogen Ausführung herangezogen.

Von obigen Argumentationen aus dem Römerbrief paßt nur (4) zu dem korrekten *qal va-homer*-Muster, da die anderen weit über das hinausgehen, was von ihrer Prämisse abgedeckt wird. Die unvermeidliche Schlußfolgerung daraus ist, daß Paulus keine Ahnung von den Gültigkeitsbedingungen für die Resultate dieses Argumentationsschemas hatte; eine formal richtige Argumentation von vieren ist eine schlechte Trefferquote.

Das *qal va-homer*-Argument ist eine Form der Analogie, und in der griechischen Logik hat die Analogie nie als vollwertige Basis eines logischen Schemas gegolten, denn dafür ermangelt sie der formalen Präzision. Folglich beschränkte sich die griechische Logik auf das, was heute Mengenlehre genannt wird, und entwickelte von da aus die präzise Formalisierung des Syllogismus. Für wissenschaftliche Zwecke ist das nützlich, da es dort sehr oft um Klassifikationen geht, für menschliche Verhältnisse kaum, da dort selten eine andere Argumentationsbasis als die Analogie verfügbar ist. Durch ihre eifrige Beschäftigung mit jenem Geflecht menschlicher Beziehungen, das wir mittlerweile unter seinem Namen »Gesetz« kennen, mußten die Pharisäer das Bedürfnis entwickeln, ihre Argumentationsweise auf der Analogie aufzubauen, und deshalb errichteten sie ihre Gesetzeslogik auf der Grundlage einer Formalisierung des *argumentum a fortiori*. Das *dayo*-Prinzip ist das Hilfsmittel, auf dessen Grundlage sie eine Formalisierung dieses *argumentum a fortiori* erreichen konnten, aber von da aus konnten sie weitergehen und überlegen, welche Strukturen formaler Einwände sich einem *qal va-homer*-Argument entgegenstellen ließen und wie man auf sie antworten könnte. Dieses wirkungsvolle Instrumentarium von Gesetzeslogik wird erst jetzt allmählich von Rechtstheoretikern und Logikern der Welt des Abendlandes wieder geschätzt.

Umgekehrt haben viele hellenistische Autoren häufig *a-fortiori*-Argumentationen benutzt, aber nur auf eine lockere, rhetorische Weise, ohne vorsätzliche Beachtung präziser formaler Regeln. Genau in dieser Art benutzt Paulus diese Argumentationsform, und das kennzeichnet ihn als jemanden, der sich niemals einer pharisäischen Ausbildung unterzogen hat. Ein gelernter Pharisäer hätte sein mühsames Studium nie in einem solchen Maße vergessen können, daß er sich wackliges, unscharfes Argumentieren auf einem Felde gestattet hätte, auf welchem die Pharisäer gerade auf ihre besondere Präzision stolz waren – ebensowenig wie ein griechischer Logiker, wie weit er sich auch in seinem späteren Leben von seiner Akademie entfernt haben mochte, jemals einen ungültigen bzw. fehlerhaften Syllogismus »verbrochen« hätte. Paulus' Gebrauch von *a-fortiori*-Argumenten ist oft zitiert worden, um seine pharisäische Schulvergangenheit zu belegen, aber in Wahrheit demonstriert dieser mißglückte Beweis das Gegenteil dessen, wofür er ins Feld geführt worden ist. Nichts könnte deutlicher zeigen, daß Paulus gerade kein gelehrter Pharisäer war, als die Art seiner *a-fortiori*-Argumentation, die einen rhetorischen Charakter aufweist, der seine nächsten Parallelen bei den zeitgenössischen stoischen Volkspredigern des Hellenismus in deren Diatriben findet, aber nicht bei den zeitgleichen oder zeitnahen Rabbis.

Betrachten wir als nächstes den angeblichen Einsatz des Paulus von *midrasch* oder Bibelexegese zwecks argumentativer Stärkung seiner Lehren! Ein häufig zitiertes Beispiel, das seinen rabbinischen Stil belegen soll, ist dieses: »Christus aber hat uns erlöst von dem Fluch des Gesetzes, da er ward ein Fluch für uns (denn es steht geschrieben ›Verflucht ist jedermann, der am Holz hängt!‹)« (Gal. 3,13). Hier zieht Paulus einen Vers aus dem Deuteronomium heran, um vorzuführen, wie groß das Opfer Jesu gewesen war: er nahm durch seine Todesart freiwillig einen Fluch auf sich, um dadurch die Menschheit vom Fluch der Sünde befreien zu können.

Die meisten Gelehrten nehmen an, Pauli Interpretation dieses Bibelverses (daß jemand, der an einem Galgen/Holze hänge, unter einem Fluch stehe) sei Teil der zeitgenössischen pharisäischen Auslegung besagten Verses gewesen, so daß Paulus somit die Grundlage seiner Argumentation aus dem pharisäischen Fundus entnommen habe, wenn er sie auch auf seine Art fortspann. Doch das ist ein Irrtum. Die Vorstellung, daß irgend jemand, der an einem Holze hängt, unter einem Fluch stehe, war dem pharisäischen Denken gänzlich fremd, und die pharisäischen Lehrer deuteten diesen Vers des Deuteronomiums keineswegs so. Viele hochangesehene Mitglieder der Pharisäerbewegung wurden gerade so wie Jesus von den Römern gekreuzigt und wurden, weit entfernt davon, wegen ihrer Todesart als fluchbeladen zu gelten, als Märtyrer angesehen. Die Vorstellung, daß ein unschuldiger Mensch, der nur das Pech hatte, qualvoll genug am Kreuz zu sterben, sich einen Fluch von Gott zuziehe, war niemals Bestandteil der pharisäischen Gedankenwelt, und nur tiefe Verachtung für das Judentum, dem die Pharisäer ja angehörten, konnte nicht wenige Gelehrte zu dieser Annahme verleiten. Niemals hielten die Pharisäer ihren Gott für dumm oder ungerecht, und beides hätte Er sein müssen, um ein unschuldiges Opfer auch noch mit Seinem Fluch zu belasten.

Sogar wenn der Gehängte eines todeswürdigen Verbrechens schuldig war, galt er mitnichten als fluchbeladen, sondern man nahm ganz im Gegenteil an, durch seine Hinrichtung habe er sein Verbrechen schon genügend abgebüßt.[4] Der zur Debatte stehende Vers (Dtn. 21,23) wurde von den Rabbanen so gedeutet: Der Leichnam eines hingerichteten Verbrechers wurde eine kurze Zeit lang an einem Pfahl aufgehängt, aber dann sollte er abgenommen werden, denn *das* würde einen Fluch von Gott provozieren, mit anderen Worten: der Fluch galt nicht dem Hingerichteten, sondern jenen Verantwortlichen, die dessen Leichnam einer unwürdigen Behandlung ausgesetzt hatten. Eine andere Deutung lautete: es heiße Gott fluchen (also

[4] Tosefta, Sanhedrin 9,5: »Die das Gericht zu Tode gebracht hat, haben Anteil an der künftigen Welt.«

Blasphemie), ließe man die Leiche eines hingerichteten Verbrechers einfach hängen, da der menschliche Körper als Ebenbild Gottes erschaffen wurde.[5] Im Einklang mit der pharisäischen Deutung der Stelle, die die Intentionen des hebräischen Originalwortlauts treffend wiedergibt, übersetzt darum die ›New English Bible‹ die Stelle so: »When a man is convicted of capital offence, you shall hang him on a gibbet; but his body shall not remain on the gibbet overnight; you shall bury it on the same day, for a hanged man is offensive in the sight of God.« Dagegen gibt Luther, offenbar im Banne unserer Paulus-Stelle, den deuteronomischen Wortlaut mit »denn ein Gehenkter ist verflucht bei Gott« wieder, und auch die Herder-Einheitsversion möchte dem Stifter des Christentums nicht in den Rücken fallen: »denn ein Gehenkter ist ein von Gott Verfluchter«. Aber diese Bedeutung ist dem Original fremd.

Paulus entnahm seine Deutung also nicht einer pharisäischen Quelle, auch keiner entlegenen, sondern sie entstammt seiner eigenen, persönlichen Reaktion auf die ziemlich vieldeutige Septuaginta-Übersetzung dieser Stelle.[6] Paulus ist hier weit davon entfernt, einen typisch pharisäischen Midrasch zu produzieren; vielmehr zeigt gerade diese Stelle aus dem Galaterbrief, wie fern er dem Geiste midraschischer Deutungen steht. Nebulöse Ideen wie etwa das Stehen unter einem posthumen Fluch aufgrund der verderblichen magischen Wirkung der eigenen Todesart sind heidnisch, nicht jüdisch, am wenigsten pharisäisch. Denn die Pharisäer betrachteten die Art, wie man lebte, als ausschlaggebendes Mittel zur Erlangung göttlichen Wohlgefallens oder der Provokation göttlichen Mißfallens, nicht die Art, wie man zu Tode kam, am wenigsten, wenn man auf sie keinen Einfluß hatte. Auch die Vorstellung, Jesus habe von anderen einen Fluch genommen, indem er ihn auf sich zog, ist dem jüdischen Denken fremd, aber dieser Punkt, der im Zentrum der

---

[5] So R. Meirs Erklärung, Babyl. Talmud, Sanhedrin 46b. Die Mischna, Sanhedrin 6,4, gibt noch eine Deutung: daß diese Hinrichtungsform nur für Blasphemiefälle zu wählen sei, also, wenn der Beschuldigte Gottes Namen geflucht hat, wonach die Übersetzung lauten muß: »Er wird *wegen* eines Fluches gegen Gott [*gen. obj.* im Original also] gehängt.« Auch diese Deutung impliziert keinen Fluch gegen den Hingerichteten, der durch seinen Tod genug gestraft ist.

[6] Anm. d. Übs.: Welche auch Luthers ansonsten von der katholischen Tradition gedeckte Fehlübersetzungen erleichtert haben dürfte, z. B. die folgenreiche »Jungfrau« an der falschen Stelle. Denn Luthers Hebräisch war sehr mangelhaft, sein Griechisch gut; zwar hörte er gewöhnlich auf die Rabbiner, die er auf Umwegen für sein Werk eingespannt hatte, hier aber offenbar nicht, weil er Paulus nicht desavouieren wollte. Nun ging es ihm zwar auch darum, die katholische Kirche, der gewöhnlich der Hieronymustext, äußerstenfalls die Septuaginta genügte, durch eine quellengenaue Übersetzung auszustechen, weshalb er sich dazu eben jener Juden bediente, die er nach getaner Arbeit so übel verleumdete und im Stich ließ; aber hier wollte er nicht zu deren Gunsten, jedoch zuungunsten des Paulus eine neue Front aufreißen. Es ist aber sehr fraglich, ob Luther, der vor dem Wortlaut der Bibel den größten Respekt hatte – »das Wort sie sollen lassen stahn« –, sich derlei getraut hätte, hätte ihm die an dieser Stelle unklare Septuaginta keine goldene Brücke gebaut. Siehe SCHUDER/HIRSCH 1989, p. 363*sqq.* zu Luther, MACCOBY 1991, *cap.* 4 zu Pauli Fehlauffassung.

paulinischen Theologie steht, geht weit über Formfragen hinaus und wird in einem späteren Kapitel diskutiert werden.

Einige Stellen der Paulusbriefe wurden aus dem einfachen Grunde für typisch pharisäisch gehalten, weil sie einen kasuïstischen Eindruck ausstrahlen. Nimmt man diese Stellen jedoch unter die Lupe, verschwindet die kasuïstische Tönung schnell, und es stellt sich heraus, daß die Heranziehung kasuïstischer Beispiele nur ein rhetorisches Mittel ohne Präzisionsanspruch ist, ohne Bezug auf reales rechtliches Vorgehen, wie er sich selbst in jenen pharisäischen Schriften findet, in denen Gesetzesanspielungen nur homiletischer Bibelexegese dienen. Ein Beispiel aus dem Römerbrief sei dieses:

> Wisset ihr nicht, liebe Brüder (denn ich rede mit solchen, die das Gesetz wissen), daß das Gesetz herrscht über den Menschen solange er lebt? Denn ein Weib, das unter dem Manne ist, ist an ihn gebunden durch das Gesetz, solange der Mann lebt; so aber der Mann stirbt, so ist sie los vom Gesetz, das den Mann betrifft. Wo sie nun eines andern Mannes wird, solange der Mann lebt, wird sie eine Ehebrecherin geheißen; so aber der Mann stirbt, ist sie frei vom Gesetz, daß sie nicht eine Ehebrecherin ist, wo sie eines andern Mannes wird. Also seid auch ihr, meine Brüder, getötet dem Gesetz durch den Leib Christi, daß ihr eines andern seid, nämlich des, der von den Toten auferweckt ist, auf daß wir Gott Frucht bringen. Denn da wir im Fleisch waren, da waren die sündigen Lüste, welche durchs Gesetz sich erregten, kräftig in unsern Gliedern, dem Tode Frucht zu bringen. Nun aber sind wir vom Gesetz los und ihm abgestorben, das uns gefangenhielt, also daß wir dienen sollen im neuen Wesen des Geistes und nicht im alten Wesen des Buchstabens. (Röm. 7,1-6)

Die zitierte Stelle ist bemerkenswert konfus. Paulus versucht, die Rücknahme der Thora und den Eintritt des Neuen Bundes des Christentums mit der zweiten Heirat einer Witwe zu vergleichen. Aber er schafft es nicht, in seinem Kopf das, was sich auf die Frau bezieht, von dem auseinanderzuhalten, was sich auf den Mann bezieht – es bleibt sogar unklar, wer von beiden gestorben ist, der Mann oder die Frau. Es sieht so aus, daß er folgende Entsprechung im Sinn hatte: die Ehefrau ist die Kirche, der erste Ehemann ist das Gesetz, der zweite Christus. Paulus erzählt uns, eine Ehefrau erhalte durch den Tod ihres Mannes die Freiheit, einen neuen Mann zu heiraten; das soll natürlich innerhalb des Vergleichs bedeuten, daß durch den »Tod« des Gesetzes die Kirche die Freiheit erlangte, Christus zu heiraten. In der nächsten Runde aber ist es die Ehefrau/Kirche, welche stirbt (»Also seid auch ihr, meine Brüder, getötet dem Gesetz durch den Leib Christi«), und es gibt sogar ein paar Andeutungen, daß auch dieser neue Ehemann gestorben ist. Dennoch wird der »Tod *des* Gesetzes« (d.h. des ersten Ehemanns) nicht einmal ausdrücklich in dem ganzen Vergleich erwähnt, wodurch jener doch überhaupt erst funktionieren könnte, unbeschadet seiner späteren Erweiterungen (denn die Brüder [= die Kirche] sterben ja nur *dem* Gesetz ab, aber von *dessen* Tod und wie er dann gültig festgestellt wurde, erfahren wir nichts).

Andererseits schwingt in dieser paulinischen Ausführung noch ein ganz anderer Gedanke mit: daß jemand nach seinem *eigenen* Tode von gesetzlichen Verpflichtungen frei geworden ist. In der Tat scheint dies das erste angeschnittene Thema zu sein: »daß das Gesetz herrscht über den Menschen, solange er lebt«. Das Thema, daß die Witwe frei ist, nach dem Tode ihres Mannes erneut zu heiraten, paßt dazu gar nicht; trotzdem bringt Paulus die beiden Themen dauernd durcheinander – sogar so sehr, daß es dem Leser einmal so vorkommt, er spräche von einer Witwe und einem Ehemann, die einander heiraten und eheliche Kinder zeugen dürfen, *weil sowohl die Witwe wie auch der neue Ehemann tot sind*. Weiter kann man die Verwirrung kaum treiben.

Dergestalt haben wir hier den Fall von jemandem vorliegen, der etwas durch einen Vergleich aus der Rechtssphäre zu erläutern sucht, aber bei der Konstruktion seines Gegenstandes aus derselben kläglich scheitert, weil er unfähig ist, dabei jene logische Präzision aufzubieten, die von einem echten Rechtsgelehrten zu erwarten wäre. Die Stelle beweist nicht, daß Paulus eine pharisäische Schulung hinter sich hatte – ganz im Gegenteil! Er kündigt ziemlich geheimnisvoll an, er werde etwas sagen, das nur »solche, die das Gesetz wissen«, verstehen können, und er hat ganz eindeutig vor, uns eine Probe seiner Beschlagenheit im jüdischen Recht vorzuführen. Es ist nur naheliegend, daß Paulus, der uns so oft versichert hat, besagte pharisäische Schulung absolviert zu haben, bei Gelegenheit auch in dieser Rolle aufzutreten versucht, besonders vor einem Publikum, von dem er erwarten kann, daß es eventuelle Mängel an seinem Auftritt nicht entdecken würde. Bei unserem vorliegenden Anlaß hat er nur eine lächerliche Travestie pharisäischen Denkens »hingekriegt«. Im ganzen pharisäischen Schrifttum gibt es kein einziges Beispiel derart verworrenen Argumentierens.[7]

Was Paulus sagen will, ist einfach in allgemeiner Weise, daß der Tod rechtliche Bindungen aufhebt. Darum tragen alle Mitglieder seiner Kirche, indem sie sich mit Jesu Selbstopfer identifizieren, allesamt zur Lockerung der Bindungen an den »Alten Bund« bei. Dieses Generalthema ist ausreichend klar; nur sobald Paulus zu dessen Illustration eine Art Gesetzesparabel oder -konzept (auf der Grundlage des Eherechts und Wiederverheiratungsrechts) auszuarbeiten versucht, verheddert

[7] Joseph Klausner (1942, p. 453*sq.*) verkündet pauschal: »Es dürfte schwierig sein, talmudtypischere Schrifterklärungen aufzutreiben als diejenigen in den Paulusbriefen.« Er zählt sechs ganz und gar nicht überzeugende Beispiele auf, darunter das vorliegende, und schließt dann triumphierend: »Könnte es eine unnatürlichere Schriftendeutung geben als diese? Gewiß konnte nur ein Jude wie Paulus seine ganze Lehre auf derart radikalen Neudeutungen der Thora aufbauen wie diesen.« Klausner nähert sich hier der Aussage, Paulus müsse deshalb ein Pharisäer gewesen sein, weil nur Pharisäer derartigen Unsinn schreiben konnten. Nur läßt sich den tatsächlich überlieferten rabbinischen Argumentationen niemals logische Konfusion anlasten, so sehr deren zugrundeliegende Annahmen bzw. inhaltliche Voraussetzungen sich oft genug kritisieren lassen mögen.

er sich. Dadurch verliert er den logisch zwingenden Zusammenhang gerade dort, wo eine pharisäische Schulung, so er sie jemals genossen hätte, ihn davor bewahrt hätte; wieder einmal sehen wir ihn charakterisiert durch den rhetorischen Stil der hellenistischen Wanderprediger eines volkstümlichen Stoïzismus, nicht durch die konzise Logik der Rabbanen.[8]

Dies führt uns zum offenkundigsten Punkt bezüglich des Stils der Paulusbriefe zurück, nämlich daß sie ausnahmslos griechisch geschrieben sind. So sehr das ins Auge sticht, so oft scheint es von jenen, die sich mühen, Paulus nach Stil und Denkweise als Rabbi oder Ex-Rabbi zu erweisen, nicht bemerkt zu werden. Paulus' Griechisch ist dasjenige eines *native speaker's*. Natürlich ist es kein klassisches Griechisch, nicht einmal gutes Schriftgriechisch, aber es ist nach Wortschatz und Sprachrhythmus das gesprochene Griechisch seiner Zeit, das uns als κοινή oder »Gemeingriechisch« bekannt ist. Er ist in der hellenistischen Welt so angestammt zuhause, daß er bei einer Gelegenheit einen Menandervers zitiert[9] und denjenigen eines zeitgenössischen Lehrdichters an einer anderen.[10] Derlei tritt bei keinem einzigen Rabbanen auf, der der Pharisäerbewegung angehörte oder nahestand, so daß Paulus, wenn er denn Pharisäer gewesen sein sollte, zumindest in dieser Hinsicht als einzigartig zu betrachten wäre.

Es stellt sich die Frage, ob Paulus auch nur genügend Hebräisch konnte, um an einer pharisäischen Lehrstätte überhaupt dem Unterricht folgen zu können. Wir wissen, daß er Aramäisch sprechen konnte (Apg. 21,40), aber das hatte er nicht erlernen müssen, da es in seiner Heimatstadt Tarsus Verkehrssprache war,

---

[8] Sein Ansatz zu einer rabbinischen Gesetzesargumentation wird von seiner Besessenheit für die Bilderwelt von Tod und Wiedergeburt untergraben. Dadurch produziert er wolkige Poesie anstelle einer juristischen Argumentation. Man hat öfters versucht, ihn auf der Basis einer »dichterischen Wahrheit« zu verteidigen, aber eine solche Verteidigung bestätigt nicht gerade das Bild von einem in rabbinischen Denkformen beheimateten Paulus.

[9] In 1. Kor. 15,33 zitiert Paulus einen Menandervers: »Schlechte Gesellschaft verdirbt gute Sitten« (Thaïs 218). Der Vers hat sich bis zu einem Euripidesfragment (1024) zurückverfolgen lassen, das Paulus natürlich auch vorgeschwebt haben kann. [Die berühmten Sätze Apg. 9,4–5, mit denen der Jesus der Damaskusvision sich erstmals an Paulus wendet, entstammen ziemlich unverändert den ›Bakchen‹ des Euripides und werden dort in einer ähnlichen Situation von Dionysos geäußert. (Anm. d. Übs.)]

[10] Allerdings nicht in seinen erhaltenen Briefen, sondern in seiner von der Apostelgeschichte überlieferten Rede an die Athener (Apg. 17,28): »Wir sind seines [*sc.* des Zeus] Geschlechts«, wo er sich auch ausdrücklich auf griechische Dichter beruft. Die zitierte Stelle (die ihm natürlich auch Lukas in den Mund gelegt haben kann) stammt aus dem der Stoa nahestehenden astronomischen Lehrgedicht ›Phainomena‹ des Arat (Zeile 5). Kurz zuvor zitiert Paulus ohne Quellenangabe mit leichter Variation Epimenides, einen Dichter und Seher des 6. Jahrhunderts: »Denn in ihm leben, weben und sind wir.« (Das Zitat ist uns unabhängig von Paulus durch Diogenes Laërtius in dessen ›Leben der Philosophen‹ überliefert [I 112], ferner durch Ischodad von Merw.) Da Paulus im Titusbrief eine weitere Zeile aus dem gleichen Gedicht zitiert (»Die Kreter sind immer Lügner, böse Tiere und faule Bäuche« [Tit. 1,12]), hat Lukas sicher recht, wenn er Paulus als mit diesen Versen vertraut vorführt.

neben welcher Griechisch als Handels- und Behördensprache diente. Mit Hebräisch verhält es sich anders. Dieses war eine reine Gelehrtensprache, sowohl in seiner klassisch-biblischen Form wie auch als jenes Neuhebräisch, das sich etwa in der Mischna findet. Die Bibellektüre in der Originalsprache bildete das Fundament jedes pharisäischen Studiums. Aber die Kenntnis des Bibelhebräischen war zur Zeit des Paulus selten; dies zeigt etwa die Existenz des ›Targum‹, der Übersetzung oder Nacherzählung der Bibel auf aramäisch, welche den durchschnittlichen Juden, die ja kein Hebräisch konnten, zur Verfügung stand.

Aus den Hinweisen aus Paulus' Schriften läßt sich also vermuten, daß er nur wenig Hebräisch konnte. Alle seine etwa 160 Bibelzitate stammen aus der griechischen Übersetzung (der Septuaginta), nicht aus dem hebräischen Original. Dies zeigt sich daran, daß Paulus dort, wo die Texte inhaltlich voneinander abweichen, ausnahmslos der griechischen Version folgt, niemals der hebräischen. Ein wichtiges Beispiel (Dtn. 21,23) kennen wir schon; ein weiteres ist das berühmte Prophetenzitat »Tod, wo ist dein Stachel? Hölle, wo ist dein Sieg?« (1. Kor. 15,55).[11] So steht es in der Septuaginta, aber im hebräischen Original lautet die zitierte Hoseastelle (13,14) etwas anders: »Ach um deine Pestilenzen, o Tod! Ach um deinen Stachel, o Grab [so Luther; direkt beschworen wird allerdings die Unterwelt]!« (Das gibt H sinngemäß richtig so wieder: »Tod, wo sind deine Seuchen? Unterwelt, wo ist dein Stachel?«, wobei auch diese Wortwahl von Paulus beeinflußt sein dürfte, Übs.) Es ist sehr unwahrscheinlich, daß ein echter, auch ehemaliger Pharisäer sich dazu bereitgefunden hätte, lieber aus der Septuaginta als gemäß dem hebräischen Original zu zitieren, das seine Bewegung als die einzige echte, kanonische Version ansah.[12]

---

[11] Anm. d. Übs.: Die »Hölle« stammt von Luther, ebenso die Reihenfolge der Parallelsätze, die Luther offenbar in rhetorischer Absicht vertauscht hat (oder um dem Text des prophetischen Originals zumindest am Zeilenanfang näher zu kommen; aber es bleibt auffällig, daß er die hebräische Vorlage *anders* übersetzt hat. Das Wort *sche'ol* שְׁאוֹל, das die Septuaginta immer mit Ἅιδης wiedergibt – so taucht es bei Paulus hier im Vokativ auf (ᾅδη) –, bezeichnet niemals einen Ort übernatürlicher Strafen, daher natürlich auch nicht bei dem von Paulus zitierten Hosea, wodurch Luther falsche Assoziationen provoziert. Leider wurde seine irreführende Übersetzung sogar sprichwörtlich). Unauffälliger gibt den Paulustext dagegen die Herder-Einheitsübersetzung wieder: »Tod, wo ist dein Sieg? Tod, wo ist dein Stachel?« Denn sie orientiert sich offensichtlich an der Vulgata des hl. Hieronymus, der einfach zweimal *mors* schreibt.

[12] Es ist eingewendet worden, Paulus habe den Septuagintatext absichtlich lieber als den hebräischen benutzt, um seinen griechischsprachigen, des Hebräischen unkundigen Lesern den Zugang zu erleichtern. Ebenso hat man vorgebracht, Paulus habe den Septuagintatext benutzt, um sich den Umstand eigenen Übersetzens ersparen zu können (KLAUSNER 1942, p. 305). Diese beiden Argumente nehmen die Bedeutung nicht ernst genug, welche palästinensische Schriftgelehrte dem kanonischen Hebräisch beilegten [nur aus diesen sprachlichen Erwägungen schieden sie z. B. die längst etablierten »Apokryphen« aus dem Kanon aus, d. h. einzig weil diese griechisch verfaßt waren, Übs.]. Niemals hätten sie irgendeine ihrer Argumentationen auf einer Lesart aufgebaut, die sich nur in der griechischen, nicht aber der hebräischen Version findet. Der autoritative Gebrauch der Septuaginta kennzeichnet Paulus

So gibt es nichts in den Paulusschriften, das auf die Pharisäervergangenheit ihres Verfassers hinwiese oder sie gar beweisen könnte, aber vieles, das gegen eine solche spricht. Man hat einiges Aufhebens von gewissen Bezugnahmen auf kursierende jüdische Legenden in den Paulusbriefen gemacht und behauptet, diese müßten aus pharisäischen Quellen stammen; aber in Wirklichkeit war dieses Material in weiten Teilen der jüdischen Welt Gemeingut, gerade in deren griechischer Diaspora, und beweist nichts. Beispielsweise erinnert Paulus einmal an einer Stelle an einen wundersamen Brunnen, welcher den Israeliten bei ihrer Wüstenwanderung gefolgt sei (1. Kor. 10,4); aber diese Legende war nicht auf Pharisäerkreise beschränkt, sondern findet sich auch in der Kompilation ›Biblische Altertümer‹ (= Pseudo-Philo), von der zwar nur eine lateinische Übersetzung überlebt hat, jedoch die Existenz einer griechischen Version des ersten nachchristlichen Jahrhunderts bekannt ist (siehe Pseudo-Philo 12C und 13A). Paulus konnte dieser Legende ganz leicht beim Lesen eines griechischen Buches begegnet sein, oder, was noch wahrscheinlicher ist, sie einfach gesprächsweise aufgeschnappt haben, wozu er keinen Schriftgelehrten hatte aufsuchen müssen. Genauso kann einem heutigen Kinde eine äsopische Fabel vertraut sein, ohne daß es deshalb die griechischen Klassiker gelesen haben müßte.

Wir müssen also schlußfolgern, daß der angeblich eingefleischt pharisäische Stil und Geist des Paulus selber eine Legende ist.

---

zumindest als hellenisierten Juden in der Art Philos von Alexandrien, wie SANDMEL (1970) vorbrachte, und bestimmt nicht einen Juden pharisäischer Prägung. Eine andere Argumentation besagt, Paulus habe tatsächlich den hebräischen Text zugrunde gelegt, aber spätere Bearbeiter die Septuagintaversionen eingesetzt, obwohl sich noch Spuren des Originals da und dort erhalten hätten. Einen nachhaltigen Versuch in dieser Richtung unternimmt O'NEILL (1975). Siehe dazu mein Buch über Paulus und den Hellenismus (MACCOBY 1991), in dem ich Puukkos früheren Versuch (PUUKKO 1928, p. 43–63), Paulus doch das hebräische Original benutzen zu lassen, einer detaillierten Kritik unterziehe.

Kapitel 8

Paulus und Stephanus

IM NEUEN TESTAMENT wird Paulus als jemand dargestellt, der vor der Bekehrung zu Jesus eine gründliche pharisäische Schulung und Ausbildung durchlaufen hat. Dies ist für das Bild, das das NT von den Anfängen des Christentums zeichnet, ganz wesentlich, vor allem aus zwei Gründen: zum einen verstärkt das Bild von Paulus als verfolgungswütigem Pharisäer das Evangelienkonstrukt von den verfolgungswütigen Pharisäern überhaupt; zum anderen wird die Autorität des Paulus als großem Deuter der Rolle Jesu durch die Überzeugung gestärkt, er sei ein profunder Kenner der überlieferten jüdischen Religion gewesen und als solcher in der Lage, die Kontinuität zwischen Neuem und Altem Bund zu erkennen und, indem er durch seine eigene Lehre diese Kluft überbrückte, die Gewähr dafür zu bieten, daß seine Deutung Jesu die wahre, abschließende und vollständige Erfüllung der alttestamentarischen Religion darstelle. Ließe sich dagegen beweisen, daß Paulus in Wirklichkeit niemals Pharisäer gewesen war, so wäre unter der traditionellen Sicht vom Ursprung des Christentums eine tragende Säule weggebrochen. Wir müßten uns dann Paulus eher als einen Neuschöpfer vorstellen, der einen Jesus-Mythos zusammenschmiedete, der weder im Judentum wurzelte noch zu den wirklichen historischen Begleitumständen von Jesu Leben und Lehre paßte.

Wir haben gute Gründe zu der Annahme, daß Paulus in Wirklichkeit kein Pharisäer war: so steht zum Beispiel seine Rolle als Verfolger von Anhängern Jesu im Widerspruch zu den Belegen des NT, die zeigen, daß deren Bild von den verfolgungswütigen Pharisäern auf Sand gebaut ist; wenn dieses Bild der Jesus verfolgenden Pharisäer wieder und wieder aufgewärmt wird, so findet sich im NT dafür keine Grundlage, denn sowohl aus den Widersprüchen in den Evangelien selbst sowie aus anderen Quellen läßt sich ableiten, daß Jesus selbst Pharisäer war und von diesen zu keinem Zeitpunkt verfolgt wurde; schließlich ist der angebliche Beleg für die pharisäische Ausbildung des Paulus aus dessen eigenen Schriften nichts als Selbsttäuschung seitens bestimmter Religionswissenschaftler, die nur die Ostereier fanden, die sie selbst (oder ihre Vorläufer) versteckt hatten. Darüber hinaus zeigt das historische Zeugnis der Apostelgeschichte, die uns berichtet, daß Paulus bei der Verfolgung der Anhänger Jesu im Auftrag des Hohenpriesters tätig war, also eines Sadduzäers und Pharisäergegners, gerade noch einmal, daß Paulus kein Pharisäer war.

Wir haben schon gesehen – und werden dies in späteren Kapiteln noch im einzelnen belegt finden –, daß die Jesusbewegung, bevor Paulus dazukam, keinerlei Lehren vertrat, die zu irgendwelchen Verfolgungen seitens der Pharisäer, der Wächter der jüdischen Religion, Anlaß hätten geben können. Jesus selbst hatte ja nur den Anspruch erhoben, er sei der Messias, und dies zu behaupten stellte keinerlei Gotteslästerung dar (wie hätte der Messias eigentlich »kommen« können, ohne dies auch zuzugeben?); seine Anhänger aber hielten nach seinem Tode nur an diesem Messiasglauben in der gleichen Weise wie zuvor fest (und waren dabei der Überzeugung, er sei durch ein Wunder wieder zum Leben erweckt worden), sprachen ihm aber keinerlei göttliche Natur zu.

Die einzigen christlichen Lehren, welche die Pharisäer für blasphemisch gehalten hätten, waren diejenigen, die Paulus einige Zeit nach seiner Bekehrung eingeführt hatte. Vor der Bekehrung des Paulus kann es dementsprechend zwischen Pharisäern und Nazarenern keinen Streit über religiöse Fragen gegeben haben; Konflikte dürfte es allerdings sehr wohl aus politischen Gründen zwischen den Nazarenern und dem Hohenpriester gegeben haben, da dieser prorömische Quisling und Interessenvertreter eine Bewegung suspekt finden mußte, die Jesus, einen gekreuzigten Aufrührer, nach wie vor zu ihrer Leitfigur erklärte.

Nun berichtet uns die Apostelgeschichte allerdings eine Episode, die alle Schlußfolgerungen, die wir gerade zusammengefaßt haben, in Frage zu stellen scheint. Das ist die Geschichte vom Tode des Stephanus, des ersten christlichen Märtyrers. Hier lesen wir nämlich die Geschichte eines Mitglieds der Jesusbewegung, das aus religiösen Gründen getötet wurde, *bevor* Paulus sich zum Christentum bekehrte. Darüber hinaus wird Stephanus als eine Figur dargestellt, deren Ansichten zu denen der Pharisäer erheblich in Widerspruch stehen, sich aber weitgehend mit dem decken, was Paulus nach seiner Bekehrung vertrat. Der Fall Stephanus ist dementsprechend immer wieder nachdrücklich von allen Verfechtern der These vorgetragen worden, Paulus sei *nicht* der Begründer des Christentums, wie wir es kennen; dessen Vergöttlichung Jesu und Abschaffung der Thora seien von der Jesusbewegung schon vertreten worden, bevor Paulus auf der Bildfläche erschien, und schließlich beweise der Fall des Stephanus trotz aller gegenteiliger Argumente, daß diese im jüdischen Sinne ketzerischen Lehren auf Jesus selbst zurückgingen, wobei Stephanus die Brücke zwischen Jesus und Paulus darstelle. Überdies soll die persönliche Beteiligung des Paulus an der Hinrichtung des Stephanus ein Beleg dafür sein, daß Paulus aus religiösen Motiven gegen die Anhänger Jesu tätig gewesen sei, und damit die traditionelle Charakterisierung von Paulus als christenverfolgendem Pharisäer stützen.

Unterzieht man die Stephanus-Episode jedoch einer genaueren Untersuchung, so finden sich zahlreiche Züge in ihr, die historisch unmöglich sind, und es zeigt sich, daß der Verfasser der Apostelgeschichte diese Geschichte genau zu dem

Zweck zurechtgeschustert hat, daß zwischen Jesus und Paulus ein Bindeglied verfügbar wird.

In der Apostelgeschichte wird die Geschichte so dargestellt: Stephanus wurde von einer Gruppe von Juden, die ihm in der Debatte nicht hatten standhalten können, beim Sanhedrin denunziert. Die Anklage lautete: »Wir haben ihn gehört Lästerworte reden wider Mose und wider Gott« (Apg. 6,11). Anschließend erfahren wir: »... und stellten falsche Zeugen dar, die sprachen: Dieser Mensch hört nicht auf, zu reden Lästerworte wider diese heilige Stätte und das Gesetz. Denn wir haben ihn hören sagen: Jesus von Nazareth wird diese Stätte zerstören und ändern die Sitten, die uns Mose gegeben hat« (Apg. 6,13–14). Man läßt daraufhin Stephanus dazu Stellung nehmen, und diese Stellungnahme wird lang, da er in ihr die gesamte Geschichte des jüdischen Volkes rekapituliert. Seine Rede macht einen ganz harmlosen Eindruck, und jeder Jude wäre mit einem solchen Bericht einig. (Selbst seine Bemerkung »... der Allerhöchste wohnt nicht in Tempeln, die mit Händen gemacht sind« [Apg. 7,48], obwohl Salomo den Tempel »für Gott« gebaut hatte, ist vollkommen im Einklang mit orthodoxer jüdischer Lehre; schließlich hat Salomo laut Bibel bei der Einweihung des Tempels selbst dasselbe gesagt [1. Kön. 8,27].) Kaum aber ist er mit seiner Rede fertig, läßt Stephanus jedoch plötzlich eine Diatribe gegen das jüdische Volk und dessen Geschichte vom Stapel, die weit darüber hinausgeht, was an Selbstkritik unter Juden üblich war. Diese Schmährede steigert sich zu einer schroffen Abweisung der Juden als unverbesserliche Feinde Gottes: »Ihr Halsstarrigen und Unbeschnittenen an Herzen und Ohren, ihr widerstrebt allezeit dem Heiligen Geist, wie eure Väter also auch ihr. Welchen Propheten haben eure Väter nicht verfolgt? Und sie haben getötet, die da zuvor verkündigten die Zukunft dieses Gerechten, dessen Verräter und Mörder ihr nun geworden seid. Ihr habt das Gesetz empfangen durch der Engel Geschäfte, und habt's nicht gehalten« (Apg. 7,51–53).

Diese Rede, so fährt der Bericht fort, brachte seine Zuhörer in Rage. Sie hat jedoch so gut wie keinen Bezug zu der Anklage, die zuvor erhoben worden war, nämlich daß Stephanus gegen Moses, den Tempel und das Gesetz gesprochen habe. Auch die unmittelbar darauf folgende Szene, in der Stephanus eine Vision von Jesus zur Rechten Gottes hat und ihn den »Menschensohn« nennt, hat keinen Bezug zur ursprünglichen Anklage. Angeblich soll diese Bezeichnung den Zuhörern des Stephanus als Gotteslästerung erschienen sein, so daß sie ihn sofort aus dem Gebäude zerrten, um ihn zu steinigen, und dabei ganz vergessen hatten, daß die »Gotteslästerung«, Jesus als Menschensohn zur Rechten Gottes zu bezeichnen, gar nicht der Grund war, weswegen sie Stephanus vor Gericht gezerrt hatten. Die »Zeugen« jedoch, die ausgesagt hatten, Stephanus habe gegen Moses, den Tempel und das Gesetz gesprochen (»falsche Zeugen«, heißt es in der Apostelgeschichte, doch offensichtlich ist deren Verfasser der Meinung, daß Stephanus mit derartigen Äußerungen durchaus im Recht gewesen wäre), schlüpfen mit großer

Gewandtheit in ihre neue Rolle und betätigen sich als Hauptakteure bei der Steinigung des Stephanus wegen einer ganz anderen Anklage, eben der, Jesus als den »Menschensohn« anzusehen.

Dieser außerordentlich wirre Bericht kann kaum eine verläßliche historische Nachricht über Tod und Ansichten des Stephanus liefern. Der Sanhedrin war ein gesetztes Gremium, das festgelegten Verfahrensregeln folgte, und seine Mitglieder führten sich nicht wie ein spontan zusammengeströmter Lynchmob auf. So hätte der Sanhedrin auch niemals von einem Augenblick auf den anderen die Anklage gegen einen Beschuldigten geändert oder ihn gar ohne Urteilsverkündung und ausformulierten Schuldspruch zur Exekution schleifen lassen.

Es gibt allerdings eine Möglichkeit, wie wir die Ereignisse, die zum Tode des Stephanus führten, aufklären können, und zwar die, daß wir unser Augenmerk auf die zahlreichen Ähnlichkeiten zwischen Prozeß und Tod des Stephanus, wie er in der Apostelgeschichte beschrieben wird, und Prozeß und Tod Jesu nach Schilderung der Evangelien richten. Vergleicht man diese beiden »Verfahren«, so finden sich zahlreiche Ähnlichkeiten, ja Gemeinsamkeiten, auch hinsichtlich des Logikmangels und der Wirrnis in der Erzählung. Die allgemeine Ähnlichkeit ist so groß, daß wir zu dem Schluß gelangen, daß der »Prozeß« gegen Stephanus nichts anderes darstellt als eine Dublette oder Wiederholung des »Prozesses« Jesu und daß sich seine befremdenden Einzelheiten durch Rückgriff auf die ausführlicheren Berichte über jenes frühere »Verfahren« erklären lassen; die Motive, aus denen Einzelheiten erdichtet oder erfunden wurden, sind in beiden Fällen dieselben.

1) Die Anklage gegen Stephanus lautet, er habe gegen den Tempel gesprochen. »... wir haben ihn hören sagen: Jesus von Nazareth wird diese Stätte zerstören ...« (Apg. 6,14). Genau dieselbe Anklage wurde gegen Jesus erhoben: »Und etliche standen auf und gaben falsch Zeugnis wider ihn und sprachen: Wir haben gehört, daß er sagte: Ich will den Tempel, der mit Händen gemacht ist, abbrechen und in drei Tagen einen andern bauen, der nicht mit Händen gemacht sei« (Mk. 14,57-58).

Wie schon weiter oben dargelegt (p. 51), hielt man es für einen Messiasprätendenten für ganz natürlich und angebracht, daß er ankündigte, er werde den Tempel niederreißen und einen neuen bauen. Es lag keine Gotteslästerung darin, diesen Anspruch zu erheben, denn aus jüdischer bzw. biblischer Sicht war der Messias keine göttliche Gestalt, sondern einfach ein Mensch, nämlich ein König aus dem Hause Davids, der eines Tages die fremden Eindringlinge aus dem Lande vertreiben und die nationale Unabhängigkeit des jüdischen Volkes wieder herstellen sollte; manche waren auch der Meinung, daß diese Zeit der Befreiung mit dem Zeitalter des weltweiten Friedens gleichbedeutend sei, das von Jesaja und anderen Propheten vorhergesagt worden war. Selbstverständlich würde der Messias einen neuen Tempel bauen, denn vom derzeitigen, den der verruchte König Herodes errichtet hatte, erwartete man nicht, daß er bis in die Zeiten des Messias überdauern würde.

Für die große Mehrheit der Juden gab also Jesu Versprechen, einen neuen Tempel zu bauen, weder Anlaß zu Ärger oder Schock, sondern allenfalls zur Hoffnung; möglicherweise war ja dieser Mann tatsächlich der versprochene Messias, wenn er es wagte, sich in diesem Stil zu äußern.[1] Wer sich aber vermutlich wirklich über Jesu Erklärung ärgerte, waren Angehörige der herrschenden Priesterhierarchie im Tempel, Kollaborateure Roms, die ihre Ämter der römischen Besatzungsmacht verdankten und die Aufgabe übernommen hatten, die Ausmerzung aller messianischen Bewegungen zu unterstützen, die der römischen Kolonialmacht in Judäa hätten gefährlich werden können. Die Erklärung Jesu, den alten Tempel niederzureißen und einen neuen zu erbauen, war Teil seiner Herausforderung gegenüber Rom und dessen priesterlichen Handlangern. Nur der Hohepriester und seine nähere Umgebung konnten sich davon bedroht fühlen. (Die gewöhnlichen Priester nahmen zwar am täglichen Tempeldienst teil, fühlten sich aber wohl nicht von einer solchen Androhung angesprochen, weil sie davon ausgingen, daß sie auch im neu erbauten Tempel ihren Aufgaben wieder nachgehen würden.) Diese Anklage gegen Jesus lag demnach nicht auf der religiösen, sondern auf der *politischen* Ebene – den Hohenpriester mochte Jesu Aktivität in Unruhe versetzen und handeln lassen, die Pharisäer oder andere fromme Juden aber nicht, da sie sich nicht der Kollaboration mit Rom verschrieben hatten.

Stephanus wird so dargestellt, als wiederhole er diese Drohung Jesu: »Denn wir haben ihn hören sagen: Jesus von Nazareth wird diese Stätte zerstören ...« (Apg. 6,14). Es wäre falsch, anzunehmen, Stephanus sage an dieser Stelle die Zerstörung des Tempels im Jahre 70 chr. Ztr. durch die Römer voraus. Die Christen haben ja die Zerstörung des Tempels immer als Strafe für den angeblichen Verrat der Juden an Jesus betrachtet, und deshalb wurden diese Worte des Stephanus fälschlicherweise als Bestätigung hierfür interpretiert. Aber: hätten sie recht, so hätte Stephanus ja nicht gesagt, *Jesus* werde den Tempel zerstören, sondern er hätte sagen müssen, Gott würde ihn zerstören als Strafe für den Tod Jesu. Der Schlüssel zu dem, was Stephanus wirklich meinte, liegt in der Parallele zwischen Stephanus' Äußerung und der Drohung, die Jesus zu Lebzeiten erhob. Stephanus lebte in dem

---

[1] Vgl. Maccoby 2013, p. 104*sq*. Vgl. auch Sanders 1985, p. 71–76. Sanders schreibt zu Recht, daß Zerstörung und Wiederaufbau des Tempels, die Jesus angekündigt hatte, unvermeidlicher Teil seiner Hoffnungen auf Wiederherstellung Israels in der Zeit des Heils waren. Im weiteren argumentiert er allerdings inkonsequenterweise, die meisten Juden hätten die Drohung Jesu über die Zerstörung des Tempels als »anstößig« empfinden müssen (p. 270). Nur diejenigen, die sich sicher waren, daß Jesus *nicht* der Messias war, hätten einen derartigen messianischen Auftritt als anstößig empfunden; die übergroße Mehrzahl hätte zwar ihre Zweifel gehabt, jedoch weiterhin Hoffnungen gehegt, wie das Beispiel Gamaliels zeigt. Es bleibt auch festzuhalten, daß aufgrund von Hesekiels Beschreibung des Tempels der Letzten Tage der *fehlende* Glaube an einen neuen Tempel in dieser Zeit Ausdruck von Ketzerei sein mußte.

Glauben, Jesus sei nur vorübergehend von der Bühne des Geschehens abgetreten. Er würde bald zurückkommen und seine Aufgabe wieder aufnehmen, nämlich die Römer zu vertreiben und den ihm zukommenden Rang als von Gott Gesalbter auf dem Throne Davids und Salomos einnehmen. Wenn Stephanus in seiner Predigt jene Drohung wieder aufnimmt, die Jesus das Leben gekostet hat, erneuert er damit die Herausforderung Jesu an die römischen Besatzer und deren Unterstützer, den Hohenpriester und dessen Schergen.

2) Die seltsame Wendung, in deren Verlauf die ursprüngliche Anklage in Vergessenheit gerät und eine neue *ad-hoc*-Anklage aus dem Hut gezaubert wird, ist sowohl im Prozeß gegen Jesus als auch in dem gegen Stephanus genau gleich. Im Verfahren gegen Jesus lautet der Bericht:

> Und der Hohepriester stand auf, trat mitten unter sie und fragte Jesum und sprach: Antwortest du nichts zu dem, was diese wider dich zeugen? Er aber schwieg still und antwortete nichts. Da fragte ihn der Hohepriester abermals und sprach zu ihm: Bist du Christus, der Sohn des Hochgelobten? Jesus aber sprach: Ich bin's; und ihr werdet sehen des Menschen Sohn sitzen zur rechten Hand der Kraft und kommen mit des Himmels Wolken. Da zerriß der Hohepriester seinen Rock und sprach: Was bedürfen wir weiter Zeugen? Ihr habt gehört die Gotteslästerung. Was dünkt euch? Sie aber verdammten ihn alle, daß er des Todes schuldig wäre. (Mk. 14,60–64)

In der Verhandlung gegen Stephanus wird nach der ursprünglichen Anklage und seiner langen, nicht zum Thema gehörigen Rede berichtet:

> Wie er aber voll heiligen Geistes war, sah er auf gen Himmel und sah die Herrlichkeit Gottes und Jesum stehen zur Rechten Gottes und sprach: Siehe, ich sehe den Himmel offen und des Menschen Sohn zur Rechten Gottes stehen. Sie schrieen aber laut und hielten ihre Ohren zu und stürmten einmütig auf ihn ein, stießen ihn zur Stadt hinaus und steinigten ihn. (Apg. 7,55–56)

Das Muster, das sich in beiden Verfahren abzeichnet, ist also folgendes: der Angeklagte wird beschuldigt, gegen den Tempel gesprochen zu haben, aber diese Anklage gerät in Vergessenheit, sobald der Beschuldigte während des Prozesses unvermittelt und vehement eine Äußerung tut, die als blasphemisch gewertet wird. Jedwede formale Prozeßanforderungen werden fortan in den Wind geschlagen, und der Beschuldigte wird eines angeblichen Verbrechens für schuldig befunden, das er *während des Verfahrens* begangen haben soll, allerdings eines ganz anderen Vergehens als desjenigen, für das er ursprünglich vor Gericht gestellt wurde. Diese Parodie eines Gerichtsverfahrens vor einem Gremium wie dem Sanhedrin, der berühmt war für seine Würde und die buchstabengetreue Beachtung seiner Verfahrensvorschriften, ist eindeutig erfunden. Diese Schlußfolgerung drängt sich umso mehr auf, als diese angebliche Gotteslästerung nach jüdischem Gesetz gar nicht existiert. Der Anspruch, der Messias zu sein, bedeutete nur, Anspruch auf den Thron

Davids zu erheben, nicht aber darauf, ein Gott zu sein. Auch die Bezeichnung »Gottessohn« hatte nichts Blasphemisches an sich, nahm doch jeder Jude für sich in Anspruch, Gottes Sohn zu sein, wenn er jeden Tag zu Gott als »seinem Vater« betete. Der König aus dem Hause David hatte allerdings eine besondere Berechtigung, sich »Gottessohn« zu nennen, da Gott explizit versprochen hatte, Salomo und seine Nachfolger als seine »Söhne« gelten zu lassen: »Ich will sein Vater sein, und er soll mein Sohn sein. Wenn er eine Missetat tut, will ich ihn mit Menschenruten und mit der Menschenkinder Schlägen strafen« (2. Sam. 7,14). Es bleibt also festzuhalten, daß die Bezeichnung »Sohn Gottes« ihrem Träger nicht nur keineswegs den Status eines Gottes verleihen sollte, sondern im Gegenteil dem jüdischen König in besonderer, metaphorischer und nicht genealogischer Weise Gottes Strafe in Aussicht stellte, falls er sich verfehlen sollte. Der Anspruch, der »Menschensohn« zu sein, war ebenfalls keine Gotteslästerung, zählte diese Bezeichnung doch zu den Titeln des Messias, hergeleitet aus Dan. 7,13, und umfaßte überhaupt nicht die Vorstellung, ihr Träger sei ein Gott. Weder die Formulierung »kommen mit des Himmels Wolken« noch »sitzen zur rechten Hand der Kraft« erfüllten den Tatbestand der Gotteslästerung, denn beide Attribute wurden in der jüdischen Überlieferung dem Messias zugeschrieben, ohne irgendeine Doktrin von der Göttlichkeit desselben nach sich zu ziehen (im *midrasch* heißt es, der Messias werde zur Rechten Gottes sitzen und Abraham zu seiner Linken).

Darüber hinaus passen die Berichte über die Prozesse gegen Jesus und Stephanus vor dem Sanhedrin ganz und gar nicht zu dem, was die Apostelgeschichte (*cap.* 5) über die Verhandlung gegen Petrus zu sagen weiß, in der Petrus von Gamaliel in Schutz genommen wurde und die Pharisäer eine durchaus tolerante Einstellung gegenüber den Ansprüchen Jesu und anderer Messiasprätendenten an den Tag legten. Gamaliel war aber keineswegs eine untypische Randfigur unter den Pharisäern, im Gegenteil, er war ihr wichtigster Sprecher. Wo steckte dann Gamaliel während der angeblichen Prozesse gegen Jesus und Stephanus? Warum sollten diese »Verhandlungen« im Gegensatz zum Verfahren gegen Petrus so verlaufen, daß plötzlich einmütige Feindseligkeit und Intoleranz gegenüber Jesu messianischen Ansprüchen ausbrach und der Prozeß gegen Stephanus gar in einen Lynchmord ausartete? Der Bericht über den Prozeß gegen Petrus ist durch und durch glaubhaft, diejenigen über die Prozesse gegen Jesus und Stephanus aber nicht, denn sie hängen von Interpretationen der Bezeichnungen »Messias«, »Gottessohn« und »Menschensohn« ab, die es in dem Judentum der Zeit gar nicht gab, sehr wohl aber in den späteren Lehren der christlichen Kirche, als diese drei Ausdrücke allesamt mit der Konnotation einer göttlichen Natur umwuchert waren.

Die Schlußfolgerung drängt sich demnach auf, daß die Prozesse gegen Jesus und Stephanus in genau gleicher Weise umgefälscht worden sind, nämlich der Umarbeitung einer ursprünglich *politischen* Anklage in eine religiöse, nämlich in eine Anklage wegen Gotteslästerung. Im Falle des Stephanus scheint die tatsächliche Sachlage die gewesen zu sein, daß er den Zorn des Hohenpriesters und seiner Handlanger auf sich zog, weil er offen verkündete, der Fall des Tempels und seiner Priesterhierarchie stehe in nächster Zukunft bevor, nämlich sobald Jesus wiederkomme und die Römer samt ihrem Kollaborateursanhang besiege. Da Stephanus für die Quislingsmacht des Hohenpriesters eine Gefahr darstellte, wurde er von dessen Schergen ohne Verhandlung ermordet; im Unterschied zu Jesus übergab man ihn nicht den Römern zur Bestrafung. Stephanus wurde also zum ersten Märtyrer der »Kirche« in Jerusalem; als aber die paulinische christliche Kirche die Führungsrolle übernahm, hatten deren heidenchristliche Führer dieselben Schwierigkeiten mit Stephanus wie jene, die sie die Verurteilung Jesu entpolitisieren und seinen Prozeß in einen Ketzer- und Blasphemieprozeß umschreiben ließen. Den Ehrenrang des ersten Märtyrers konnten sie Stephanus nicht nachträglich absprechen, wohl aber konnten sie die Gründe für sein Martyrium verfälschen, um seine antirömischen Beweggründe zu verschleiern und ihn stattdessen als Opfer religiöser Intoleranz der Juden hinzustellen.

Stephanus kann demnach nicht in dem Sinne als Vordenker von Paulus gelten, daß er Jesus als eine göttliche Gestalt gesehen hätte, berechtigt, die Thora abzuschaffen. Zwar waren die Verfasser der Evangelien und der Apostelgeschichte sehr bemüht, den Eindruck zu erwecken, Paulus und seine Lehren hätten in Stephanus und sogar Jesus ihre Vorläufer gehabt; eine sorgfältige Betrachtung zeigt jedoch, daß hier eine Täuschung vermittelt werden soll und daß die Lehren des Paulus einen neuen Anfang darstellten, ja eine radikale Abkehr von den Ansprüchen und Lehren Jesu und der »Kirche von Jerusalem«. An diesem Punkt können wir uns wieder Paulus zuwenden, im vollen Bewußtsein der verblüffenden Originalität seiner Deutung des Lebens und Sterbens Jesu.

Die Erklärung, die wir oben für die Haltung des Stephanus gefunden haben, läßt uns auch die wahrscheinliche Bedeutung jener rätselhaften Stelle am Anfang des 8. Kapitels der Apostelgeschichte erkennen, die unmittelbar auf den Bericht über den Tod des Stephanus folgt: »Es erhob sich aber zu der Zeit eine große Verfolgung über die Gemeinde zu Jerusalem; und sie zerstreuten sich alle in die Länder Judäa und Samarien außer den Aposteln« (Apg. 8,1). Es ist natürlich äußerst rätselhaft, daß die große Masse der Anhänger Jesu verfolgt und aus Jerusalem vertrieben worden sein soll, während man ihren Führern gestattete, zu bleiben. Man sollte doch annehmen, daß im Zuge einer solchen Verfolgungswelle die Anführer als erste vertrieben würden. Aus diesem Grund mußte dieser Vers herhalten, um die Behauptung zu belegen, in der »Kirche von Jerusalem« seien schon zu diesem Zeitpunkt zwei Fraktionen vorhanden gewesen, die der »Re-Judaïsierer« und die der »Hellenisten« (vgl. Cadbury 1933, Hengel 1983, p. 1–29). Nach dieser Theorie sollen Petrus und Jakobus die Führer der »Re-Judaïsierer« gewesen sein, deren Fraktion sich von den radikalen ketzerischen Ansichten Jesu abgewandt und wieder treu zur Thora und zum überlieferten Judentum gestanden haben soll. Demgegenüber hätten die »Hellenisten« an den thorafeindlichen Ansichten festgehalten, die zum Tode Jesu geführt hatten; ihr Anführer sei Stephanus gewesen, der aus diesem Grunde den Zorn der Anhänger des traditionellen Judentums auf sich gezogen habe. Nach dem Tode des Stephanus seien seine Anhänger, also die »Hellenisten«-fraktion, verfolgt und gewaltsam aus Jerusalem vertrieben worden, die »Re-Judaïsierer« aber, die Anhänger von Petrus und Jakobus, seien von dieser Verfolgung ausgenommen gewesen.

Die Annahme, es hätte eine derartige »Hellenisten«-fraktion gegeben, fußt ausschließlich auf einem einzigen Vers, der mit früheren Versen in Verbindung gebracht wird, in denen die Klagen von »Hellenisten« über die (ungerechte) Verteilung der Unterstützung an Witwen wiedergegeben werden. Der Ausdruck »Hellenisten« bezieht sich jedoch keineswegs auf eine nichtjüdische oder gar antijüdische religiöse Gruppe, sondern nimmt ausschließlich Bezug auf die *Sprache*, die in dieser Gruppe mehrheitlich üblich war. Griechischsprachige Juden waren keineswegs notwendigerweise weniger gesetzestreu als solche, die aramäisch sprachen, wovon eben das Stephanus-Kapitel in der Apostelgeschichte Zeugnis gibt, das Mitglieder einer griechischsprachigen Synagoge herausgreift, die angeblich eine fanatisch-jüdische Haltung gegenüber Stephanus einnehmen. Historisch gibt es keinen Grund für die Annahme, es hätte eine »hellenistische« freigeistige bzw. thorakritische Gruppe in der »Kirche von Jerusalem« gegeben, auch wenn diese erfundene Geschichte sich höchster Beliebtheit bei Bibelkommentatoren erfreut.

Auf dem Hintergrund der historischen Wirklichkeit ist die wahrscheinlichste Erklärung der Tatsache, daß die Apostel (und vermutlich ihre nächste Umgebung) nicht verfolgt wurden, folgende: Stephanus war der Anführer der Aktivistenfraktion innerhalb der »Kirche von Jerusalem«, die sich der Fortführung der antirömischen Propaganda und der messianischen Mission auch in Abwesenheit Jesu verschrieben hatten. Die Apostel tendierten aber zu einer zurückhaltenderen Einstellung: sie glaubten, Jesus käme in Kürze wieder, in der Zwischenzeit aber wollten sie ruhig und hoffnungsvoll abwarten und sich von jeder politischen Betätigung zurückhalten, bis sie wieder unter Jesu persönlicher Führung hervortreten könnten. Nachdem also die aktivistischen Mitglieder nach der Ermordung des Stephanus durch die prorömische Clique des Hohenpriesters vertrieben worden waren, blieb ausschließlich die eher quietistische Gruppierung der Nazarener übrig. Es bleibt festzuhalten, daß auch die *Unterbrechung* messianischer Aktivitäten mit dem Glauben an Jesus durchaus vereinbar war; so verweigerten die Judenchristen auch dem Aufstand Bar Kochbas, der sich ebenfalls für den Messias hielt, ihre Unterstützung (vgl. Eus. hist. eccl. IV 8, der Justinus Martyr zitiert; ebenso im ›17. Jahr Hadrians‹ der lat. Übersetzung), nicht etwa weil sie Pazifisten gewesen wären, sondern weil Bar Kochba nicht Jesus und daher in ihren Augen nicht der wahre Messias war.

Wenden wir uns nun der Rolle zu, die Paulus selbst bei der Verfolgung des Stephanus spielt. Wir lesen:

> Und die Zeugen legten ab ihre Kleider zu den Füßen eines Jünglings, der hieß Saulus, und steinigten Stephanus, der anrief und sprach: Herr Jesu, nimm meinen Geist auf! Er kniete aber nieder und schrie laut: Herr, behalte ihnen diese Sünde nicht! Und als er das gesagt, entschlief er. Saulus aber hatte Wohlgefallen an seinem Tode. (Apg. 7,57–8,1)

Nicht wenige Religionswissenschaftler vertraten die Ansicht, diese Passage habe so sehr den Anstrich literarischer Künstlichkeit, daß ihr jede geschichtliche Wirklichkeit fehle. Die Figur des Saulus, der später zum Helden der gesamten Apostelgeschichte wird, wird hier auf dramatische Weise eingeführt, wobei der Gegensatz seines Charakters vor seiner Bekehrung und danach besonders hervorgehoben wird. Paulus selbst äußert sich in seinen Briefen zwar mit Zerknirschung über seine frühere Rolle als Verfolger der Jesusbewegung, erwähnt aber an keiner Stelle, daß er auch nur das geringste mit dem Tode des Stephanus zu tun gehabt hätte, ja, Stephanus taucht in diesen Briefen überhaupt nicht auf. Wir haben daher Grund zu der Annahme, daß der Verfasser der Apostelgeschichte den Tod des Stephanus, des ersten christlichen Märtyrers, an solch hervorstechender Stelle seiner Erzählung untergebracht hatte, daß er in der Folge der theatralischen Wirkung nicht widerstehen konnte, die ein Auftreten des Saulus in diesem Szenario zur Folge haben würde. Falls nämlich Saulus in der beschriebenen Weise in der Stephanusgeschichte tatsächlich nur eine Randfigur dargestellt hätte, wäre doch kaum nachzuvollziehen, woher der Verfasser der Apostelgeschichte von seiner Beteiligung wußte, wenn doch Paulus selbst sie nirgends erwähnt. Viel wahrscheinlicher scheint daher, daß er sie erfunden und als lebendige Illustration seiner Geschichte hinzugefügt hat.

Auf der anderen Seite gibt es in dieser Episode auch einen Aspekt, der von der Forschung übersehen wurde, nämlich den, daß Saulus vielfältig für seine Beteiligung an der Stephanusaffäre entschuldigt wird. Lukas schreibt, er sei zu der Zeit erst ein »Jugendlicher« gewesen (das griechische Wort νεανίας bedeutet »Heranwachsender«, die New English Bible übersetzt etwas ungenau »young man«, die Lutherbibel schreibt schon genauer »Jüngling«). Das führt dazu, daß seine Verantwortung für die Vorgänge geschmälert wird; dieser Eindruck verstärkt sich noch dadurch, daß ihm bei der Steinigung des Stephanus keine aktive Rolle zugeschrieben wird: Nicht er wirft die Steine, er beaufsichtigt nur die Kleider der Steinewerfer. Seine Beteiligung beschränkt sich darauf, die Tötung des Stephanus gutzuheißen. Es macht den Eindruck, daß der Verfasser der Apostelgeschichte den Gedanken nicht ertragen konnte, Saulus könnte sich aktiv an diesem Blutvergießen beteiligt haben und deshalb mitverantwortlich sein. Deshalb schildert er ihn eher als passiven Zuschauer denn als entschlossenen Beteiligten.

Diese Vorgehensweise legt nahe, daß der Hauch von Unwirklichkeit, der die Geschichte von der Beteiligung des Saulus an dieser Affäre umgibt, eher Ergebnis einer Verharmlosung der ursprünglichen Geschichte ist, als daß der Verfasser der Apostelgeschichte sie schlicht erfunden hätte. Indem er Saulus als Jugendlichen ausgibt und ihn als die Person darstellt, zu deren Füßen die Zeugen ihre Kleider ablegen, erwähnt der Erzähler die Anwesenheit von Saulus nur am Rande, sie erscheint schon fast zufällig – eine Art symbolischen Zusammentreffens, das in Bezug auf das zukünftige Schicksal von Saulus mit ironischer Bedeutung geladen ist. Aber nach dem Zeugnis der Ebioniten kam Paulus erst im Erwachsenenalter von Tarsus nach Judäa. Dies bestätigt uns auch teilweise die Erzählung der Apostelgeschichte, die uns ohne erkennbares zeitliches Intervall Paulus bei der »Verfolgung der Kirche« und der »Ergreifung von Männern und Frauen« vorführt, »die er ins Gefängnis schickt«, eine Tätigkeit, die man wohl kaum einem Heranwachsenden anvertrauen wird. Es ist demnach äußerst wahrscheinlich, daß Saulus schon reguläres Mitglied der Polizeikräfte des Hohenpriesters war und in der Stephanusaffäre an vorderster Front agierte und keineswegs die Rolle der harmlosen Randfigur spielte, die ihm der Verfasser der Apostelgeschichte zuweist. Wie wir oben hergeleitet haben, wurde Stephanus nicht aufgrund einer richterlichen Entscheidung getötet, er wurde ermordet, und zwar von den Schergen des Hohenpriesters, einer Polizeitruppe, die sich aus zweifelhaften Elementen zusammensetzte und sich nicht durch hehre Ideale oder besondere Skrupel auszeichnete. Es ist nicht weiter überraschend, daß Paulus zu einem späteren Zeitpunkt seine Verfolgung der Nazarener zu einem Glaubensfeldzug ummodelte, in die ihn pharisäischer Fanatismus getrieben habe, und die dunkelsten Seiten dieser Phase seiner Karriere, nämlich seine führende Rolle bei der Ausschaltung des Stephanus als gefährlichem antirömischen Agitator, glatt verschwieg.

Bemerkenswert ist auch, daß diejenigen, die Stephanus vor Gericht zerren und verurteilen, an keiner Stelle der Apostelgeschichte als Pharisäer bezeichnet werden; auch Saulus wird zu diesem Zeitpunkt der Erzählung keineswegs als Pharisäer ausgegeben. Erst unter dem Einfluß der Tatsache, daß Saulus zu einem späteren Zeitpunkt der Erzählung als Pharisäer bezeichnet wird, wurden Generationen von NT-Lesern zu der Annahme verleitet, die Teilnahme von Saulus an der Ermordung des Stephanus und seine Verfolgung der Nazarener seien pharisäischem Eiferertum geschuldet gewesen. Der Verfasser der Apostelgeschichte arbeitet augenscheinlich in den frühen Kapiteln seiner Erzählung mit Quellen, die Saulus noch nicht als Pharisäer bezeichnen; im Unterschied dazu haben die Behauptungen, die Paulus selbst in seinen Briefen zum Thema aufstellt, die späteren Kapitel der Apostelgeschichte stark beeinflußt.

Wir sind mittlerweile zu einer Charakterisierung von Saulus gelangt, die sich gänzlich von dem feuerschnaubenden pharisäischen Fanatiker unterscheidet, den uns die christliche Überlieferung weismachen will. Wie konnte es nun dazu kommen, daß Saulus, der Mietling in Polizeidiensten des sadduzäischen Hohenpriesters, ein Mann von zweifelhafter Herkunft und wenig hehren Idealen, sich zur Bewegung Jesu bekehrt, Konflikte mit deren Führern anzettelt und diese Bewegung nach und nach in eine neue Religion umschmiedet, der Jesus selbst mit Verblüffung und Mißbilligung gegenübergestanden hätte?

Teil II

Paulus

Kapitel 9

Der Weg nach Damaskus

Wir sind jetzt in der Lage, uns erste Gedanken über die Bedeutung jenes großen Ereignisses zu machen, dem Weg nach Damaskus. Durch dieses Ereignis hörte die Jesusbewegung auf, eine Variante des Judentums zu sein, und verwandelte sich in eine neue Religion, die sich in Mythologie und Gottesbild vom Judentum unterschied. Dieses Ergebnis kam nicht unvermittelt, nicht einmal im Gemüt des Paulus selbst. Aber das Damaskuserlebnis barg den Keim zu allen späteren Entwicklungen.

Paulus (in diesem Stadium der Geschichte noch Saulus) befand sich auf dem Weg nach Damaskus in folgender Mission: »Saulus aber schnaubte noch mit Drohen und Morden wider die Jünger des Herrn und ging zum Hohenpriester und bat ihn um Briefe gen Damaskus an die Schulen, auf daß, so er etliche dieses Weges fände, Männer und Weiber, er sie gebunden führte gen Jerusalem« (Apg. 9,1-2). – Dieser Bericht wirft mehrere Fragen auf. Der Hohepriester besaß keine Gewalt über Synagogen als solche, denn seine Jurisdiktion erstreckte sich nur über den Tempel von Jerusalem. Die Synagogen (»Schulen«), die überall, wo es eine jüdische Ortsgruppe gab, für Gebets- und Studienzwecke errichtet wurden, sei es im Hl. Land oder außerhalb desselben, bildeten keinen Teil der Tempelorganisation, sondern standen unter Aufsicht und Verwaltung von Laien, was sie bis heute tun. Die Priester oder *kohanim* כהנים (die angeblichen Nachkommen Aarons) erhielten geringfügige Ehrenbezeugungen im synagogalen Kult, wurden z. B. als erste aufgerufen, um aus der Thora vorzulesen und an Festtagen den Priestersegen aufzusagen, aber keinerlei Führungsposten in der Synagogengemeinde. Die aus Laien zusammengesetzten Synagogenvorsteher wurden von der Gemeinde gewählt, und deren geistliche Leitung lag in den Händen eines Rabbis, dessen Amt damals noch mit keinerlei Gehalt versehen war. Daher besaß der Hohepriester kein Recht dazu, seine Dienstleute in die Synagogen zu schicken und sie dort Leute verhaften zu lassen, deren Aktivitäten ihm mißfielen.

Trotzdem: in Judäa schaffte der Hohepriester das dennoch immer wieder, nicht aus religiös begründeter Vollmacht, sondern einfach durch die ihm von der römischen Besatzungsmacht zugeschanzten Gewaltmöglichkeiten. Als Polizeichef und nicht als Religionsführer war der Hohepriester in der Lage, seine Dienstleute wie

Paulus in Synagogen eindringen zu lassen und dort Mitglieder der Jesusbewegung gefangenzunehmen, um sie ins Gefängnis zu schleppen. Wie wir gesehen haben, tat er dies nicht, weil er ihre theologischen Ansichten mißbilligte, sondern weil er sie als Bedrohung des römischen Besatzungsregimes betrachtete.

Außerhalb der Provinz Judäa besaß der Hohepriester allerdings keine Polizeigewalt, und darum ist es schwer zu verstehen, wie irgendwelche »Briefe«, die er Paulus mitgab, diesen mit irgendeiner Gültigkeit ermächtigen konnten, Jesusanhänger zu verhaften. Die Schwierigkeit wird noch größer, wenn wir bedenken, daß Damaskus zu diesem Zeitpunkt nicht einmal unter römischer Herrschaft stand, da Caligula es im Jahre 37 an Nabatäa abgetreten hatte, ein unabhängiges arabisches Königreich unter Aretas IV. (9 v.d.chr.Ztr. – 40 chr.Ztr.). Dieser auf seine Unabhängigkeit bedachte König hätte die Einreise eines Emissärs aus einem römisch beherrschten Gebiet, der in seinem Territorium Staatsbürger oder auch nur unter seinem Schutz stehende Residenten gefangennehmen und verschleppen sollte, höchst ungern gesehen.[1]

Es sieht daher so aus, daß Einzelheiten des dem Saulus für Damaskus erteilten Auftrags korrigiert werden müssen. Es ist unmöglich, daß ihn irgendwelche Briefe des Hohenpriesters ermächtigten, wahllos Mitglieder der Jesusbewegung in Damaskus zu verhaften. Im Gegenteil, aus keinem anderen Grunde, als um der Jurisdiktion des Hohenpriesters und der Römer zu entrinnen, hatten überhaupt Mitglieder der Jesusbewegung Judäa verlassen und in Damaskus Unterschlupf gesucht. Saulus muß sich in geheimer Mission befunden haben, nämlich der Entführung gewisser führender Nazarener zwecks deren Verschleppung nach Judäa in die Kerker des Hohenpriesters oder ihrer Überstellung an die römischen Behörden. Wie wir sahen, hatte ein Flügel der Jesusbewegung, dessen Exponent Stephanus gewesen war, inzwischen eine mehr aktivistische Position gegen die römischen Besatzer bezogen und war dadurch ins Exil gedrängt worden (während nur der »Stillhalteflügel«, der auf Jesu triumphale Rückkehr hoffte, leidlich in Frieden gelassen wurde). Zweifellos waren noch einige Aktivisten im Untergrund Judäas verborgen geblieben, welche auf Rat und Hilfe ihrer Damaszener Genossen hoffen konnten, die sich nach wie vor als Dorn im Auge des Hohenpriesters erwiesen. Daher wurde Saulus, der bewährte Polizeiagent, mit einer Bande Söldner losgeschickt, um diesem Ärgernis durch illegale Einreise nach Damaskus und anschließende Verschleppung der Rädelsführer dieser subversiven Gruppe ein Ende zu bereiten.

---

1 In ähnlicher Weise bekam ein deutscher Geheimpolizist, der vor wenigen Jahren in der Scientologengemeinde Basels Einbrüche und Ausspähungen vornehmen sollte, mit der Polizei der immer noch gegenüber der EU souveränen Schweiz solchen Ärger, daß die deutsche Regierung ihn recht verschämt freikaufen mußte und Teile des Vorfalls sogar in die grenznahe Lokalpresse beider Länder durchsickerten. Die gegenwärtige Schweiz ist ein gutes Modell des damaligen Nabatäerstaates. (Anm.d.Übs.)

Ein Echo davon hat in der späteren christlichen Literatur überlebt. In den pseudoclementinischen *recognitiones* (I 70*sq.*), einem Dokument, von dem man weiß, daß es einiges judenchristliches Material bewahrt, lesen wir, daß Saulus zu keinem anderen Zweck nach Damaskus reiste, als um **Petrus** gefangenzunehmen, der dorthin nach einer Verfolgung geflohen war, in deren Verlauf sich auch der Mordversuch mit schwerer Körperverletzung an Jakobus ereignet hatte. Während dieser Bericht mit dem friedlichen bis kontemplativen Bild, das die Apostelgeschichte vom damaligen Leben der führenden Apostel der »Jerusalemer Kirche« zeichnet, nicht zu vereinbaren ist, kann sehr wohl in ihm eine verzerrte Version einer historischen Realität überlebt haben, die darin bestanden haben könnte, daß sich führende Mitglieder der Stephanusfraktion in Damaskus aufhielten und Paulus ihnen auf den Fersen war.

Eine interessante Bestätigung dieser Version der Ereignisse läßt sich in Paulus' eigenen Schriften finden. In 2. Kor. 11,32–34 [H] schreibt er nämlich: »In Damaskus ließ der Statthalter des Königs Aretas die Stadt der Damaszener bewachen, um mich festzunehmen. Aber durch ein Fenster wurde ich in einem Korb die Stadtmauer hinuntergelassen, und so entkam ich ihm.« Diese Sätze beziehen sich auf den Zeitraum, in dem sich Paulus in Damaskus aufhielt, nachdem er durch seine Jesusvision erblindet, dann von Ananias geheilt und schließlich zum öffentlichen Parteigänger Jesu geworden war. Doch der Bericht über den gleichen Vorfall klingt in der Apostelgeschichte ganz anders:

> Saulus aber ward immer kräftiger und trieb die Juden in die Enge, die zu Damaskus wohnten, und bewährte es, daß dieser ist der Christus. Und nach vielen Tagen hielten die Juden einen Rat zusammen, daß sie ihn töteten. Aber es ward Saulus kundgetan, daß sie ihm nachstellten. Sie hüteten aber Tag und Nacht an den Toren, daß sie ihn töteten. Da nahmen ihn die Jünger bei der Nacht und taten ihn durch die Mauer und ließen ihn in einem Korbe hinab. (Apg. 9,22–25)

Die Version des Paulus selbst ist naheliegenderweise sehr viel näher an den Tatsachen – er schrieb seine Briefe etwa zwischen den Jahren 55–60, während die Apostelgeschichte nicht vor dem Jahre 90 entstanden sein kann. Und er erzählt uns auch den wahren Grund, warum er sich aus Damaskus hatte fortstehlen müssen: der Polizeichef des Königs Aretas war hinter ihm her, und Verhaftung konnte Paulus nicht brauchen. In der Apostelgeschichte heißt es dagegen, die örtlichen Juden hätten ihm nach dem Leben getrachtet, weil er dafür eingetreten sei, Jesus als Messias anzuerkennen. Dieser Kontrast ist sehr lehrreich. Er gibt uns ein ausgezeichnetes Beispiel dafür, wie jeder Entpolitisierungsversuch in den Erzählungen der Evangelien wie der Apostelgeschichte regelmäßig dazu führt, daß die Juden schlechtgemacht werden und zu den Bösewichten der Geschichte mutieren.

Wenn nun »der Statthalter des Königs Aretas« hinter Paulus her war und nicht die Juden, dann muß Paulus sich irgendeines politischen Verstoßes schuldig gemacht haben und nicht einer religiösen Dissidenz. Einige Gelehrte haben zu erweisen gesucht, der Statthalter habe auf Anstiftung oder im Sinne der örtlichen Juden gehandelt; aber es gab keinen Grund, warum der nabatäische Polizeichef sich in religiöse Zwistigkeiten der Damaszener Judengemeinde hätte hereinziehen lassen sollen. Viel wahrscheinlicher ist doch, daß er herausgefunden hatte, daß Paulus selber ein Polizeiagent (des Jerusalemer Hohenpriesters) war und daß er in Damaskus Ziele verfolgte, die eine Verletzung der nabatäischen Souveränität einschlossen. Diese Situation war in Damaskus eine recht geläufige geworden, da die Stadt sich zu einem Zentrum politischer Dissidenten entwickelt hatte, die aus römisch beherrschten Gebieten geflohen waren. Daß Paulus seine Mission, in welcher er unterwegs gewesen war, tatsächlich aufgegeben hätte, hätte der Statthalter des Aretas nie geglaubt; er hätte sie nur für die neue Maske eines Geheimagenten gehalten. Darum reagierte er erwartungsgemäß rasch, sobald er von Paulus' Aufenthalt und Umtrieben Kunde erhalten hatte, und wenn jener der Verhaftung und anderen Ärgernissen entgehen wollte, so mußte er sich schleunigst und ungesehen aus dem Staube machen, wie es auch geschah. (Auch daß die Stadttore wohl weniger von minoritären Glaubenseiferern als von regulären Polizisten kontrolliert wurden, sollte einleuchten.)

Die Damaszener Juden hätten sicherlich nichts gegen Paulus gehabt, nur weil er sich dem Glauben angeschlossen hatte, Jesus sei der erwartete Messias. Zu diesem Zeitpunkt seines Glaubenswechsels hatte Paulus ja noch nicht seine neuartigen und ketzerischen Ansichten über die göttliche Natur Jesu und die Rücknahme des Religionsgesetzes geäußert, weshalb er einfach als ein weiterer Jesus-Anhänger gegolten hätte; und die Nazarener in Damaskus dürften von allen Juden der Welt mit Sympathie betrachtet worden sein, nämlich als eine Patriotenpartei, die für die Befreiung des jüdischen Kernlandes tätig war. Es hätte in Damaskus schwerlich Juden gegeben, die zu dem Kollaborateurskurs des Hohenpriesters tendierten, denn wo hätte unter Juden, die in einer Stadt außerhalb des römischen Zugriffs lebten, eine pro-römische Partei herkommen sollen?

Dagegen muß die Apostelgeschichte, nachdem sie Paulus aus einem Polizeiagenten in einen fanatischen Pharisäer verwandelt hat, dessen Mission in Damaskus als eine religiöse statt einer politischen darstellen, und folglich mutieren die Damaszener Juden, sobald Saulus zur Jesusbewegung übergeht, zu jenen grausamen, unduldsamen Pharisäern, die sich ihm in den Weg stellen, gerade so, wie wir sie als angebliche Gegner Jesu aus den Evangelien kennen. Der klare Beleg für Faktenmanipulation, wie er aus den Retuschen an Paulus' eigenem Bericht über die Damaszener Ereignisse hervorgeht, deren Resultat uns in der Apostelgeschichte begegnet, sollte uns aufhorchen und ähnliche Manipulationen im Vorfeld erwarten lassen, wo immer in den einschlägigen Erzählungen Juden als Verfolger auftreten.

Wir können jetzt zu jenem Erlebnis des Paulus nahe Damaskus zurückkehren, das dessen Leben änderte und dasjenige des ganzen Okzidents dazu. Es gibt drei Schilderungen dieses Vorfalls in der Apostelgeschichte (*cap.* 9, *cap.* 22 und *cap.* 26), und es bestehen einige seltsame Widersprüche zwischen diesen; es gibt auch noch einen vierten Bericht im ersten Kapitel des Galaterbriefes, also von Paulus selbst, und dieser wirft eigene Probleme auf. Beginnen wir mit dem ersten Bericht:

> Und da er [*sc.* Paulus] auf dem Wege war und nahe an Damaskus kam, umleuchtete ihn plötzlich ein Licht vom Himmel; und er fiel auf die Erde und hörte eine Stimme, die sprach zu ihm: Saul, Saul, was verfolgst du mich? Er aber sprach: Herr, wer bist du? Der Herr sprach: Ich bin Jesus, den du verfolgst. Es wird dir schwer werden, wider den Stachel zu lecken. Und er sprach mit Zittern und Zagen: Herr, was willst du, das ich tun soll? Der Herr sprach zu ihm: Stehe auf und gehe in die Stadt; da wird man dir sagen, was du tun sollst. Die Männer aber, die seine Gefährten waren, standen und waren erstarrt; denn sie hörten die Stimme und sahen niemand. Saulus aber richtete sich auf von der Erde; und als er seine Augen auftat, sah er niemand. Sie nahmen ihn aber bei der Hand und führten ihn gen Damaskus; und er war drei Tage nicht sehend und aß und trank nicht. (Apg. 9,3-9)

Nach diesem Bericht ist Pauli Vision durch folgende Charakteristika gekennzeichnet: a) ihre Plötzlichkeit; b) die Gegenwart eines großen Lichtes; c) das Hören einer Stimme, die erklärt, sie sei diejenige Jesu; d) eine Weisung, sich für weitere Auskunft in die Stadt zu begeben; e) in der Folge eine zeitweilige Blindheit. Einigen dieser Einzelheiten widersprechen die anderen Berichte; so lesen wir in *cap.* 22, Pauli Begleiter hätten die Stimme *nicht* vernommen, wohl aber das Licht gesehen; und in *cap.* 26 hält Jesus eine viel längere Rede, in der er Saulus zur Heidenmission beruft.

In dem oben wiedergegebenen Bericht verrät Jesus keine Einzelheiten über das, was er mit Saulus vorhat, sondern teilt ihm nur mit, in Damaskus werde er näheres erfahren; tatsächlich wurde er dann dort von Ananias aufgesucht, der seine Blindheit heilte, ihn mittels Taufe der Jesusbewegung anschloß und ihm auch – mutmaßlich, da dies nicht ausdrücklich gesagt wird – seinen Auftrag als Heidenapostel mitteilte. In *cap.* 9 ist Ananias ein Christ, aber in *cap.* 22 ist er ein frommer Jude, der die Thora befolgt, und es wird nicht klar, warum er in dieser Eigenschaft und versehen mit einem »gut Gerücht bei allen Juden, die daselbst wohnten« Paulus zur Taufe drängt. (Denn wenn Ananias problemlos ein Anhänger Jesu und zugleich praktizierender, mit allen Juden auf gutem Fuß stehender Jude sein kann, wie kann ihm dann Pauli Bekehrung zum Christentum die Feindschaft der gesamten Damaszener Juden einbringen?!)

Trotz aller oben besprochenen Unstimmigkeiten in der Erzählung, die doch innerhalb des gleichen Buches des gleichen Autors etwas überraschen, können wir uns einen nachvollziehbaren Ablauf des »Damaskuserlebnisses« zusammenstükkeln. Saulus/Paulus hatte einen überwältigenden, plötzlichen Anfall, in dem er ein blitzartiges Licht sah, zu Boden fiel und eine Stimme hörte, die ihn von der Gegenwart Jesu überzeugte. Anscheinend sah er weder Gesicht noch Gestalt Jesu, sondern nur das strahlende Licht. Sobald der Anfall vorbei war, raffte er sich vom Boden auf und bemerkte, daß er blind war. Der Gehalt dieses Erlebnisses blieb undeutlich: noch wußte Paulus nicht, in welcher Weise es sein späteres Leben formen würde, sondern er wußte nur, daß jener Jesus, dessen Anhänger er gerade verfolgte, ihm in übernatürlicher Form erschienen war und für seine Taten tadelte, und das bedeutete, daß er, derzeit Saulus, zu Großem ausersehen war.

Manche Kommentatoren haben versucht, dieses Erlebnis auf körperlicher Grundlage zu erklären, insbesondere durch Epilepsie. Solche Erklärungen erklären in Wahrheit nichts. Viel angemessener ist es, den seelischen Grundlagen nachzuspüren, die derartige plötzliche Bekehrungserlebnisse möglich machen, und hier ist das Werk von William James und anderer Forscher wertvoll. Sie alle konnten plausibel machen, daß der Hintergrund solchen Erlebens eine Art »Persönlichkeitsspaltung« ist. Es ist möglich, daß einem fein empfindenden Menschen, der unter großen Schwierigkeiten um die Wiedergewinnung seiner psychischen Einheit kämpft, eine subjektive Vereinheitlichungserfahrung von überrumpelnder Plötzlichkeit widerfährt, nach der das betroffene und wiederhergestellte Individuum fähig wird, mit Zielstrebigkeit und Energie ein neues Leben anzufangen.

Paulus' eigene Umschreibung seines spirituellen Dilemmas ist eine der klassischen Schilderungen eines seelischen Konflikts:

> Denn wir wissen, daß das Gesetz geistlich ist; ich bin aber fleischlich, unter die Sünde verkauft. Denn ich weiß nicht, was ich tue. Denn ich tue nicht, was ich will; sondern, was ich hasse, das tue ich. So ich aber das tue, was ich nicht will, so gebe ich zu, daß das Gesetz gut sei. So tue nun ich dasselbe nicht, sondern die Sünde, die in mir wohnt. Denn ich weiß, daß in mir, das ist in meinem Fleische, wohnt nichts Gutes. Wollen habe ich wohl, aber vollbringen das Gute finde ich nicht. Denn das Gute, das ich will, das tue ich nicht; sondern das Böse, das ich nicht will, das tue ich. So ich aber tue, was ich nicht will, so tue ich dasselbe nicht; sondern die Sünde, die in mir wohnt. So finde ich mir nun ein Gesetz, der ich will das Gute tun, daß mir das Böse anhangt. Denn ich habe Lust an Gottes Gesetz nach dem inwendigen Menschen. Ich sehe aber ein ander Gesetz in meinen Gliedern, das da widerstreitet dem Gesetz in meinem Gemüte und nimmt mich gefangen in der Sünde Gesetz, welches ist in meinen Gliedern. Ich elender Mensch! wer wird mich erlösen von dem Leibe dieses Todes? Ich danke Gott durch Jesum Christum, unsern Herrn. So diene ich nun mit dem Gemüte dem Gesetz Gottes, aber mit dem Fleische dem Gesetz der Sünde. So ist nun nichts Verdammliches an denen, die in Christo Jesu sind, die nicht nach dem Fleisch wandeln, sondern nach dem Geist. Denn das Gesetz des Geistes, der da lebendig macht in Christo Jesu, hat mich frei gemacht von dem Gesetz der Sünde und des Todes. Denn was dem Gesetz unmöglich war (sintemal es durch das Fleisch geschwächt ward), das tat Gott und sandte seinen Sohn ... (Röm. 7,14–8,3)

Viele christliche Kommentatoren, besonders solche der deutschen Schule, haben uns versichert, das hier von Paulus umrissene religiöse Dilemma sei charakteristisch für das Pharisäertum, und so entpuppe er sich als jemand, der vor seiner Bekehrung ein typischer Pharisäer war. Denn die Pharisäer sollen unter der Last der biblischen Gesetze ganz zerquält gewesen sein von lauter Schuldgefühlen, da sie mit den vielen verzwickten Vorschriften kaum nachkommen konnten und daher von Furcht geplagt wurden, ob sie das Gesetz auch wirklich ganz und gar erfüllt hatten. Daher habe Paulus, falls wir dieser Theorie glauben dürfen, in Jesus die Erlösung seines angstgebeutelten Pharisäergemüts erschaut: statt sich mit dem nagenden Bewußtsein des Versagens vor einem Gesetz abquälen zu müssen, zu dessen Befolgung die menschliche Natur einfach zu verkommen ist, konnte er jetzt auf eine göttliche Initiative bauen statt auf seine nichtigen eigenen Anstrengungen, da dieser Gott Seinen Sohn gesandt hatte, um das moralische Joch von den schwachen Schultern der Menschheit zu nehmen. Freilich – wenn das auch einige Autoren der fraglichen Schule nicht bemerkt haben – findet sich in dem zitierten Abschnitt keinerlei Kritik an der Thora, nicht einmal an den rabbinischen Zusätzen in ihr: Paulus sagt nur, die Forderungen der Thora seien gerecht, aber die menschliche Natur sei aufgrund der Schwäche des Fleisches zu ihrer Erfüllung unfähig; darum biete die Thora den Menschen keine Hilfe in seinem moralischen Zwiespalt, denn sie führe ihm nur, worin ihr einziger Nutzen bestehe, seine moralische Mangelhaftigkeit vor Augen, die nur durch die Gnade Gottes ausgeglichen werden könne.

Neuere Forschungen haben allerdings das Bild eines düsteren, schuldgefühlszerfressenen Pharisäertums, das wegen mangelnder Befolgung irgendeiner kleinlichen Vorschrift in ständiger Furcht vor Verdammnis schwebte, in alle Winde zerstieben lassen. Denn einerseits fehlt in allen Zeugnissen des Pharisäertums jedes Gefühl eines unvermeidlichen Scheiterns des Menschen beim Versuch, gesetzesgemäß zu leben, andererseits finden wir den steten Hinweis auf die Möglichkeit von Reue und Vergebung, falls Sünde oder Irrtum sie nötig machen. Im Pharisäertum liegt der Akzent genau auf dem Gegenteil dessen, was Paulus in dem zitierten Briefabschnitt betont: daß die Forderungen des Gesetzes vernünftig und vertretbar seien und keineswegs die menschlichen Möglichkeiten überstiegen – und der pharisäische Nachdruck auf dieser Lehre ist nur eine Fortsetzung der Bibel selbst, in der es heißt:

> Denn das Gebot, das ich dir heute gebiete, ist dir nicht verborgen noch zu ferne noch im Himmel, daß du möchtest sagen: Wer will uns in den Himmel fahren und es uns holen, daß wir's hören und tun? [...] Denn es ist das Wort gar nahe bei dir, in deinem Munde und deinem Herzen, daß du es tust. (Dtn. 30,11–12+14)

Wenn nun, da die menschliche Natur zugegebenermaßen schwach ist, die Versuchung zu stark war und es deshalb doch zur Verfehlung kam, so legt das Pharisäertum den Nachdruck auf die Aktivierbarkeit der göttlichen Verzeihungsbereitschaft mittels Reue und Wiedergutmachung; dadurch entsteht nicht die Empfindung eines unerträglichen Druckes zur makellosen Erfüllung jedes und abermals jedes Gebotes, wie das bei Paulus der Fall zu sein scheint, an unserer zitierten Stelle und noch deutlicher im Galaterbrief (3,10-12)[2]. Ganz im Gegenteil dazu betont das Pharisäertum bei jeder Gelegenheit seine Vorstellung, daß sich die Thora auf wechselndem Niveau erfüllen läßt, nämlich angepaßt an den vom jeweiligen Individuum erreichten geistig-moralischen Entwicklungsstand; also gibt es Minimalanforderungen an gewöhnliche Menschen, aber auch das »Maß der Frommen« (*middat chassidim* מדת חסידים) für jene, die nach Tugend über dieses Minimalmaß hinaus streben, so sehr es niemandem zum Vorwurf gemacht wird, wenn er nicht so weit gelangt – es kann ihm sogar vorgeworfen werden, dies voreilig angestrebt zu haben.

Des weiteren ist der psychologische Dualismus, der die zitierte Äußerung des Paulus kennzeichnet, für das Pharisäertum höchst uncharakteristisch. Die paulinische Dichotomie zwischen Fleisch und Geist, in welcher das Übel dem Fleisch entspringt, welches darum auch nur durch Einströmen eines Geistes »von oben« erlöst werden kann, spiegelt eine Sicht der menschlichen Natur wider, die schließlich zu der christlichen Lehre von der Erbsünde führte. Im pharisäischen Denken gibt es durchaus einen eingebauten Konflikt in der Seele des Menschen, nämlich zwischen zwei Strukturen oder Neigungskomplexen, dem »Trieb zum Guten« (*jetzer ha-tov* יצר הטוב) und dem »bösen (wörtlich: schwangeren) Trieb« (*jetzer ha-ra* יצר הרע); aber keiner von beiden wird mit dem »Fleisch« oder dem »Körper« gleichgesetzt, sondern es gelten beide gleichermaßen als Bestandteile des Menschen. In dem Kampf zwischen seinen guten und bösen Tendenzen gilt der Mensch selber als entscheidungsfähig, braucht dabei nie das Heft aus der Hand zu geben und stattdessen übernatürliche Hilfe zu suchen. Dabei gilt die in der Thora auffindbare Anleitung sehr wohl als größte Hilfe zum Sieg des »Triebs zum Guten«; aber, um es noch einmal zu betonen, um diese Anleitung nutzen zu können, muß der Mensch selber die Initiative ergreifen, und hauptsächlich aus *diesem* Grund sollte er sich verständig in die Thora versenken und diese zur Richtschnur seiner Lebensführung machen. Die Anstrengung, die dieser zentrale Prozeß der Selbsterziehung und geistigen Aneignung erfordert, nicht etwa eine passive Unterwerfung pathetischer Art, gilt als entscheidend wirksam gegen die Kraft des »bösen Triebs« (worunter echt chassidisch die Neigung zu jedem Bösen verstanden wird, ohne allen sexuellen Schwerpunkt). Der stete eigene Einsatz von Energie und Anstrengung zur

[2] Anm. d. Übs.: In diesem zitierten Beleg gibt Paulus einer von ihm aus dem Zusammenhang gerissenen Bibelstelle einen zu ihrem originalen ganz konträren Sinn; das zeigt, wie überaus ernst es ihm mit seiner unbiblischen Lehre vom »unerfüllbaren Gesetz« ist, denn natürlich machen derlei Verfälschungen ihre Urheber immer angreifbar.

moralisch überzeugenden Lebensgestaltung ist also die Essenz des Pharisäertums; nichts könnte ihm fremder sein, als im Angesicht dieser Aufgabe sozusagen alle Viere von sich zu strecken, jede menschliche Anstrengung für sinnlos zu erklären und stattdessen auf die göttliche Gnade zu setzen. Aber genau diese moralische Kapitulation ist die innerste Haltung des Paulus, die wir gerade in der wortmächtigen Beschreibung seines subjektiven Dilemmas aus seiner eigenen Feder kennengelernt haben.

Außerdem richtet sich im pharisäischen Konzept der moralische Kampf weniger gegen den bösen Trieb an sich (dessen Vernichtung in diesem Fall angestrebt wäre), sondern auf dessen Veredlung und Umlenkung. Es wird anerkannt, daß die in ihm konzentrierten egoistischen Energien für die seelische Lebenskraft unerläßlich sind, sogar in der menschlichen Gemeinschaft; deshalb finden sich im Talmud Ausführungen wie diese:

> Nehemia, der Sohn des R. Samuel ben Nachman, sagte: [*sc.* zu dem Bibelzitat] »und siehe da, es war sehr gut« (Gen. 1,31): »Dies bezieht sich auf die Erschaffung des Menschen und des Triebes zum Guten; aber der Zusatz des Wortes ›sehr‹ auf diejenige des bösen Triebes. Ist dann der Böse Trieb ›sehr gut‹? Nein: dieses Wort soll dich nur lehren, daß ohne den Bösen Trieb niemand ein Haus bauen, heiraten oder Kinder zeugen würde, weshalb Salomo spricht: ›Da neidet einer den andern.‹ (Pred. 4,4).« (Midrasch Rabbah zu Pred. 3,11)

Mit anderen Worten: der Impuls zu Aggression und Rivalität stellt die psychische Energie für sämtliche Aktivität zur Verfügung, und wenn auch der Trieb zum Guten sich in der konstruktiven Neigung zu bewußter Zusammenarbeit äußert, so schafft er das nicht durch bloße Unterdrückung des angeborenen Egoismus, sondern nur durch dessen verständige Nutzung.

So versackt die pharisäische Moralpsychologie keineswegs in einem seichten Optimismus über die menschliche Natur, sondern erklärt jede sinnvolle Moralität zum Ergebnis eines ununterbrochenen Kampfes; dabei läßt diese Theorie die Seele nicht nur dadurch ihre Einheit finden, daß sie ihr die Oberherrschaft über alle in ihr ablaufenden Vorgänge zuspricht, sondern sie erklärt auch, daß diese innere Einheit des Subjekts mit den Fortschritten dieses moralischen Kampfes sich erst und immer weiter überhaupt herstelle.

Am anderen Pol ist das von Paulus entworfene Bild des inneren moralischen Kampfes angesiedelt; dort sehen wir die Seele hoffnungslos entzweit und ohne übernatürliches Eingreifen zu keiner Verbesserung fähig. Es findet sich in dem zitierten Abschnitt also *keine* Bestätigung für das angebliche Pharisäertum des Paulus; ganz im Gegenteil, er scheint sich, wenn wir uns auf diesen Text stützen, vor seiner Bekehrung zu Jesus in einer der üblichen pharisäischen gänzlich entgegengesetzten geistig-seelischen Lage befunden zu haben. Sollte Paulus wirklich jemals Pharisäer gewesen sein, dann war er eine singuläre Erscheinung. Zu diesem

Ergebnis sind wir auch schon auf anderen Wegen gekommen – beispielsweise bei der Betrachtung seiner Verbindung mit dem Hohenpriester. Wenn sich Paulus aber immer wieder als so untypisch herausstellt, daß er als ein völlig isolierter, staunenerregender Einzelfall gelten müßte, dann liegt die Annahme doch weitaus näher, daß er niemals zu den Pharisäern zählte.

Suchen wir dagegen unter den Philosophen und Glaubensbekenntnissen der Antike nach einer Parallele zu seiner Theorie der *conditio humana*, dann ist sie nicht schwer zu finden. In Stil, Terminologie und Inhalt bieten die Schriften der Gnosis jede gesuchte Parallele dazu. Später werde ich noch genauer auf diesen Punkt eingehen, aber hier kommt es erst einmal darauf an, sich klarzumachen, daß der psychische Dualismus, den Paulus hier zum Ausdruck bringt, in dessen Weltsicht erkennbar auf einem metaphysischen Dualismus gründet. Paulus sagt uns, daß es zwei Gesetzlichkeiten in der Welt gibt: das Gesetz des Geistes (πνεῦμα) und das Gesetz des Fleisches (σάςξ). Wenn es zwei voneinander unabhängige und miteinander im Kampf stehende »Gesetze« (oder kosmische Organisationssysteme) gibt, dann heißt das, daß es zwei widerstrebende Kräfte gibt, die des Geistes und die des Fleisches. Diese Lehre ist für die Gnosis kennzeichnend. Zugleich ist es eine Lehre, zu der die pharisäischen Rabbiner in schärfster Opposition standen; sie hielten sie für die vornehmste Form des Götzendienstes ihrer Zeit (weil sie die Einheit Gottes leugne). Damit wird Pauli Eintreten für diese Lehre ein Beleg nicht nur für seinen unpharisäischen, sondern sogar unjüdischen Charakter, denn nicht nur die Pharisäer, sondern sämtliche Fraktionen des Judentums lehnten sie ab.

Einige neuere Autoren haben eine andere Deutung des hier diskutierten Abschnitts vorgeschlagen.[3] Sie sind sich der Tatsache bewußt, daß auch nur mäßige Kenntnis des Pharisäertums die Interpretation der deutschen Schule ausschließt (der Abschnitt spiegele das spirituelle Dilemma des typischen Pharisäers); deswegen machen sie geltend, Paulus rede hier überhaupt nicht von *seiner* geistig-seelischen Situation (wie sie vor seiner Bekehrung bestand). Denn da er Pharisäer gewesen sei – so ihre Annahme –, konnte besagtes Dilemma niemals sein Ausgangspunkt sein, da Pharisäer dafür viel zu sehr auf die Wirksamkeit ihres »Bundes mit Gott« bzw. die Anweisungen der Thora vertrauten, als daß sie sich jemals in einer solch quälenden Zwickmühle hätten wiederfinden können. Darüber hinaus hätte ein Pharisäer Paulus sicherlich daran gedacht, daß Gott bereit sei, sämtliche Sünden zu vergeben, wenn man sie nur bereut und den angerichteten Schaden wiedergutmacht; dennoch gibt Paulus nicht den leisesten Hinweis auf diesen Ausweg. Aus diesem Grund, versichern uns besagte Autoren mit Nachdruck, habe Paulus hier über die geistig-seelische Situation eines *Heiden* geschrieben, der zwar die rettende Kraft der Thora kennt, sich aber von dieser ausgeschlossen fühlt.

---

[3] Gaston 1970, Stendahl 1976, Gaston 1979, Gager 1983.

Als Heidenapostel konnte sich Paulus besonders gut in Heiden einfühlen, in denen durch Kenntnisnahme der jüdischen Thora ein Schuldbewußtsein geweckt worden war, für dessen Besänftigung ihnen kein Mittel zur Verfügung stand; also mußte Jesus Christus für sie und nicht für die Juden auf die Erde herabgestiegen sein und dort gelitten haben, und nur durch ihn konnten die Heiden denselben Gnadenstand erlangen wie die Juden, denen dieser ja durch Gesetzesbefolgung zugänglich war. Also hat, wenn wir dieser Interpretation folgen, Paulus die Thora überhaupt nicht abgeschafft, sondern nur den Heiden einen neuen Erlösungsweg gewiesen; daß die Erlösung durch Jesus Christus die Abschaffung der Thora sogar für die Juden einschloß, sei nur ein unglückliches späteres Mißverständnis gewesen, weil man die Schriften des Paulus falsch aufgefaßt habe.

Sämtlichen Autoren dieser Schule scheint völlig unbekannt geblieben zu sein, daß das Judentum längst einen Erlösungsweg für Heiden aufgetan hatte, weshalb kein Pharisäer, wie das Paulus in ihrer Argumentation unterstellt wird, irgendein Mitleid mit ihnen wegen deren grundsätzlichen Ausschlusses vom Heil hätte empfinden müssen. Im Denken der Pharisäer gab es für Heiden zwei Heilswege: den vollständigen Übertritt zum Judentum, womit der Konvertit ein vollgültiger Jude und Teilhaber des »Bundes Gottes mit Israel« geworden wäre, oder die Befolgung der noachidischen Gesetze (siehe p. 155), die auch einen »Bund« ergaben, eine Thora für die Heiden, wie sie Gott dem Noah offenbart hatte, dem Patriarchen der Heiden.[4]

Jedenfalls setzt diese ganze Interpretation eine höchst unnatürliche, vertrackte und verzwackte Leseweise des fraglichen Paulusabschnitts voraus, den man bis dahin immer für einen bewegenden Ausdruck von Paulus' eigenem Dilemma gehalten hatte, wozu Wortlaut und psychologische Erwägung problemlos berechtigten. Die Vorstellung, Paulus schreibe ohne Vorwarnung »ich« in diesem Abschnitt, wo er sich nur auf dem Einfühlungswege in einen Heiden hineinversetzt, überzeugt niemanden mit irgendeinem Sinn für die Untertöne dieses Textes. Es stimmt schon, daß Paulus sich nicht *nur* auf sich selbst bezieht; er verallgemeinert seine eigene Lage, weil er sie als repräsentativ für die universale menschliche Misere betrachtet,

4 Gaston (1979, p. 56*sqq.*) versteigt sich zu der Behauptung, vor Maimonides (!) habe das noachidische Gesetz mit einem Heilsweg oder Gottesbund für Heiden (i.S. von Nichtjuden) nichts zu tun gehabt, sondern sei nur ein Verhaltenskodex für in Israel ansässige Fremde gewesen. »Es geht dieser Gesetzgebung nur darum, eine mögliche Verunreinigung des Heiligen Landes zu verhindern« (p. 57). Er verschließt seine Augen vor dem ›Buch der Jubiläen‹, das belegt, wie geläufig die Idee eines »Gesetzes für die Heiden« seit zumindest dem zweiten vorchristlichen Jahrhundert war (Jub. 7,20–39). Zu einem viel früheren Zeitpunkt zeigt schon das biblische Buch Jona, daß man Heiden (nämlich den Einwohnern Ninivehs) die Erlangung der Gnade Gottes auch ohne Übertritt zum Judentum zutraute, wenn sie nur ihre Sünden bereuten. Dennoch behauptet Gaston, die Idee »erfolgreich bereuender Heiden« sei vor Paulus niemandem in den Sinn gekommen!

wie er sie sieht, aber mit der besonderen Empfindungstiefe eines Menschen, der diese Misere in der eigenen Seele gefühlt hat und den die üblichen Zerstreuungen des Lebens nie mehr über sie hatten trösten können.

Freilich hat die neue Lesart der Passage zumindest das Verdienst, unsere Aufmerksamkeit auf die von niemandem bestrittene Tatsache zu lenken, daß sie die Verzweiflung eines Heiden im Angesicht eines Gesetzes ausdrückt, dessen Meisterung er sich nicht zutraut. Dies ist sicher eine wertvolle Einsicht; aber sie muß durch die weitere Einsicht ergänzt werden, daß Paulus sich so vollständig mit der von ihm beschriebenen Situation identifiziert, daß man ihn unmöglich für einen Pharisäer halten kann, der sich in die Heiden hineinversetzt, sondern daß man ihn selber für einen Nichtjuden halten muß, nämlich einen, der zum Judentum übergetreten ist, darin aber keineswegs das von ihm angestrebte eigentliche Ziel gefunden hat und nun in einen Verzweiflungszustand gelangt ist, aus dem ihn nur eine gründliche psychische Umwälzung retten kann. Der Abschnitt spiegelt so gut die psychische Situation eines Menschen, der Jude hatte werden wollen, aber es nicht schaffte, daß man sie nur als Beleg dafür nehmen kann (der mit anderen von mir in diesem Buch vorgeführten Belegen zu kombinieren ist), daß eben dieses auch des Paulus wirkliche Lage war. Dies erhellt auch jene Sätze in seinen Briefen, in denen Paulus sich selber als Nichtjuden darstellt, indem er mit dem Wörtchen »wir« sich selbst ebenso wie seine dem Heidentum entnommenen Adressaten einschließt. Solche Sätze haben manche Kommentatoren etwas verwirrt, aber sie fingen sich schnell, indem sie erklärten, des Paulus Sympathie mit den zu gewinnenden Heiden habe ihn sich bei diesen Anlässen selber für einen von ihnen halten lassen, trotz seines Aufwachsens in pharisäischer Umgebung. (Ein Beispiel bietet Gal. 3,14: »... auf daß der Segen Abrahams unter die Heiden käme in Christo Jesu und wir also den verhießenen Geist empfingen durch den Glauben.«) Eine bessere Erklärung des Phänomens scheint mir auf dem Hintergrund aller schon ausgebreiteten Fakten und Schlüsse die zu sein, daß Paulus an diesen Stellen in der Hitze des Gefechts seine »Legende« als geborener Pharisäer kurzfristig vergessen und seine wahre Identität und Motivation verraten hat. –

Wir können uns jetzt wieder mit dem eigentlichen Damaskuserlebnis beschäftigen, der »Bekehrung Pauli«. Die psychische Vorbedingung für ein solches Erlebnis bietet eine äußerste Aufgewühltheit des Geistes, hervorgerufen durch ein Gefühl spirituellen Versagens oder Schiffbruchs. Sie kann leicht in einem Menschen aufkommen, der zwischen zwei unterschiedlichen Traditionen hin- und hergerissen wird, von denen er der einen emotional verhaftet bleibt, in die andere aber all seinen Ehrgeiz und seine Hoffnung investiert – eine typische Konvertitensituation, und damit wird Pauli Damaskuserlebnis psychologisch wie gesellschaftlich verständlich, sobald wir ihn uns als recht neuen Konvertiten zum Judentum vorstellen und nicht als eingefleischten Pharisäer. Auf diese Weise ergibt sich eine starke

Ähnlichkeit zwischen der seelischen Situation des Paulus und derjenigen seines größten Anhängers in der späteren Kirche, St. Augustinus. Auch dieser kämpfte schmerzlich mit seinem heidnischen biographischen Hintergrund und kam nach einer Art mentaler Explosion in einer doktrinären Synthese ganz ähnlicher Art zur Ruhe, wie sie auch Paulus vollbrachte, und empfand stets eine tiefe Affinität zu allen paulinischen Ideen.

Folgen wir nun dem ebionitischen Bericht, der Paulus als Konvertiten zum Judentum darstellt, dann lassen sich vielleicht die biographischen Einschnitte aufspüren, die Paulus auf den Weg nach Damaskus brachten, wie es sich seither auch als Redensart eingebürgert hat.

Als Paulus zum Judentum übertrat, nahm er den hebräischen Namen Saul an, den Namen eines glücklosen jüdischen Königs aus dem Stamme Benjamin. Wahrscheinlich aus diesem Grund hat sich Paulus später eine Genealogie gebastelt, die ihn aus dem Stamme Benjamin herleitete (Röm. 11,1; Phil. 3,5). Wie es nun einmal gekommen war, konnte kein Jude dieser Zeit mehr sich wahrheitsgemäß dem Stamme Benjamin zurechnen. Es stimmt zwar, daß ein Teil dieses damals noch unterscheidbaren Stammes nach der Deportation der »Zehn Stämme« (also der Bewohner des »Nordreichs« Israel) durch den Assyrerkönig Salmanassar in Palästina zurückgeblieben war; aber diese Benjaminiten vermischten sich später durch Heirat so sehr mit dem (zunächst noch nicht deportierten) Stamme Juda, daß sie von ihm nicht mehr unterschieden werden konnten und sämtlich Judaïten wurden – Juden eben. Nur der Priesterstamm Levi und dessen von Aaron hergeleiteter Teil, der den Tempeldienst versah und *kohanim* genannt wurde, behielt aus kultischen Bedarfsgründen seine Sonderidentität (ähnlich wie eine Hindukaste). Alle anderen Juden hießen im Kultzusammenhang (etwa wenn es um die Eintrittsberechtigung zu gewissen Tempelbezirken oder um den Verzehr der *terumah* תרומה ging, d.h. die Priesterspeisen) einfach »Israeliten«, und es gab kein religiöses Motiv, einen Unterschied zwischen Benjaminiten und Judaïten aufrechtzuerhalten, weswegen sich jede Unterscheidung zwischen ihnen verlor. Somit war es schierer Bluff, wenn sich Paulus als »vom Stamme Benjamin« vorstellte, denn die Empfänger seiner Briefe, zum Christentum bekehrte Heiden, hatten keine Möglichkeit, diesen zu beurteilen.[5]

5 Zum Zeitpunkt der Rückkehr aus dem babylonischen Exil (536 v.d.chr.Ztr.) unterschieden die Rückkehrer noch zwischen Juda und Benjamin (Esra 5; Neh. 11,7 u. 11,31–36; dazu Neh. 7,6), sie siedelten sich sogar in ihren alten Territorien an. Später aber verlor sich die Unterscheidung (Babyl. Talmud, Berachot 16b: »Wir wissen nicht, ob wir von Rahel stammen oder von Lea«). In den Apokryphen gibt es keinen Hinweis auf eine Unterscheidung der Benjaminiten vom Rest der Israeliten (das »Benjamin« in 2. Makk. 3,4 ist ein Kopistenfehler für *miniamin* מנימן; siehe Jewish Encycl. *s.v.* ›Benjamin‹). Nur eine Stelle hat sich zitieren lassen, die die Identifizierbarkeit von Benjaminiten noch zur Zeit des Paulus belegen könnte: die Zuschreibung benjaminitischen Ursprungs an R. Hillel in Gen. Rabbah 33,3; doch diese muß

Wie hieß Saul, bevor er Jude wurde? Vermutlich trug er einen ähnlich klingenden griechischen Namen, etwa Solon, oder wenigstens einen mit dem gleichen Anfangsbuchstaben, wie das üblich war (*cf.* Jason/Jochanan). Sein vorjüdischer Name war gewiß nicht Paulus, denn diesen nahm er erst in einem späteren Stadium seiner Entwicklung zum Christen an.[6]

Nach dem ebionitischen Zeugnis waren die Eltern des Paulus Heiden, die nicht zum Judentum übertraten; Paulus war dann der erste seiner Familie, der dies tat. Dennoch können seine Eltern Teilkonvertiten gewesen sein, wie sie als »Gottesfürchtige« bekannt waren, also Heiden, die sich vom Judentum angezogen fühlten und an dessen wichtigste Grundsätze glaubten, aber den drastischen Schritt zur Vollkonversion, welcher im Falle männlicher Geschlechtszugehörigkeit die Beschneidung und allemal die Annahme der jüdischen Nationalität bedeutet hätte, nicht wünschten. In der pharisäischen Theorie genossen »Gottesfürchtige« einen geachteten Rang; ihre Seele galt auch ohne Vollkonversion erst einmal als gerettet, da letztere mehr für ein Ergebnis besonderer Berufung als für eine Notwendigkeit gehalten wurde. Aber es geschah häufig, daß ein Kind »gottesfürchtiger« Eltern zur Vollkonversion fortschritt, und das könnte bei Paulus so gewesen sein. Doch auch als Sohn »gottesfürchtiger« Eltern dürfte Saul in früher Kindheit erheblich mehr heidnischen Einflüssen ausgesetzt gewesen sein als ein von vornherein jüdisches Kind. Er wird in Tarsus mit anderen heidnischen Kindern die Schule und die Theater besucht haben, und die dort üblichen eindrucksvollen Zeremonien der Trauer und der Freude über Tod und Auferstehung des Adonis, auch die mehr schauerlichen, doch tendenzgleichen über Attis werden ihre Wirkung auf die Vorstellungskraft seines heranwachsenden Gemüts nicht verfehlt haben.

In Apg. 23 finden wir eine Erwähnung von Paulus' »Schwestersohn«, der in Jerusalem lebte und als Nachrichtenüberbringer seines Onkels an den römischen Stadtkommandanten nützlich wurde. Darin hat man eine Bestätigung der Behauptung aus den Paulusbriefen gesehen, die Familie ihres Verfassers habe aus geborenen Jerusalemern bestanden, und in den einschlägigen Schriften der Fachwelt finden sich immer wieder Bezugnahmen auf »die verheiratete Schwester des Paulus, die in Jerusalem lebte«. Doch daß Paulus einen Neffen in Jerusalem hatte, beweist nicht, daß auch seine Schwester und deren Ehemann dort lebten. Viel eher hat der Neffe des Paulus nach dessen Beispiel Tarsus verlassen und ist ihm nach Jerusalem gefolgt, sei es als Konvertit oder als »Gottesfürchtiger«. Auf jeden Fall erstaunt

als Fiktion gelten. KLAUSNER (1942, p. 304) erkennt das an, doch es kommt ihm nicht in den Sinn, daß Pauli Anspruch, Benjaminite zu sein, in dieselbe Kategorie gehören könnte wie sein Pharisäeranspruch.

[6] Höchstwahrscheinlich zum Zeichen der Anhänglichkeit an seinen Beschützer und persönlichen Konvertiten Sergius Paulus, den römischen Statthalter von Zypern (*cf.* »Flavius« Josephus). Siehe Apg. 13, wo wir erstmals dem Namen Paulus begegnen, und zwar im Zusammenhang mit Zypern.

es, wenn Paulus wirklich einen Kreis von Verwandten in Jerusalem besaß, daß außer seinem Neffen niemand von ihnen erwähnt wird, der sympathisierend oder mißbilligend an seinen Schicksalen alldort irgendeinen Anteil genommen hätte.

Welchen Rang nahmen die Eltern des Paulus in der Gesellschaft ein? Oft hielt man sie für wohlhabend bis reich, aber das muß nicht so gewesen sein. Paulus lebte von handwerklicher Tätigkeit, und dann kann er nicht aus reichem Hause stammen. Traditionellerweise gilt er als Zeltmacher, doch genaue Untersuchungen des griechischen Wortgebrauchs haben gezeigt, daß er auch Sattler gewesen sein kann.[7] Man hat versichert, daß Paulus sich von dieser eher bescheidenen Tätigkeit ernährte, habe eine reiche Herkunft nicht ausgeschlossen, da es bei pharisäischen Rabbis Brauch war, derlei Handwerke auszuüben, um ihre Unabhängigkeit zu bewahren und nicht ihren Lebensunterhalt aus ihrer Thorakenntnis beziehen zu müssen. Da Paulus, wenn meine Argumentation stimmt, zu keinem Zeitpunkt ein pharisäischer Rabbi war, ist dieser Punkt ohne Bedeutung; und pharisäische Rabbis, die über größere arbeitsunabhängige Einkünfte verfügten, übten doch kein Handwerk aus. Das manchmal herangezogene rabbinische Gebot, ein Vater solle seinen Sohn ein Handwerk lehren, beweist auch nichts, denn es galt nur für diejenigen, die ihre Söhne nicht mit einem arbeitsunabhängigen Einkommen versehen konnten.

Andererseits gibt es einen Beleg dafür, der für unanfechtbar gehalten wird, daß des Paulus Vater ein reicher Mann gewesen sein muß: nämlich daß er sowohl das römische Bürgerrecht besaß wie auch Vollbürger von Tarsus war. Ohne Zweifel begegnen wir Paulus in der Apostelgeschichte als jemandem, der nicht nur sich, sondern auch seinen Vater als römischen Bürger hinstellt (22,28). Aber wir werden sehen, wie zweifelhaft diese Behauptung ist; der Fehler liegt wahrscheinlich bei Lukas, dem Autor der Apostelgeschichte. Paulus erwarb die römische Staatsbürgerschaft nicht durch Geburt, sondern unter besonderen Umständen als Erwachsener (siehe p. 176). Was seinen Anspruch auf die Vollbürgerschaft von Tarsus angeht, so wird er nicht sehr deutlich vorgetragen. Bei einer Gelegenheit sagt er: »Ich bin ein Jude, ein Tarsier aus Kilikien, Bürger keiner geringen Stadt.« Bei einer anderen Gelegenheit nennt er sich »gebürtig aus Tarsus in Kilikien«. Es kann sein, daß er ganz unformell gesprochen hat (oder so dargestellt wurde), als er sich »Bürger keiner geringen Stadt« nannte, wobei »Bürger« nur »Ansässiger« bedeutete und nicht

[7] Die Peschitta (die Übersetzung des NT ins Altsyrische) übersetzt das Wort als »Harnischmacher« (wobei sie ein Wort benutzt, das nur eine Transliteration des lat. *lorarius* ist). Chrysostomos, Theodoret und Origenes bezeichneten Paulus alle als »Lederbearbeiter«, also Sattler oder Täschner. Diese Belege lassen vermuten, daß das Wort σκηνοποιός, das die Apostelgeschichte auf Paulus anwendet (18,1-3), obwohl es wörtlich »Zeltmacher« heißt, die Bedeutung »Sattler« oder »Täschner« angenommen hat. Die älteste lateinische Übersetzung nennt Paulus *lectarius*, was wörtlich einen Bettenhersteller bedeutet, aber sich auch auf einen Hersteller von Lederkissen beziehen konnte. Siehe IDB *s.v.* »Tentmaker«.

die juristisch-ständische Bedeutung »Vollbürger« zu haben brauchte. Wäre Paulus wirklich im antik-ständischen Sinne tarsischer Vollbürger gewesen, dann hätte sein Vater sicherlich schon vor seiner Geburt denselben Status besessen; und damit wäre ein gewisser Grad von Reichtum verbunden gewesen, denn nur einigermaßen Reiche und Angesehene erhielten das Vollbürgerrecht größerer Städte. Damit würde allerdings sehr unwahrscheinlich, daß der Vater des Paulus Jude gewesen wäre, denn die Mitgliedschaft in der Bürgerrolle einer griechischen Polis schloß die Mitgliedschaft in einer angestammten φυλή (etwa »Stamm« oder »Tribus«) ein und damit die Teilnahme an einem »heidnischen« Kult.

Wir schließen daraus, daß der Vater des Paulus vielleicht ein tarsischer Vollbürger, aber kein römischer Staatsbürger war, und selbst wenn er einigermaßen gut gestellt war, doch nicht reich genug, um seinen Sohn mit einem arbeitsunabhängigen Einkommen ausstatten zu können. Darum wußte der junge Saul(us), daß er zu seinem Fortkommen auf eigene Fähigkeiten und Findigkeiten angewiesen war.

Auch wenn Saul nach seiner Konversion zum Judentum und seinem Auszug von Tarsus nach Judäa es nie zum veritablen pharisäischen Rabbi brachte, so fällt doch sein heftiger Drang auf, in seinem späteren Leben den Eindruck zu erwekken, er sei einstmals ein solcher gewesen. Das bedeutet, daß er dieses Ziel einmal hingebungsvoll verfolgt haben muß. Wenn seine Eltern wirklich »Gottesfürchtige« gewesen waren, dann müssen sie ihm in seiner Jugend von den berühmten Pharisäern Judäas erzählt haben, die den Spitzenplatz der jüdischen Schriftgelehrsamkeit und Frömmigkeit besetzt hielten und für Diasporajuden wie »Gottesfürchtige« nahezu legendäre Figuren waren. Der junge Saul hätte dann die Namen der größten Pharisäerführer vernommen: Hillel, Schammaï und Gamaliel. Vielleicht schon in Tarsus sah er wohl einen oder zwei der bekannteren Pharisäerexponenten seiner Zeit, denn viele dieser »Weisen« reisten umher und statteten jüdischen Gemeinden im Römer- wie Partherreich kurze Besuche ab, teils um zu predigen, teils um Botschaften der Jerusalemer Zentrale zu übermitteln. Der junge Saul, der seine Vollkonversion plante, wird von seinem tief in seiner Persönlichkeit wurzelnden Ehrgeiz dazu angetrieben worden sein, es nicht bei einer einfachen Konversion zu belassen, sondern durch Fleiß und Frömmigkeit selber zum bedeutenden Pharisäerführer aufzusteigen. Das kam schließlich vor; manche Konvertiten zum Judentum hatten solche Positionen durchaus erklimmen können, so war z.B. die Pentateuch-Übersetzung von Onkelos dem Proselyten ins Aramäische ein Standardwerk in der Pharisäerbewegung geworden. Die Pharisäer lehrten auch, sogar einer der biblischen Propheten, Obadja, sei Proselyt gewesen, weshalb viele Proselyten ihre ehemaligen heidnischen Namen durch den Namen Obadja ersetzten.

Unglücklicherweise endete der Traum des jungen Saul in größter Enttäuschung. Die Tatsache, daß wir ihn bald nach seiner Ankunft in Judäa im Solde des sadduzäischen Hohenpriesters als Anführer eines gewalttätigen Polizeitrupps wiederfinden, zeigt, daß irgend etwas schiefgegangen sein muß. Wir können mutmaßen, daß er sich in der Pharisäerbewegung voreilig vorgedrängt und dabei unbeliebt gemacht hat; vielleicht mag er sich auch eine Zeitlang als Schüler bei einem Pharisäer eingeschrieben, aber diesen enttäuscht haben. (Beim Rabbanen Gamaliel wird Saul nicht studiert haben, da dieser erst sehr fortgeschrittene Schüler annahm.) Wie seine Briefe zeigen, wies Saulus/Paulus eine erhebliche rhetorische und bildschöpferische Begabung auf, aber nur eine kümmerliche im logischen Denken; letzteres dürfte sich für ihn an einer Pharisäerakademie als schwerwiegendes Hindernis herausgestellt haben. Dazu noch brachte er aus seiner Vergangenheit keinen tragfähigen Wissenssockel mit; um glänzen zu können, hätte er zuviel nachlernen müssen, und da er, wie sein weiterer Lebenslauf zeigt, ein Mensch von brennendem Ehrgeiz war, hätte er eine mittelmäßige Position nicht ausgehalten. So brach er seine Studien ab und übernahm in Verzweiflung jede Aufgabe, die sich ihm bot. Statt des Ruhmes eines geachteten Rabbis erwartete ihn jetzt die Schande eines Schläger- und Mörderpostens im Dienste des Hohenpriesters.

Kapitel 10

Damaskus und danach

Wir haben jetzt in Saulus' biographischem Hintergrund und seinen gegenwärtigen Lebensumständen alle Voraussetzungen für einen extremen Aufruhr in seinem Inneren gefunden, der fast zu einem seelischen Zusammenbruch führte. Nicht nur wurde sein Gemüt zwischen dem heidnischen Früherleben in Tarsus und der angenommenen jüdischen Weltanschauung hin- und hergerissen, sondern auch sein persönlicher Ehrgeiz hatte einen schrecklichen Schiffbruch erlitten und einen qualvollen Sprung in sein Selbstbewußtsein gebracht. In seiner lebhaften Vorstellungskraft geraten die Helden und Propheten aus der biblischen Geschichte (die er aus deren griechischer Übersetzung kennt, der Septuaginta) mit den Erinnerungen an die religiösen Prozessionen des Mysteriengottes Baal-Taras ins Gedränge, jenes sterbenden und wiederauferstehenden Gottes, dem Tarsus seinen Namen verdankt. Das Prestige des pharisäischen Judentums, das seinen Ehrgeiz beflügelt hatte, hat sich auch als so schwer erlangbar und enttäuschend für ihn erwiesen, daß sein Geist nach einem Notausstieg vor den Forderungen des Judentums sucht, und die Tröstungen der Mysterienreligionen, die er aus seiner Jugendumgebung kennt, farbige und bewegende Zeremonien der Trauer und Freude, winken ihm zu, versprechen ihm Befreiung aus seinem inneren Elend, wecken aber zugleich in ihm das Grauen vor der Apostasie, dem Rückfall ins Heidentum und dem endgültigen Ende aller seiner Hoffnungen.

Unter solchen Umständen, enttäuscht und innerlich zerrissen, wären viele geistig zusammengebrochen. Einige besonders begabte Menschen mit großen seelischen Reserven entkommen aber dieser Lage durch einen plötzlichen Sprung, den ihre Seele unternimmt, um aus ihr herauszukommen, durch eine überwältigende Synthese oder Zusammenschau, die mit einem Schlag alle disparaten Elemente in einer einzigen Lösung verschmelzen läßt. Eine solche Lösung nimmt leicht die Form einer Vision an, die plötzlich aus vorbewußten Tiefen emporquillt, ohne erkennbare Vorüberlegung oder bewußte Anstrengung, und dadurch macht sie dann auf die von ihr befallene Person einen übernatürlichen Eindruck.

Saulus' Vision auf dem Weg nach Damaskus, erschütternd und schmerzhaft wie sie war, löste auf einmal seinen ganzen inneren Zwiespalt auf und zog ihn aus einem Abgrund von Selbsthaß und Versagergefühl. Durch sie wurde er fähig, alle widersprüchlichen Strebungen in seiner komplexen Natur unter einen Hut zu bringen. Das Panorama der jüdischen Heilsgeschichte verschmolz mit der Rettung der persönlichen Einzelseele und den Tröstungen der paganen Religion; die Spaltung in seiner Seele fand ihre Entsprechung in einer Spaltung des Universums, ähnlich derjenigen, die es schon in der Gnosis gab; und zuguterletzt fand sich, aus persönlicher Sicht, eine zufriedenstellende Perspektive für die erstrebte glänzende Führerstellung seiner selbst, eine Stellung, die weit über seine bisherigen ehrgeizigen Vorstellungen hinausging.

Saulus hatte bis jetzt an der widerwärtigen und verachtenswerten Verfolgung der Jesusanhänger teilgenommen, die der Hohepriester aus politischen Erwägungen durchführen ließ. Im Augenblick war ihm ein Auftrag zu verdeckter Gewaltanwendung im Rahmen eines ausgedehnten *counterinsurgency*-Programms erteilt worden: er sollte bestimmte Personen aus Damaskus entführen und in die Gewalt des Hohenpriesters bringen, der sie als Verschwörer gegen die römische Besatzung Judäas aburteilen bzw. zu diesem Zweck an die Besatzer weiterleiten wollte. Daß Saulus mit dieser Mission betraut und als Führer der Agentenbande eingesetzt worden war, zeigt, daß er bei dem Hohenpriester in einiger Gunst stand und dessen Vertrauen genoß. Dennoch muß Saulus seine Beförderung innerhalb der Ränge der Geheimpolizei mit gemischten Gefühlen betrachtet haben: wie sehr unterschied sich diese Art des Aufstiegs von derjenigen, die er sich erhofft hatte, als er als frischgebackener Konvertit nach Judäa kam!

Dieser innere Konflikt wurde noch herber durch die Natur der Bewegung, deren Ausspähung und Verfolgung man ihm anvertraut hatte. Denn im Mittelpunkt der Überzeugungen dieser Bewegung stand eine Figur, die erst gestorben und dann vom Tode auferweckt worden war. Nachdem Saulus sich im Rahmen seiner Diensttätigkeit bei Verhaftungen und Verhören von dem Glauben der Anhänger Jesu an dessen Wiederauferweckung hatte überzeugen können, muß er auf der Grundlage seines paganen Erlebnishintergrunds eine Art Wiedererkennungsschreck erfahren haben. Schon wieder tauchte er auf, wo er ihn am wenigsten erwartet hätte, ganz egal, wie sehr ihn seine »gottesfürchtigen« Eltern vor ihm gewarnt haben mochten: der sterbende und wiederauferstehende Gott, der unter allen seinen Namen und Kostümen immer derselbe blieb, sei er Attis, Adonis, Osiris oder Baal-Taras. Mit diesem Gotte und seinem Kult war überall eine tiefe Gefühlserschütterung verbunden, ein nachhaltiges seelisches Erleben: zu sterben und wiedergeboren zu werden mit der Gottheit, deren ἀγών in dramatischen und ekstatischen Riten immer neu in Szene gesetzt wurde.

Auf dieser Kindheitsgrundlage dürfte Saulus in die Geschichte von Tod und Auferstehung Jesu Bedeutungen hineingelesen haben, die sich so im Geiste der Nazarener gar nicht fanden, denn diese Jesusanhänger wiesen im allgemeinen einen pharisäischen Hintergrund auf und hielten sich auch tatsächlich immer noch für Pharisäer, weswegen sie sich gegen heidnische Erlösungskonzepte auf der Basis sterbender und wiederauferstehender Götter gewiß heftig gesträubt hätten. Ihr Glaube an Jesu Auferstehung folgte jüdischen Mustern, d.h. sie hielten diese für ein Wunder Gottes, bei welchem Jesus seinen Charakter als Mensch keineswegs veränderte. Ohne Zweifel lasen sie auch einige Opferbedeutung in die Sache hinein, denn das Konzept des stellvertretenden Leidens einzelner Heiliger für eine sündige Gemeinschaft war dem Judentum nicht fremd; es findet sich in der Bibel z.B. in der Moseslegende oder in Jesajas Gestalt des »leidenden Gottesknechts«. Aber das Konzept der Opferung einer *Gottheit* war dem Judentum in allen seinen Varianten gänzlich fremd. Für seine frühen Anhänger war Jesus keine Gottheit gewesen, sondern eben ein Messias: ein Mensch und König aus dem Hause Davids, der Israel von der Fremdherrschaft zu befreien und danach mit allen Militärimperien der Welt aufzuräumen hatte. Daß Jesus dies nicht geschafft hatte und stattdessen gekreuzigt worden war, erklärten sie sich daraus, daß die Sünden Israels im Rahmen von Jesu Buß- und Reuekampagne, die dieser unter den »verlorenen Schafen des Hauses Israel« durchgeführt hatte, noch nicht ausreichend abgegolten worden waren, weshalb Jesus selbst das Sühnemaß durch seinen grausamen Tod vollzumachen hatte, der seine wundersame Wiedererweckung zu einem triumphalen militärischen Sieger vorbereiten sollte. Aber auch seine Rückkehr ins Leben als Wiedererstandener würde keineswegs seine menschliche Natur aufheben, sobald er einmal als König herrschte, so wenig wie etwa die Auferweckung des Lazarus diesen zu einem übermenschlichen Wesen gemacht hatte.

In Saulus dagegen ließ die Idee von Jesus als Opferfigur ganz andere Saiten anklingen. Die persönliche und individuelle Bedeutung des Gottestodes in den Mysterienkulten dürfte sich ihm aufgedrängt haben, besonders jetzt, in seiner höchstpersönlichen inneren Notlage; für die Nazarener dagegen waren Tod und Auferweckung Jesu mehr von gemeinschaftsbezogener als von individueller, auf die eigene Person bezogener Bedeutung, denn sie kündigten den Eintritt der wiederhergestellten jüdischen Staatlichkeit und das allgemeine messianische Zeitalter auf Erden an. Die Mysterienkulte waren in gräkoromanischer Umgebung entstanden, wo die ungeheure Maschinerie eines bürokratisierten Imperiums alle nationalen Loyalitäten zermalmt hatte; also hatten in diesen Kulten Individuen, die ihre angestammten Hintergründe verloren hatten, ihr Seelenheil gesucht und dabei auf eine individuelle Unsterblichkeit gehofft, die ihnen durch Teilhabe an Sterben und Auferstehen mit der Gottheit zuteil werden sollte. Unter den Juden dagegen war das nationale Zusammengehörigkeitsgefühl nie erloschen; für sie bedeutete »Rettung« immer noch die Rettung der Gemeinschaft und als Verlängerung davon der ganzen Menschheit in einem irdischen Gottesreich, nicht etwa ein Entrinnen aus der Welt in einen phantastischen körperlosen Zustand.

Während er die Jesusanhänger verfolgte, dürfte Saulus Jesus immer mehr als eine Figur wahrgenommen haben, die ihm seltsam vertraut vorkam, da sie auf ein seelisches Bedürfnis Antwort gab, das er unter dem Druck der jüdischen Rationalität und des jüdischen Sinnes für Bewußtmachung und Wahrhaftigkeit ohne doppelte Böden niedergehalten hatte. Vor allem dürfte das Bild des langsam am Kreuz sterbenden Jesus seine leistungsfähige Vorstellungskraft entflammt haben. Denn dieses Bild muß ihn unwiderstehlich an die Ikonographie des Gottes Attis in dessen vielfältigen Erscheinungsformen erinnert haben, der er in Kilikien auf Schritt und Tritt begegnet war – der erhängte Gott, dessen blutender, mißhandelter Körper die Felder fruchtbar werden ließ und dessen Mysterien den Seelen seiner Gläubigen, die sich in einen heiligen Wahn hineingesteigert hatten, eine wundersame Erneuerung bescherten. Es ist bezeichnend, daß später die Phantasie des Paulus immer wieder um jene oben diskutierte Deuteronomiumstelle kreiste, in der es, wie Paulus sie verstand, um den Fluch ging, welcher dem Körper eines Gehängten anhaften sollte.

Damals freilich waren derlei Gedanken noch nicht ins volle Licht seines Bewußtseins getreten. Saulus hatte versucht, ein geistlich höchst anspruchsloses Polizistenleben zu führen, da sich seine Hoffung, einen geachteten Rang als geistlicher Pharisäerführer zu erlangen, zerschlagen hatte. Aber damit konnte er seine innere Unruhe nicht dauerhaft zum Schweigen bringen; und als seine Seelenpein schließlich einen visionären Anfall auf dem Weg nach Damaskus auslöste, nahm eine Gestalt das Zentrum seiner inneren Verstörung ein, die schon lange in seinem Unbewußten rumorte: der Gehängte Gott, der Brennpunkt von Schuld und Hoffnung zugleich. Indem er diese Gestalt mit Jesus identifizierte, dessen Anhänger er bis zu dieser Sekunde verfolgt hatte, gab Saulus der Bedeutungslosigkeit einen Sinn, in welche sein Leben zuvor versunken gewesen war. Statt nur der Mietling eines mit Besatzern kollaborierenden Hohenpriesters zu sein, der gegen Bezahlung Menschen quälte, sah er sich jetzt auf einmal als Person von historischer Bedeutung, die er schließlich ja auch erlangen sollte – er, der den sterbenden und wiederauferstandenen Gott verfolgt hatte, konnte durch genau diese Schuld jetzt in die Rolle von dessen Hauptverkünder überwechseln, vom Saulus zum Paulus eben. Dieser plötzliche Wechsel von tiefster Verworfenheit zu äußerster geistlicher Befreiung und Entsühnung wurde das Hauptmotiv der neuen Religion, die Paulus ausgehend von jener Vision zu entwickeln begann, welche ihn aus der gesamten Menschheit herausgegriffen und berufen hatte. –

Wenden wir uns nun jenem Bericht zu, den Paulus selbst von dieser Krise seines Lebens gibt, seiner Jesusvision und seinem aus ihr folgenden Missionsauftrag:

> Denn ihr habt ja wohl gehört meinen Wandel weiland im Judentum, wie ich über die Maßen die Gemeinde Gottes verfolgte und sie verstörte und nahm zu im Judentum

über viele meinesgleichen in meinem Geschlecht [*sc.* meiner Generation] und eiferte über die Maßen um das väterliche Gesetz. Da es aber Gott wohl gefiel, der mich von meiner Mutter Leibe an hat ausgesondert und berufen durch seine Gnade, daß er seinen Sohn offenbarte in mir, daß ich ihn durchs Evangelium verkündigen sollte unter den Heiden: alsobald fuhr ich zu und besprach mich nicht darüber mit Fleisch und Blut, kam auch nicht gen Jerusalem zu denen, die vor mir Apostel waren, sondern zog hin nach Arabien und kam wiederum gen Damaskus. (Gal. 1,13-17)

Paulus leitet diesen Bericht mit den Worten ein: »Ich tue euch aber kund, liebe Brüder, daß das Evangelium, das von mir gepredigt ist, nicht menschlich ist. Denn ich habe es von keinem Menschen empfangen noch gelernt, sondern durch die Offenbarung Jesu Christi« (1,11-12). Daraus folgt, daß Pauli Damaskuserlebnis nicht »Bekehrung« zu nennen ist, wie das gewöhnlich geschieht. Denn dieses Wort setzt etwas voraus, das hier als Voraussetzung gar nicht bestand: nämlich daß das Christentum schon vor »Pauli Bekehrung« existierte, also vor der Damaskusvision, und Paulus daher nur noch zu dieser schon bestehenden Religion hätte bekehrt werden müssen. Viel treffender wird dieses Schlüsselerlebnis des Paulus durch das von ihm selbst benutzte Wort bezeichnet, nämlich »Offenbarung«. In Wahrheit entspringt das Christentum als vom Judentum getrennte Religion genau diesem Ereignis. Die Jesusvision des Paulus war die Epiphanie oder Gotteserscheinung, welche die Initialzündung des Christentums bewirkte, so wie die Erscheinung Gottes im brennenden Dornbusch diejenige des Judentums gewesen sein soll. Wie Moses durch die Offenbarung aus dem brennenden Dornbusch als Gründerprophet des Judentums auserwählt wurde, so wurde Paulus durch seine Damaskusvision zum Gründerpropheten des Christentums.

In allen seinen Briefen besteht Paulus auf »seinem Evangelium« oder, wie hier, dem von ihm verkündeten Evangelium. Paulus nimmt also einen direkten Draht zu Jesus in Anspruch – nicht nur wegen seiner vor den Toren von Damaskus erhaltenen Offenbarung, sondern auch wegen einiger späterer. Er beansprucht also eine viel höhere Autorität als die Jerusalemer Apostel Petrus, Jakobus und Johannes, denn diese berufen sich nur auf ihren Umgang mit dem irdischen Jesus, Paulus aber auf denjenigen mit dem himmlischen Jesus, der jetzt alle Schwächen des Fleisches verloren und die Allwissenheit einer transzendenten Gottheit erlangt hat.

Die Führer der »Jerusalemer Kirche« betrachteten sich, wie ich später noch genauer darstellen werde, nicht als die Gründer einer neuen Religion. Sie betrachteten sich als Juden, die sich von ihren Mitjuden nur durch den Glauben an Jesus als den Messias unterschieden. Sie glaubten zuversichtlich, sobald Jesus zur Erde zurückkehre, und das sehr bald, werde Gott durch ihn derart erstaunliche Wunder vollbringen – die Niederwerfung der Römer durch übernatürliche Mittel und ihre Vertreibung aus dem Heiligen Land –, daß alle Juden Jesus als Messias akzeptieren und dann vereint unter seiner Königsherrschaft in einer Theokratie leben würden, die gemäß dem mosaïschen und gemäß der Deutung des »mündlichen Gesetzes« regiert und von den pharisäischen Meistern verwaltet würde. Sie stellten sich nicht auf eine Abspaltung der Jesusbewegung von der Gesamtheit aller gläubigen Juden ein. Selber beachteten sie die jüdischen Vorschriften und sprachen dieselben Gebete wie ihre Mitjuden, wobei sie nur einige besondere Gebete hinzufügten (etwa das Vaterunser), die sie dem Normalpensum in derselben Weise anhängten, wie das jüdische Sondergruppen, z.B. die Chassidim, bis heute immer wieder getan haben, ohne sich dabei als Schismatiker zu fühlen. Die Jerusalemer Jesusbewegung feierte *nicht* den speziellen Gottesdienst, den wir als Eucharistie, Kommunion oder Messe kennen und durch den sich, wie im nächsten Kapitel gezeigt, das Christentum bald als eigenständige Religion auszeichnen sollte.

Paulus war der allererste, der das Christentum als eine neue Religion konzipierte, die sich vom Judentum unterschied. Um diese Sicht durchzusetzen, befestigte er seine Sonderautorität durch Berufung auf eine Reihe von Visionen des himmlischen Jesus Christus (wie er ihn nannte, wodurch erstmals der Titel »Christus« ein göttliches Wesen bezeichnete), die mit der Damaszener Vision begann. Aus dem oben zitierten Abschnitt geht hervor, wie sehr er auf seiner Unabhängigkeit von den Jerusalemer Autoritäten bestand. Er sagt dort nach seiner Primäroffenbarung, er »habe es [*sc.* seine Evangelien] von keinem Menschen empfangen noch gelernt, sondern durch die Offenbarung Jesu Christi« und »ich besprach mich nicht darüber mit Fleisch und Blut, kam auch nicht nach Jerusalem zu denen, die vor mir Apostel waren, sondern zog hin nach Arabien und kam wiederum gen Damaskus«. Mit dieser Feststellung verneint Paulus die Ansicht, er sei angeworbener Konvertit des Christentums gewesen. Ein Konvertit ist jemand, der sich bescheiden an die Autoritäten der Religion wendet, der er beizutreten wünscht, und sich von ihnen leiten läßt. Paulus bestreitet eine solche Charakterisierung seines Beitritts entschieden; stattdessen »zieht er nach Arabien«. Mit letzterer Mitteilung will er den Eindruck einer Analogie zwischen sich und Moses erwecken. So wie Moses nach Empfang der Gesetzestafeln vierzig Tage und vierzig Nächte in der arabischen Wüste weilte (Ex. 34,28), so zog sich Paulus in dieselbe Wüste zurück, um sich die neue Offenbarung anzueignen und über sie nachzudenken, bevor er zurückkehrte, um sie der Menschheit mitzuteilen.

Freilich lautet die Geschichte bei Lukas ganz anders. Hier erfahren wir, daß Paulus doch zunächst um Anleitung gebeten habe, erst in Damaskus, dann in Jerusalem. In Damaskus wird er von seiner Blindheit (welche er selber im Galaterbrief nicht erwähnt) geheilt, nämlich von Ananias, der ihm auch seine Mission erläutert; und nachdem Paulus aus Damaskus entkommen ist, begibt er sich sofort nach Jerusalem, wo ihn Barnabas bei den Aposteln einführt und er selber bald eine zwar aktive, aber untergeordnete Position in der Jesusbewegung einnimmt. So zeichnet die Apostelgeschichte sehr wohl das Bild eines Konvertiten und nicht eines sofort selbstbewußten Religionsgründers; doch müssen wir dabei Absicht und Standort der Apostelgeschichte bedenken, wenn wir den Unterschied zwischen ihrem Bericht und Paulus' eigener Darstellung im Galaterbrief verstehen wollen. Die Apostelgeschichte wurde etwa vierzig Jahre *nach* dem Galaterbrief verfaßt, was wir nicht vergessen sollten; in der Zwischenzeit war mit der Jesusbewegung allerhand vorgefallen. Ein Teil derselben hatte sich in die christliche Kirche verwandelt und die Konzepte des Paulus übernommen und war jetzt bestrebt, diese von Jesus selbst abzuleiten und deshalb die Originalität des Paulus zu leugnen. Darüber hinaus hatte sie sich eine eigene Geschichte der frühen Nazarener zusammengebastelt, in der es zwischen den Jerusalemer Aposteln und Paulus keinen tiefen Graben gab: der neugeschaffene Geschichtsmythos lautete nun, daß *alle* Apostel einschließlich Petrus und Jakobus in der Art des Paulus an die göttliche Natur Jesu sowie an dessen Rolle als göttliches Opfer für die Sünden der Menschheit geglaubt hätten – mit anderen Worten, an die mysterienreligiöse Lehre, für welche in der historischen Realität alleine Paulus verantwortlich zeichnet. Um die Behauptung, eigentlich schon das Dogma von der grundsätzlichen Einigkeit der ältesten Kirche aufrechterhalten zu können (und damit nämlich dasjenige von der ungebrochenen Kontinuität ihrer Lehre mit derjenigen von Jesus selbst, welche durch die Anerkennung der Originalität des Paulus sowie der Tatsache seines Bruches mit den Jerusalemer Aposteln sehr ins Wanken geraten wäre, die ja die wirkliche Verbindung zu dem historischen Jesus darstellten), mußte Paulus als einer der Apostel und nichts anderes dargestellt werden, eigentlich sogar der späteste und am wenigsten autoritative von ihnen, der sein Christentum von Jakobus und Petrus übernommen hatte, wenngleich in der Sonderrolle des »Apostels der Heiden«. Die Apostelgeschichte und die Evangelien selbst wurden verfaßt (oder auch aus früheren Materialien tendenziös zusammengeflickt), um den Mythos von der Einheit der frühen Kirche zu untermauern und die Lehren der späteren Kirche von Jesus selber abzuleiten, obwohl diese in Wahrheit von Paulus stammten. Die einsame Originalität des Paulus und sein Status als Gründer des Christentums sind auf diese Weise verdunkelt worden; so sehr Paulus der Held und die Hauptperson der Apostelgeschichte bleibt, so sehr wird in ihr seine wahre Bedeutung und Rolle bei der Gründung der christlichen Religion heruntergespielt und verändert. Gewiß fehlt der Gegensatz zwischen Paulus und den Jerusalemer Aposteln nicht völlig in der Apostelgeschichte: er wurde nur bearbeitet und vertuscht, aber er ist noch nachweisbar, wie wir sehen werden. Doch das Hauptziel bleibt die Vortäuschung von Kontinuität.

Lesen wir hingegen den eigenen Bericht des Paulus über seine Offenbarung bei Damaskus, ohne vorbewußt ein vorgefertigtes Bild aus der viel später entstandenen Apostelgeschichte mitzuschleppen, dann können wir allmählich ermessen, welchen ungeheuerlichen Anspruch Paulus eigentlich erhob. Mit dem Wort »daß er [*sc.* Gott] seinen Sohn offenbarte in mir« (Gal. 1,16[1]) macht er sich zu einer Art Sekundärinkarnation des Gottessohnes. Damit beansprucht er indirekt einen noch höheren Rang als ihn das Judentum Moses einräumt. Natürlich läßt sich darauf entgegnen, daß Paulus hier nur für sich selbst in Anspruch nimmt, was seiner Ansicht nach für jeden Christen möglich ist: eine Identifikation und Verschmelzung mit der Person Jesu als des göttlichen Erlösers; damit ist Christus »in« jedem Christen, ebenso wie jeder Christ »in« Christus. Aber dieses Konzept mußte erst einmal verbreitet werden; immerhin war Paulus nach seinen eigenen Worten der erste Mensch, in welchem jene wundersame Verschmelzung stattfand. Damit geht seine Offenbarung noch über gewöhnliche Offenbarungen hinaus: Paulus selber verwandelt, ja vergöttlicht sich in diesem Augenblick als beispielhafte Manifestation des Phänomens einer Erfüllung von der Gottheit. Andere Christen können an diesem Zustand, zu dem Paulus ihnen den Weg gewiesen hat, wohl auch teilhaben, so wie weitere Buddhisten ins Nirwana gelangen können, nachdem ihnen Buddha den Weg dazu gewiesen hat; aber Paulus wie Gautama Buddha bleiben die hervorragenden, quasi-göttlichen Muster.

Daß Paulus seiner Einzigartigkeit sehr wohl bewußt war, läßt sich auch aus anderen Stellen seiner Briefe erhärten. So behauptet er, über eine ganz besondere mystische Erfahrung zu verfügen, die sich von der Damaskusoffenbarung noch einmal unterscheidet: er wurde (allerdings als von sich selbst eigenartig abgespaltene Person) »entzückt bis in den dritten Himmel« und »entzückt in das Paradies und hörte unaussprechliche Worte, welche kein Mensch sagen kann« (2. Kor. 12,2+4). Noch bedeutsamer für Paulus' Selbstverständnis ist es, Stigmen an seinem Körper zu tragen (Gal. 6,17: »Ich trage die Malzeichen des Herrn Jesus an meinem Leibe«), welche die Tiefe seiner Selbstidentifikation mit Jesu Leiden am Kreuz bezeugen sollen. Diese Erscheinung trat an ekstatischen Christen des Mittelalters häufig auf, so an St. Franziskus, und viele Psychologen haben sich mit ihr beschäftigt. In der frühen Kirche kennen wir das Phänomen aber nur von Paulus. Es gibt aber bemerkenswerte Parallelen dazu in anderen Mysterienreligionen. Die Attisverehrer kastrierten sich in ihrer Ekstase selbst, um denselben ἀγών wie ihr Gott zu erfahren, ihre Individualität in der seinigen aufzulösen und »in« ihm zu sein. So machten die Stigmen des Paulus, seien sie nun absichtlich hervorgerufen oder auf dunklen psychosomatischen Wegen entstanden, diesen in den Augen seiner Anhänger zur erhabensten Verkörperung der Macht des Mysteriengottes, Unseres Herrn Jesu Christi.

Hier sollte uns eine Parallele zwischen Paulus und anderen Mystagogen seiner Zeit auffallen, die auch danach strebten, eine neue Religion zu gründen, in der

[1] So L; H ist demgegenüber ein Rückschritt, denn hier offenbart nur Gott in Seiner Güte dem Paulus Seinen Sohn, wodurch dessen Einzigartigkeit als Monopolträger dieser Offenbarung weniger klar herauskommt als im griechischen Original (ἐν ἐμοί).

sie selbst die Verkörperung einer göttlichen Macht abgaben. Simon »Magus« ist ein gutes Beispiel. Er taucht in der Apostelgeschichte als Initiator einer Bewegung unter den Samaritern auf, wobei er behauptet, er sei »die Kraft Gottes, die da groß ist« (Apg. 8,10). Daß Paulus und Simon »Magus« oft als ähnliche Charaktere betrachtet wurden, zeigt die Tatsache, daß in gewissen paulusfeindlichen Schriften Paulus unter dem Decknamen »Simon Magus« auftaucht. Dies ruft uns wieder in Erinnerung, daß das in der Apostelgeschichte gezeichnete Bild von Paulus als nur einem unter zwölf Aposteln, der keine eigene Lehre vertreten wollte oder außergewöhnliche mystische Gaben für sich in Anspruch nahm, unaufrichtig in dem Sinne ist, daß es die Art, wie der historische Paulus auftrat, verfälscht.

Dennoch dürfen wir einen Punkt nicht vergessen, in dem sich Paulus von allen sonstigen Mystagogen seiner Zeit unterschied und der dazu beitrug, daß seine Religion, anders als die Gründungen seiner Rivalen, nicht in Vergessenheit geriet. Dieser war seine Entschlossenheit, seine neue Religion an das Judentum anzubinden und ihr damit eine historische Verankerung zu verschaffen, die zumindest angeblich bis zur Erschaffung der Welt zurückreichte – statt nur auf seiner eigenen Person zu beruhen. Das war ein Zug, der seiner Religion Substanz gab und der Eindruck machte, jedenfalls in seiner griechisch-römischen Umgebung, so daß sich seine Anhänger vom Strom einer Art kosmischer Heilsgeschichte getragen fühlen konnten – wenn auch schon wieder Paulus nicht der einzige war, der die jüdische Bibel für seine Zwecke in Anspruch nahm, denn auch einige Gnostiker, besonders die Sethianer, waren schon vor ihm auf diese Idee gekommen.

Wie Paulus zur Bibel stand, die er in griechischer Übersetzung in sich aufgenommen und in der Zeit, als er es zum angesehenen Pharisäer bringen wollte, eifrig studiert hatte, läßt sich sogar aus seinem oben zitierten Damaskusbericht herauslesen. Er nimmt nicht nur indirekt Bezug auf diese, wie wir schon gesehen haben, sondern identifiziert sich auch offen mit dem Propheten Jeremias. »Gott [...], der mich von meiner Mutter Leibe an hat ausgesondert und berufen durch seine Gnade« (Gal. 1,15) ist ein beabsichtigtes Echo von Jer. 1,5: »Ich [*sc.* Jahwe] kannte dich, ehe ich dich [*sc.* Jeremia] im Mutterleibe bereitete, und sonderte dich aus, ehe denn du von der Mutter geboren wurdest, und stellte dich zum Propheten unter die Völker.« Für eben diese »Völker«, also die »Heiden«, erklärte sich auch Paulus zum Apostel, aber er wollte für diese Sendung eine biblische Billigung vorweisen, und deshalb beschrieb er sich mit den Worten des biblischen Propheten Jeremia. Insofern sich Paulus dem Mosesmuster angleicht, hat er sich als Religionsstifter im Auge; soweit er sich Jeremias anähnelt, sieht er sich als Fortsetzer des Judentums, wenn auch seine Botschaft sich nicht an die Juden wendet, sondern an die ganze Welt.

So löste die Damaszener Offenbarung an Paulus nicht nur die Konflikte in der Seele eines Konvertiten, der seine Verankerung in der Welt des Judentums durch eine Implantation der heidnischen Mysterienromantik zu festigen trachtete; sie gab auch jemandem, der mit Ehrfurcht und Neid auf die jüdische Tradition geblickt hatte, die ersehnte Genugtuung nach so viel Mißerfolg und Zurückweisung. Paulus hatte sich eine Laufbahn als erfolgreicher Pharisäer ausgemalt, diese aber mutwillig zerstört; Trotz mochte Enttäuschung kompensieren. Aber danach malte er sich etwas noch viel Besseres aus, eine viel großartigere Rolle, als sie jeder Pharisäer hätte spielen können, da diese keinen Prophetenrang beanspruchten – in ihm selber hatte sich die biblische Prophetengabe erneuert, und das ganze biblische Prophetenpanorama war nur entfaltet worden, um in ihm zu kulminieren, einem in gewisser Weise noch größeren Propheten als Moses, nämlich dem Initiator eines neuen Geschichtsabschnitts, der eine neuartige Religion benötigte, welche diejenige der Bibel wohl bewahrte, aber über sie hinausgriff.

Kapitel 11

Paulus und das Abendmahl

Man mag darauf pochen, Jesus selbst habe den Abendmahlsritus gestiftet, denn das stimmt mit der Lehre des Christentums überein, mit der man meist von Jugend an indoktriniert wurde. Diese sollte dann den Beleg dafür bilden, daß nicht Paulus der Urheber einer Deutung des Todes Jesu im Sinne der Mysterienkulte gewesen sei, sondern daß diese Auffassung von Jesus selbst herrühre.

Der Abendmahlsritus bedeutet die mystische Verschmelzung des Eingeweihten mit der Gottheit durch Essen des Körpers und Trinken des Blutes Christi. Ein derartiger Ritus impliziert die Vergottung Jesu und läßt sich mit der Sicht desselben als Messias im jüdischen Sinne einfach nicht vereinbaren. Schlimmer noch: der Abendmahlsritus, der schon eine Lehre der Teilhaberschaft an einer göttlichen Natur enthält, enthält auch noch eine Lehre der Opferung Jesu zwecks Entsühnung der Menschheit; der Kultteilnehmer hat am Fleische des geopferten Jesus ganz ähnlichen Anteil, wie die jüdischen Kultteilnehmer den ihrigen von ihrem Osterlamm zu haben pflegten (mit welchem Jesus in 1. Kor. 5,7 gleichgesetzt wird). Ein derartiges Konzept vom Tode Jesu läßt sich mit keiner Variante des Judentums vereinbaren, denn es läuft auf die Wiedereinführung des Menschenopfers hinaus, welches das Judentum geächtet hatte – stellt doch tatsächlich ein Großteil des »Alten Testaments« nichts anderes dar als ein Plädoyer gegen den Brauch der Menschenopfer. Man verstand die Einrichtung der Tieropfer als irreversibles Ablösungsinstrument des Menschenopfers; und die Erzählung von der *Akedah* oder Fesselung Isaaks, an deren Ende Gott das Menschenopfer zugunsten eines Tieropfers zurückweist, ist die mythische Bekräftigung dieses kulturellen und moralischen Fortschritts.

Es ist richtig, daß die Vorstellung von stellvertretender Buße dem Judentum nicht ganz fremd ist – wir haben weiter oben schon darauf hingewiesen –, aber diese taucht nur am Rande auf und ist keineswegs der Königsweg zur Erlösung. Zwar gibt es einen *midrasch* über Rabbi Judah, dessen Leiden gute Ernten sicherten (Gen. Rabbah 33); das bedeutet jedoch keineswegs, daß der durchschnittliche Jude aufgefordert wurde, seine Sündenlast auf Rabbi Judahs oder vergleichbarer Gestalten Schultern zu laden und den Kampf gegen eigene böse Neigungen unter Anleitung der Thora aufzugeben. Selbst die biblische Erzählung über das Angebot des Moses, sich für das Volk Israel zu opfern, ist nur ein beiläufiger Kunstgriff des Erzählers, um Moses große Liebe zum Volke Israel zu verbildlichen, nicht um einen Erlösungsweg zu weisen. Moses Angebot wird dann auch sofort von Gott zurückgewiesen, und das mit einer Formulierung, die das übliche Muster der individuellen Verantwortlichkeit bekräftigt: »Der Herr sprach zu Mose: Was? Ich will den aus meinem Buch tilgen, der an mir sündigt« (Ex. 32,33). Die Vorstellung, auf der die Eucharistie beruht, nämlich daß die Erlösung der Gläubigen durch Jesu Tod und das Vergießen seines Blutes zustande komme, ist also eine grundlegende Abkehr vom Judentum und nimmt stattdessen alte außerjüdische bzw. hellenistische Entsühnungskonzepte wieder auf. Wenn nach alledem das Abendmahl tatsächlich von Jesus eingeführt worden wäre, müßten wir wirklich Jesus, nicht Paulus, als Begründer des Christentums bezeichnen.

Ein weiterer wesentlicher Punkt liegt darin, daß das Abendmahl als das bedeutsamste Sakrament des Christentums dieses als vom Judentum getrennte, eigenständige Religion kennzeichnet. Wenn Jesus die Eucharistie eingeführt hätte, hätte er damit eine neue Religion begründet, und sei es nur dadurch, daß er eine zentrale Zeremonie geschaffen hätte, die dem Judentum fremd ist und an die Stelle der jüdischen Tempelzeremonien oder (seit es den Tempel nicht mehr gibt) der Schemá-Israël-Rezitation tritt, d.h. dem Bekenntnis zur Einzigkeit Gottes, jener zentralen Zeremonie im jüdischen Kult. Daß Jesus das Vaterunser einführte, stellte, wie schon ausgeführt, keineswegs eine grundsätzliche Abkehr von jüdischen religiösen Praktiken dar, war es doch nicht ungewöhnlich für Rabbis aus den Reihen der Pharisäer, solch individuelle Gebete zu verfassen, bestimmt zum Eigengebrauch und zu dem der nächsten Jünger, die dann zusätzlich zu den üblichen Gebeten gesprochen wurden.[1] Etliche dieser Gebete wurden im Talmud überliefert, einige davon wurden auch ins Jüdische Gebetbuch übernommen und werden noch heutzutage von allen praktizierenden Juden gesprochen. Erst als das Vaterunser nach Jesu Tod zu einem wesentlichen Bestandteil des täglichen Gottesdienstes wurde, anstatt eines der üblichen jüdischen Gebete zu bleiben, wurde dies eine spezifisch christliche Übung; das Gebet als solches enthält nichts, was der jüdischen Religion widerspräche, es ist vielmehr ein typisch jüdisches Gebet.

In den Evangelien gibt es bestimmte bekannte Textstellen, die Jesus als Begründer der Eucharistie darstellen. Die früheste findet sich bei Markus: »Und indem sie aßen, nahm Jesus das Brot, dankte und brach's und gab's ihnen und sprach: Nehmet, esset; das ist mein Leib. Und nahm den Kelch und dankte und gab ihnen den; und sie tranken alle daraus. Und er sprach zu ihnen: Das ist mein Blut des neuen Testaments, das für viele vergossen wird« (Mk. 14,22-24). Der Bericht von Matthäus und Lukas weicht nur in Kleinigkeiten davon ab. Bei allen dreien ist dieser Bericht Teil der Erzählung vom Letzten Abendmahl. Johannes aber

1 Siehe dazu Petuchowski 1978.

erwähnt dieses Vorkommnis seltsamerweise nicht in seiner Version vom Letzten Abendmahl; stattdessen verbindet er die Idee der Eucharistie mit einem ganz anderen Lebensabschnitt Jesu, nämlich mit dessen galiläischer Predigttätigkeit in der Synagoge von Capernaum:

> Wahrlich, wahrlich ich sage euch: Werdet ihr nicht essen das Fleisch des Menschensohnes und trinken sein Blut, so habt ihr kein Leben in euch. Wer mein Fleisch isset und trinket mein Blut, der hat das ewige Leben, und ich werde ihn am Jüngsten Tage auferwecken. Denn mein Fleisch ist die rechte Speise, und mein Blut ist der rechte Trank. Wer mein Fleisch isset und trinket mein Blut, der bleibt in mir und ich in ihm. Wie mich gesandt hat der lebendige Vater und ich lebe um des Vaters willen, also, wer mich isset, der wird auch leben um meinetwillen. Dies ist das Brot, das vom Himmel gekommen ist; nicht, wie eure Väter haben Manna gegessen und sind gestorben: wer dies Brot isset, der wird leben in Ewigkeit. (Joh. 6,53–58)

Im Markus-, Matthäus- und Lukasevangelium sehen wir Jesus, wie er eine Zeremonie durchführt (nämlich feierlich Brot und Wein an seine Jünger verteilt); er wird aber nicht explizit vorgeführt als Stifter eines Ritus, den seine Anhänger von nun an dauerhaft zu vollziehen hätten. Es bleibt dem Leser überlassen, in dieser Geschichte den historischen Ursprung bzw. die Entstehung des Abendmahlsritus, wie er in der christlichen Kirche praktiziert wird, zu vermuten. Bei Johannes jedoch vollzieht Jesus nicht einmal eine Zeremonie: er drückt nur einige Vorstellungen aus, die selbst seinen Jüngern unklar und kryptisch vorkommen und durch die sich einige sogar abgestoßen fühlen (Joh. 6,66). Wo also findet sich die Vorstellung, Jesus habe die Eucharistie als reguläres Sakrament des Christentums eingeführt, wirklich zum ersten Mal?

Nirgendwo anders als in den Paulusbriefen; hier findet sich tatsächlich auch der erste Verweis auf den Eucharistiegedanken, nämlich die Idee, daß Fleisch und Blut Jesu erlösende Kraft enthielten:

> Ich habe es von dem Herrn empfangen, das ich euch gegeben habe. Denn der Herr Jesus in der Nacht, da er verraten ward, nahm das Brot, dankte und brach's und sprach: Nehmet, esset, das ist mein Leib, der für euch gebrochen wird; solches tut zu meinem Gedächtnis. Desselbigengleichen auch den Kelch nach dem Abendmahl und sprach: Dieser Kelch ist das neue Testament in meinem Blut; solches tut, so oft ihr's trinket, zu meinem Gedächtnis. Denn so oft ihr von diesem Brot esset und von diesem Kelch trinket, sollt ihr des Herrn Tod verkündigen, bis daß er kommt. Welcher nun unwürdig von diesem Brot isset oder von dem Kelch des Herrn trinket, der ist schuldig an dem Leib und Blut des Herrn. Der Mensch prüfe aber sich selbst, und also esse er von diesem Brot und trinke von diesem Kelch. Denn welcher unwürdig isset und trinket, der isset und trinket sich selber zum Gericht, damit, daß er nicht unterscheidet den Leib des Herrn. Darum sind auch viele Schwache und Kranke unter euch, und ein gut Teil schlafen. (1. Kor. 11,23–30)

Dieser Abschnitt zeigt ganz deutlich, daß *Paulus selbst den Abendmahlsritus erfunden und eingeführt hat,* sowohl die dahinterliegende Vorstellung als auch die kirchliche Institution. Paulus sagt nämlich ganz deutlich, daß die Eucharistie auf eine Offenbarung gegründet wurde, die er selbst empfangen habe: »Ich habe es vom Herrn empfangen, das ich euch gegeben habe.«

Die Tatsache, daß Paulus an dieser Stelle sagt, er habe die Einzelheiten darüber, wie Jesus die Eucharistie einführte (bzw. das, was Paulus das »Letzte Abendmahl« nennt, 1. Kor. 11,20), direkt »vom Herrn« empfangen (d.h. mittels direkter Offenbarung von Jesus selbst, also während einer der zahlreichen Erscheinungen, die Paulus für sich reklamiert), ist von Religionswissenschaftlern in ziemlich außergewöhnlichem Ausmaß vertuscht worden; verständlich ist dies allerdings schon, denn es steht ja einiges auf dem Spiel. Wenn man zugibt, daß Paulus der Schöpfer des Abendmahlsritus war, gibt man gleichzeitig zu, daß Paulus und nicht Jesus der Begründer des Christentums war. Dies Eingeständnis bedeutet, daß das zentrale Sakrament und Mysterium des Christentums, das dieses als separate Religion vom Judentum abgrenzt, nicht von Jesus eingeführt wurde. Die Vorstellungen, die diesem Sakrament zugrunde lagen – die Verschmelzung der Gläubigen mit dem Körper des göttlichen Christus durch Essen des Gottes –, waren ja auch keineswegs Teil der religiösen Vorstellungen Jesu: sicherlich hätte er solche Ideen widerwärtig gefunden, wenn auch nicht gänzlich ungewohnt, denn sie waren zu seiner Zeit ein wohlbekannter Zug des »Heidentums«, vor allem der hellenistischen Mysterienreligionen.

Aber selbst christliche Religionswissenschaftler konnten sich nicht ganz der Erkenntnis verschließen, daß Paulus an dieser Stelle für sich in Anspruch nimmt, von Jesus persönlich während einer Offenbarung erfahren zu haben, daß er beim Letzten Abendmahl Instruktionen zur Einrichtung der Eucharistie hinterlassen habe. Einer der typischen Kommentare lautet: »Vielleicht will der Heilige Paulus damit sagen, er habe dieses Wissen durch Offenbarung erhalten, obwohl die Präposition ἀπό (von) eher die Vermutung nahelegt, er habe es vom Herrn mittels Weitergabe durch die älteren Apostel oder andere Mittelspersonen erfahren« (Evans 1930). Zwar räumt Evans die Möglichkeit ein, Paulus behaupte hier, er habe eine Offenbarung gehabt (gibt jedoch keineswegs zu, welches Gewicht diese Interpretation haben könnte, oder gar, warum sie so verzweifelt abgewehrt werden muß), nimmt dann aber Zuflucht zu einem abwiegelnden grammatikalischen Kommentar ohne philologische Beweiskraft.[2]

---

[2] Siehe Higgins 1952, p. 25. Die alternative Präposition παρά soll nach einigen Vermutungen besser zu einer *direkten* Ableitung passen, aber ἀπό findet sich genau in diesem Sinne auch an anderen Paulusstellen (z.B. Kol. 1,7). Loisy (1908, vol. II, p. 532, Anm. 1) gibt zu, daß Paulus von einer direkten Offenbarung spricht. Lietzmann (1955, p. 255) spricht offen aus: »Die für den paulinischen Text charakteristischen, bei Markus fehlenden, liturgischen Worte τοῦτο ποιεῖτε εἰς τὴν ἐμὴν ἀνάμνησιν

Es führt kein Weg daran vorbei: Paulus sagt hier explizit, er habe die *Worte* Jesu beim Letzten Abendmahl aus einer Offenbarung von diesem selbst erfahren, nicht von den Jerusalemer Aposteln, von denen einige immerhin selbst an diesem letzten Abendmahl teilgenommen hatten. Nun wäre es ja ganz absurd, wollte Paulus behaupten, er habe in einer exklusiven Offenbarung etwas von einem Ritus erfahren, der in der Kirche seit den Tagen Jesu bestens bekannt war. Seine Worte erklären aber die sonst unverständliche Tatsache, daß das Abendmahl in der »Kirche von Jerusalem« gar nicht praktiziert wurde, wohl aber in allen Gemeinden, die unter den Einfluß von Paulus geraten waren. Hätte nämlich Jesus selbst den Abendmahlsritus eingeführt, würde man doch erwarten, daß dieser vor allem von denjenigen fortgeführt worden wäre, die selbst beim Letzten Abendmahl dabeigewesen waren, es sei denn, sie hätten in unverantwortlicher Weise die Worte Jesu bei diesem Anlaß ganz und gar vergessen und deshalb durch eine eigens für diesen Zweck ergangene Offenbarung an Paulus daran erinnert werden müssen.

In den Evangelien wird natürlich durchaus behauptet, Jesus habe den Abendmahlsritus eingeführt – bzw. es wird zumindest suggeriert, er fuße als Institution auf bestimmten Worten und Handlungen Jesu beim Letzten Abendmahl. Aber erinnern wir uns: die Evangelien wurden alle erst nach Erscheinen der Paulusbriefe verfaßt und waren alle von seinen Vorstellungen beeinflußt. Sicher gibt es auch vieles in den Evangelien, das nicht von Paulus stammt, vor allem Dinge, die mit Jesu Erdenleben zusammenhängen, das Paulus nicht besonders interessiert hat. Aber beim Abendmahl handelt es sich um ein angebliches Ereignis im Leben Jesu, bei dem enge Verbindungen zwischen den Paulusbriefen und den Evangelienerzählungen bestehen. Bemerkenswert, daß dieses eine Ereignis eine so zentrale Institution der christlichen Kirche betrifft, welche ja ein starkes Motiv hatte, die Einführung derselben auf Jesus zurückzuführen, da sie sonst hätte zugeben müssen, daß Jesus überhaupt nicht vorhatte, eine neue Religion zu gründen. Die Schlußfolgerung drängt sich auf, daß die Quelle, aus der die Evangelien ihren Bericht über das Letzte Abendmahl beziehen, zumindest was die eucharistischen Aspekte daran betrifft, nichts anderes als Paulus' Erzählung über seine Offenbarung in den Korintherbriefen ist.

Im allgemeinen schöpfen die Evangelien aus anderen Quellen, wenn sie über Jesu letzte Tage auf Erden berichten. Da jedoch die Evangelisten Mitglieder einer Kirche waren, in der der Abendmahlsritus schon von zentraler Bedeutung war, und da sie keinerlei andere Quelle für die Einführung derselben hatten als den Bericht

---

[»Solches tut zu meinem Gedächtnis«] formulieren die entscheidende Offenbarung, welche den neuen Typus des Herrenmahls über den jerusalemischen hinaushob; [...] Paulus ist der Schöpfer des zweiten Typus des Herrenmahls. [...] Was Paulus hier neu bringt, ist die Richtung auf Jesu Sühnetod, und das ist gut paulinisch.«

des Paulus, mußten sie von ihren sonstigen Quellen Abstand nehmen und sich Paulus direkt zur Vorlage nehmen, wenn sie etwas in die Geschichte hineinschreiben wollten, was zu den Vorgängen paßte, die Paulus in seiner Vision des Letzten Abendmahls gesehen haben wollte. Das erklärt auch die zahlreichen wörtlichen Entsprechungen zwischen den Erzählungen in den synoptischen Evangelien und dem 1. Korintherbrief. Diese Übereinstimmungen können nicht zufällig sein; sie können nur bedeuten, daß die Verfasser der Evangelien die Worte des Paulus beim Schreiben vor sich hatten (eine dritte, gemeinsame Quelle kommt nicht in Frage, da Paulus ja ausdrücklich sagt, er habe seine Worte nicht aus einer schriftlichen Quelle, sondern aus der Offenbarung Jesu an ihn persönlich).

Obwohl die Evangelien sich eng an die Linie der Paulus-Erzählung halten, gehen sie nicht so weit wie dieser und behaupten, Jesus habe den Abendmahlsritus regelrecht eingeführt; stattdessen stellen sie Jesus beim Vollzug einer Zeremonie dar, die dann später zur Grundlage der Eucharistiefeier gemacht wurde. Die Tatsache, daß dieses Vorkommnis in ihren sonstigen Quellen mit keinem Wort erwähnt wurde, muß die Verfasser der synoptischen Evangelien so sehr verunsichert haben, daß sie nur eine leicht verstümmelte Fassung des visionären Paulusberichts in ihren Text einfügten.

Der Verfasser des Johannesevangeliums hingegen läßt das Ereignis bei seiner Erzählung vom Letzten Abendmahl ganz aus. Das tut er sicherlich nicht deswegen, weil ihm die Eucharistiefeier nicht am Herzen gelegen hätte, denn an anderer Stelle gibt er eine viel längere und leidenschaftlichere Darstellung von deren theoretischem Hintergrund als jedes andere Evangelium und erklärt sie für unerläßlich zur Erlangung des Ewigen Lebens; offensichtlich sieht er sie als Mysterium der Verschmelzung mit dem Göttlichen, ganz so wie diese in den Mysterienkulten ablief. Daß er den Abendmahlsritus im Rahmen des Letzten Abendmahls übergeht, kann nur heißen, daß er den Paulusbrief nicht kannte, in welchem Letztes Abendmahl und Stiftung der Eucharistie zum ersten Mal miteinander in Verbindung gebracht worden waren. Da er aber Mitglied einer Kirche war, in der der Vollzug des Abendmahlsritus als unerläßlich für die Erlösung galt, fügte er, obwohl ihm nicht klar war, daß diese Lehre von Paulus stammte, ein langes Plädoyer für diesen Ritus in die Predigten Jesu ein. So lassen alle Evangelien den Abendmahlsritus in irgendeiner Form dem Leben Jesu entspringen, dessen historischer Träger von jenem Ritus keine Ahnung hatte.

Man merkt durchaus, daß Johannes sich darüber im klaren war, wie schokkierend die der Eucharistie zugrundeliegende Vorstellung in den Augen der Juden sein mußte: er schildert, daß sogar die Jünger diese Vorstellung abstoßend fanden, ja daß einige von ihnen so befremdet darüber waren, daß sie »hinfort nicht mehr mit ihm wandelten« (6,66). Was Johannes hier nachzeichnet, ist nicht der Schock, den die jüdischen Zuhörer Jesu empfanden (einfach deswegen, weil Jesus niemals

Eucharistie-Vorstellungen geäußert hat), sondern der Schock, den das Publikum des Paulus empfand, als er den christlichen Praktiken einen so penetrant heidnischen Ritus aufpfropfte, der die Einverleibung der Gottheit durch ein Vorgehen einschloß, in welchem starke kannibalistische Untertöne mitschwangen ...

Ich will damit selbstverständlich nicht behaupten, Jesus hätte beim Letzten Abendmahl nicht Brot und Wein an seine Jünger ausgeteilt. Das war im Rahmen einer jüdischen Mahlzeit durchaus üblich, an Werktagen wie zu Hauptfesten. Die wichtigste Person am Tisch spricht dabei einen Segen (das ist die ursprüngliche Bedeutung des Wortes »Eucharistie«), bricht dann das Brot und gibt jedem am Tisch ein Stück davon. Am Ende der Mahlzeit spricht man ein Dankgebet über einem Becher Wein, der danach an jeden Teilnehmer des Essens weitergereicht wird. (Anscheinend ist es dieser Wein zum Dankgebet, auf den die synoptischen Evangelien ebenso Bezug nehmen wie der erste Korintherbrief, nicht, wie oft vermutet, der *kiddusch*-Wein, den es am Sabbat und den Hauptfesten gibt, denn dieser kam *vor* der Brechung des Brotes zum Einsatz.) Dieser Brauch, der heute noch an jüdischen Speisetafeln praktiziert wird, hat keinerlei mystische Bedeutung; er hat nur den Sinn, Gott Dank zu sagen für das Mahl, das Er gegeben hat. Die Hinzufügung von schmückendem Beiwerk aus Mysterienkulten (das Brot als Körper des Gottes, der Wein als sein Blut) war das Werk des Paulus, der damit ein normales jüdisches Mahl in ein heidnisches Sakrament umbog. Da sogar das Blut eines Tieres bei einem jüdischen Mahl durch die Vorschriften der Bibel verboten ist (Lev. 7,26), hätten Juden die Vorstellung, Wein sei in Wirklichkeit Blut, ekelerregend gefunden. Es macht den Eindruck, daß Paulus sich auch an dieser Stelle absichtlich von jüdischen Vorstellungen von Moral und gutem Geschmack absetzt und sich in die hellenistische Vorstellungswelt integriert.

Bemerkenswert ist auch, daß Paulus für »Eucharistie« den Ausdruck »Mahl des Herrn« benutzt (κυριακὸν δεῖπνον). Genau diesen Ausdruck benutzten die Anhänger der Mysterienkulte zur Bezeichnung ihrer sakralen Mähler zu Ehren ihres Erlösergottes. Es gibt Beweise dafür, daß diese Zeremonie im Frühchristentum tatsächlich den Ruch der Mysterien hatte, denn sie war von einer Atmosphäre des Geheimnisvollen umgeben, und Nicht-Christen und sogar Katechumenen (also Leuten, die gerade in den christlichen Glauben eingeführt werden sollten) war es verboten, Augenzeugen zu sein. Der Ausdruck des Paulus »Mahl des Herrn« roch so sehr nach Mysterienkult, daß er die frühen Kirchenväter in Verlegenheit brachte, so daß sie ihn durch »Eucharistie« ersetzten, eine Bezeichnung, die, wie wir gesehen haben, eher jüdische als heidnische Assoziationen weckte. Die Kirchenväter versuchten also, die christliche Zeremonie der nicht mystischen, nicht magischen *kiddusch*-Zeremonie der Juden anzugleichen, während der Wein und Brot »gesegnet« wurden (oder, genauer, Gott dafür gesegnet wurde, daß er beides bereitgestellt hatte). Trotz dieser Umbenennung weckte die Eucharistie nach wie vor magische Assoziationen, da man glaubte, daß bei jeder Feier ein Wunder geschehe: Brot und Wein verwandelten sich in Leib und Blut Christi. Diese magische Bedeutung existierte seit der Einführung des Ritus durch Paulus, wie seine Wortwahl bezüglich der magischen Wirkung zeigt, die bei richtiger Durchführung des Ritus eintreten soll: »Denn welcher unwürdig isset und trinket, der isset und trinket sich selber zum Gericht, damit, daß er nicht unterscheidet den Leib des Herrn. Darum sind auch viele Schwache und Kranke unter euch, und ein gut Teil schlafen.«

Trotz allem hatte nicht einmal Paulus das Bestreben, seine neue Religion mit ihrem neuen Ritus der Kommunion vom Judentum gänzlich zu trennen. Obwohl er dem neuen Ritus mit Hilfe seiner Vision einen Anstrich von Autorität verlieh, nahm er dabei nicht Bezug auf seine eigene Autorität, sondern auf diejenige von Jesus. So sind auch die späteren Anstrengungen der Evangelien und der Apostelgeschichte, Pauli Lehren einschließlich der Abendmahlsfeier von Jesus abzuleiten und damit die Rolle des Paulus selbst herunterzuspielen, sicher in seinem Sinne. Ihm lag nichts daran, als Gründer einer neuen Religion bejubelt zu werden, deren Akzeptanz er dadurch in ihrer kritischsten Phase nur herabgesetzt hätte; ganz im Gegenteil, sein Bestreben war es, seine Lehren als logische Fortsetzung des Judentums angenommen zu sehen und damit durch den vollen Glanz der in den jüdischen heiligen Schriften entfalteten Geschichtslegende gegen Kritik an seinen einsamen Neuerungen halbwegs gefeit zu sein. Konsequenterweise versuchte er daher, sogar bei seiner Einführung des Abendmahlsritus die angebliche Existenz biblischer Vorgänger zu betonen. Er verknüpft also das Opfer des Abendmahls und das Essen von Leib und Blut Christi mit den Opfern im Tempel (1. Kor. 10,18), ebenso wie das Einschlürfen des Blutes Christi mit dem Einschlürfen des wundersamen Wassers durch die Israeliten in der Wüste (1. Kor. 10,4). Indem er um eine in Wahrheit bedenklich heidnische Zeremonie ein Netz von Schriftanspielungen wob, hoffte Paulus, seinen Kult von Jesus als einem hellenistischen Erlöser-Gott an den jüdischen Hintergrund anzubinden, den er trotz seines Übertritts immer noch in Ehren hielt und in dem er in seiner Vergangenheit auf hohe Ehren gehofft hatte. Auf diese Weise konnte er sich selbst als Propheten in der Art Jeremias empfinden. So war er nicht von den Pharisäern, die er durch seine geistigen Gaben einst zu erobern gehofft hatte, abgefallen; vielmehr hatte er sie überflügelt und damit auf andere Weise erobert. Sein schmähliches Scheitern war in einen Triumph umgeschlagen. Die Gamaliels und Hillels, die er in seiner Jugend so sehr bewundert hatte, schrumpften zum Format kleiner Fische: bloße Epigonen der Propheten, unter denen jetzt Paulus seinen Platz einnahm. Wenn ein Pharisäer jetzt auch nur irgendeine bedeutendere Stellung einnehmen wollte, so konnte er das nur noch erreichen, indem er *ihm*, nämlich Paulus, nachfolgte, Erlösung suchend auf dem Wege, den nur er weisen konnte.

Es bleibt zu zeigen, daß der Abendmahlsritus von den Anhängern Jesu in Jerusalem, die immerhin unter der Führung von Jesu eigenen Jüngern standen, nicht begangen wurde. Letztere hätten ihn doch sicher kennen müssen, wenn Jesus ihnen diesen Gründungsritus hinterlassen hätte.

Schon der hochangesehene Religionswissenschaftler Hans Lietzmann wies vor geraumer Zeit darauf hin, daß die Belege aus der Apostelgeschichte nur den Schluß zulassen, daß die Eucharistie von den Nazarenern von Jerusalem nicht gefeiert wurde. Gemeinschaftsempfinden wurde stattdessen einfach dadurch vermittelt, daß man gemeinsame Mahlzeiten einnahm, wie dies auch bei anderen jüdischen Sondergemeinden üblich war. Wir finden zum Beispiel folgenden Bericht: »Sie blieben aber beständig in der Apostel Lehre und in der Gemeinschaft und im Brotbrechen und im Gebet. Es kam auch alle Seelen Furcht an, und geschahen viel Wunder und Zeichen durch die Apostel. Alle aber, die gläubig waren geworden, waren beieinander und hielten alle Dinge gemein. Ihre Güter und Habe verkauften sie und teilten sie aus unter alle, nach dem jedermann not war. Und sie waren täglich und stets beieinander einmütig im Tempel und brachen das Brot hin und her in Häusern ...« (Apg. 2,42-46). Die Formulierung »das Brot brechen« (auf hebräisch *betzo'a* בצע) bedeutet nur, das Mahl auf zeremonielle Weise zu eröffnen; der Gastgeber oder ein bedeutender Gast spricht einen Segen über einen Brotfladen, bricht ihn in Stücke und gibt jedem Anwesenden eines davon. Dies taten Juden bei allen gemeinschaftlichen oder feierlichen Mahlzeiten, am Feiertag oder Werktag – und tun dies heute immer noch –, und dabei fällt kein Wort, das auf irgendeine symbolische oder mystische Bedeutung dieses Brotes hinweisen könnte.

Wenn diese gemeinschaftlichen Mahlzeiten der Anhänger Jesu in Jerusalem den Charakter der Eucharistie gehabt hätten (d.h. wenn sie Sakramente gewesen wären mit einer mystischen Bedeutung wie dem Essen des Leibes und Trinken des Blutes Jesu), dann hätte doch sicher irgendein Hinweis darauf überlebt: allermindestens wäre auch der Wein erwähnt worden. Dies ist jedoch nicht der Fall. Man kann sich die Frage stellen, weshalb Lukas, der keine Skrupel hatte, in den Abendmahlsbericht seines Evangeliums eucharistische Züge einzubauen, es nicht wagte, seinem Bericht über die gemeinschaftlichen Mahlzeiten in der Apostelgeschichte eine eucharistische Tönung zu verleihen. Lukas selbst mußte mit dem Vollzug der Eucharistie vertraut sein, denn zu dem Zeitpunkt, als er die Apostelgeschichte schrieb (etwa im Jahre 90 chr. Ztr.), zählte das Abendmahl zu den fest etablierten Riten der Kirche. Dennoch dachte er nicht daran, in seinen Bericht über die Gewohnheiten der »Kirche von Jerusalem« hineinzuschreiben, daß deren Mitglieder die Eucharistiefeier begangen hätten. Dies ist wieder einmal ein Beispiel dafür, wie schwierig es sein kann, die Geschichte umzuschreiben, ohne verräterische Spuren der historischen Wahrheit zurückzulassen. Eine Änderung zieht immer weitere nach sich:

der Verfasser denkt aber nicht immer an alle Konsequenzen einer Änderung, die er irgendwo eingefügt hat, und läßt daher andere Teile unverändert, so daß sie dann nicht mehr zu dem Muster passen, nach dem er das Original umgearbeitet hat.[3]

In der Zusammenschau aller Belege läßt sich an dieser Stelle festhalten, daß Paulus und kein anderer der Schöpfer des Abendmahlsritus war. Er verlieh dieser Neuerung, die er in Wirklichkeit aus den Mysterienkulten abgeleitet hatte, Ansehen durch eine Vision, in der er Jesus beim Letzten Abendmahl dabei gesehen hatte, wie er seinen Jüngern Anweisungen über den Vollzug dieses Ritus gegeben hatte. Diese paulinische Vision wurde später als historische Tatsache in die Evangelien eingefügt, nämlich in deren Erzählungen vom Letzten Abendmahl, und wurde so als solche von der großen Mehrzahl der NT-Forscher übernommen. Die Anhänger Jesu in Jerusalem, die als fromme Juden die Vorstellung, Jesu Fleisch zu essen und sein Blut zu trinken, als widerwärtig empfunden hätten, praktizierten diesen Ritus nie, sondern trafen sich schlicht zu gemeinschaftlichen Mahlzeiten, bei denen zuvor das Brot gebrochen wurde, ganz so, wie es die jüdische Überlieferung einzelnen Gemeinden innerhalb der gesamtjüdischen Gemeinschaft empfiehlt.

---

3 Ein modernes Beispiel liefert die stalinistische Umschreibung der russischen Revolutionsgeschichte. So ängstlich die sowjetischen Historiker bemüht waren, Trotzkis Rolle darin herunter und diejenige Stalins heraufzuspielen, bleiben trotzdem innere Widersprüche zurück, die einem Historiker der Zukunft auch dann die Rekonstruktion des wirklichen Ablaufs ermöglichen würden, wenn ihm keine anderen Quellen mehr als die verfälschten zur Verfügung ständen. Hätte er dabei eine Abfolge datierbarer Textträger aus einer Zeitspanne von vierzig bis fünfzig Jahren zur Hand, würde dies seine Aufgabe noch viel mehr erleichtern, da sich in dieser die Richtung oder **Tendenz** der Umschreibung noch viel leichter beobachten ließe – und genau das ist der Fall bei den vier Evangelien.

Kapitel 12

Die »Kirche von Jerusalem«

Die Apostelgeschichte vertuscht die Tatsache nicht, daß es sich bei den Nazarenern von Jerusalem in der Zeit unmittelbar nach Jesu Tod um rechtgläubige Juden handelte, denen die Thora Richtschnur war und blieb. Wir erfahren z.B., daß »sie täglich und stets beieinander einmütig im Tempel waren« (Apg. 2,46). Ganz offensichtlich hielten die damaligen Anhänger Jesu den Gottesdienst im Tempel mit den Opfergaben aus Fleisch und Feldfrüchten, dem Allerheiligsten, dem goldenen Tisch für die Schaubrote und der *menorah*, dem Kandelaber mit seinen sieben Armen, die für die sieben Planeten standen, durchaus weiterhin für rechtmäßig. Die Anhänger Jesu hielten alle diese Institutionen in Ehren, und sie machten darüber hinaus keinerlei Anstrengung, in Rivalität mit dem Tempel einen eigenen zentralen Ort des Gottesdienstes zu errichten. Zugleich mit ihrer Billigung des Tempeldienstes anerkannten sie die Rechtmäßigkeit der auf Aaron zurückgeführten Priesterschaft, die diesen versah. Obwohl die Bewegung Jesu über eigene Führer verfügte, sahen diese sich nicht als Konkurrenz zu den Priestern. Jede jüdische Gruppe einschließlich der Pharisäer hatte eigene interne Führungsstrukturen (nämlich die Rabbis), jedoch zusätzlich zur Priesterschaft des Tempels, nicht an deren Statt. Erst nach Errichtung der eigentlichen christlichen Kirche unter dem Einfluß paulinischer Vorstellungen wurde eine Konkurrenz-Priesterschaft eingeführt mit priesterlichen Gewändern teils jüdischen, teils heidnischen Musters und mit Sakramenten, insbesondere dem der Eucharistie, welche die des jüdischen Tempels ersetzen sollten. Tatsächlich führte das Christentum zu einer massiven »Tempelvermehrung«. Im Judentum gab es ja nur einen zentralen Tempel von sakralem Charakter, nämlich den von Jerusalem; im Christentum dagegen war jede Kirche ein Sakralzentrum mit hochheiligen Riten. Gleichzeitig wurden die weiten Kathedralen in einer aufwendigen Weise ausgeschmückt, von der sogar die Erbauer des Tempels in Jerusalem kaum hätten träumen können, geschweige denn die Benutzer der einfachen jüdischen Versammlungsräume und Synagogen, in denen sich Gebet und Studium der heiligen Schriften abspielten. Darüber hinaus wurde den Priestern, die in der paulinischen christlichen Kirche neu eingeführt wurden, eine ehrfurchtheischende Autorität zugestanden, wie sie die jüdische Priesterschaft zu keinem Zeitpunkt genoß, da jüdische Priester als bloße Funktionäre galten, denen keinerlei Autorität zukam, über Fragen der Religionsausübung oder der Moral zu entscheiden, geschweige denn jemanden zu absolutieren oder zu exkommunizieren.

Zu Zeiten der Jerusalemer Apostel, die ja Gefährten von Jesus selbst gewesen waren und sein Werk fortsetzten, waren keine Entwicklungen dieser Art in Sicht. Die Apostel zeigten durch ihre Besuche im Tempel, daß sie für sich selbst keinerlei Priesterstatus in Anspruch nahmen. Sie und ihre Anhänger besuchten auch die Synagoge, um dort die üblichen jüdischen Gebete zu verrichten. Dies erhellt auch daraus, daß die Prediger aus der Anhängerschaft Jesu, einschließlich Paulus, zu jeder Zeit problemlos Zugang zu jüdischen Synagogen hatten; ja, selbst die angebliche Prophezeiung aus dem Johannesevangelium »Sie werden euch in den Bann tun« (Joh. 16,2) zeigt im Umkehrschluß, daß die Anhänger Jesu in der Frühzeit als Synagogenbesucher durchaus zugelassen waren und ihrerseits auch willens waren, die Synagogen zu besuchen. Das heißt natürlich nicht, daß sie keine eigenen Versammlungsorte gehabt hätten; aber diese waren selber Synagogen, die sich in keiner Weise von anderen Synagogen unterschieden, in denen sich jüdische Sondergruppen trafen, z.B. Juden, die aus einer bestimmten Landschaft der Diaspora stammten (vgl. z.B. Apostelgeschichte 6,9 »... von der Schule der Libertiner und der Kyrener und der Alexanderer, und derer die aus Zilizien und Asien waren ...«). Diese Art Synagoge für Juden mit ähnlichen Interessen oder ähnlicher Herkunft gibt es bis heute, sogar in Israel. Die Anhänger Jesu bildeten dementsprechend schon eine eigene Gruppe, jedoch keineswegs eine Kirche; in religiöser Hinsicht waren sie integrierter Bestandteil des Judentums. Die Bezeichnung »Kirche von Jerusalem« ist daher, zumindest in diesem Stadium, ein irreführender Begriff.

Aus diesem Sachverhalt ergibt sich für den Durchschnitts-Christen sofort eine Schwierigkeit, denn die Evangelien behaupten ja ausdrücklich, Jesus habe eine Kirche gegründet. Warum aber taten dann die Apostel von Jerusalem so, als ob dies nicht geschehen wäre, und waren weiterhin Mitglieder der jüdischen Glaubensgemeinschaft? Daran schließt sich der nächste Punkt an, der uns vor Rätsel stellt: wenn Jesus doch nach Auskunft der Evangelien Petrus als Führer seiner Kirche auswählte, warum standen die Nazarener nach Jesu Tod nicht unter des Petrus Führung, sondern unter der des Jakob, des Bruders Jesu, eines Mannes, der in den Evangelien noch nicht einmal als Anhänger Jesu zu dessen Lebzeiten Erwähnung findet? Die logische Auflösung solcher Widersprüche führt uns zur historischen Wahrheit über die Geschichte der Jesusbewegung in Jerusalem, die ganz im Gegensatz zu dem steht, was die spätere Kirche darüber zu verbreiten suchte. Wir werden auch die Art des Konfliktes viel besser verstehen können, der zwischen Paulus und der »Kirche« von Jerusalem aufbrach.

Im Matthäusevangelium finden wir folgende Erzählung über die Wahl des Petrus:

> Er [Jesus] sprach zu ihnen [den Jüngern]: Wer sagt denn ihr, daß ich sei? Da antwortete Simon Petrus und sprach: Du bist Christus, des lebendigen Gottes Sohn! Und Jesus antwortete und sprach zu ihm: Selig bist du, Simon, Jona's Sohn; denn Fleisch und Blut hat dir das nicht offenbart, sondern mein Vater im Himmel. Und ich sage dir auch: Du bist Petrus, und auf diesen Felsen will ich bauen meine Gemeinde, und die Pforten der Hölle sollen sie nicht überwältigen. Und ich will dir des Himmelreichs Schlüssel geben: alles, was du auf Erden binden wirst, soll auch im Himmel gebunden sein, und alles, was du auf Erden lösen wirst, soll auch im Himmel los sein. (Mt. 16,15–19)

Diese Erzählung, die nur im Matthäusevangelium auftaucht, wurde kombiniert mit einer Legende aus dem zweiten Jahrhundert, die den Tod des Petrus nach Rom verlegt, um den Anspruch der römisch-katholischen Kirche auf Herrschaft über die gesamte Christenheit zu untermauern. Petrus wurde als erster Bischof von Rom oder erster Papst dargestellt, und da ja Jesus Petrus den Felsen genannt hatte, auf den er seine Kirche bauen wolle, wurde Rom in dieser Kombination der Legenden zum Mittelpunkt der Christenheit, und die Abfolge der Päpste erschien als die einzig rechtmäßige, von Jesus selbst gegründete Hierarchie. Dabei handelt es sich natürlich ausschließlich um Machtpolitik, als Tatsache kann man diese Geschichtsklitterung nicht im Ernste ansehen. Dem Juden Jesus wäre die Vorstellung, daß seine Lehre ihr organisatorisches Zentrum in Rom finden sollte, der Hauptstadt eben jener Militärmacht, gegen die er sein Leben lang kämpfte, wohl ausgesprochen verblüffend und kränkend vorgekommen.

Aber um in die historische Realität zurückzugelangen: welche Beziehung bestand zwischen Petrus, dem offensichtlichen Anführer der Apostel zu Lebzeiten Jesu, und Jakob, dem Bruder Jesu? Warum wurde nicht Petrus der unangefochtene Führer der Bewegung nach dessen Tod?

Zum besseren Verständnis dieser Frage erinnern wir uns daran, was Jesus wirklich war. Er war nicht der Gründer einer Kirche, sondern ein Thronprätendent. Wenn Petrus Jesus als »Messias« huldigt, wie die Apostelgeschichte in den zitierten Versen erzählt, so benutzt er den Titel in seiner jüdischen Bedeutung, nicht in der, die sie später in der christlichen Kirche annahm. Petrus huldigte Jesus als dem König von Israel. Jesus verlieh Petrus daraufhin den Titel »Fels« und sagte ihm, er »halte die Schlüssel zum himmlischen Königreich in Händen«. Die Bedeutung dieses Satzes im Kontext des jüdischen Glaubens ist sehr verschieden von dem, was die spätere christliche Legendenbildung daraus gemacht hat, wenn sie Petrus so darstellt, daß er mit den Schlüsseln in der Hand am Himmelstor steht und entscheidet, welche Seelen dort Eingang finden und welche nicht. Das »himmlische Königreich« entspricht dem »Reich Gottes« (da »Himmel« im hebräischen Sprachgebrauch ein Titel Jahwes war), der Bezug richtet sich keineswegs auf irgendein jenseitiges Paradies, sondern auf das Reich des Messias auf Erden, als dessen König sich Jesus gerade hatte von Petrus erklären lassen – d.h. das jüdische Königreich, dessen verfassungsmäßiger Herrscher ein Sproß aus dem Geschlechte Davids war, Jahwe aber der eigentliche Herr und König.

Durch die Übergabe der »Schüssel des Königreiches« ernannte Jesus Petrus zu seinem Ersten Minister. Zum Vergleich: der Erste Minister König Hiskias hieß Sebna; in seiner Prophezeiung, daß dieser Beamte entlassen würde und Eljakim seinen Posten einnehmen würde, benutzt der Prophet Jesaja folgende Formulierung:

> Und ich will dich von deinem Stande stürzen, und von deinem Amt will ich dich setzen. Und zu der Zeit will ich rufen meinen Knecht Eljakim, den Sohn Hilkias, und ich will ihm deinen Rock anziehen und ihn mit deinem Gürtel gürten und deine Gewalt in seine Hand geben, daß er Vater sei derer, die zu Jerusalem wohnen und des Hauses Juda. Und will die Schlüssel zum Hause Davids auf seine Schulter legen, daß er auftue und niemand zuschließe, daß er zuschließe und niemand auftue. Und will ihn zum Nagel stecken an einen festen Ort, und er soll haben den Stuhl der Ehre in seines Vaters Hause. (Jes. 22,19–23)

Die Parallelen zwischen dieser Stelle und dem Auftrag Jesu an Petrus springen ins Auge. Eljakim erhält die Schlüssel zum Hause Davids, Petrus die zum Reich des Messias; Eljakim wird gesagt, »daß er auftue und niemand zuschließe, daß er zuschließe und niemand auftue«, Petrus wird erklärt, was er binde, dürfe niemand lösen und was er löse, dürfe kein anderer binden. Die Begriffe »binden« und »lösen« verwenden die rabbinischen Schriften, um die Kompetenzen des Sanhedrin und anderer rabbinischer Gerichte zu benennen, so daß also Jesus, indem er Petrus diese Kompetenzen zuschreibt, diesen nicht nur zum Ersten Minister an seinem königlichen Hof ernennt, sondern zusätzlich noch zum Vorsitzenden des Sanhedrin; hierin besteht der einzige Unterschied zwischen der Ernennung Eljakims und der des Petrus. Vielleicht ist das auch der Grund, weswegen Jesus Petrus »die Schlüssel« im Plural übergibt.

Petrus ist also designierter Erster Minister des Königs Jesus. Das ist die Erklärung für das Verhältnis zwischen Petrus und Jesu Bruder Jakob innerhalb der Bewegung und die Antwort auf die Frage, wieso Jakob zu diesem Zeitpunkt plötzlich derart hervorgehoben wird. In dem Augenblick, in dem Jesus König wurde, wurde seine Familie zur königlichen Familie, zumindest in den Augen seiner Anhänger, die an seinen Messiasanspruch glaubten. Nach Jesu Tod wurde demnach sein Bruder Jakob als sein nächster Verwandter sein Nachfolger; nicht als König Jakob, denn man glaubte ja, Jesus sei am Leben, wieder auferstanden durch ein Wunder Gottes, und warte hinter den Kulissen auf den besten Zeitpunkt, um als Messias und König wieder hervorzutreten. Jakob war also Prinzregent und hatte den Thron nur vorübergehend als Stellvertreter in Jesu Abwesenheit inne.

Weitere Beweise dafür, daß diese Situationsbeschreibung korrekt ist, ergeben sich aus dem, was über andere Mitglieder der Familie Jesu bekannt ist. Nachdem Jakob, der Bruder Jesu, auf Anordnung des Hohenpriesters, des Sadduzäers

Ananus, im Jahre 62 hingerichtet worden war, übernahm ein anderes Familienmitglied seine Nachfolge: Simeon, Sohn des Cleophas. Er war ein Cousin Jesu. Hier zeigt sich wieder, daß die »Kirche von Jerusalem« eine monarchische und keine kirchliche Struktur aufwies. Die Römer sahen die Angelegenheit ebenso, wofür es Belege gibt, denn sie erließen Haftbefehle gegen alle Nachkommen aus dem Geschlechte Davids; Simeon, der Sohn des Cleophas, wurde schließlich von den Römern beschuldigt, Anspruch auf den Thron Davids zu erheben, und hingerichtet.

Die Stellung von Petrus nach dem Tode Jesu ist nach alledem also leicht zu verstehen. Führer der Jesusbewegung konnte er nicht werden, da er nicht von königlichem Blut war. Aber er konnte seine Stellung als oberster Ratgeber und Minister des königlichen Hofes, als »Schlüsselbewahrer des Königsreichs«, beibehalten, und genau das tat er. Oft ist solch ein Minister der wahre Herrscher, und Petrus beherrschte die Bewegung der Frühzeit mit der Autorität eines Apostels und Jüngers, der von Anfang an dabeigewesen war. Jakob aber war, wie es scheint, ebenfalls ein starker Charakter und nutzte nach und nach seine Stellung als Prinzregent, um schließlich zum tatsächlichen Führer der Bewegung zu avancieren. Wenn man allerdings, wie dies allgemein üblich ist, die »Kirche von Jerusalem« als rein religiöse, unpolitische Bewegung darstellt, muß es ein völliges Rätsel bleiben, warum Jakob, der nicht einmal einer der zwölf Apostel gewesen war, über die Köpfe der wichtigsten Personen einschließlich des Petrus hinweg offizieller Anführer der Bewegung nach Jesu Tod werden sollte.

Das Neue Testament enthält in der Tat einige Züge, die zur Vertuschung der oben skizzierten Lage beitragen und den Eindruck hervorrufen, die Bewegung der Frühzeit sei vorwiegend religiös gewesen, ja habe eine neue Religion dargestellt, die das Judentum verdrängen sollte. Einen dieser Züge haben wir bereits dargestellt: die Behauptung, Jesus habe die Abendmahlsfeier als Gründungsritus einer neuen Glaubensgemeinschaft eingeführt, die unvereinbar war mit der Zugehörigkeit zur Glaubensgemeinschaft der Juden und zu deren Heiligem Bund. Der Verfasser der Apostelgeschichte nutzt diesen Zug nicht aus und zeigt uns die frühe »Kirche« nicht beim »Abendmahl«. Stattdessen rückt er erkennbar ein anderes angebliches Gründungsereignis in den Vordergrund, nämlich das erste Pfingstfest. Wir wollen also im folgenden dieses Ereignis näher untersuchen.

Nachdem im ersten Kapitel der Apostelgeschichte beschrieben wurde, wie der auferstandene Jesus den Aposteln erschienen war, erzählt das zweite Kapitel von einem wundersamen Ereignis, das sich am Tag des jüdischen Pfingstfestes zugetragen habe. Die zwölf Apostel hatten eine Eingebung und fingen an, »in anderen Zungen zu reden«. Gleichzeitig traten weitere wunderbare Erscheinungen auf: man hörte das Brausen eines gewaltigen Windes und sah Feuerzungen, die über jedem einzelnen Apostel erschienen. Angezogen durch diese wundersamen

Erscheinungen sammelte sich eine Menschenmenge; Petrus sprach zu ihnen und erklärte ihnen die Bedeutung dieser Vorkommnisse. Er sagt ihnen:

> Denn diese sind nicht trunken, wie ihr wähnet – sintemal es ist die dritte Stunde am Tage –; sondern das ist's, was durch den Propheten Joel zuvor gesagt ist: »Und es soll geschehen in den letzten Tagen, spricht Gott, ich will ausgießen von meinem Geist auf alles Fleisch; und eure Söhne und eure Töchter sollen weissagen, und eure Jünglinge sollen Gesichte sehen, und eure Ältesten sollen Träume haben.« (Apg. 2,15–17)

Dann verkündet Petrus, daß Jesus auferstanden sei:

> Ihr Männer von Israel, höret diese Worte: Jesum von Nazareth, den Mann von Gott unter euch mit Taten und Wundern und Zeichen erwiesen, welche Gott durch ihn tat unter euch (wie denn auch ihr selbst wisset), denselben (nachdem er aus bedachtem Rat und Vorsehung Gottes übergeben war) habt ihr genommen durch die Hände der Ungerechten und ihn angeheftet und erwürgt. Den hat Gott auferweckt, und aufgelöst die Schmerzen des Todes, wie es denn unmöglich war, daß er sollte von ihm gehalten werden. (Apg. 2,22–24)

Er erklärt weiterhin, David habe in seinen Psalmen prophezeit, einer aus seinem Geschlecht, der »auf seinem Thron sitzen würde«, würde von den Toten auferstehen und dann »Herr und Messias« sein.

Im folgenden, so wird berichtet, hätten viele Juden sich von der Rede des Petrus überzeugen lassen und ihn gefragt, was sie tun sollten, woraufhin er antwortete: »Tut Buße und lasse sich ein jeglicher taufen [...] Und wurden hinzugetan an dem Tag bei dreitausend Seelen.«

Jahrhundertelang galt dieses Ereignis den Christen als feierliche Einführung der christlichen Religion. Religionswissenschaftler haben darauf hingewiesen, daß das Pfingstfest oder das *Schawuot*-Fest innerhalb der rabbinischen Bewegung als Gründungsdatum der jüdischen Religion galt, da man davon ausging, daß die Übergabe der Gesetzestafeln auf dem Berge Sinaï an diesem Tage stattgefunden habe. Darüber hinaus soll die Erwähnung der Taufe zeigen, daß dieser Ritus von nun an zum Aufnahmeritus der neuen christlichen Religion wurde und an die Stelle der Beschneidung in der jüdischen Religion trat.

Zweifellos sieht das auch der Verfasser der Apostelgeschichte so; bemerkenswerterweise wird diese Interpretation von seiner eigentlichen Erzählung, die offensichtlich von frühen Schriften der Jerusalemer Nazarener abgeleitet ist, nicht sonderlich gestützt. Denn es fällt hier kein Wort darüber, daß man eine neue Religion gründen wolle. Die Lehren, die für das Christentum, wie es sich später unter paulinischem Einfluß entwickelte, typisch waren, tauchen hier nicht auf. Jesus wird nicht dargestellt als eine göttliche Figur, sondern als ein von Gott ausgezeichneter Mensch. Seine Auferstehung wird als ein Wunder Gottes, nicht als Beweis für Jesu eigene Göttlichkeit beschrieben; außerdem wird Jesus noch nicht einmal als Gottes

Sohn dargestellt. Alles in allem paßt dies in Wirklichkeit zur Haltung einer jüdischen Messias-Bewegung, die sich ganz und gar darauf gründet, daß die jüdischen heiligen Schriften in Erfüllung gehen werden, und die weder Abschaffung noch Abänderung der Thora verlangt.

Gerade der Glaube an die Auferstehung Jesu war das Kennzeichen der Bewegung nach Jesu Tod. Ohne diesen Glauben hätte sie einfach aufgehört zu existieren, gerade so wie andere Gruppen, die an einen Messias geglaubt hatten. Dieser Glaube an Jesu Auferstehung beinhaltete jedoch keineswegs eine Abkehr vom Judentum, jedenfalls nicht, solange nicht die Erhebung Jesu zum Gott oder die Abschaffung der Thora als Seelenrettungsmittel ins Spiel kamen. Dieser Glaube stand einfach dafür, daß die Anhänger Jesu im Unterschied zu anderen messianischen Gruppen, deren Anführer von den Römern oder deren kollaborierenden Handlangern ermordet worden waren, fest vorhatten, weiterzukämpfen, und daß ihre Ziele sich nicht geändert hatten: Restauration des jüdischen Königtums, Wiederherstellung der jüdischen Souveränität und Untergang imperialistischer Militärmächte auf der ganzen Welt. In den Augen seiner Anhänger war Jesus weiterhin am Leben und würde bald zurückkommen, um seine Mission zu erfüllen; in der Zwischenzeit hielt er sich wie andere Gestalten aus der jüdischen Volkssage (Henoch, Eliezer, Methusalem, Hiram von Tyros, Eved-Melek, Bithia, Serach, die drei Söhne Korahs, Elias, Rabbi Josua ben Levi) zu Lebzeiten im Paradiese auf und wartete auf den richtigen Zeitpunkt, um auf die Erde zurückzukehren.[1]

Der Glaube daran, daß die Apostel in fremden Zungen gesprochen, einen brausenden Wind gefühlt und Feuerzungen sich über ihren Häuptern gezeigt hätten, bedeutet nicht, daß eine neue Religion gegründet werden sollte, sondern soll nur die zentrale Bedeutung der neuen Linie verdeutlichen, die durch den Glauben an Jesu Weiterleben die messianischen Hoffnungen der Anhänger, die nach dessen Tod ziemlich verzweifelt gewesen waren, wieder aufleben ließ. Derartige Zeichen finden sich häufig in den rabbinischen Schriften und dienen dann jeweils dazu, den Augenblick einer gewaltigen mystischen Erleuchtung zu illustrieren, stehen jedoch keineswegs für eine Abkehr vom Judentum.[2] Interessanterweise hat sich ein alltäglicher Zug in der Bemerkung gehalten, die Umstehenden hätten geglaubt, die Apostel seien betrunken. Daraus zeigt sich, daß nur die Apostel den brausenden Wind spürten und die Feuerzungen sahen. Dies sind psychologische Phänomene, mit denen jeder Erforscher religiöser Besessenheit vertraut ist. (Natürlich paßt die Erzählung, einige Umstehende aus fremden Landen hätten die Sprachen, die die Apostel sprachen, als ihre eigenen erkannt, nicht zu dem Gedanken, die Apostel

1 Derech Eretz Zutta 1; Yalqut Schimoni II 367. S.a. MACCOBY 1982a, p. 129.

2 Siehe z. B. Babyl. Talmud, Hagiga 14b: als R. Eleazar ben Arach die Konstruktion des Gotteswagens bei Hes. 1 erläuterte, »fiel Feuer vom Himmel und loderte um alle Bäume, die auf dem Feld standen«.

seien nur betrunken gewesen, und erweist sich dadurch als späterer Zusatz, ist jedoch trotzdem Teil der authentischen Überlieferung der Nazarener von Jerusalem.)

Daß Petrus die Zuhörer zur Taufe aufruft, bedeutet ebenfalls nicht, daß er sie auffordert, sich zu einer neuen Religion zu bekehren, es sei denn, man wollte dem Taufritual eine Bedeutung unterstellen, die ihm erst später in der paulinischen christlichen Kirche zugeschrieben wurde. Jesus selbst hatte die Menschen zur Taufe aufgefordert, ebenso vor ihm Johannes der Täufer. Die Aufforderung ging immer, wie auch hier in der Rede des Petrus, einher mit der Aufforderung zur Buße. Die Taufe war eine altehrwürdige jüdische Zeremonie, die verschiedene Bedeutungen haben konnte: man führte sie aus zum Zwecke ritueller Reinigung (um jemanden z.B. auf die Einnahme heiliger Speisen oder auf das Betreten heiliger Orte vorzubereiten), sie war aber auch Teil der Einführung eines Neubekehrten in den jüdischen Glauben, hier zusätzlich zur Beschneidung (oder auch – im Falle weiblicher Proselyten – an Stelle der Beschneidung). Sie konnte auch als symbolische Zeremonie dienen, als Zeichen der Reue und geistigen Erneuerung; in diesem Sinne wurde sie häufig von messianischen Gruppen genutzt, die allgemein ein Bußritual an den Anfang stellten (d.h. die Rückkehr zur gewissenhaften Beachtung der moralischen und rituellen Forderungen der Thora).[3] Daß Petrus Taufrituale durchführte, war also nur eine Fortführung dessen, was Jesus und Johannes der Täufer auch getan hatten: es sollte keineswegs der Einführung einer neuen Religion dienen, sondern war gedacht als symbolische Rückkehr zu Gott in Vorbereitung des großen Ereignisses, des Anbruchs der Messiasherrschaft – die in diesem Falle eingeleitet werden würde durch die Wiederkehr Jesu, mit der man in naher Zukunft rechnete.

Angesichts dessen, daß die Apostel weder in Worten noch in Taten andeuteten, daß sie eine neue Religion einführen wollten, fällt auch der Datierung der Ereignisse auf Pfingsten nicht das Gewicht zu, das ihr manche Gelehrten beimessen wollen. Der Verfasser der Apostelgeschichte mag den Gedanken gehabt haben, daß diese Datierung im Hinblick darauf bedeutsam sein könnte, daß Pfingsten unter Juden als Geburtsstunde des jüdischen Glaubens gilt; aber selbst das ist zweifelhaft, weil keinerlei ausdrückliche Bemerkung dazu eine Verbindung knüpft. Es gibt sicherlich keinen Grund zu der Annahme, diejenigen, die führend beteiligt waren, Petrus und seine Mit-Apostel, hätten den Zeitpunkt des Ereignisses so verstanden. Auch die Tatsache, daß der Heilige Geist über die Apostel kam, spricht nicht für die Begründung einer neuen Religion; sie bedeutet nur, wie auch Petrus selbst hervorhebt, daß die Gabe des Prophetentums erneuert wurde. Daß dies zu Zeiten

---

3 Ein lehrreiches Beispiel aus späterer Zeit gibt uns die messianische Bewegung um Sabbatai Zwi, der im 17. Jahrhundert als Messias auftrat. Diese Bewegung schloß massenhafte Bußaktionen ebenso wie Taufen ein. Siehe Scholem 1973.

des Messias eintreten würde, war eine weit verbreitete Erwartung, und der Glaube daran, daß diese Erwartung erfüllt worden sei, stand in keinerlei Widerspruch zum Judentum.

Es spricht also alles dafür, daß die Führer und Mitglieder der sogenannten »Kirche von Jerusalem« keine Christen in irgendeinem Sinne waren, der für Christen späterer Zeiten nachvollziehbar gewesen wäre. Sie waren Juden, die in jedem Punkt dem jüdischen Glauben folgten. So waren sie z.B. weit entfernt davon, zu glauben, die Taufe und nicht mehr das jüdische Beschneidungsritual sei zum Eintritt in die religiöse Gemeinschaft erforderlich: sie ließen weiterhin ihre männlichen Kinder beschneiden und führten sie damit in den jüdischen Bund mit Gott ein. Die ersten fünfzehn »Bischöfe« der »Kirche von Jerusalem« waren samt und sonders beschnittene Juden (darauf weist bekanntlich Gibbon hin[4], wobei er sich auf Angaben von Eusebius stützt). Sie hielten sich an die jüdischen Speisegebote, den jüdischen Sabbat und die jüdischen Feiertage einschließlich des Tags des Sühneopfers (dies spricht eindeutig dafür, daß sie keineswegs glaubten, ihre Sünden seien durch Jesu Tod schon gesühnt worden) sowie an die jüdischen Reinheitsgebote (wenn sie den Tempel betraten, was sie oft taten), und sie benutzten die jüdische Liturgie für ihre täglichen Gebete.

In der Apostelgeschichte finden sich zahlreiche Beispiele, die dies belegen. So heißt es zum Beispiel über den ersten Anhänger Jesu, mit dem Paulus freundschaftlichen Umgang pflegte, Ananias von Damaskus, er sei »ein gottesfürchtiger Mann nach dem Gesetz, der ein gut Gerücht hatte bei allen Juden, die daselbst wohnten« (Apg. 22,12). Dies zum Beweis, daß nicht nur die »Kirche von Jerusalem« sich an die Gesetze der Thora hielt, sondern auch diejenigen, die wegen politischer Verfolgung ins Ausland fliehen mußten. Ein weiterer Beleg findet sich in folgender Textstelle:

> Des andern Tages aber ging Paulus mit uns ein zu Jakobus, und es kamen die Ältesten alle dahin. Und als er sie gegrüßt hatte, erzählte er eines nach dem andern, was Gott getan hatte unter den Heiden durch sein Amt. Da sie aber das hörten, lobten sie den Herrn und sprachen zu ihm: Bruder, du siehst, wieviel tausend Juden sind, die gläubig geworden sind, und alle sind Eiferer für das Gesetz; sie sind aber berichtet worden wider dich, daß du lehrest von Mose abfallen alle Juden, die unter den Heiden sind, und sagest, sie sollen ihre Kinder nicht beschneiden, auch nicht nach desselben Weise wandeln. (Apg. 21,18–21)

Aus dieser Stelle geht völlig eindeutig hervor, daß Jakobus und seine Anhänger in der Jerusalemer Gemeinschaft überhaupt keinen Widerspruch zwischen ihrer

[4] Gibbon 2003, vol. II, p. 131. – Gibbon entnimmt die Stelle fast wörtlich Voltaires Abhandlung ›Über die Toleranz, veranlaßt durch die Hinrichtung des Jean Calas‹; sie soll dort die angebliche Toleranz der frühen Christen gegen jüdische Bräuche belegen und vorteilhaft mit der zeitgenössischen spanischen Inquisition kontrastieren (siehe Voltaire 2010, p. 174; Anm. d. Übs.).

Zugehörigkeit zu ihrer Bewegung und ihrem Leben als gläubige Juden sahen, die sich an die religiösen Vorschriften halten; im Gegenteil, sie erwarteten von ihren Mitgliedern, besonders gesetzestreu und in dieser Hinsicht ein Beispiel für andere zu sein. Dementsprechend sahen sie sich auch nicht als Anhänger einer neuen Religion, sondern verstanden sich in jeder Beziehung als Juden; ihr Glaube, der Messias sei gekommen, minderte in keiner Weise ihre Achtung vor dem Judentum oder verminderte ihr Zugehörigkeitsgefühl zum jüdischen Volk, selbst wenn andere Juden ihren messianischen Glauben nicht teilten.

Die Religionswissenschaftler, die im neunzehnten Jahrhundert das NT untersuchten, gaben diese Tatsachen im wesentlichen zu und räumten ihnen entsprechende Bedeutung ein. Erst die Religionswissenschaftler des zwanzigsten Jahrhunderts – wohl in Sorge wegen der vernichtenden Wirkung einer Anerkennung der historischen Fakten auf den überkommenen christlichen Glauben – machten sich daran, Verwirrung zu stiften. So behauptet Johannes Munck, ein Autor der angesehenen Anchor-Bibel-Ausgabe, im Band ›Apostelgeschichte‹ rundweg, die Forschungsergebnisse aus dem neunzehnten Jahrhundert zum Thema seien »nicht richtig« und weiter: »das jüdische Element im Judenchristentum ist zu bloßen Volksbräuchen abgewertet worden ohne irgendeinen Bezug zur Erlösung«. Eine solche Behauptung läßt sich aus den Schriften nicht belegen und wird es daher auch nicht; sie ist ein Schlag ins Gesicht angesichts der Passagen, die wir soeben untersucht haben.

Verwunderlich ist es jedoch nicht, daß es derartige Versuche gibt, die Uhr zurückzudrehen und hinter den erreichten Forschungsstand zurückzufallen. Denn was die Gemeinde von Jerusalem glaubte, läßt wertvolle Rückschlüsse auf den Glauben von Jesus selbst zu. Wenn Jakob, Jesu eigener Bruder, genauso wie die Apostel, die ja mit Jesus zusammen gelebt und gekämpft hatten, offensichtlich niemals etwas von den Lehren des späteren Christentums gehört hatte – der Abschaffung der Thora und der Erhebung Jesu zum Gott – oder von ihren zentralen Ritualen, der Eucharistie und der Taufe (im christlichen Sinne des Wortes), so ist die selbstverständliche Folgerung doch die, daß Jesus selber auch nichts davon gewußt hatte. Wenn dem so ist, kann Jesus nicht als Begründer der christlichen Religion gelten, und wir müssen einen anderen suchen, der diese Rolle gespielt hat. Der christliche Glaube hängt jedoch davon ab, daß Jesus selbst das Christentum begründet habe. Man hat versucht zu argumentieren (v.a. Rudolf Bultmann, siehe besonders Bultmann 1921), dies müsse nicht notwendigerweise so sein: der christliche Glaube gehe zurück auf den »auferstandenen Jesus« (soll heißen: auf den mythischen Jesus, wie ihn Paulus erfunden hat), nicht aber auf den historischen Jesus, der durchaus eine rein jüdische Gestalt ohne jede Andeutung des christlichen Mythos gewesen sein könnte. Diese Einstellung ist ein bißchen zu fein gesponnen für den gewöhnlichen Christenmenschen, ja selbst für den durchschnittlichen christlichen Religionswissenschaftler, der auch lieber das Gefühl hat, die Verehrung der Christen richte sich auf den wirklichen Jesus, nicht auf eine frei erfundene Person, wie gut sie auch in die christliche Mythologie passen mag.

Eine andere Schule behauptet in dem Bestreben, die Vorstellung von Jesus als Rebellen gegen das Judentum und Begründer einer neuen Religion aufrechtzuerhalten, die Gemeinde von Jerusalem sei das Beispiel einer »Re-Judaïsierungsbewegung«. Spätere Gruppen innerhalb des Christentums wie etwa die Ebioniten gelten dann als re-judaïsierende Sekten, die – unfähig, die Neuheit des Christentums zu ertragen – ins Judentum zurückgefallen seien. An bestimmten Textstellen der Evangelien, vor allem im Matthäusevangelium, sollen diese re-judaïsierenden Tendenzen sich zeigen: Jesus wird dort als jüdischer Rabbi vorgeführt. Die Argumentation lautet dann: dies geschehe nicht etwa deswegen, weil er einer war, sondern weil der Verfasser des Evangeliums oder die kirchliche Fraktion, der er angehörte, von re-judaïsierenden Tendenzen befallen gewesen sei; aus diesem Grunde habe er Jesus rabbinisiert und das Ausmaß seiner Auflehnung gegen das Judentum abgeschwächt. Alle Anzeichen für das Judentum Jesu in den Evangelien sollen nach dieser Auslegung Resultat einer nachträglichen Verfälschung des Textes sein, der ursprünglich Jesus als Rebellen gegen das Judentum dargestellt haben soll.

Diese Interpretation war zu einer bestimmten Zeit »en vogue« und findet sich noch in zahlreichen Lehrbüchern. Daß sie jedoch unwahrscheinlich und unhaltbar ist, ist immer offensichtlicher geworden.[5] Das Matthäusevangelium, um nur ein Beispiel zu nennen, verrät durchgehend seine feindselige Haltung gegenüber Juden und Judentum (vgl. z.B. *cap.* 23); es ist daher unwahrscheinlich, daß sein Verfasser ein Vertreter einer Bewegung »zurück zum Judentum« gewesen sein soll. Im Gegenteil: die Belege für den jüdischen Charakter Jesu widersprechen der Grundtendenz der Erzählung, so daß man davon ausgehen muß, daß sie einer älteren Schicht entstammen.

Die Unhaltbarkeit der »Re-Judaïsierungs«-These wird am deutlichsten, wenn man sie auf die Gemeinde von Jerusalem anwendet, die ja von Jakobus und den Aposteln angeführt wurde. Sollte diese Lesart richtig sein, dann würde das bedeuten, daß die neuen Erleuchtungen Jesu derart schnell in Vergessenheit geraten wären, daß schon seine nächsten Mitkämpfer sich so verhalten konnten, als hätte es sie nie gegeben. Man kann natürlich einwenden, diejenigen, die Jesus am nächsten gestanden hatten, hätten ihn nie wirklich verstanden, und kann zum Beleg so manche Textstelle aus den Evangelien heranziehen, etwa die hitzige Auseinandersetzung

---

[5] Siehe SANDERS 1985, p. 268: »Wir sind immer wieder auf die Tatsache gestoßen, daß nichts, was Jesus sagte oder tat, das sich auf das Gesetz bezog, seine Jünger nach seinem Tode dazu bewog, es zu mißachten. Diese unleugbare Tatsache, die mehr wiegt als alles andere, setzt uns eine klare Grenze über das, was sich zum Thema ›Jesus und das Gesetz‹ sagen läßt.«

zwischen Petrus und Jesus, in der Petrus Jesus ausschimpft, weil dieser verkündet hatte, es sei notwendig, daß er den Opfertod sterben müsse. Danach war Jesus so wütend auf Petrus, daß er sagte: »Gehe hinter mich, du Satan! denn du meinst nicht, was göttlich, sondern was menschlich ist« (Mk. 8,33). Hier ist aber doch die Frage angebracht: Ist es wahrscheinlicher, daß die Jünger, die Jesus am nächsten standen, seine wichtigste Botschaft nicht verstanden oder daß paulinische Christen, die etwa fünfzig Jahre nach dem Tode Jesu die Evangelien verfaßten und dabei auf die unangenehme Tatsache stießen, daß die »Kirche von Jerusalem« keine Ahnung von den paulinischen Doktrinen gehabt hatte, sich veranlaßt sahen, in ihre Evangelien Anschwärzungen der Apostel einzuflechten, um dem Einfluß der »Kirche von Jerusalem« entgegenzuwirken? Die Geschichte, die Markus über Petrus erzählt, ist also keineswegs ein Beweis dafür, daß Petrus Jesus nicht verstanden hätte; sie ist im Gegenteil ein Beleg für die Zwickmühle, in der die Anhänger des Paulus steckten, zeichneten sie doch ein Bild von Jesus, dem diejenigen strikt widersprachen, die diesbezüglich die größte Glaubwürdigkeit beanspruchen konnten, die Führer der Jerusalemer Gemeinde, Jesu eigene Gefährten. Solche Geschichten sind spätere Hinzufügungen und sagen nichts über das wahre Verhältnis zwischen Jesus und Petrus aus.[6]

Die Vertreter der These der Rejudaïsierungsbestrebungen in der »Kirche von Jerusalem« müßten des weiteren erklären, wie es kam, daß die angeblich revolutionären Vorstellungen Jesu doch nicht ganz untergegangen sind. Man hat sich hier der Stephanusgeschichte bedient, die ein Bindeglied zwischen Jesus und dem paulinischen Christentum abgeben sollte. Wir haben weiter oben schon gezeigt, daß die Stephanusgeschichte nicht in diesem Sinne zu verstehen ist, obwohl sie vom Verfasser der Apostelgeschichte durchaus in der Absicht eingefügt wurde, ein solches Bindeglied herzustellen. Auch die Episode der »Griechenchristen« läßt sich nicht dahingehend ausschlachten, daß man die Existenz einer Reformpartei unter den Anhängern der »Kirche von Jerusalem« anzunehmen hätte; derlei Kontakte sind apologetische Auftragsphantasien am Professorenschreibtisch, die nur unter erheblichen Verrenkungen aus den Texten hervorgezaubert werden können.

Eine weitere Episode aus der Apostelgeschichte strebt jedoch ebenfalls die Funktion an, eine Verbindung zwischen einem Neuerer-Jesus und der paulinischen Kirche herzustellen, nämlich die seltsame Episode von dem Traum des Petrus.

Die Geschichte – sie findet sich in Kapitel 10 der Apostelgeschichte – handelt von der Aufnahme eines Nichtjuden, des römischen Zenturio Cornelius, in die Jesusbewegung und spielt in Caesarea. Cornelius wird folgendermaßen charakterisiert: »gottselig und gottesfürchtig samt seinem ganzen Hause, und gab dem Volk viel

---

[6] Ein Buch, das unbeschadet seiner steten wissenschaftlichen Attitüde von der Annahme einer »Rejudaïsierung« gänzlich verdorben wird, ist dasjenige BAMMELS (1984).

Almosen und betete immer zu Gott« (Apg. 10,2). Cornelius hat eine Erscheinung, in der ihm ein Engel sagt, er möge Petrus herbeirufen, der sich in Joppe (heute Jaffa) aufhalte. Gleichzeitig hat Petrus ebenfalls eine Vision. Er sieht »allerlei vierfüßige Tiere der Erde und wilde Tiere und Gewürm und Vögel des Himmels. Und es geschah eine Stimme zu ihm: Stehe auf, Petrus, schlachte und iß! Petrus aber sprach: O nein, Herr; denn ich habe noch nie etwas Gemeines oder Unreines gegessen. Und die Stimme sprach zum andernmal zu ihm: Was Gott gereinigt hat, das mache du nicht gemein« (Apg. 10,12–15). Die Boten des Cornelius kommen und begleiten Petrus nach Caesarea, wo er das Haus des Cornelius betritt. Hier findet er den Zenturio, dessen Verwandten und dessen Freunde versammelt. Petrus sagt zu ihnen: »Ihr wisset, wie es ein unerlaubtes Ding ist einem jüdischen Mann, sich zu tun oder zu kommen zu einem Fremdling; aber Gott hat mir gezeigt, keinen Menschen gemein oder unrein zu heißen. Darum habe ich mich nicht geweigert zu kommen, als ich ward hergefordert« (Apg. 10,28–29). Petrus unterrichtet die Versammelten in der Lehre von Jesu Auferstehung und sagt, daß Jesus »verordnet ist von Gott zum Richter der Lebendigen und der Toten. Von diesem zeugen alle Propheten, daß durch seinen Namen alle, die an ihn glauben, Vergebung der Sünden empfangen sollen« (Apg. 10,42–43).

Der Heilige Geist kommt jetzt über alle Anwesenden, und Petrus und seine Jünger sind erstaunt zu sehen, daß auch Nichtjuden die Gabe des Heiligen Geistes empfangen haben. Petrus ordnet dann an, sie sollten »in dem Namen des Herrn« getauft werden. Im nächsten Kapitel sieht sich Petrus bei seiner Rückkehr nach Jerusalem konfrontiert mit der Kritik von Anhängern, »die aus den Juden waren«: »Du bist eingegangen zu den Männern, die unbeschnitten sind, und hast mit ihnen gegessen« (Apg. 11,3). Petrus wiederholt daraufhin sehr ausführlich den Traum, den er in Joppe gehabt hat, und damit sind die Zweifel zum Verstummen gebracht. »... [sie] lobten Gott und sprachen: So hat Gott auch den Heiden Buße gegeben zum Leben!« (Apg. 11,18).

Diese Geschichte enthält zahlreiche verwirrende Aussagen und Widersprüche; es wird sicher nützlich sein, diese genau herauszuarbeiten, weil wir so die Methode erkennen werden, mit deren Hilfe der Verfasser der Apostelgeschichte versucht hat, die Kluft zwischen der Jesusbewegung des Petrus und der christlichen Kirche des Paulus zu verschleiern und die Sache so darzustellen, als ob Petrus sich allmählich dem paulinischen Standpunkt angenähert hätte.

Der Erzählung liegen drei Fragen zugrunde, die in Wirklichkeit klar voneinander abzugrenzen sind, obwohl dies in der Geschichte selbst nicht geschieht:

1) Dürfen Nichtjuden als Mitglieder in Jesu Gefolgschaft aufgenommen werden, auch wenn sie nicht zuvor zum Judentum übergetreten sind?

2) Dürfen jüdische Anhänger Jesu soziale Kontakte zu Nichtjuden aufnehmen, deren Wohnungen aufsuchen und mit ihnen zu Tische sitzen?

3) Sollen Jesu Anhänger weiterhin die jüdischen Speisegebote befolgen, oder dürfen sie alle Speisen ohne Unterschied zu sich nehmen?

Die Textstelle als Ganzes dreht sich offensichtlich um die Frage, ob Nichtjuden zu Jesu Gemeinschaft zugelassen werden sollen, ohne zuvor zum Judentum übergetreten zu sein, und entschieden wird die Sache dadurch, daß der Heilige Geist über die Nichtjuden im nichtkonvertierten Zustand kam. Zunächst würde die Schlußfolgerung lauten: Nichtjuden können Mitglieder von Jesu Gemeinschaft werden, ohne die speziellen Vorschriften der Thora zu befolgen (d.h. sich verbotener Speisen zu enthalten), Juden jedoch, die Mitglieder der Jesusbewegung sind, sollten sich weiter daran halten. Der Traum des Petrus enthält auf den ersten Blick nicht die Botschaft, »Die Unterscheidung zwischen reinen und unreinen Speisen ist hiermit für die Juden abgeschafft«, denn, wie Petrus anschließend den Traum deutet, handelte er nur *symbolisch* von reinen und unreinen Speisen, aber tatsächlich ging es um reine und unreine Menschen, und dies sollte bedeuten, daß eben *diese* Unterscheidung abzuschaffen sei. Die Botschaft der Geschichte ist jedoch nicht so eindeutig. Es liegt ihr eine mehrdeutige Intention zugrunde, die den Traum des Petrus *sowohl* im symbolischen *als auch* im wörtlichen Sinne verstanden haben will, dies aber nicht ausdrücklich äußert. Denn das Bild von Petrus, wie er sich im Traum voller Schrekken weigert, unreine Tiere zu töten und zu essen, jedoch durch eine Stimme vom Himmel gesagt bekommt, er solle dies sehr wohl tun, denn »was Gott gereinigt hat, das mache du nicht gemein«, geht deutlich über die symbolische Ebene, auf die Petrus' Deutung abzielt, hinaus (»Gott hat mir gezeigt, keinen Menschen gemein oder unrein zu nennen« [Apg. 10,28]). Es ist ein Angriff auf die tief verwurzelte jüdische Heiligkeitsvorstellung; obwohl es sich um einen Traum handelt, ist alles, was Petrus und seinem jüdischen Glauben heilig ist, bedroht, und es soll der Gedanke eingepflanzt werden: »Auch wenn dieser Traum sich symbolisch auf reine und unreine Menschen bezieht, muß er dann nicht auch in seiner wörtlichen Bedeutung verstanden werden, und die Unterscheidung zwischen reinen und unreinen Speisen kann auch nicht mehr aufrechterhalten werden?«

Die Erzählmethode ist also so, daß ausdrücklich nur gesagt wird, daß Petrus zu dem Schluß gezwungen wurde, Nichtjuden seien zur Gemeinde Jesu zuzulassen, gleichzeitig aber etwas weit Radikaleres angedeutet wird, nämlich die Absicht, die ganze Unterscheidung zwischen Juden und Nichtjuden niederzureißen, denn die speziellen Vorschriften der Thora, die die Gesamtheit der Juden als »Königreich von Priestern« aussondert, welche einen klar umrissenen Kodex hinsichtlich ihrer Heiligkeit zu befolgen hatten, sollen abgeschafft werden. Petrus hat diese Stufe der Einsicht noch nicht erreicht, ahnt sie höchstens unterschwellig. Selbst nach diesem Traum befolgt er nach wie vor den Heiligkeitskodex, denn nach seinem Verständnis handelt der Traum ja von der Zulassung oder Nicht-Zulassung von Nichtjuden. Dennoch ist sein Festhalten am Heiligkeitskodex erschüttert, hat er doch eine Stimme vom Himmel gehört, die ihm sagte: »Was Gott gereinigt hat, das mache du nicht gemein«, und die Stimme bezog sich auf »allerlei vierfüßige Tiere der Erde und wilde Tiere und Gewürm und Vögel des Himmels«. Die Erzählung repräsentiert also ein Zwischenstadium: Petrus wird dargestellt, als nähere er sich der voll paulinischen Haltung gegenüber Nichtjuden an, deren Bedeutung er jedoch erst undeutlich versteht, die aber besagt, daß es keine Unterscheidung zwischen Juden und Nichtjuden mehr gibt und daß selbst für Juden keine Verpflichtung mehr besteht, die Thora zu befolgen. Die Situation wird in der Erzählung in einer Weise ausgedrückt, in welcher der Einsatz von Zweideutigkeit als Kunstmittel betrachtet werden könnte, nähme der prosaïsche Einwurf eines *non sequitur* nicht viel von dem künstlerischen Effekt wieder weg.

Die Zwischenposition, die die Erzählung der Apostelgeschichte Petrus hier einnehmen läßt, hat große Ähnlichkeit mit seiner vergleichbaren zweideutigen Haltung in einer früheren Geschichte, die sich im Brief des Paulus an die Galater findet:

> Da aber Petrus gen Antiochien kam, widerstand ich ihm unter Augen; denn es war Klage über ihn gekommen. Denn zuvor, ehe etliche von Jakobus kamen, aß er mit den Heiden; da sie aber kamen, entzog er sich und sonderte sich ab, darum daß er die aus den Juden fürchtete. Und mit ihm heuchelten die andern Juden, also daß auch Barnabas verführt ward, mit ihnen zu heucheln. Aber da ich sah, daß sie nicht richtig wandelten nach der Wahrheit des Evangeliums, sprach ich zu Petrus vor allen öffentlich: So du, der du ein Jude bist, heidnisch lebst und nicht jüdisch, warum zwingst du denn die Heiden, jüdisch zu leben? (Gal. 2,11-14)

Was Paulus hier über Petrus (dem er seinen aramäischen Namen »Cephas« gibt, der genauso wie das griechische Petrus »Fels« bedeutet, den Titel, den Jesus dem Simon gegeben hatte) schreibt, ist hingegen erheblich feindseliger gegenüber Petrus als die Erzählung in der Apostelgeschichte. Paulus stellt Petrus dar als jemanden, der sich nicht recht entscheiden kann, wie er sich Heidenchristen gegenüber verhalten soll. Erst erklärt er sich bereit, mit ihnen zu essen, dann aber, als Abgesandte von Jakobus nach Antiochia kommen, macht er aus Angst vor den Reaktionen der Judenchristen einen Rückzieher. In der Apostelgeschichte wird Petrus nicht als unschlüssig dargestellt, ja, es findet sich gar keine Kritik an seinem Verhalten: zwar ist er zunächst widerwillig und hat Zweifel, doch sein Traum überzeugt ihn davon, daß es richtig sei, soziale Kontakte mit Nichtjuden zu unterhalten, und sie sollten auch zum Christentum ohne vorherigen Übertritt zum Judentum zugelassen werden. Diese Ansicht hält er auch gegen Nachfragen und Kritik von seiten seiner Mitapostel und von Mitgliedern der Jerusalemer Gemeinde aufrecht.

Der Eindruck drängt sich geradezu auf, daß die Erzählung vom Traum des Petrus (der »Turmvision«) in der Apostelgeschichte einfach eine überarbeitete Version der Geschichte des Paulus aus dem Galaterbrief ist. Obwohl der Schauplatz von Antiochia nach Caesarea verlegt worden ist, geht es um dieselben Themen: die Zulassung von Nichtjuden zur christlichen Gemeinde ohne deren vorherige Konversion zum Judentum und gemeinsames Beisammensein und Essen mit Nichtjuden – beides wurde kritisiert von Mitgliedern der »Kirche von Jerusalem«. Zweifellos lag dem Verfasser der Apostelgeschichte auch eine Erzählung über einen römischen Zenturio namens Cornelius vor, der zum Christentum übertrat, und er benutzt sie auch als Ausgangspunkt; auf diese Geschichte hat er aber das Thema der Stelle aus dem Paulusbrief aufgepfropft, und auf diese Weise gelingt es ihm, Paulus aus der Erzählung zu eskamotieren. Sinn und Zweck dieser Neukombination ist es, den scharfen Konflikt zwischen Paulus und der »Kirche von Jerusalem« wegzuretuschieren, der in Paulus' eigenem Bericht so unverhüllt herauskommt. Statt der »Kirche von Jerusalem« auf der einen und Paulus auf der genau entgegengesetzten Seite und einem Petrus, der unschlüssig zwischen beiden hin- und herschwankt, bekommen wir jetzt das Bild einer vollständigen »Kirche von Jerusalem« unter der Leitung von Petrus (der seinerseits von Gott geleitet wird), die sich mehr und mehr dem paulinischen Standpunkt annähert. Auf diese Art dient auch jene Erzählung der allgemeinen Zielsetzung der Apostelgeschichte, nämlich ein Bild grundsätzlicher Einigkeit in der frühen Kirche zu zeichnen und die Tatsache zu verschleiern, daß es zwischen Paulus und der von Jakobus und Petrus geführten »Kirche von Jerusalem« einen tiefen Graben gab. Zu der Zeit, als (in der Chronologie der Apostelgeschichte) die Konfrontation in Jerusalem stattfindet (ein Ereignis, das wir im nächsten Kapitel besprechen werden), ist der Stachel der Opposition gegen Paulus, wie sie von den Führern der »Kirche von Jerusalem« ausging, schon gezogen worden, und man kann sie als Leute darstellen, die keine großen oder gar unversöhnlichen Streitpunkte mit Paulus mehr haben.

Die Frage bleibt jedoch im Raum: wozu brauchte Petrus eine besondere Vision, um etwas zu erfahren, was, wenn wir den Evangelien trauen könnten, Jesus selbst ihn schon gelehrt hatte? Warum sagt Petrus, ohne eine Sekunde zu überlegen und so überzeugt, daß er darin sogar der Stimme Gottes widerspricht: »O nein, Herr; denn ich habe noch nie etwas Gemeines oder Unreines gegessen« und bezeugt damit seine Thoratreue, wenn doch Jesus selbst schon die Thora abgeschafft haben soll? Offensichtlich hat Petrus nie davon gehört, daß die Thora abgeschafft worden sein soll, so daß er jetzt, mehrere Jahre nach Jesu Tod, nach und nach und unter schmerzlichen Erfahrungen dazu umerzogen werden muß, seinen unkritischen Thoragehorsam abzulegen. Die Antwort der Evangelien auf diese Frage ist, Petrus und die Apostel seien nun einmal schwer von Begriff gewesen, und dieser Ausweg wird auch in der hier besprochenen Erzählung aus der Apostelgeschichte beschritten. Daß sie nun derart schwer von Begriff gewesen sein sollen, ist unglaubwürdig; verläßt man dagegen die Ebene paulinischer Propaganda zugunsten derjenigen historischer Plausibilität, so ist des Rätsels Lösung ganz einfach, daß Jesus das jüdische Religionsgesetz niemals abgeschafft hat. Daß die Führer der sogenannten »Kirche von Jerusalem« am Judentum festhielten, beweist, daß Jesus nie als ein Rebell gegen den jüdischen Glauben aufgetreten war. Die paulinische Kirche begnügte sich nicht damit, ihre Verwerfung der Thora nur auf Paulus zu gründen, denn damit hätte sie sich der Autorität der hochangesehenen »Kirche von Jerusalem« begeben und eine verdächtige Kluft zwischen Jesus und Paulus aufscheinen lassen. Auf diese Weise wäre klar geblieben, daß die Abschaffung der Thora ausschließlich aus den (visionären) Begegnungen des Paulus mit dem auferstandenen Jesus hervorging und nicht etwa aus einer Überlieferung stammte, die dem historischen Jesus zugeschrieben werden konnte. Deshalb wird jetzt den Führern der »Kirche von Jerusalem«, Jakobus und Petrus, ein allmählicher Erkenntnisprozeß unterstellt, der die Begriffsstutzigkeit nach und nach aus ihren Köpfen vertrieb und sie schließlich zu der Einsicht führte, daß Jesus ihnen zu seinen Lebzeiten etwas gesagt hatte, was sie damals zu begreifen außerstande gewesen waren.

An diesem Punkt können wir zu der Frage kommen, die wir so lange aufgeschoben haben: worin bestand eigentlich die jüdische Lehre in Bezug auf den Umgang mit Nichtjuden und das Einnehmen der Speisen mit ihnen? Das führt uns dann zu der weiteren Frage, ob es besondere Schwierigkeiten hinsichtlich des Umgangs mit Nichtjuden gab, die sich in den Standpunkten einer messianischen Bewegung wie der Jesusbewegung hätten niederschlagen müssen.

Was Mahlzeiten mit Nichtjuden betrifft, gibt es drei unterschiedliche Gebiete, auf denen für Juden, die sich an die Speisegebote halten, Schwierigkeiten entstehen können:

1) Bestimmte Speisen (genauer gesagt, bestimmte Sorten Fleisch und Fisch) waren den Juden durch die Bibel verboten (den Nichtjuden jedoch nicht).

2) Juden war es verboten, Speisen zu sich zu nehmen, von denen zuvor einem »Götzenbild« Speise- oder Trankopfer gebracht worden waren; während der Mahlzeiten von »Heiden« waren solche Opfer durchaus üblich, denn auch die bescheidensten derselben hatten ihren »Herrgottswinkel«. Ferner war das verteilte Fleisch öffentlicher Opfer eine wichtige Proteinquelle der ärmeren »Heiden«.

3) *Zu bestimmten Zeiten* war es für einen gesetzestreuen Juden notwendig, sich im Stande ritueller Reinheit zu befinden, und dies war ihm nur möglich, wenn er seine Mahlzeiten mit Leuten teilte, die sich ebenfalls an diese rituelle Reinheit hielten.

Wir können festhalten, daß im Falle von Cornelius Punkt 2 nicht zutrifft, denn er war kein Heide (d.h. kein Verehrer römischer Gottheiten), sondern ein »Gottesfürchtiger« (Apg. 10,2). Dieser Ausdruck bedeutet: Cornelius war Monotheist; er anerkannte den Einen Gott, den die Juden verehrten, hatte sich aber entschieden, nicht durch Beschneidung und Befolgung der Thora zum vollgültigen Juden zu werden. Solche »Gottesfürchtigen« werden im Neuen Testament häufig erwähnt,[7] wodurch wir wertvolle Belege für die Existenz dieser Religionsklasse haben, von der wir ansonsten nur aus späteren rabbinischen Schriften etwas wüßten, obwohl es äußerst wahrscheinlich ist, daß die »Gottesfürchtigen«, die im Buch der Psalmen der Bibel erwähnt werden, auch zu dieser Kategorie gehören.[8] Diese »Gottesfürchtigen« (die in der Argumentation des nächsten Kapitels wichtig sind) wurden von den Juden mit Respekt behandelt, wie sich in der Stelle der Apostelgeschichte zeigt, in der es heißt, Cornelius gelte »ein frommer und gottesfürchtiger Mann und gutes Gerüchts bei dem ganzen Volk der Juden« (Apg. 10,22). Mit so jemandem eine Mahlzeit einzunehmen, würde sicher nicht das Problem aufwerfen, daß götzendienerische Opfergaben von den Speisen gebracht würden, weil die »Gottesfürchtigen« nicht als Götzendiener galten, sondern als Leute, die eine reine und gültige Form von Religion ausübten, die Gott wohlgefällig war. Man ging auch davon aus, daß die »Gottesfürchtigen« ihren eigenen Bund mit Gott hatten, der in seiner Art genauso gültig war wie die Befolgung der Thora: den sogenannten Bund mit Noah (Gen. 9), der nach pharisäischer Auslegung eine Art Thora für Nichtjuden einschloß, die man die Sieben Gesetze der Söhne Noahs nannte (wobei Noah als Stammvater der Nichtjuden angesehen wurde, so wie Abraham der Stammvater der Juden war).

Auch was Punkt 3, die rituelle Reinheit, betrifft, hätte während einer Mahlzeit mit Cornelius nicht notwendigerweise ein Problem auftauchen müssen, denn eine solche war von einem Juden nur unter besonderen Umständen gefordert, das heißt, wenn er heilige Speisen essen wollte (z.B. das Passahlamm) oder wenn er sich anschickte, den Tempelbezirk zu betreten. Selbst wenn jemand rituell unrein geworden wäre, wäre daraus keine große Schwierigkeit entstanden, da diese durch eine einfache Waschung im Ritualbad aufgehoben werden konnte. Man sollte sich verdeutlichen, daß erstens rituelle Reinheit selbst vom gesetzestreuesten Juden *nicht zu jeder Zeit* verlangt wurde, und zweitens, daß es keine Sünde war, rituell unrein zu sein – das war vielmehr der Zustand, in dem sich jedermann die meiste Zeit über befand; eine Sünde war es nur, heilige Bezirke zu betreten oder heilige Speisen zu essen, bevor man diese rituelle Unreinheit abgewaschen hatte. Die Gefahr, daß Cornelius, ein Nichtjude, einen Juden in den Zustand ritueller Unreinheit hätte versetzen können, war nicht größer als die, die von jedem anderen Juden ausging, der sich ja auch normalerweise oft in diesem Zustand befand. (Erinnern wir uns

[7] Diese Tatsache wird oft durch unpräzise Übersetzungen verdunkelt, z.B. Apg. 13,16, wo Paulus im pisidischen Antiochia *sowohl* Juden wie »Gottesfürchtige« anspricht. (Anm.d.Übs.: Sowohl L wie H übersetzen korrekt.)

[8] Anm.d.Übs.: Als »Hanifen« spielen sie in Vor- und Frühgeschichte des Islam eine wichtige Rolle; hier lernen wir ihren Ursprung kennen. Siehe dazu Gopal 2006, p. 63*sqq.*

auch, daß bei bestimmten Gelegenheiten, z. B. bei der Teilnahme an einer Beerdigung, ein Jude sogar *verpflichtet* war, sich in den Zustand der rituellen Unreinheit zu begeben.) Es gab Juden (die man *haverim* חברים nannte), die einen höheren Grad an ritueller Reinheit gelobten, als üblicherweise gefordert wurde (wahrscheinlich, um bei der Festsetzung und Abgabe des *terumah*, des heiligen Zehnten zugunsten der Priester, mitzuhelfen, siehe Spiro 1980), aber selbst diese Juden mußten sich nicht zu jeder Zeit im Zustand ritueller Reinheit befinden (was ja ganz unmöglich gewesen wäre).[9] Die *haverim* nahmen allerdings während der Zeit ihres Gelübdes die Mahlzeiten in ritueller Reinheit zusammen ein, und nur wenn Petrus ein *haver* gewesen wäre, hätte er sich Sorgen um rituelle Reinheit während der Mahlzeiten machen müssen. Dementsprechend ist die Aussage, die Petrus zugeschrieben wird, nämlich »wie es ein unerlaubtes Ding ist einem jüdischen Mann, sich zu tun oder zu kommen zu einem Fremdling«, historisch nicht zutreffend. Wie hätte denn auch »das ganze Volk der Juden« dem Cornelius seine Hochachtung ausdrücken oder auf die Tatsache eingehen können, daß er »dem Volk viel Almosen« gab (Apg. 10,2), wenn sie ihn alle wie einen Aussätzigen behandelt hätten? In der historischen Realität gab es mannigfaltige soziale Kontakte zwischen Juden und Nichtjuden; dies zeigt sich schon durch die weitverbreitete jüdische Missionstätigkeit, über die zahlreiche antike Autoren berichten und die auch in den Evangelien bezeugt wird. Daß Petrus diese Rede in den Mund gelegt wird, ist also wieder ein Stück paulinische Propaganda, die den Gegensatz zwischen der Universalität des paulinischen Christentums und dem angeblichen Partikularismus der Juden herausstreichen soll.

Der einzig mögliche Grund, der Petrus hätte hindern können, mit Cornelius zusammen eine Mahlzeit einzunehmen, würde sich auf Punkt eins beziehen, also die Frage verbotener Speisen wie z. B. Schweinefleisch oder bestimmte Fische, die Cornelius hätte servieren können, deren Genuß dem Petrus jedoch durch die Thora verboten war. Aber Cornelius, der ja ein »Gottesfürchtiger« war, hätte über diese Dinge sicher Bescheid gewußt und wäre gewiß höflich genug gewesen, sie nicht auf den Tisch zu bringen, wenn er einen Juden zu Gast hatte. Nur bestimmte Fische und Fleischsorten waren verboten; gegen eine vegetarische Mahlzeit wäre weder für Petrus noch für sonst einen denggläubigen Juden etwas einzuwenden gewesen. Das Buch Daniel aus dem Alten Testament (das während der hellenistischen Epoche verfaßt wurde) beweist, daß diese Lösung im gesellschaftlichen Umgang zwischen Juden und Nichtjuden gang und gäbe war (vgl. Dan. 1). Wenn andererseits der Jude Gastgeber war und der Nichtjude Gast, so ergaben sich ohnehin keine Schwierigkeiten.

[9] Ich habe andernorts die rituellen Reinheitsgesetze ausführlich diskutiert; siehe Maccoby 1988 und Maccoby 1999b.

Nun aber zur Frage, ob es für eine messianische Bewegung wie die Jesusbewegung besondere Schwierigkeiten im Umgang mit Nichtjuden hätte geben können.

Einerseits war der Messias in der vorpaulinischen Jesusbewegung König der Juden und insofern für Nichtjuden nicht von unmittelbarer Bedeutung. Der Messias war ein menschlicher Nachfahre König Davids, der das jüdische Königtum wieder aufrichten und die Unabhängigkeit des jüdischen Volkes erkämpfen würde. Er würde nicht über die ganze Welt herrschen, denn jedes Volk würde seine Unabhängigkeit behalten und mit dieser seinen eigenen König oder Senat oder welche Herrschaftsform auch immer es wünschte. Der jüdische Messiasglaube enthielt keine Hoffnungen auf eine jüdische Weltherrschaft.

Andererseits *war* der Messias auf indirekte Weise auch für Nichtjuden von Bedeutung, denn die Ankunft des Messias würde ja das Ende imperialistischer Militärmächte auf der ganzen Welt bedeuten, insbesondere das des Römischen Weltreiches. Obwohl der Messias kein Weltherrscher sein würde, würde er Führer eines Priestervolkes sein, das im messianischen Zeitalter die ihm zukommende Rolle als geistiger Führer der Welt einnehmen würde: die Lehren des Monotheismus, Friede und Nächstenliebe, für die die Juden als erste eingetreten waren, würden von allen Völkern zur Richtschnur erhoben, und dem auserwählten Volk würden besondere Ehren für seinen jahrhundertelangen Kampf für diese Ideale gezollt.

Zahlreiche Nichtjuden fühlten sich vom Judentum angezogen, schon wegen seiner Regeln für das Alltagsleben ohne seinen messianischen Aspekt, und waren daher entweder Volljuden oder »Gottesfürchtige« geworden. Eine jüdische Bewegung, die sich durch einen starken messianischen Impetus auszeichnete und die baldige Ankunft des messianischen Zeitalters versprach – eines Zeitalters des Friedens, wo Schwerter zu Pflugscharen umgeschmiedet würden –, mußte auch auf Nichtjuden, die der Politik des Schwertes überdrüssig waren, einen besonderen missionarischen Reiz ausstrahlen.

Die Frage kam nun auf, ob auch ein Nichtjude sich an der Verehrung des erwarteten Messias beteiligen dürfe, ohne zuvor vollgültiger Jude geworden zu sein. Für die Jerusalemer Jesusbewegung war dies eine knifflige Frage, denn das Problem war nie zuvor aufgetaucht. Andere Messiasgestalten hatten keine Anziehungskraft über die Grenzen des Judentums hinaus ausgestrahlt, denn ihre Anhängerschaft hatte sich nach ihrem politischen Scheitern verlaufen; wenn solch ein Messias einmal von den Römern ermordet worden war, waren die Hoffnungen seiner Gefolgsleute mit ihm gestorben. Die Bewegung Jesu war einzigartig wegen ihrer Lehre von der Auferstehung, die selbst nach der Kreuzigung Jesu die Hoffnungen am Leben hielt. Die Bewegung der Nazarener blieb also bestehen und zog langsam auch die Aufmerksamkeit von Nichtjuden auf sich, die deswegen eine besondere Bereitschaft zeigten, sich zum Judentum zu bekehren, weil es nun einen in Bälde erreichbaren Messias zu bieten hatte.

Zunächst schien es eindeutig, daß ein Nichtjude, der sich von Jesus besonders angezogen fühlte, ein vollgültiger Jude werden, das heißt, sich beschneiden lassen, zur Thora bekennen und Teil des jüdischen Volkes werden müßte, denn wenn Jesus als König der Juden auf die Erde zurückkehrte, so konnte ja kein Nichtjude seinem Volk angehören oder sein Untertan sein. Selbst Nichtjuden, die »Gottesfürchtige« geworden waren, würden nicht seinem Volk angehören, sondern weiterhin ihrem eigenen, und könnten den Messias nur von weitem verehren. Überdies schien die Sache einigermaßen eilig zu sein, denn es war pharisäische Lehrmeinung, daß ein vollgültiger Übertritt nur vor der Ankunft des Messias anerkannt werden könne (weil danach jeder von seinem Übertritt zum Judentum nur Vorteile hätte und die Aufrichtigkeit solcher Übertritte nicht mehr zu prüfen wäre[10]). Folgerichtig sollte jeder Nichtjude, der nach Ankunft des Messias Teil seiner näheren Umgebung werden wollte, vollgültiger Jude werden und sich nicht mit dem Status eines »Gottesfürchtigen« zufriedengeben.

Dies führte jedoch zu der regelwidrigen Situation, daß im Unterschied zu einer durchschnittlichen Pharisäer-Synagoge, die neben einem Kern von Volljuden einen äußeren Kreis von »Gottesfürchtigen« umfaßte, die nazarenischen Synagogen der Anhänger Jesu nur Volljuden umfaßten, seien es nun Juden von Geburt oder Konvertiten. Es gab dementsprechend einen gewissen Druck, nun auch seitens der Anhängerschaft Jesu »Gottesfürchtige« als Mitglieder aufzunehmen, damit die missionarischen Aktivitäten der Nazarener wenigstens ungefähr dem im Judentum üblichen Muster entsprachen, obwohl die innere Logik des Messianismus doch eigentlich verlangt hätte, nur vollgültig zum Judentum Übergetretene als Mitglieder der Nazarenergemeinschaft zuzulassen, konnte doch der König der Juden nicht zugleich König über andere Völker sein. Als Mitgliedern einer Messiasbewegung mußte den Nazarenern daran liegen, mehr Untertanen des Königs Jesus zu gewinnen; als Juden jedoch waren sie wie alle anderen Juden daran interessiert, Untertanen für Gott selbst zu werben, seien sie nun gesetzestreue Juden oder nichtjüdische »Gottesfürchtige«.

Dieser Personenkreis stellte also für die Nazarener ein Problem dar, und die Cornelius-Erzählung zeigt, daß die »Kirche von Jerusalem« in dieser Frage uneinig war. Petrus wird von Paulus wegen seiner angeblich schwankenden Haltung in dieser Frage kritisiert; allerdings ging Paulus bei der Beurteilung dieser Frage von ganz anderen Voraussetzungen als Petrus aus, denn im Unterschied zu diesem war Paulus davon überzeugt, daß die Gültigkeit der Thora zu diesem Zeitpunkt vom vergöttlichten Jesus abgeschafft worden sei und somit auch die Unterscheidung zwischen Juden und Nichtjuden. Petrus bewegten ganz unterschiedliche

---

[10] Babyl. Talmud, Yevamot 24b: »In den Tagen des Messias werden keine Proselyten mehr angenommen werden. Ebenso wurden keine Proselyten angenommen in den Tagen Davids oder Salomos.«

Überlegungen: er hatte die Befürchtung, daß man einem nichtjüdischen »Gottesfürchtigen« mit der bedingungslosen Aufnahme in die Nazarener-Bewegung gar keinen Gefallen tat, wenn man ihn doch bei Ankunft des Königs Jesus als Ausländer behandeln und zu seinen eigenen Leuten zurückschicken mußte, bestenfalls als ortsansässigen Fremden behandeln konnte[11]. Da war es doch sicherlich besser, diese Leute zum vollgültigen Übertritt zum Judentum zu ermutigen, damit sie dann auch ihren vollen Anteil am Königreich des Messias genießen konnten. Andererseits mußte auch das Recht eines Nichtjuden anerkannt werden, sein Heil im Bunde Noahs zu suchen.

Die verschiedenen Standpunkte und Überlegungen machen uns deutlich, daß es für die Bewegung der Nazarener Sonderschwierigkeiten gab, nicht deswegen, weil sie eine neue Religion vertreten hätte – das tat sie nicht –, sondern weil sie eine monarchistische, messianische politische Bewegung *innerhalb* des Judentums war. Damit war sie keine politische Partei im modernen Sinn des Wortes, denn ihre Ziele waren immer in erster Linie religiös bzw. wurden so empfunden; aber ihre religiösen Ziele führten zu politischen Folgerungen, wie dies für das Judentum ganz allgemein kennzeichnend ist. Politische Befreiung war schon das Leitthema des Judentums seit seinen Anfängen beim Auszug aus Ägypten; genauso machten die Nazarener die religiöse Zukunft der Juden wie auch der ganzen Welt abhängig von der Befreiung vom römischen Joch.

Das paulinische Christentum, wie es im Neuen Testament zum Ausdruck kommt, entpolitisiert Jesus und damit auch die »Kirche von Jerusalem«, stellt es letztere doch als jenseitsorientierte religiöse Sekte dar, die auf einen Retter der Seelen wartete, nicht der Menschen, in denen sie stecken, oder der Gemeinwesen, deren Teil sie sind. Ein Nebeneffekt dieser nachträglichen Verfälschung bestand darin, daß die verschiedenen politischen Verfolgungen, die die Nazarener zu erleiden hatten, zu Religionsmartyrien umstilisiert wurden. So galten z. B. die Ermordung des Jakobus, Sohnes des Zebedäus, durch König Herodes Agrippa[12] und

---

[11] Der Status eines ortsansässigen Fremden war im Judentum genau definiert und wurde beachtet (siehe die »Talmudic Encyclopaedia« *s. v.* ›Ger‹). Es war aber klar, daß die persönliche Bindung zwischen dem ortsansässigen Fremden und dem Messias nie so eng werden konnte wie zwischen diesem und einem Vollmitglied der jüdischen Nation.

[12] Siehe Apg. 12,1–3, wo uns erzählt wird, daß Herodes Agrippa, der von 42–44 chr. Ztr. regierte, »Jakobus [...] mit dem Schwert tötete«, mit dem Zusatz, »er sah, daß es den Juden gefiel«. (Diese Beschuldigung der Juden taucht im christlichen Schrifttum gewöhnlich immer auf, wenn es um die Verfolgung der Nazarener geht.) In der historischen Wirklichkeit läßt sich die Verfolgung der Nazarener durch Herodes Agrippa am besten durch deren politischen Widerstand gegen dessen Herrschaft erklären. Zwar waren die Nazarener politisch still geworden (siehe p. 87), da sie auf die Wiederkehr Jesu warteten, aber die Einsetzung eines jüdischen Königs, die die Römer gerade vollzogen hatten, ließ sie wieder politisch aktiv werden, da der neue König in ihren Augen den Thron Jesu usurpierte. In ähnlicher Weise widersetzten sich die Nazarener der messianischen Herrschaft Bar Kochbas (siehe p. 87).

die seines Namensvetters Jakobus, des Bruders Jesu,[13] durch den Hohenpriester Ananus im Jahre 62 als Martyrien für den jenseitigen paulinischen Christus, wo sie doch in Wirklichkeit im Widerstandskampf gegen die römischen Besatzer und ihre Speichellecker, die jüdischen Kollaborateure, fielen. Genauso wie Jesus durch die Entpolitisierung seines Lebenszieles verlogenerweise als Opfer der Juden dargestellt wurde, wurde mit allen entsetzlichen Widrigkeiten, die seine Anhänger in der Nazarenerbewegung zu erleiden hatten, nicht mehr das moralische Konto der römischen Besatzer belastet, sondern sie wurden den Juden in die Schuhe geschoben, nämlich mittels des Mythos von der Verfolgung der Nazarener durch die Juden, wobei doch erstere keineswegs im Streit mit ihren Glaubensgenossen lebten, sondern loyal zur Thora und zum jüdischen Volk standen.

13 Siehe Jos. ant. XX 9,1. Josephus unterstreicht, daß es sich um einen sadduzäischen Gewaltakt handelte, dem sich die Pharisäer (»jene, die streng waren in der Befolgung des Gesetzes«) heftig widersetzten und bei dem Prokonsul Albinus sowie dem Marionettenkönig Klage einreichten, womit sie immerhin die Amtsenthebung des Ananus bewirken konnten. Dieser Vorfall ist es wert, neben den Prozeß des Petrus und den des Paulus gehalten zu werden, da er die sympathisierende Haltung der Pharisäer gegen die Nazarener belegt. Die sadduzäische Feindseligkeit gegen jene zeigt sich ebenfalls in allen drei Prozessen, aber sie hatte stets einen politischen, nicht religiösen Charakter. Ein später und weniger zuverlässiger Bericht über den Tod des Jakobus findet sich bei Hegesippus (der zitatweise in der »Kirchengeschichte« des Eusebius überlebt hat, Eus. hist. eccl. II 23,4-18).

Kapitel 13

Der Bruch

Es ist deutlich geworden, daß es nicht die »Kirche von Jerusalem« war, die das Christentum als neue, vom jüdischen Glauben abgegrenzte Religion mit der Lehre von der Erlösung durch das göttliche Opfer Jesu Christi und den neuen Sakramenten der Taufe und Eucharistie aufgebracht hatte, weil die »Kirche von Jerusalem« historisch gar keine Kirche war, sondern eine monarchistische Bewegung innerhalb des Judentums, die an die wundersame Auferstehung des Menschen Jesus glaubte. Der Begründer des Christentums als eigenständiger Religion war Paulus, der erst Jesus zum Gott erklärte und dann behauptete, Grundlage der Lehren seiner neuen Religion seien Offenbarungen von eben jener neuen Gottheit. Wir müssen nun untersuchen, über welche Schritte sich der Bruch zwischen Paulus und den Jerusalemer Nazarenern vollzog, denen er eine Weile lang angehörte, obwohl diese Beziehung immer recht gespannt war.

Wie wir gesehen haben, ist die Apostelgeschichte in der Absicht verfaßt worden, den Konflikt zwischen Paulus und den Anführern der »Jerusalemer Kirche«, Jakobus und Petrus, herunterzuspielen. Petrus und Paulus wurden in der späteren christlichen Überlieferung Zwillingsheilige, Brüder im Glauben, und die Vorstellung, daß sie historisch erbitterte Gegner waren und in religiösen Fragen Standpunkte vertraten, die in keiner Weise miteinander zu vereinbaren waren, wäre mit Schrecken und Abscheu zurückgewiesen worden. Der Autor der Apostelgeschichte hat gute Arbeit geleistet; er rettete das Christentum vor der Anschuldigung, eine Eigenschöpfung des Paulus zu sein, und versah es stattdessen mit einem respektablen Stammbaum, indem er es als Lehre mit der Autorität der sogenannten »Kirche von Jerusalem« umgab, deren Geist sich in der paulinischen, heidenchristlichen Kirche von Rom fortsetzen sollte. Trotz all dieser Anstrengungen ist die wahre Natur der Sache nicht schwer zu rekonstruieren, wenn wir das Zeugnis des Neuen Testaments untersuchen und dabei auf verräterische Widersprüchlichkeiten und Unklarheiten achten, statt es in dem festen Entschluß zu lesen, alle Unklarheiten im Interesse einer orthodoxen Auslegung zu vertuschen und miteinander in Einklang zu bringen.

Der erste Hinweis darauf, daß es zwei Lager gab, findet sich in der Apostelgeschichte am Anfang von Kapitel 15:

> Und etliche kamen herab von Judäa und lehrten die Brüder: Wo ihr euch nicht beschneiden lasset nach der Weise Mose's, so könnt ihr nicht selig werden. Da sich nun ein Aufruhr erhob und Paulus und Barnabas einen nicht geringen Streit mit ihnen hatten, ordneten sie, daß Paulus und Barnabas und etliche andere aus ihnen hinaufzögen gen Jerusalem zu den Aposteln und Ältesten um dieser Frage willen. (Apg. 15,1–2)

Paulus und Barnabas reisen daraufhin nach Jerusalem, wo sie »von der Gemeinde und den Aposteln und von den Ältesten« empfangen wurden. Wieder wurde Kritik an den beiden laut: »Da traten auf etliche von der Pharisäer Sekte, die gläubig geworden waren und sprachen: Man muß sie [d.h. die nichtjüdischen Neubekehrten] beschneiden und ihnen gebieten, zu halten das Gesetz Mose's« (Apg. 15,5). Es folgt ein Bericht über ein Treffen, auf dem die Frage diskutiert werden sollte: müssen Nicht-Juden, die sich der Jesusbewegung anschließen wollen, gleichzeitig vollständig zum Judentum übertreten? Es erhebt sich eine lange Debatte, aber schließlich hält Petrus eine Rede, in der er der Gemeinde seine eigene Erfahrung (mit Cornelius) vor Augen führt und argumentiert, daß der Übertritt zum Judentum nicht notwendig sei: »und [Gott] machte keinen Unterschied zwischen uns und ihnen, und reinigte ihre Herzen durch den Glauben. Was versucht ihr denn nun Gott mit Auflegen des Jochs auf der Jünger Hälse, welches weder unsre Väter noch wir haben können tragen? Sondern wir glauben, durch die Gnade des Herrn Jesu Christi selig zu werden, gleicherweise wie auch sie« (Apg. 15,9–11).

Jakobus, als Führer der Nazarener, spricht das Schlußwort:

> Darum urteile ich, daß man denen, so aus den Heiden zu Gott sich bekehren, nicht Unruhe mache, sondern schreibe ihnen vor, daß sie sich enthalten von Unsauberkeit der Abgötter und von Hurerei und vom Erstickten und vom Blut. Denn Mose hat von langen Zeiten her in allen Städten, die ihn predigen, und wird alle Sabbattage in den Schulen gelesen. (Apg. 15,19–21)

Dieser Bericht enthält zahlreiche verwirrende Aussagen und ist erheblich gefärbt durch die spätere paulinisch-christliche Auslegung; trotzdem ist es sehr wohl möglich, herauszuarbeiten, was auf diesem wichtigen Treffen damals wirklich geschehen ist.

Den wesentlichen Schlüssel liefert uns die Liste der Gebote, die Jakobus als grundsätzlichen Verhaltenskodex für nichtjüdische Anhänger der Jesusbewegung ausgibt. Diese Liste ähnelt nämlich sehr dem Verhaltenskodex der »Gesetze für die Söhne Noahs«, die pharisäische Rabbis für Nichtjuden aufgestellt hatten, die den Wunsch hatten, sich dem Judentum anzuschließen, ohne vollgültige Juden zu werden. Und mit ein wenig Deutungsarbeit wird sich zeigen, daß die beiden Listen eher noch ähnlicher sind, als dies auf den ersten Blick erscheint.

Sich von Dingen fernhalten, die durch Abgötterei verunreinigt sind. Diese Forderung bezieht sich nicht auf rituelle Reinheit, da niemand die Meinung vertrat, Nichtjuden müßten sich um diese kümmern. Der Ausdruck »Verunreinigung« ist hier nicht im technischen Sinne gemeint, sondern bezieht sich nur allgemein und metaphorisch auf die Verwerflichkeit der Abgötterei. Der wahre Sinn ist dementsprechend der, daß nichtjüdische Gläubige nichts essen sollten, was bei Opfern für fremde Götter Verwendung gefunden hatte. Dies wiederum bezieht sich nicht nur auf Speisen, die in heidnischen Tempeln als Opfergaben dargebracht worden waren, denn, wie wir weiter oben dargestellt hatten, fanden Speise- und Trankopfer für die Götter auch bei jeder gewöhnlichen Mahlzeit statt, so daß dadurch die gesamte Mahlzeit zum mißbilligten Gottesdienst wurde. Dieses Gebot hindert also nichtjüdische Gläubige daran, Mahlzeiten mit Anhängern fremder Götter zu teilen, und geht daher erheblich weiter, als es auf den ersten Blick scheint. Diese Vorschrift hat zur Folge, daß nichtjüdischen »Gottesfürchtigen« all das verboten ist, was Volljuden ebenfalls unter der Rubrik »Teilnahme am Götzendienst« verboten ist.

Sich der Hurerei enthalten. Dieser Satz bezieht sich auf schwerwiegende Sexualverstöße: Ehebruch, Inzest, Homosexualität und Sodomie (d.h. Geschlechtsverkehr mit Tieren). Der Geschlechtsverkehr zwischen unverheirateten Partnern galt nicht als schwerer Verstoß gegen das biblische Gesetz, wurde aber mißbilligt als mit einem ernsthaften Lebenswandel nicht vereinbar.

Sich enthalten vom Erstickten. Soll heißen: Fleisch ist verboten, es sei denn, das Tier ist auf die jüdische Weise geschlachtet worden (*schechita* שׁחיטה = geschächtet), bei der man das Tier möglichst vollständig ausbluten läßt. Das Fleisch muß, soweit möglich, blutleer sein. Dieses Gebot ist offensichtlich parallel zu dem Gebot an Noah (und damit an alle Nichtjuden): »Allein esset das Fleisch nicht, das noch lebt in seinem Blut« (Gen. 9,4). Dies bedeutet aber nicht, daß die übrigen jüdischen Speisegebote für nichtjüdische »Gottesfürchtige« auch gelten. Sie dürfen das Fleisch aller Tiere essen, da dies auch den Nachkommen Noahs gestattet war (»Alles was sich regt und lebt, das sei eure Speise« Gen. 9,3), aber sie müssen sich des Blutes aller Tiere enthalten.

Sich des Blutes enthalten. Dieser Satz scheint eine Wiederholung der dritten Vorschrift zu sein, aber ein Blick auf die Gebote Gottes an Noah erschließt uns die wirkliche Bedeutung: Direkt nach dem Verbot, tierisches Blut zu sich zu nehmen, folgt das Verbot, das Blut seiner Mitmenschen zu vergießen: »Wer Menschenblut vergießt, des Blut soll auch durch Menschen vergossen werden« (Gen. 9,6). Im Gegensatz zu dem normalerweise verbreiteten Kommentar dreht es sich hier also um das Verbot des *Blutvergießens* bzw. Mordes. –

Die vier Gebote für »Gottesfürchtige« sind also grundsätzliche moralische Imperative. Viele Kommentatoren haben versucht, sie anders zu erklären, nämlich als bloße Speisegesetze, die das Zusammenleben von jüdischen und nichtjüdischen christlichen Gläubigen erleichtern sollten. Diese Auslegung kann aber die zweite Vorschrift keineswegs erklären – kein Erfindungsreichtum oder Scharfsinn kann *das* zum Speisegebot umdeuten –, und sie funktioniert auch dann, wenn die anderen drei Gebote nur oberflächlich betrachtet werden. Auf jeden Fall machen diese Gebote das gemeinsame Einnehmen von Mahlzeiten zwischen jüdischen und nichtjüdischen Christen eben *nicht* viel einfacher, denn sie erlauben den Nichtjuden immer noch das Essen von Schweinefleisch und anderen »unreinen« Fleischsorten, die Juden nicht mit ihnen teilen dürfen. Wir müssen also daraus schließen, daß die Ratsversammlung von Jerusalem damit einen grundsätzlichen Moralkodex für Nichtjuden erlassen hat, und wir müssen uns überlegen, was dies hinsichtlich der grundsätzlichen Zielsetzung dieser Ratsversammlung aussagt.

Wir sollten uns darüber im klaren sein, daß das Aufstellen eines grundsätzlichen Moralkodex für Nichtjuden eine der Hauptbeschäftigungen pharisäischer Rabbis war und die Ratsversammlung von Jerusalem keineswegs eine der ersten war, die derlei unternahm. Einen solchen Kodex aufzustellen bedeutete gerade nicht, die Gültigkeit der Thora als Gesetzbuch der Juden in Zweifel zu ziehen. Für die Pharisäer war es eine gängige Vorstellung, daß die Thora nie dafür gedacht gewesen war, für mehr als eine kleine Minderheit der Menschheit verbindlich zu sein, nämlich für Juden von Geburt (die von Geburt an verpflichtet waren, sich an sie zu halten) und diejenigen Nichtjuden, die sich dazu entschlossen, vollgültige Juden und dadurch Mitglieder des »Priesterkönigreichs« zu werden (und so für sich und ihre Nachkommen die Verpflichtung übernahmen, die Thora voll und ganz zu befolgen). Die große Mehrheit der Menschheit, d.h. »die Söhne Noahs«, waren nur verpflichtet, sich an die Gebote zu halten, die Gott Noah nach der Sintflut gegeben hatte. Die Rabbis waren nicht alle einer Meinung (wie dies in so vielen anderen Punkten der Fall war) hinsichtlich der genauen Einzelheiten dieser Gebote an Noah und hinsichtlich deren exegetischer Ableitung aus den entsprechenden Stellen der Genesis; Einigkeit herrschte aber darüber, daß es sich zwar um wenige Gesetze handele, daß aber die Nichtjuden, die sie einhielten, als rechtschaffen zu gelten hatten und berechtigt waren, an der »Welt, die da kommt« teilzuhaben.

Die Aufzählung der Sieben Gesetze der Söhne Noahs, die sich in den rabbinischen Quellen findet, lautet folgendermaßen: verboten sind: Götzendienst, Gotteslästerung, Hurerei, Mord, Raub und Essen von Gliedern, die einem lebenden Tier abgeschnitten worden sind; es folgt ein Gebot, Gerichtshöfe einzuberufen, die Recht sprechen sollen. Drei dieser Punkte sind mit den Geboten auf der Liste der Ratsversammlung von Jerusalem identisch: Verbot von Götzendienst, Hurerei und Mord. Das einzige Speisegebot ist jedoch unterschiedlich: die Ratsversammlung von Jerusalem verbietet »alles Erstickte«, während die Rabbis das Verbot hinzufügen, »ein Glied von einem lebenden Tier« zu essen. Diese Diskrepanz ist eindeutig davon herzuleiten, daß der Vers »... esset das Fleisch nicht, das noch lebt in seinem Blut« (Gen. 9,4) unterschiedlich gedeutet wurde. Derartige unterschiedliche Auslegungen liegen durchaus im Bereich der Differenzen, die einzelne rabbinische Schulen untereinander hatten. Zwar berichten die rabbinischen Schriften, die uns überliefert sind, nicht konkret über die Auslegung des Verses durch Jakobus und die Ratsversammlung von Jerusalem, aber eine solche Meinung kann durchaus von einer Minderheit von Rabbis vertreten worden sein.[1] Daß hier ein Unterschied vorliegt, spricht nicht gegen unsere allgemeine Erklärung, daß es sich hier um eine Version der Gesetze Noahs handelt, sondern ist vielmehr ein weiterer Beleg für diese, da der Unterschied ganz offensichtlich von einer unterschiedlichen Exegese desselben Bibelverses herrührt, der seinerseits zu der Schriftstelle gehört, die (neben Gottes Geboten gegenüber Adam) die Grundlage für die noachidischen Gesetze bildet.

Damit tauchen noch drei dieser sieben Gesetze in unserer Stelle aus der Apostelgeschichte nicht auf: die Verbote von Gotteslästerung und Raub sowie das Gebot, Gerichte einzuberufen. Tatsächlich weichen die Handschriften in diesem Punkt beträchtlich voneinander ab: manche lassen »der Hurerei« aus, manche »alles Erstickte«, manche fügen sogar hinzu »... was dir verhaßt ist, tue deinem Mitbürger nicht an« (eine interessante Negativversion der Goldenen Regel, die die Formel Rabbi Hillels verwendet, nicht die Positivformel, die in den Evangelien Jesus zugeschrieben wird). Es ist klar, daß es unterschiedliche Überlieferungen der Gebotsliste gibt, und das ist keineswegs verwunderlich, gab es doch auch Abweichungen in den diversen Listen des Talmuds; es gab überhaupt keine einheitliche Ansicht darüber, wie die noachidischen Gesetze aufzulisten seien. Daß das Gebot, Gerichtshöfe einzuberufen, weggelassen wird, ist verständlich, da diese Vorschrift für ganze Völker gedacht war, die sich zum Monotheismus bekehrten, nicht für einzelne »Gottesfürchtige«, die dem Synagogenverband beitraten. Das Verbot der »Gotteslästerung« wurde möglicherweise weggelassen, weil man meinte, es sei schon im Verbot des »Götzendienstes« enthalten; ähnlich wurde möglicherweise das Verbot des »Raubes« weggelassen, weil man annahm, es sei im Verbot, »Menschenblut zu vergießen«, schon enthalten; aber, um es noch einmal zu sagen, die beiden Verbote haben möglicherweise doch in der ursprünglichen Liste gestanden und fielen dann weg, weil christliche Kompilatoren ungern zugaben, daß die Liste in Wirklichkeit nichts anderes als eine neue Version der noachidischen Gesetze darstellt. Wir finden auch wirklich im gesamten 15. Kapitel der Apostelgeschichte eine ausgeprägte

[1] Ein Beleg für die Existenz verschiedener Auslegungen von Gen. 9,4 bietet Jub. 7,28-31, das in dem Vers ganz wie Apg. 15 das Verbot sieht, Fleisch zu verzehren, aus dem nicht alles Blut entfernt ist. Eine Zwischenposition zwischen dem Buch der Jubiläen und dem Talmud findet sich in der Tosefta, Avodah Sarah 8,6, wo ein Autoritätsträger den Nichtjuden den Genuß des Blutes eines *lebenden* Tieres untersagt. Das Problem, das den Talmud zu der (ziemlich bizarren) Ansicht brachte, es sei den frommen Nichtjuden nur verboten, ein Glied von einem lebenden Tier zu verzehren, während sie bluthaltiges Fleisch durchaus essen dürften, kommt dadurch auf, daß Dtn. 14,21 Fleisch dieser Art den Periöken (»Heiden« mit Wohnsitz im Hl. Land = *ger toschav* גר תושב) ausdrücklich erlaubt. Dadurch setzte sich die Idee fest, Gen. 9,4 müsse sich auf das Fleisch lebender Tiere beziehen.

Abneigung dagegen, die von Jakobus aufgestellten Gebote als die Gebote Gottes an Noah auszulegen, denn täte man das, hätte man gleichzeitig auch zugegeben, daß Jakobus bei der Aufstellung dieser Gebote in keiner Weise über allgemein gültiges jüdisches Gedankengut hinausging.

Die Rede, die Petrus in diesem Bericht über die Debatte in Jerusalem in den Mund gelegt wird, geht dementsprechend weit über die Frage hinaus, ob man verlangen solle, daß nichtjüdische Konvertiten die ganze Thora befolgen müßten: sie gleitet unmerklich über in die Behauptung, die Befolgung der Thora sei auch für Juden nicht länger notwendig: »und machte keinen Unterschied zwischen uns und ihnen, und reinigte ihre Herzen durch den Glauben. Was versucht ihr denn nun Gott mit Auflegen des Jochs auf der Jünger Hälse, welches weder unsre Väter noch wir haben können tragen? Sondern wir glauben durch die Gnade des Herrn Jesu Christi selig zu werden, gleicherweise wie auch sie« (Apg. 15,9–11).

Diese Rede strotzt von paulinischen Gedankengängen, die der Jerusalemer Gemeinde der Anhänger Jesu ganz fremd waren. Sie, so bezeugt die Apostelgeschichte an anderer Stelle, sahen die Thora keineswegs als Joch, das zu tragen zu beschwerlich sei, sondern im Gegenteil als Geschenk Gottes, für das sie dankbar waren. Petrus bekommt hier die Rolle, die ihm allgemein in der Apostelgeschichte untergeschoben wird und die zu seinem Traum paßt: er erscheint als Trittstein zwischen der alten und der neuen Religion.

Jakobus dagegen wird anders behandelt. In der gesamten Apostelgeschichte erscheint er ausschließlich als treuer Anhänger der Thora. In der Textstelle, die wir gerade untersuchen, antwortet er nicht auf die Vorschläge des Petrus, man solle die Thora selbst für Juden als aufgehoben betrachten. Das abschließende Urteil des Jakobus geht vom genauen Gegenteil aus: daß nämlich die Thora gültig bleibe, man aber von nichtjüdischen Konvertiten zur Jesusgemeinde keinen vollen Übertritt zum Judentum verlangen müsse, sondern nur die Befolgung der noachidischen Gesetze. Seine Schlußbemerkung lautet: »Denn Mose hat von langen Zeiten her in allen Städten [*sc.* Vertreter], die ihn predigen, und wird alle Sabbattage in den Schulen gelesen.« Diese Aussage war für christliche Kommentatoren immer wieder rätselhaft, aber ihre Bedeutung ist zweifellos klar. Jakobus sagt damit: »Wir brauchen uns keine Sorgen zu machen über den Fortbestand des jüdischen Glaubens. Seine Zukunft ist sicher, denn die Juden folgen dem Gesetz des Moses, dessen Wortlaut sie in den Synagogen ständig wieder vorbeten. Es ist daher nicht notwendig, Konvertiten für das Judentum anzuwerben bzw. für zahlenmäßige Verstärkung desselben zu sorgen, indem wir auf dem vollen Übertritt von Nichtjuden zum Judentum bestehen. Es reicht, wenn sie ihren Glauben an den Monotheismus durch feierliche Annahme der noachidischen Gesetze bestätigen.« Diese Bemerkung des Jakobus impliziert seine eigene fraglose Zugehörigkeit zum Judentum und seine Zuversicht in dessen Fortbestand.

Es baut sich also in unserer Textstelle eine Spannung zwischen zwei entgegengesetzten Interpretationen der Debatte in Jerusalem auf. Eine (offensichtlich die des Verfassers der Apostelgeschichte) besteht darin, daß sich diese Debatte durch den völligen Zusammenbruch aller Unterscheidungen zwischen Juden und Nichtjuden innerhalb der christlichen Bewegung ausgezeichnet habe. Die andere Interpretation (die sich untergründig in der Diskussion abzeichnet und daher als die authentische und ursprüngliche Bedeutung des Ereignisses gelten muß) ist diejenige, es sei damals beschlossen worden, daß die Jesusbewegung aus zwei Kategorien von Anhängern bestehen solle: aus Juden, die alle Gesetze der Thora befolgen, und aus Nichtjuden, die sich nur an die noachidischen Gesetze halten müssen. Diese Entscheidung war auf der einen Seite vollkommen im Einklang mit der üblichen Praxis im Judentum; auf der anderen Seite aber war sie bislang ohne Beispiel. Es entsprach gängiger Praxis im Judentum, zwischen zwei Arten von Anhängern des einen Gottes zu unterscheiden: Solche, die der Thora folgen, und diejenigen, die sich nur an die noachidischen Gesetze halten. Daß aber sich beide in einer messianischen Bewegung zusammenfinden würden, war bislang noch nicht vorgekommen (vgl. p. 149).

Die beiden Interpretationen der Debatte, die wir in der Apostelgeschichte auf so verwirrende Weise verwoben finden, spiegeln zwei Auslegungen, die zur Zeit der Debatte selbst bestanden, wenn auch in beiden Fällen nicht offen. Denn Paulus, der nach Jerusalem gereist war, um an der Debatte teilzunehmen, ging daraus mit dem Gefühl hervor, seinen Zweck erreicht zu haben. Wie er die Angelegenheit verstand, hatte ihm die Konferenz freie Hand gegeben, unter Nichtjuden zu missionieren, ohne von seinen Neubekehrten verlangen zu müssen, sich an die Forderungen der Thora zu halten. Für Paulus war dies ein großer Schritt vorwärts, obwohl ihm durchaus klar war, daß die Gründe, die Jakobus bewogen hatten, diese Linie einzuschlagen, durchaus andere waren als seine eigenen Absichten. Für Paulus war die ganze Unterscheidung zwischen Juden und Nichtjuden nicht mehr relevant, denn die Offenbarung in Damaskus hatte ihn davon überzeugt, daß das spirituelle Dilemma der Menschheit nicht durch die Thora oder einen beliebigen anderen Moralkodex gelöst werden könne, sondern ausschließlich durch den »Glauben«, also durch die Identifikation mit dem kosmischen Opfer Jesu, der als göttliche Gestalt begriffen wurde. Paulus hat anscheinend diese Sicht der Dinge auf der Konferenz selbst nicht zum Ausdruck gebracht. Er beschränkte sich darauf, über seine Erfolge bei der Missionierung für die Gefolgschaft Jesu unter den Nichtjuden zu berichten. Das Ausmaß dieser Erfolge überzeugte schließlich selbst Jakobus davon, daß es nötig werde, nichtjüdischen Gläubigen einen offiziellen Status in der Bewegung einzuräumen, anstatt sie ausschließlich im Status von »Gottesfürchtigen« im Umfeld der Synagogen zu sehen. Überdies traf Paulus durchaus Vorsichtsmaßnahmen bei dieser Konferenz. Er wußte, daß er massiven Widerspruch von Jakobus provozieren würde, sollte er seine Einstellung ganz aufdecken (auch von Petrus, dessen Ansichten in Wirklichkeit denen von Jakobus entsprochen haben dürften); deshalb bewegte er sich auf der allgemeinen Linie der Debatte. Am Ende der Diskussion hatte er die Erlaubnis, die er erstrebt hatte, in der Tasche, nämlich nichtjüdische Konvertiten ohne vollständigen Übertritt zum Judentum in die Bewegung aufzunehmen, und behielt für sich, auf welche Art und Weise er die Erlaubnis auszulegen gedachte.

Allein die Tatsache, daß Paulus der Ladung nach Jerusalem Folge leistete und sich den Beschwerden gegen ihn stellte, zeigt, daß er zu dieser Zeit seine Lehren noch nicht offen vertrat. Denn in Wirklichkeit akzeptierte Paulus weder für sich selbst noch in seiner Lehre gegenüber seinen nichtjüdischen Konvertiten, daß er der Führung der Jerusalemer Gemeinde unterstand, welche ihrerseits von Jakobus geleitet wurde. Im Gegenteil, er hielt sich selbst für die höhere Autorität, da seine Lehren direkt vom auferstandenen Christus stammten, während die Jerusalemer sich auf den irdischen Jesus bezogen. Trotzdem kam er ganz brav nach Jerusalem, als man ihn einbestellte, da er die Zeit noch nicht für reif hielt, einen vollständigen Bruch mit dem jüdischen Urchristentum zu riskieren.

Die folgenden Ereignisse können wir einem interessanten Bericht entnehmen, den Paulus im zweiten Kapitel des Galaterbriefes gibt. Zunächst legt er seinen eigenen Bericht über das Konzil von Jerusalem dar; dann erwähnt er ein Ereignis, das in der Apostelgeschichte gar nicht vorkommt, nämlich einen Besuch des Petrus in Antiochia einige Zeit nach dieser Versammlung. Damals kam es zu schweren Reibereien zwischen Paulus und Petrus. In seiner Darstellung des Jerusalemer Konzils (die er für nichtjüdische Konvertiten schreibt, die seine Einstufung der eigenen Person als der eines Apostels, der an Inspiration den Jerusalemer Führern überlegen ist, akzeptieren) nimmt er eine erheblich großartigere Rolle ein, als dies aus dem Bericht der Apostelgeschichte hervorgeht. Anstatt zuzugeben, daß er nach Jerusalem einbestellt worden ist, um sich wegen Beschwerden, die gegen ihn vorgebracht wurden, zu verantworten, behauptet Paulus, er sei aufgrund einer göttlichen Offenbarung nach Jerusalem gereist (»Ich zog aber hinauf aus einer Offenbarung«). Anstatt zuzugeben, daß er seine wahre Einstellung verborgen hatte und sich auf die Frage beschränkte, ob Menschen, die sich zum Glauben an Jesus als den Messias bekehren, zuvor zum vollgültigen Judentum konvertieren müßten oder ob sie im Status der »Gottesfürchtigen« belassen werden könnten, tut Paulus so, als habe er seine neuen Lehren den Führern in Jerusalem offen und ausführlich dargelegt, allerdings nur im privaten Rahmen. Statt eines Tribunals, bei dem die abschließende Entscheidung von Jakobus in seiner Eigenschaft als Oberhaupt der Jesusbewegung getroffen wird, vermittelt Paulus den Eindruck einer Besprechung unter Führern, bei der ihm der gleiche Rang zugekommen sei wie Jakobus. Abschluß und Ergebnis dieser Besprechung werden folgendermaßen beschrieben:

> Von denen aber, die das Ansehen hatten – welcherlei sie weiland gewesen sind, daran liegt mir nichts; denn Gott achtet das Ansehen der Menschen nicht –, mich haben die, so das Ansehen hatten, nichts anderes gelehrt; sondern dagegen, da sie sahen, daß mir vertraut war das Evangelium an die Heiden, gleichwie dem Petrus das Evangelium an die Juden (denn der mit Petrus kräftig ist gewesen zum Apostelamt unter den Juden, der ist mit mir auch kräftig gewesen unter den Heiden), und da sie erkannten die Gnade, die mir gegeben war, Jakobus und Kephas und Johannes, die für Säulen angesehen waren, gaben sie mir und Barnabas die rechte Hand und wurden mit uns eins, daß wir unter die Heiden, sie aber unter die Juden gingen, allein daß wir der Armen gedächten, welches ich auch fleißig bin gewesen zu tun. (Gal. 2,6–10)

Dieses Ergebnis unterscheidet sich so auffällig von dem in der Apostelgeschichte beschriebenen Ausgang der Debatte, daß manche Religionswissenschaftler bezweifelt haben, ob von derselben Konferenz die Rede ist, und andere sich die Sache so erklärt haben, daß der Bericht von Paulus private Besprechungen wiedergebe, die sich hinter den Kulissen der Jerusalemer Ratsversammlung abgespielt hätten, während die Apostelgeschichte nur die öffentliche Diskussion beschreibe. Derartige Erklärungsversuche sind aber unnötig. Der Brief des Paulus an die Galater wurde zu einem Zeitpunkt geschrieben, als der Bruch zwischen ihm und der Führung in Jerusalem nahezu vollständig war. Er erwähnt deren Führer nur mit kaum verhüllter Verachtung. Noch hat er es nötig, sich ihrer Billigung seiner Mission zu versichern, nimmt sich jedoch die Freiheit, die Sachlage so darzustellen, als hätten sie seine Gleichrangigkeit anerkannt und ihn zum »Apostel für die Heiden« ernannt; in Wirklichkeit, so steht es in der Apostelgeschichte zu lesen und läßt sich auch aus anderen Quellen belegen, haben die Führer von Jerusalem ihre Missionstätigkeit unter den Nichtjuden mitnichten aufgegeben, und sie sahen sich auch nicht nur als »Apostel für die Juden«. Die Ratsversammlung von Jerusalem gab Paulus kein Missionsmonopol unter den Nichtjuden. Sie verbot auch nicht den vollen Übertritt von Nichtjuden zum Judentum; der Beschluß lautete ausschließlich, daß solch ein Übertritt nicht zwingend nötig sei.

Nun aber der Bericht des Paulus über den Streit von Antiochia:

> Da aber Petrus gen Antiochien kam, widerstand ich ihm unter Augen; denn es war Klage über ihn gekommen. Denn zuvor, ehe etliche von Jakobus kamen, aß er mit den Heiden; da sie aber kamen, entzog er sich und sonderte sich ab, darum daß er die aus den Juden fürchtete. Und mit ihm heuchelten die andern Juden, also daß auch Barnabas verführt ward, mit ihnen zu heucheln. Aber da ich sah, daß sie nicht richtig wandelten nach der Wahrheit des Evangeliums, sprach ich zu Petrus vor allen öffentlich: So du, der du ein Jude bist, heidnisch lebst und nicht jüdisch, warum zwingst du denn die Heiden, jüdisch zu leben? (Gal. 2,11–14)

Diese Textstelle ist zwar etwas unzusammenhängend, trotz allem aber außerordentlich aufschlußreich. Sie zeigt, daß der Konflikt zwischen Paulus und den jüdischen Anhängern Jesu erheblich heftiger war, als es sich die Apostelgeschichte jemals zuzugeben erlaubt. An keiner Stelle derselben taucht irgendein kritisches Wort gegen Petrus auf oder ein Hinweis, daß Petrus und Paulus in irgendeiner Frage nicht brüderlich übereingestimmt hätten. Im Gegenteil, Petrus wird als Verbindungsmann zwischen Paulus und der Jerusalemer Gemeinde dargestellt, der sich bemüht, diese von den aufgeklärteren Vorstellungen des Paulus zu überzeugen. Es ist wohl wahr, daß die Apostelgeschichte Petrus als jemanden porträtiert, der psychologische Schwierigkeiten hat, diese Übergangsrolle auszufüllen: ein wenig von dem Dummheitssyndrom, das den Zwölfen angehängt wurde, klebt immer noch an ihm. Aber diese offene Kritik an Petrus aus des Paulus Mund (die jedoch nicht einmal eine Andeutung einer Haltungsänderung seitens des Petrus zur Folge hat), wie wir sie in dieser Textstelle des Galaterbriefes finden, ist dem Bild, das die Apostelgeschichte von Petrus zeichnet, völlig fremd. Wir müssen also davon ausgehen, daß der Galaterbrief weitaus verläßlicher die historischen Begebenheiten schildert, nicht nur weil er ihnen zeitlich näher steht, sondern weil er einen Stand der Dinge enthüllt, den die spätere Kirche zu verbergen trachtete; es ist eine Textstelle, die ihr und allen zeitlich auf die Paulusbriefe folgenden NT-Autoren gegen den Strich geht. (Andererseits ist die vorangehende Stelle im Galaterbrief, in der Paulus über das Konzil von Jerusalem berichtet, in historischer Hinsicht weniger verläßlich, da Paulus ein starkes Motiv hat, seine Rolle hochzuspielen.)

Der eigentliche Streitpunkt zwischen Paulus und Petrus ist allerdings nicht so klar wie die Tatsache, daß ernsthafte Auseinandersetzungen stattgefunden haben und daß diese sich nicht nur zwischen Petrus und Paulus abspielten, sondern auch Jakobus dabei eine Rolle spielte (denn die Boten, deren Meinung sich Petrus anschließt, werden immer als »von Jakobus [geschickt]« beschrieben, im Unterschied zu den früheren Kritikern von Paulus, deren Kritik an ihm zum Jerusalemer Konzil geführt hatte [Apg. 15,1]). Auf den ersten Blick scheint die Frage, ob jüdische Anhänger Jesu ihre Mahlzeiten zusammen mit nichtjüdischen Anhängern Jesu einnehmen sollten, im Zentrum des Konflikts zu stehen; die letzte Bemerkung des Paulus scheint jedoch die Frage dahin zu verlagern, ob nichtjüdische Anhänger die jüdischen Speisegebote beachten müßten. Bei der Klärung dieser Angelegenheit sollten folgende Punkte berücksichtigt werden:

Durch den Beschluß der Versammlung von Jerusalem waren nichtjüdische Anhänger Jesu *nicht* verpflichtet, die jüdischen Speisegebote zu beachten; sie durften nur kein Fleisch von Tieren essen, die »erstickt« worden waren. Das bedeutet, sie durften durchaus Fleisch von Tieren essen, die für Juden verboten waren, also z.B. Schwein und Kaninchen, waren aber verpflichtet, das Tier auf jüdische Weise (also durch Schächten, wobei man das Tier ausbluten ließ) zu töten.

Das bedeutet, daß jüdische Anhänger Jesu weiterhin nicht die Speisen mit dessen nichtjüdischen Anhängern teilen durften, falls letztere Fleisch aßen, das den Juden verboten war, den »Gottesfürchtigen« aber erlaubt. Auf der anderen Seite bedeutete es wiederum nicht, daß jüdischen Anhängern Jesu unbedingt verboten gewesen wäre, am selben *Tisch* zu essen wie die nichtjüdischen. Vorausgesetzt, das Essen auf diesem Tisch war Juden und Nichtjuden gleichermaßen erlaubt (vegetarische Kost, Fleisch, das Juden erlaubt war, oder Fisch von den Arten, die Juden erlaubt waren), so gab es keinen Grund, warum Juden und Nichtjuden nicht am selben Tisch hätten essen sollen.

Was nun »Essen, das Götzenbildern geopfert worden war« betraf, so war es sowohl Juden wie auch nichtjüdischen Anhängern Jesu verboten und konnte also auch kein Problem für ein gemeinsames Essen darstellen.

Selbst wenn Mahlzeiten, die Juden verboten waren, am Tisch nur den Nichtjuden serviert wurden und die Juden aßen, was ihnen erlaubt war, so wäre noch kein wesentliches Gesetz gebrochen gewesen, obschon fromme Juden angesichts einer solchen Konstellation etwas mißtrauisch werden konnten aus Angst, daß vielleicht doch erlaubtes mit unerlaubtem Essen durcheinander kommen könnte.

Angesichts dieser Punkte fragt man sich, was Petrus genau tat, als er Mahlzeiten mit nichtjüdischen Anhängern Jesu einnahm. Manche Kommentatoren haben angenommen, er habe tatsächlich gemeinsam mit den nichtjüdischen Gläubigen verbotene Speisen, z.B. Schweinefleisch, zu sich genommen. Das würde bedeuten, er habe zu diesem Zeitpunkt die Sicht des Paulus übernommen, nämlich daß die Thora überwunden sei und durch die Lehre von der Erlösung durch den Opfertod Jesu und dessen Auferstehung ersetzt werden solle. Dieser Meinung nach bekam Petrus, der diese doch einigermaßen radikale Umwandlung vom frommen Pharisäer zum Schweinefleisch essenden Christen durchgemacht hatte, plötzlich kalte Füße, sobald ein paar Gesandte von Jakobus auftauchten, stahl sich kleinmütig vom Tisch der nichtjüdischen Gläubigen weg und verhielt sich wieder wie ein gesetzestreuer Jude. Daraufhin schalt Paulus ihn aus, nicht etwa wegen seiner Wankelmütigkeit, sondern weil er »die Heiden zwinge, jüdisch zu leben«. Ein solcher Zwang war von der Jerusalemer Ratsversammlung abgelehnt worden und hatte auf jeden Fall nie zur jüdischen Lehre gehört; es ist also äußerst rätselhaft, daß dies jetzt den Kern der Auseinandersetzung bilden soll. Die Erklärung, die sich Kommentatoren aufdrängt, kann nur die sein, daß die Ältesten von Jerusalem unter Führung von Jakobus ihre Meinung geändert hatten und nun Boten schickten, die darauf bestehen sollten, daß Nichtjuden, die an Jesus als Messias glaubten, eben doch zunächst eine vollgültige Bekehrung zum Judentum vollziehen müßten.

Diese ganze Auslegung ist durcheinander und unwahrscheinlich. Sollte Petrus die Kluft zwischen Thora-Gehorsam und Erlösungsreligion übersprungen haben, so wäre er nicht so leicht wieder zum Einhalten der Gesetze zurückgekehrt. Die wahrscheinlichste Erklärung der Geschichte scheint folgende: Als Petrus in Antiochia ankam, war er der Meinung, Paulus hielte sich an den Beschluß der Ratsversammlung von Jerusalem, nach der nichtjüdische Gläubige Speisen, die fremden Göttern geopfert worden waren, und Fleisch von Tieren, die nicht geschächtet worden waren, meiden mußten. Da er dies glaubte, zögerte er nicht, seine Mahlzeiten mit den Nichtjuden zu teilen, die ihm, wie er zuversichtlich annahm, nichts vorsetzen würden, was einem Juden verboten war, und die auch selbst nichts essen würden, was wegen Götzenopfer oder Blut auch ihnen verboten war. Dann aber kamen Boten von Jakobus, die Petrus darüber aufklärten, daß sein Vertrauen nicht gerechtfertigt war. Jakobus hatte erfahren, daß Paulus sich nicht an die Entscheidung von Jerusalem hielt, sondern seinen nichtjüdischen Gläubigen alles zu essen gestattete, einschließlich Speiseopfern für Götzen (vgl. 1. Kor. 8, wo Paulus erklärt, dieses Verbot sei nur für »Schwache«, die nicht in der Lage seien, zwischen der Funktion einer Mahlzeit und der eines Götzenopfers zu unterscheiden[2]). Denn Paulus hielt sich nicht mehr an die Unterscheidung zwischen Thora und noachidischem Gesetz, weil in seinen Augen alle Gesetze veraltet und für die Erlösung bedeutungslos waren.

Als Petrus diese Meldung von Jakobus erhielt, zog er sich von der Tischgemeinschaft mit den nichtjüdischen Konvertiten des Paulus zurück, da er ihnen nicht mehr traute, sowohl hinsichtlich der Einhaltung der noachidischen Speisegebote wie auch ihrer Achtung vor seiner eigenen Einhaltung der mosaïschen – es wäre gut möglich gewesen, daß sie ihm Speisen gebracht hätten, von denen sie wußten, daß ein gesetzestreuer Jude sie nicht essen darf. Dieser Rückzug des Petrus von der Tischgemeinschaft mit den nichtjüdischen Konvertiten des Paulus war in diesem Falle kein schwächliches Schwanken, sondern ein dramatischer Einschnitt, der am stärksten zum Ausdruck brachte, daß Petrus sich von Paulus selbst zurückzog, und markiert gleichzeitig, daß ein entscheidender Bruch zwischen der paulinischen Bewegung und der Gemeinde von Jerusalem entstanden war. Er bedeutete zudem, daß auch Petrus die neuen Lehren des Paulus zurückwies, welche die gesamte Unterscheidung zwischen Juden und Nichtjuden innerhalb der Bewegung niederrissen; oder, um es genauer zu sagen (da ja nie zur Debatte stand, ob Petrus eine derartige Lehre akzeptieren könnte), sie war ein Zeichen dafür, daß Petrus erkannte, daß Paulus tatsächlich derartige Lehren vertrat, und das schloß ihn aus der Gemeinschaft des Judentums aus und machte es jedem Anhänger von Jakobus unmöglich, mit ihm oder seinen Gläubigen zu verkehren oder sich mit ihnen zusammenzuschließen.

Was Paulus angeblich an Petrus getadelt hat, hat er wohl nie diesem persönlich gegenüber geäußert; es war vielmehr eine nachträgliche Überlegung, die Paulus in seine Darstellung des Bruchs mit einwob. Dieser nachträgliche Gedanke beinhaltet in etwa folgendes: »Petrus, als du dich einverstanden erklärt hast, mit meinen

[2] Paulus befürwortet dabei durchaus Vorsicht im Gebrauch »dieser eurer Freiheit«, daß sie »nicht gerate zum Anstoß der Schwachen« (8,9). Denn dieses Vorbild könnte Ungefestigte zum Rückfall in heidnische Opferbräuche verführen (8,10).

Konvertiten an einem Tisch zu essen, hast du die Abschaffung jeglicher Unterscheidung zwischen Nichtjuden und Juden mit akzeptiert. Jetzt aber bestehst du auf den alten Anforderungen, wonach Nichtjuden ein eigenes Gesetz einhalten müssen, und wenn sie die volle Gemeinsamkeit mit Gottes Volk erreichen wollen, die gesamte Thora übernehmen müssen.« Die Widersprüchlichkeit, die Paulus dem Petrus vorwirft, bestand für diesen in Wirklichkeit nicht, weil Petrus in keinem Punkt, der für den jüdischen Glauben wesentlich gewesen wäre, Zugeständnisse machte, als er sich mit den Nichtjuden an einen Tisch setzte, da er ja annahm, sie hielten sich an die Jerusalemer Beschlüsse.

Bis dahin bewegte sich der Bruch zwischen Paulus und der Leitung in Jerusalem nur auf der persönlichen Ebene eines Streites zwischen Paulus und Petrus. Später kam der entscheidende, endgültige Bruch, in dessen Folge Paulus offiziell von der ganzen Jerusalemer Gemeinde ausgestoßen wurde.

Es gibt zahlreiche Beweise in den Briefen des Paulus an die Galater und beiden an die Korinther, daß er sich in den Jahren, die auf den Streit mit Petrus folgten, dauernd der Kritik von Boten der »Kirche von Jerusalem« ausgesetzt sah, die Petrus oder Jakobus geschickt hatte, um den Lehren des Paulus über die Abschaffung der Thora entgegenzuwirken. Darüber hinaus hat es den Anschein, daß Paulus sich häufig gegen den Vorwurf verteidigen mußte, seinen Lehren fehle jede echte Autorisation, da er ja den historischen Jesus nicht persönlich gekannt hatte und sich nur auf Visionen zweifelhafter Gültigkeit stützen konnte. Trotz allem führte diese unangenehme Situation noch nicht zum vollständigen Schisma. Einerseits waren die Jerusalemer Führer trotz ihres tiefen Mißtrauens gegenüber Paulus nicht endgültig sicher, daß er gegen die Thora predigte. Paulus missionierte fast ausschließlich unter Nichtjuden, und diese brauchten sich nicht an die Thora zu halten. Dementsprechend konnte Paulus immer, wenn von Jerusalem aus Erkundigungen eingezogen wurden, glaubhaft darstellen, daß seine Lehren diesen Neophyten gegenüber keiner wesentlichen jüdischen Lehre widersprachen. Es hat den Anschein, als ob er durchaus willens gewesen sei, sich ein beträchtliches Maß an Täuschung in seinen Beziehungen mit Jerusalem zu gestatten, und daß er alles getan hat, um Jerusalem seiner unbedingten Loyalität zum Judentum zu versichern, während er gleichzeitig, wie seine Briefe eindeutig vorführen, seinen Neubekehrten beibrachte, daß die Thora vollständig obsolet geworden sei. Paulus selbst erklärt seine Strategie, sich im Inhalt seiner Rede nach dem entsprechenden Publikum zu richten und seine Thora-feindliche Überzeugung vor denen geheimzuhalten, die sich an sie hielten:

> Den Juden bin ich geworden wie ein Jude, auf daß ich die Juden gewinne. Denen, die unter dem Gesetz sind, bin ich geworden wie unter dem Gesetz, auf daß ich die, so unter dem Gesetz sind, gewinne. Denen, die ohne Gesetz sind, bin ich wie ohne Gesetz geworden (so ich doch nicht ohne Gesetz bin vor Gott, sondern bin in dem

Gesetz Christi), auf daß ich die, so ohne Gesetz sind, gewinne. Den Schwachen bin ich geworden wie ein Schwacher, auf daß ich die Schwachen gewinne. Ich bin jedermann allerlei geworden, auf daß ich allenthalben ja etliche selig mache. (1. Kor. 9,20–22)

Diese Textstelle beschreibt zwar nach außen hin nur seine Strategie bei der Anwerbung von Proselyten für den Glauben an Jesus, ob es sich nun um Juden handelte oder um Nichtjuden: aber wenn Paulus vorgeben konnte, er glaube an die Thora, wenn er sich einem jüdischen potentiellen Konvertiten näherte, so konnte er doch ganz einfach dasselbe Täuschungsmanöver anwenden, wenn er über seine Tätigkeit an die Zentrale der Jesusbewegung nach Jerusalem berichtete. Es gibt sogar in der Apostelgeschichte eine Episode, die wir kurz streifen werden, in der lebhaft geschildert wird, daß Paulus sich so sehr bemühte, die Jerusalemer Führer von seiner orthodoxen Einstellung zu überzeugen, daß er es sogar auf sich nahm, sich einem komplizierten Ritual zu unterziehen; diese Episode zeigt, wie weit Paulus ging, um seine wahre Einstellung zur Thora vor den Jerusalemer Führern zu verschleiern.

Man kann sich andererseits fragen, warum Paulus solche Anstrengungen unternahm, nur um einen offenen Bruch mit der Jerusalemer Führung zu vermeiden. Warum gründete er nicht einfach seine eigene Kirche, wenn doch seine Ansichten sich so grundsätzlich von denen des Petrus oder Jakobus unterschieden? Paulus hatte auf seinen drei großen Missionsreisen zahlreiche nichtjüdische christliche Gemeinden gegründet, und wenn er die Brücken nach Jerusalem endgültig gekappt hätte, hätte er eine nichtjüdische christliche Kirche unter seiner eigenen Führung errichten können; genau das ist auch in späteren Jahren nach seinem Tode eingetreten. Aber Paulus konnte sich einen solch drastischen Schritt anscheinend nicht vorstellen. Die Autorität von Jerusalem blieb für ihn immer die höchste, genauso wie die Autorität des Alten Testaments, das ihn nie losließ, so daß er sich schließlich gezwungen sah, es auf eine seltsame, unvorhersagbare Weise umzuinterpretieren; nie aber gelang es ihm, sich völlig davon zu lösen, eine Haltung, die ein viel logischer denkender Paulinist des nächsten Jahrhunderts einnahm, nämlich Markion. Durch die Führung in Jerusalem sah Paulus sich mit der ganzen Geschichte Israels verbunden, von Abraham an; sich davon zu lösen, hätte für ihn bedeutet, wieder in den vereinzelten Zustand eines Nichtjuden zu versinken, ohne Vergangenheit und ohne Zukunft. Sein Ziel war es, das Judentum umzubauen, nicht, sich davon loszusagen. Die Meister der pharisäischen Schulen sollten zu ihm kommen, um sich belehren zu lassen; und das würde nur dann möglich sein, wenn sie sich auf demselben Terrain befanden.

Solange aber war er willens, betrügerische Taktiken anzuwenden, um die Verbindung zwischen sich und der Führung in Jerusalem aufrechtzuerhalten. Die erste Krise war erfolgreich gemeistert worden, da die Entscheidung der Ratsversammlung von Jerusalem ihm freie Hand ließ und es Paulus gelungen war, seine neuen Lehren zu verschweigen. Jetzt kam jedoch die zweite Krise. Paulus wurde erneut nach Jerusalem einbestellt, um über seine Tätigkeit zu berichten. Diesmal waren die Anschuldigungen schwerer und die Aussicht auf einen geschickten Kompromiß unwahrscheinlicher. Dies hätte der Augenblick sein können, sich zu weigern und damit einen vollständigen Bruch zu provozieren. Paulus aber willigte ein, zu kommen. Er hoffte immer noch, den Verdacht, den die Jerusalemer Führung gegen ihn hegte, einlullen zu können; er war auch der Meinung, gewichtige Mittel in der Hand zu haben, sie zum Einlenken zu bringen, brachte er doch eine beträchtliche Summe Geldes mit, die er zum Erhalt der Jerusalemer Gemeinde gesammelt hatte.

Dieser Höhe- und gleichzeitig Wendepunkt in den Beziehungen zwischen Paulus und den Nazarenern von Jerusalem wird im 21. Kapitel der Apostelgeschichte sehr zurückhaltend beschrieben. Wie im Falle des Jerusalemer Konzils (etwa fünf Jahre zuvor) ist der Verfasser der Apostelgeschichte sehr darum bemüht, den Konflikt herunterzuspielen, damit nicht herauskommt, daß Paulus der wahre Gründer des Christentums war und nicht Jesus und seine unmittelbaren Jünger. Trotz allem fällt es auch ihm schwer, die erbitterte Auseinandersetzung zu verschleiern, die jetzt tobte:

> Da wir nun gen Jerusalem kamen, nahmen uns die Brüder gern auf. Des andern Tages aber ging Paulus mit uns ein zu Jakobus, und es kamen die Ältesten alle dahin. Und als er sie gegrüßt hatte, erzählte er eines nach dem andern, was Gott getan hatte unter den Heiden durch sein Amt. Da sie aber das hörten, lobten sie den Herrn, und sprachen zu ihm: Bruder, du siehst, wieviel tausend Juden sind, die gläubig geworden sind, und sind alle Eiferer für das Gesetz; sie sind aber berichtet worden wider dich, daß du lehrest von Mose abfallen alle Juden, die unter den Heiden sind, und sagest, sie sollen ihre Kinder nicht beschneiden, auch nicht nach desselben Weise wandeln. Was denn nun? Allerdinge muß die Menge zusammenkommen; denn sie werden's hören, daß du gekommen bist. So tue nun dies, das wir dir sagen. Wir haben vier Männer, die haben ein Gelübde auf sich; die nimm zu dir, und heilige dich mit ihnen und wage die Kosten an sie, daß sie ihr Haupt scheren, so werden alle vernehmen, daß es nicht sei, wie sie wider dich berichtet sind, sondern daß du auch einhergehst und hältst das Gesetz. Denn den Gläubigen aus den Heiden haben wir geschrieben und beschlossen, daß sie der keines halten sollen, sondern nur sich bewahren vor dem Götzenopfer, vor Blut, vor Ersticktem und vor Hurerei. Da nahm Paulus die Männer zu sich und heiligte sich des andern Tages mit ihnen und ging in den Tempel und ließ sich sehen, wie er aushielte die Tage, auf welche er sich heiligte, bis daß für einen jeglichen unter ihnen das Opfer gebracht ward. (Apg. 21,17-26)

Es ist eindeutig, daß der Verfasser der Apostelgeschichte den Ton der Diskussion zwischen Paulus und den Ältesten der Jerusalemer Gemeinde, über die hier berichtet wird, beträchtlich abgemildert hat. Es wird festgestellt, daß Paulus bei seiner Ankunft herzlich begrüßt wird und man ihm zu seinen Missionserfolgen unter den Nichtjuden gratuliert. Dann erwähnen die Ältesten wie nebenbei, daß, obwohl sie selbst glaubten, Paulus sei ein vollständig gesetzestreuer Jude, einige tausend ihrer Anhänger da ihre Zweifel hätten und mit Hilfe einer aufwendigen Demonstration der Treue zur Thora wieder beruhigt werden müßten. Andernfalls werde es Ärger geben, welcher Art auch immer (»denn sie werden's hören, daß du gekommen bist«).

Daß die Ältesten sich so ausgedrückt haben sollen, ist höchst unwahrscheinlich. Wenn die Berichte über des Paulus Abkehr von der Thora so hartnäckig waren (und sie entsprachen ja wirklich vollständig den Tatsachen!), wären die Ältesten selbst, die ja nicht weniger »Eiferer für das Gesetz« waren als irgendeiner aus ihrer Herde, tief besorgt gewesen, insbesondere da Petrus (der seltsamerweise als Teilnehmer dieses Treffens nicht besonders erwähnt wird) ihnen über seinen eigenen Bruch mit Paulus und dessen Gründe einiges erzählt haben wird. Es ist weitaus wahrscheinlicher, daß sich dieses Ereignis in Form einer offiziellen Nachforschung oder sogar einem Gericht abspielte und daß Paulus offiziell einbestellt worden war, um ein für alle Mal sich den Anschuldigungen zu stellen, die von allen Seiten gegen ihn vorgebracht worden waren. Sollte er nicht kommen oder den teilnehmenden Ältesten keine zufriedenstellende Antwort geben können, so würde er formell aus der Bewegung der Nazarener ausgeschlossen. Allem Anschein nach hat Paulus sich im Laufe der Untersuchung geweigert zuzugeben, daß er in seinen Lehren die Abkehr von der Thora vertrat. Folgerichtig hatten Jakobus und die anderen Ältesten beschlossen, ihn auf die Probe zu stellen bzw. eine Prozedur von ihm zu verlangen, bei deren Durchführung er alle Lehren, die er gegen die bleibende Gültigkeit der Thora verbreitet haben mochte, durch sein Verhalten in der Öffentlichkeit für nichtig erklären würde.[3] Die Nachricht, daß Paulus seine Lehren öffentlich widerrufen hätte, würde seine Neubekehrten schnell erreichen und die Arbeit der Emissäre aus Jerusalem, die ebendiese Lehren von Paulus wieder auf Linie zu bringen sich bemühten, erleichtern. Die Ältesten waren vermutlich schon davon überzeugt, daß Paulus tatsächlich gegen die Thora gelehrt hatte, aber sie hofften, die Wirkung dieser Lehre durch Zurschaustellung von dessen Reue zu untergraben.

Diesmal war es Paulus also nicht gelungen, eine Kompromißformel zu finden, um sein Gesicht zu wahren, wie er das zuvor auf dem Jerusalemer Konzil geschafft

---

[3] Das angeratene Vorgehen bestand darin, daß Paulus die Kosten für die rituelle Reinigung von vier Nasoräern (*sc.* jüdischen Asketen, Übs.) am Ende ihrer Gelöbnisdauer tragen sollte. Dies war eine Art, seine eigene Frömmigkeit und Mildtätigkeit vorzuführen, die damals nicht ungewöhnlich war (siehe Jos. ant. XIX 6,1 und Gen. Rabbah 91,3). Die zusätzliche Forderung, Paulus solle sich zugleich mit den Nasoräern diesen Reinigungsriten unterziehen, bedeutet im Gegensatz zu manchmal vorgebrachten Ansichten nicht, daß Paulus ebenfalls ein Nasoräergelübde hätte ablegen sollen (denn dieses hätte wenigstens dreißig Tage lang gebraucht), sondern daß er sich der üblichen »Reinigung« jedes Gläubigen unterziehen sollte, der von außen in das Hl. Land einreist; damit sollte der Zeitplan so gestaltet werden, daß er zusammen mit den Nasoräern den Tempel betreten und dort ein »freiwilliges«, jedenfalls aber Aufmerksamkeit bewirkendes Opfer darbringen könnte, während zugleich die Nasoräer ihre Abschlußopfer brachten. Siehe STRACK/BILLERBECK 1922 *ad loc.*

hatte. Er sah sich gezwungen, zu kapitulieren und öffentlicher Erniedrigung und Widerruf zuzustimmen.

Religionswissenschaftler haben sich befremdlicherweise aller Kommentare zu diesem kleinmütigen Verhalten des Paulus enthalten. Er hatte ja in seinen Episteln verkündet, die Thora sei tot, die Beschneidung allenfalls eine Verstümmelung und die Befolgung der Thora hätte keinerlei Effekt auf die Erlösung, welche ausschließlich durch den Opfertod Jesu bewirkt würde. Man könnte doch meinen, dies sei eine ausgezeichnete Gelegenheit für ihn gewesen, für seine Ansichten, die ihm doch so am Herzen lagen, Zeugnis abzulegen. Stattdessen erklärte er sich nachgiebigerweise mit einer Handlung einverstanden, die die Thora in ihrer Gültigkeit bestätigte und damit Jesus auf die Stufe eines jüdischen Messias verwies – eines Menschen ohne Erlöserambition, aber mit dem Ziel der nationalen Befreiung – der Befreiung des von Gott erwählten Volkes von der Fremdherrschaft, damit es sich intensiver Studium und Praxis der Thora widmen könne.

Paulus muß bei dieser Gelegenheit durch Jakobus sehr eingeschüchtert gewesen sein. Wahrscheinlich spielte auch Petrus bei dieser Untersuchung eine wesentliche Rolle (obwohl die Apostelgeschichte dies nicht erwähnt), und der dritte Führer, Johannes (der in der Apostelgeschichte nur beiläufig erwähnt wird), muß auch eine furchterregende Persönlichkeit gewesen sein. In deren Abwesenheit konnte Paulus sich wohl einreden, er sei diesen dreien gleich oder gar überlegen, aber er konnte diese Haltung nicht aufrechterhalten, wenn sie vor ihm standen. Ein Hauch der Größe, die Jakobus umgab, läßt sich sogar aus dem Bericht der Apostelgeschichte erahnen; Petrus jedoch wird durch die Erfordernisse der Parteilichkeit fast zur komischen Figur, die es dem Verfasser der Apostelgeschichte notwendig erscheinen lassen, die Wurzeln des Paulinismus in der sogenannten »Kirche von Jerusalem« anzusiedeln und Petrus deshalb in die Schablone einer unsicher herumtapsenden Übergangsgestalt zu pressen, die zur Hälfte der alten jüdischen Welt angehört, halb aber schon in der neuen Welt des Christentums steht. Viel eher besaßen diese Männer aber den Ernst und die Persönlichkeit der großen pharisäischen Lehrer (wie Hillel oder Gamaliel), und der Emporkömmling Paulus war für sie auf eigenem Terrain kein ebenbürtiger Gegner; er unterwarf sich und erklärte sich mit einer Aktion einverstanden, die von der Wirkung her einem Widerruf gleichkam.

Freilich, auch ganz abgesehen von dem Schrecken, den die Jerusalemer Führer ihm einflößen konnten, gab es noch andere wichtige Gründe, die Paulus zwangen, sich zur Not auch unangenehmer Strategien zu bedienen, solange er in Jerusalem war. Er war von Feinden umgeben, von denen einige auch für Leib und Leben gefährlich werden konnten. Den Forderungen der einen Gruppe von Feinden zu entsprechen hieß gleichzeitig, eine andere Gruppe zu beleidigen. Paulus brauchte seinen ganzen beträchtlichen Vorrat an Geschmeidigkeit, Anpassungsfähigkeit und Wendigkeit, um einer Lage zu entkommen, in die er dadurch geschlittert war, daß er der Ladung nach Jerusalem folgte. Im nächsten Kapitel werden wir die komplizierten Manöver untersuchen, die daraufhin folgten, und sie zu klären versuchen. Ob wir die verschiedenen Standpunkte der »Kirche von Jerusalem«, des Hohenpriesters und des Paulus selbst richtig bestimmt haben, wird sich dann erweisen, wenn es uns gelingt, diesen rätselhaftesten Abschnitt in Pauli Lebenslauf auf dieser Grundlage zu klären.

Kapitel 14

Paulus vor Gericht

Als Paulus sich einverstanden erklärte, seine Treue zur Thora öffentlich im Tempel zu demonstrieren, hoffte er, daß damit die Opposition gegen ihn unter den Nazarenern von Jerusalem, die, wie ihr Anführer Jakobus, alle treue Anhänger der Thora waren, verstummen würde. Während dieser Demonstration aber, so erfahren wir aus der Apostelgeschichte, geriet er in eine ernstlich schwierige Lage, wobei die Gefahr diesmal von anderer Seite kam: sie ging von »Juden aus der Provinz Asien« aus, die ihn während seines Aufenthaltes im Tempel wiedererkannten und das anwesende Volk gegen ihn aufwiegelten; ein Tumult entstand, aus dem Paulus nur mit Glück mit dem Leben davonkam. Die Apostelgeschichte beschreibt das Ereignis folgendermaßen:

> Als aber die sieben Tage sollten vollendet werden, sahen ihn die Juden aus Asien im Tempel und erregten das ganze Volk, legten die Hände an ihn und schrieen: Ihr Männer von Israel, helft! Dies ist der Mensch, der alle Menschen an allen Enden lehrt wider dies Volk, wider das Gesetz und wider diese Stätte; dazu hat er auch Griechen in den Tempel geführt und diese heilige Stätte gemein gemacht. (Denn sie hatten mit ihm in der Stadt Trophimus, den Epheser, gesehen; den, meinten sie, hätte Paulus in den Tempel geführt.) Und die ganze Stadt ward bewegt, und ward ein Zulauf des Volks. Sie griffen aber Paulus und zogen ihn zum Tempel hinaus; und alsbald wurden die Türen zugeschlossen. Da sie ihn aber töten wollten, kam das Geschrei hinauf vor den obersten Hauptmann der Schar, wie das ganze Jerusalem sich empörte. (Apg. 21,27-31)

Wer waren diese »Juden aus Asien«? Warum waren sie so erbitterte Gegner des Paulus? Wenn es stimmt, was Paulus über seine Predigten gegenüber Juden auf seinen Missionsreisen sagt, so hatten sie keinen Grund, anzunehmen, er sei vom Judentum abgefallen, denn Paulus selbst beschreibt seine Art, Juden zu begegnen, mit den Worten: »Den Juden bin ich geworden wie ein Jude, auf daß ich die Juden gewinne. Denen, die unter dem Gesetz sind, bin ich geworden wie unter dem Gesetz, auf daß ich die, so unter dem Gesetz sind, gewinne« (1. Kor. 9,20). Nur seinen nichtjüdischen Gläubigen gegenüber gab Paulus zu, daß er die Thora für veraltet hielt; er mag dies jedoch auch jüdischen Christen gegenüber geäußert haben, wenn er der Meinung war, sie seien im Verständnis so weit fortgeschritten, daß sie für seine gegen die Thora gerichteten Lehren empfänglich sein könnten.

Daß er sich mittlerweile von der Thora abgewandt hatte, war also nur innerhalb der Jesusbewegung selbst bekannt, wo diese Nachricht allerdings so große Besorgnis ausgelöst hatte, daß judenchristliche Emissäre ausgeschickt worden waren, um seine Lehren zu bekämpfen. Paulus selbst war zweimal nach Jerusalem vorgeladen worden, um sich gegen derlei Vorwürfe vor dem obersten Tribunal der Nazarener zu verteidigen.

Die Juden im allgemeinen hielten die Jesusbewegung für eine Widerstandsbewegung gegen die Römer, für fromme Radikale. Sie kannten die unterschiedlichen Fraktionen innerhalb der Bewegung nicht gut genug, um zwischen Paulus und ihren anderen Führern unterscheiden zu können. Wann immer sie Paulus auf dessen Missionsreisen trafen, erweckte er nach außen den Anschein, den orthodoxen jüdischen Glauben in Verbindung mit dem Glauben an Jesus als den Messias zu predigen. Wenn Juden sich auf dessen Missionsreisen gegen Paulus wandten, so geschah dies nicht wegen Ketzerei oder Abfall vom Judentum, sondern aus politischen Gründen, weil Paulus wie seine Mitnazarener aus Jerusalem Ärger mit dem Römischen Reich provozierte und so eine Gefahr für die Niederlassungen der jüdischen Diaspora darstellte, die sich mit ihrem Umfeld hatten arrangieren können. Dieser Sachverhalt wird ausdrücklich benannt in Bezug auf die Juden von Thessaloniki, die Paulus bei den lokalen Beamten folgendermaßen denunzierten: »Diese, die den ganzen Weltkreis erregen, sind auch hergekommen; die herbergt Jason. Und diese alle handeln wider des Kaisers Gebote, sagen, ein anderer sei der König, nämlich Jesus« (Apg. 17,6–7). Hier spüren wir ein einziges Mal einen Hauch von politischer Realität. In anderen Textstellen wird die Gegnerschaft der Diaspora-Juden gegen Paulus und seine Predigten gegen die jüdische Religion so dargestellt, als ob es bloß um Glaubensartikel gegangen sei; das gehört jedoch zur entpolitisierenden Darstellung des Verfassers der Apostelgeschichte, einer Umdeutung, die er im Falle der Juden von Thessaloniki nachlässigerweise nicht angewandt hatte.

Wir können jedenfalls festhalten, daß Paulus nicht vorrangig daran interessiert war, Juden zum Glauben an Christus zu bekehren, sondern Nichtjuden, apostrophiert er sich doch selbst als »Apostel der Heiden«. Nur in den Briefen an seine nichtjüdischen Gläubigen, die im NT überliefert sind, schüttet er sein Herz aus, verrät seine eigentlichen Gedanken und äußert die Ansicht, daß es nicht die Befolgung der Thoragesetze sein kann, die zum Heil führt. Im Lauf der Zeit kamen diese Ansichten natürlich auch jüdischen Anhängern Jesu zu Ohren, aber die Juden allgemein hatten höchstwahrscheinlich keinen Zugang zu diesen Informationen.

Es spricht also alles dafür, daß die »Juden aus Asia«, die Paulus aus dem Tempel zerrten und ihn ihren jüdischen Glaubensbrüdern gegenüber als Gegner der Thora, des Volkes Israel und des Tempels anprangerten, in Wirklichkeit Judenchristen waren, die mit Paulus während seiner Missionsreisen in Asien (womit hier Kleinasien gemeint ist) in Konflikt geraten waren, z.B. in Galatien. Daß diese Judenchristen möglicherweise zur Gewalt greifen könnten, war ja gerade der Inhalt der Warnung von Jakobus an Paulus gewesen:

> Bruder, du siehst, wie viel tausend Juden sind, die gläubig geworden sind, und alle sind Eiferer für das Gesetz; sie sind aber berichtet worden wider dich, daß du lehrest von Mose abfallen alle Juden, die unter den Heiden sind, und sagest, sie sollen ihre Kinder nicht beschneiden, auch nicht nach desselben Weise wandeln. Was denn nun? Allerdinge muß die Menge zusammenkommen; denn sie werden's hören, daß du gekommen bist. (Apg. 21,20–22)

In bestimmten frühen Handschriften des Neuen Testaments lautet der letzte Teil dieser Textstelle: »... die Menge wird sicher zusammenkommen: denn sie werden davon hören, daß du gekommen bist«. (So steht die Textstelle auch in der englischen Revised Edition.) Wahrscheinlich ist das die richtige Wiedergabe, und so liest sich das Ganze bedeutend bedrohlicher als die Lesart, die die New English Bible und die Lutherbibel gewählt haben, obwohl auch dort ein bedrohlicher Unterton mitschwingt. Jakobus warnt Paulus davor, daß sich eine Volksmenge gegen ihn stellen und dabei nicht vor Gewalt zurückschrecken könne, und gemeint sind damit die ganz normalen Mitglieder der jüdischen Christengemeinde von Jerusalem (deren Zahl er auf »Tausende« schätzt, das griechische Wort ist allerdings μυριάδες, was »Zehntausende« bedeutet). Anscheinend hatten die Nazarener unter Führung von Jakobus große Fortschritte in Jerusalem gemacht und zählten mittlerweile einen beträchtlichen Teil der Bevölkerung zu ihren Anhängern. Das waren die Leute, von denen Paulus gewaltsame Angriffe befürchten mußte, denn sie standen in Verbindung mit den Judenchristen in der Diaspora, wußten daher Bescheid über Paulus und seine Lehre und standen ihr feindlich gegenüber. Einige dieser Nazarener gehörten zum radikalen Flügel, wie weiter oben dargestellt (p. 87). Früher war Stephanus ihr Führer gewesen – sie waren Aktivisten im Widerstand gegen die römische Besatzung. Daß diese Zeloten (die in der Tat viel mit der Partei der Zeloten gemeinsam hatten, die Judas von Galiläa gegründet hatte) gegen jemanden wie Paulus zur Gewalt greifen würden, da man von ihm hörte, er habe sowohl den jüdischen Patriotismus als auch den Respekt vor der Thora aufgegeben, war mehr als wahrscheinlich. Wenn übrigens Jakobus davon spricht, daß man sage, Paulus predige »allen Juden der nichtjüdischen Welt«, der Thora nicht länger zu folgen, muß er sich entweder nur auf die jüdischen Christen beziehen oder gibt vielleicht ein übertriebenes Gerücht wieder, das unter den Nazarenern von Jerusalem kursierte. Denn wir haben ja gesehen, daß Paulus, wenn er zu nicht bekehrten Juden sprach, darauf achtete, nichts gegen die Gültigkeit der Thora verlauten zu lassen: »Den Juden bin ich geworden wie ein Jude.«

Welches Motiv hat aber nun der Verfasser der Apostelgeschichte, die Sachlage zu verschleiern, indem er die Leute, die Paulus angegriffen, aus dem Tempel gezerrt, geschlagen und seine Hinrichtung gefordert haben, als normale Juden ausgibt und nicht als Judenchristen? Die Antwort liegt ganz offensichtlich darin, daß der Verfasser der Apostelgeschichte die Opposition gegen Paulus in der Jerusalemer Bewegung, der er ja immer wieder paulinische Lehren unterzuschieben versucht, so gering wie möglich darstellen will. Trotz dieser Verschleierungsversuche merkt man deutlich, daß seine Darstellung der Ereignisse ganz und gar nicht zu der Rede des Jakobus an Paulus paßt, in der recht deutlich wird, daß Jakobus aufgrund der Feindseligkeit, die »Zehntausende« Mitglieder der Nazarener-Gemeinde ihm gegenüber empfinden, um die körperliche Unversehrtheit von Paulus fürchtet. Diese Diskrepanz fiel dem Herausgeber der Apostelgeschichte in der Anchor-Bibelausgabe so unangenehm auf, daß er vorschlug, die Rede des Jakobus müsse in drastischer Weise abgeändert werden, und zwar dergestalt, daß sich Jakobus an dieser Stelle auf Juden beziehen solle und nicht auf jüdische Christen. Andernfalls, so sagt er, »würde sich Jakobus als schlechter Christ herausstellen und als unzuverlässiger und feiger Anführer der Kirche«, weil es ihm nicht gelungen war, seine Anhänger von der Richtigkeit der Arbeit und Einstellung des Paulus zu überzeugen.

Nachdem die Judenchristen ihn angegriffen hatten, wurde Paulus von der römischen Polizei gerettet, die zwar nicht so recht herausfinden konnte, aus welchem Grunde das Volk sich gegen ihn gewandt hatte, aber schließlich den Eindruck gewann, er habe durch irgendeine Beleidigung oder ein Vergehen den Ärger der Menge provoziert, und ihn daher festnahm. Einige der Einzelheiten, die im Kapitel 21 und 22 der Apostelgeschichte daraufhin angeführt werden, sind nicht glaubhaft. So soll z. B. der römische Kommandant Paulus gefragt haben, ob er nicht »der Ägypter [sei], der vor diesen Tagen einen Aufruhr gemacht hat« (Apg. 21,38). Jemandem, der in der jüdischen Bevölkerung offensichtlich derart verhaßt war, daß sie seine Hinrichtung forderte, eine solche Frage zu stellen, ist höchst unwahrscheinlich. Es ist viel wahrscheinlicher, daß ein messianischer Führer wie »der Ägypter« (über den wir Näheres bei Josephus erfahren [ant. XX 8,5; bell. II 13,5) stattdessen beim Volk von Jerusalem ausgesprochen beliebt gewesen und entsprechend vom Hohenpriester und seinem Anhang als gefährlicher und lästiger Unruhestifter eingestuft worden wäre. Es spricht einiges dafür, daß Lukas, der Verfasser der Apostelgeschichte, »den Ägypter« hier nur eingefügt hat, weil er bei Josephus etwas über ihn gelesen hatte und der Geschichte noch einen Schuß Dramatik mit der Note geben wollte, Paulus sei nicht nur das Haßobjekt feindseliger Juden gewesen, sondern auch noch von den Römern als Aufrührer verdächtigt worden.

Noch unwahrscheinlicher ist der folgende Bericht des Verfassers, der römische Polizeioffizier habe Paulus erlaubt, sich von den Stufen der Polizeikaserne herab an die Menge zu wenden und eine lange Rede zu halten. Lukas war offensichtlich ein begeisterter Leser von griechischen Geschichtswerken, in denen üblicherweise keine Gelegenheit ausgelassen wurde, einer bewunderungswürdigen historischen Gestalt eine erbauliche Rede in den Mund zu legen, manchmal unter Umständen, in denen eine lange Ansprache historisch ungefähr so wahrscheinlich ist wie die aus voller Brust geschmetterte Arie eines Opernhelden, der in den letzten Zügen liegt.

Die darauf folgenden Ereignisse, über die die Apostelgeschichte berichtet, vermitteln uns jedoch tatsächlich einige historische Erkenntnisse:

> Da hieß ihn der Hauptmann in das Lager führen und sagte, daß man ihn stäupen und befragen sollte, daß er erführe, um welcher Ursache willen sie also über ihn riefen. Als man ihn aber mit Riemen anband, sprach Paulus zu dem Unterhauptmann, der dabeistand: Ist's auch recht bei euch, einen römischen Menschen ohne Urteil und Recht zu geißeln? Da das der Unterhauptmann hörte, ging er zu dem Oberhauptmann und verkündigte ihm und sprach: Was willst du machen? Dieser Mensch ist römisch. Da kam zu ihm der Oberhauptmann und sprach zu ihm: Sage mir, bist du römisch? Er aber sprach: Ja. Und der Oberhauptmann antwortete: Ich habe dies Bürgerrecht mit großer Summe zuwege gebracht. Paulus aber sprach: Ich aber bin auch römisch geboren. Da traten alsobald von ihm ab, die ihn befragen sollten. Und der Oberhauptmann fürchtete sich, da er vernahm, daß er römisch war, und er ihn gebunden hatte. (Apg. 22,24–29)

Wir verstehen jetzt langsam, warum Paulus, ansonsten doch ein gewitzter Mensch, etwas auf den ersten Blick so Törichtes tun konnte, wie zu diesem Zeitpunkt seines Lebens nach Jerusalem zu kommen. Jerusalem war für ihn wie ein Hornissennest; er war von allen Seiten von Feinden bedroht: von seiten der Judenchristen, die erzürnt waren wegen der Berichte über seine seltsamen und götzendienerischen Lehren über Jesus ebenso wie von seiten der Partei des Hohenpriesters, seines früheren Verbündeten, auf dem anderen Extrem des politisch-religiösen Spektrums. Andererseits hatte Paulus durch sein Kommen nach Jerusalem auch einiges zu gewinnen: es könnte ihm gelingen, wie damals während der Ratsversammlung von Jerusalem, eine Kompromißlösung zu erreichen und so den schmerzhaften Bruch, den er fürchtete, zu vermeiden. Im allerschlimmsten Falle, wenn ihn seine Feinde besiegten, könnte er die Trumpfkarte ausspielen, von der sie nichts wußten, nämlich seine römische Staatsbürgerschaft. Er könnte bei den römischen Behörden um Schutz ersuchen und würde damit unbeschadet aus Jerusalem entkommen.

Es spricht einiges dafür, daß die römische Polizei nicht einfach wegen eines Tumultes auftauchte, wie die Apostelgeschichte berichtet, sondern deswegen, weil Paulus vorher vereinbart hatte, daß die Polizei benachrichtigt werden sollte, wenn er in Schwierigkeiten käme, denn Paulus war nicht alleine nach Jerusalem gereist. Anscheinend stand ein nichtjüdischer Helfer namens Trophimus bereit, und wir wissen auch, daß sein Neffe sich in Jerusalem aufhielt und dafür einsetzte, ihn aus seiner schwierigen Lage zu befreien (Apg. 23,16). Sein Notfallplan wurde also in die Tat umgesetzt, und einer seiner Helfer alarmierte die Polizei. Daß dieser Hergang wahrscheinlich ist, wird gestützt durch den Inhalt des Briefes des Hauptmanns Claudius Lysias, der in seinem Bericht an den Landpfleger Felix schrieb: »Diesen Mann hatten die Juden gegriffen und wollten ihn getötet haben. Da kam ich mit dem Kriegsvolk dazu und riß ihn von ihnen und erfuhr, daß er ein Römer ist« (Apg. 23,27) [im Englischen: »weil ich erfuhr ...«; das Partizip des Originals erlaubt beide Übersetzungen]. Nach diesem Bericht des Hauptmanns hat man den Eindruck, daß er über die römische Staatsbürgerschaft des Paulus schon Bescheid wußte, *bevor* er eingriff. Im anderen Falle hätte er wahrscheinlich gar nicht eingegriffen, denn die Römer waren nicht so gewissenhaft in Erfüllung ihrer polizeilichen Pflichten, daß sie sich eingemischt hätten, wenn irgendein Jude bei einem innerjüdischen Streit um religiöse Fragen getötet oder zusammengeschlagen wurde. Der Verfasser der Apostelgeschichte möchte jedoch den Eindruck bewußter Planung durch Paulus vermeiden und verschiebt daher die Enthüllung seiner römischen Staatsbürgerschaft auf den Zeitpunkt, da er ausgepeitscht werden soll (vergißt dann aber dummerweise, jedoch für uns Altertumsforscher ein Glücksfall, den Brief des Hauptmanns entsprechend abzuändern).

Folgt man der Apostelgeschichte, dann hat Paulus nur einmal zuvor seine römische Staatsbürgerschaft in Bedrängnis geltend gemacht, und zwar während seiner zweiten Missionsreise, als er im griechischen Philippi mit seinem Gefährten Silas den Zorn gewisser praktizierender Heiden griechischer Volkszugehörigkeit erregt hatte, die sie bei den obersten Beamten denunzierten, welche ihrerseits deren Auspeitschung anordneten (Apg. 16,19–21). Bei dieser Gelegenheit behaupteten beide, Paulus und Silas, römische Bürger zu sein, seltsamerweise aber erst, *nachdem* sie ausgepeitscht worden waren. Ob diese Geschichte der historischen Wahrheit entspricht, ist recht zweifelhaft, vor allem deshalb, weil es unglaubhaft scheint, daß nicht nur Paulus, sondern auch noch Silas römische Bürger sein sollen. Es ist schon überraschend genug, daß Paulus römischer Bürger ist, ohne daß auch noch Silas einer sein müßte (denn die Verleihung des römischen Bürgerrechts wurde damals außerhalb Italiens noch sehr restriktiv gehandhabt). Es scheint also, daß der Verfasser der Apostelgeschichte sich den Anspruch des Paulus, römischer Bürger zu sein, später überlegt und erst dann eingefügt hat, um den Effekt zu erzielen, daß Paulus und Silas nicht nur aus dem Gefängnis entlassen werden mußten, sondern darüber hinaus die Beamten in Angst und Schrecken versetzen konnten. Die Erzählung, wie Paulus sich in Jerusalem als römischer Bürger zu erkennen gab, war zu gut, um nicht in zeitlich früherem Zusammenhang der Geschichte noch einmal benutzt zu werden.

Man wundert sich auch, wieso Paulus diese römische Bürgerschaft bei keiner der anderen Gelegenheiten angab, als man ihn ausgepeitscht hatte. Wie er in einem Korintherbrief schreibt (2. Kor. 11,25), wurde er dreimal mit Ruten geschlagen (d.h. von römischen Liktoren) und protestierte dabei anscheinend nicht damit, daß diese Bestrafung ungesetzlich sei. Paulus spricht auch an keiner Stelle seiner Briefe davon, daß er römischer Bürger sei, obwohl man doch erwarten könnte, daß er das erwähnt. (Es hätte allerdings sogar seine nichtjüdischen Leser so wenig für ihn eingenommen wie ein analoger Hinweis Lenins auf seine Adelszugehörigkeit dessen Hörer; selbst die christliche Ortsgruppe Rom dürfte kaum einen römischen Vollbürger enthalten haben. [Anm. d. Übs.])

Diese Überlegungen könnten darauf hinweisen, daß Paulus die römische Staatsbürgerschaft erst kurz vor seiner Reise nach Jerusalem erwarb. Zu diesem Zeitpunkt hatte er einen großen Geldbetrag zur Verfügung, denn er hatte sich besonders angestrengt, eine große Summe zu sammeln, die er nach Jerusalem mitbringen konnte (vgl. 1. Kor. 16,1-4). Er erfüllte damit sein Versprechen auf der Ratsversammlung von Jerusalem, von seinen nichtjüdischen Neuchristen einen beträchtlichen Beitrag zur Deckung der Kosten der Zentrale der Jesusbewegung in Jerusalem beizusteuern. Jakobus hatte dies verlangt, und zwar nicht als karitativen Akt (wie die Apostelgeschichte den Vorgang darstellt), sondern als Zeichen der Unterwerfung unter seine Autorität als Nazarenerführer. Paulus hielt es daher vor Antritt seiner schicksalhaften Reise nach Jerusalem, wo seine Loyalität gegenüber Jakobus und der Thora ohnehin in Frage gestellt würde, für zwingend notwendig, diese Forderung zu erfüllen. Aber wenn er schon im Besitz solch großer Summen war, hätte es seinem Charakter entsprochen, sich eine Rückversicherung zu schaffen, falls er durch irgendeine unangenehme Wendung der Dinge fliehen müßte. In dieser Hinsicht war der Erwerb der römischen Staatsbürgerschaft ein ausgezeichneter Plan; damit konnte er im Notfall die Römer zu Hilfe rufen.

Paulus hätte es nicht für unehrlich gehalten, Gelder, die zugunsten der »Kirche von Jerusalem« gesammelt worden waren, dafür zu nutzen, sich selbst eine römische Staatsbürgerschaft zu kaufen; es ging ja nicht nur um seinen persönlichen Vorteil, sondern um Prioritätsabwägungen, an denen die Zukunft des gesamten Christentums hängen würde. Sollten die Verhandlungen in Jerusalem abgebrochen werden, so wäre sein eigenes Überleben dringend notwendig für das Weiterbestehen der Lehren, die ihm am Herzen lagen und von denen, wie er vielleicht wirklich glaubte, die Erlösung der ganzen Menschheit abhing. Darüber hinaus gehörten diese Gelder nur dann Jerusalem, wenn die Umstände es möglich machten, daß er selbst weiterhin loyal zu Jerusalem stehen und sich der Jerusalemer Führung als dem offiziellen Mittelpunkt der Jesusbewegung unterwerfen würde. Sollte es zur Spaltung kommen, würde Paulus selbst und nicht jemand aus Jerusalem zur Führerfigur einer heidenchristlichen Kirche werden, deren Gelder dann er zu verwalten hätte. So brachte er durch seine Handlungsweise nur eine Summe für unvorhergesehene Notfälle beiseite, falls die Spaltung tatsächlich eintreten sollte. Es ist wahrscheinlich, daß er zusätzlich zu dem Geld, das er für den Kauf der römischen Bürgerschaft ausgab, noch eine beträchtliche Summe für den Fall zurückhielt, daß er sie zur Gründung seiner eigenen Kirche brauchen würde.

Diese These wird von einer Einzelheit gestützt, die dem Verfasser der Apostelgeschichte versehentlich entschlüpft ist, nämlich, daß der römische Gouverneur

Felix »hoffte [...], daß ihm von Paulus sollte Geld gegeben werden, daß er ihn losgäbe; darum er ihn auch oft fordern ließ und besprach sich mit ihm« (Apg. 24,26). Dies geschah, während Paulus Gefangener des Gouverneurs Felix war und auf die Entscheidung seines Falles wartete. Ein römischer Gouverneur hätte sich wohl kaum mit einem Trinkgeld als Bestechung zufrieden gegeben; er muß also davon ausgegangen sein, daß Paulus über beträchtliche Summen verfügte. Paulus hatte sich tatsächlich zuvor bemüht, diese Andeutung fallen zu lassen (Apg. 24,17). Anscheinend hatte Paulus dem Jakobus nicht die gesamte Summe, die er von den heidenchristlichen Gemeinden Kleinasiens und Griechenlands eingesammelt hatte, übergeben: er hatte immer noch finanzielle Mittel, die er einsetzen konnte, um sie in kritischer Lage in die Waagschale werfen zu können.

Diese Überlegungen werfen erneut ein Schlaglicht auf das Gespräch zwischen Paulus und dem Hauptmann Claudius Lysias, das wir schon oben zitiert haben:

> Als man ihn aber mit Riemen anband, sprach Paulus zu dem Unterhauptmann, der dabeistand: Ist's auch recht bei euch, einen römischen Menschen ohne Urteil und Recht zu geißeln? Da das der Unterhauptmann hörte, ging er zu dem Oberhauptmann und verkündigte ihm und sprach: Was willst du machen? Dieser Mensch ist römisch. Da kam zu ihm der Oberhauptmann und sprach zu ihm: Sage mir, bist du römisch? Er aber sprach: Ja. Und der Oberhauptmann antwortete: Ich habe dies Bürgerrecht mit großer Summe zuwege gebracht. Paulus aber sprach: Ich aber bin auch römisch geboren. Da traten alsobald von ihm ab, die ihn befragen sollten. Und der Oberhauptmann fürchtete sich, da er vernahm, daß er römisch war, und er ihn gebunden hatte. (Apg. 22,25-29)

Die ganze Unterhaltung klingt unecht, wie wir schon oben festgestellt haben, da schon bekannt war, daß Paulus römischer Bürger war, bevor er gerettet wurde, und er im andern Fall gar nicht gerettet worden wäre. Zu welchem Zweck wird sie dann hier eingefügt? Es klingt so, als ob der Verfasser der Apostelgeschichte erhebliche Anstrengungen unternähme, uns zu vermitteln, daß Paulus die römische Bürgerschaft nicht gekauft habe, ein Gedanke, auf den wir sonst vielleicht gar nicht gekommen wären. Diese erfundene Einfügung klingt nach »durch ungeschicktes Leugnen macht sich Tell nur verdächtig«. Erinnern wir uns, daß die angebliche Behauptung von Paulus »Ich aber bin auch römisch geboren« als der *einzige* Beleg dafür berichtet wird, daß Paulus als römischer Bürger geboren worden sei, was *prima facie* unwahrscheinlich wirkt.

Sobald Paulus sich als römischen Bürger zu erkennen gegeben hatte, war seine problematische Verbindung mit der »Kirche von Jerusalem« zerbrochen. Diese Mitteilung mußte für Jakobus und die anderen Jerusalemer Anführer ein erheblicher Schock sein. Die Bewegung Jesu war ihrem Wesen nach eine durch und durch antirömische Bewegung. Ihr Ziel war es, das jüdische Volk aus der Knechtschaft Roms zu befreien. Von daher war die römische Bürgerschaft das letzte, was ein Anhänger dieser Bewegung für erstrebenswert halten würde. Die neue Auslegung, die Paulus Leben und Tod Jesu gab, zog jedoch einen Trennungsstrich zwischen ihn und die jüdische Unabhängigkeitsbewegung bzw. Politik ganz allgemein. Für ihn war Jesus nicht mehr der Messias im jüdischen Sinne, gekommen, um das Haus Davids und die jüdische Unabhängigkeit wieder herzustellen, sondern er sah ihn als außerweltliche Gestalt, die der ganzen Menschheit durch seinen Tod am Kreuz die Erlösung bringen sollte. Diese »Erlösung« hatte nichts mit politischer Befreiung zu tun; es war eine persönliche, individuelle Angelegenheit, die über aller Politik stand und Politik letztlich als unwesentlich erscheinen ließ. Für Paulus war es irrelevant, ob ein Mensch sein Leben als Sklave fristen mußte – seine Seele konnte ja trotz allem gerettet werden. Er drängte daher auch seine Jünger, Rom zu gehorchen, dessen Macht »von Gott gegeben« sei, und er empfahl auch den Sklaven dringend, sich mit ihrem Schicksal abzufinden und nicht nach der Freiheit zu trachten (1. Kor. 7,20–22; ferner Eph. 6,5; Tit. 2,9). Diese Verachtung aller Politik war in Wirklichkeit durchaus eine politische Einstellung – ein Sichfügen in den politischen *status quo*. Folgerichtig enthielt das Christentum, wie Paulus es lehrte, von Anfang an geeignete Voraussetzungen, später zur Staatsreligion des römischen Weltreiches zu werden; denn nichts kommt einer imperialistischen Macht mehr gelegen als eine Religion, die ihren Untertanen Unterwerfung und Stillhalten predigt. Daß also Paulus, der Schöpfer jener Lehre, welcher diese Karriere bevorstand, sich selbst zum römischen Bürger machte, ist symptomatisch.

Sobald die Führer der Nazarenergemeinde in Jerusalem von der römischen Staatsbürgerschaft des Paulus erfuhren, war ihnen klar, daß er diese für eine große Summe Geldes gekauft haben mußte, und es war ihnen auch ebenso klar, auf welche Weise Paulus in den Besitz dieser Summe gekommen war – mittels der gesammelten Unterstützungsgelder für die »Kirche von Jerusalem«. Auch das wäre Grund genug gewesen, ihn aus der Gemeinde auszustoßen, mußten sie seine Vorgehensweise doch als blanken Betrug und Unterschlagung werten, selbst wenn Paulus vor sich selbst Gründe fand, den Einsatz dieser Gelder für die Erhaltung dessen zu rechtfertigen, was er für die wahre Anhängerschaft Jesu Christi hielt.

Nachdem Paulus sich nun aus der Gefahr, in die er durch die Feindseligkeit der judenchristlichen Volksmenge geraten war, gerettet sah und sich offenbar sicher in den Händen der Römer befand, drohte ihm nun ironischerweise erneut Gefahr aus einer ganz anderen Ecke. Denn er traf plötzlich auf die Person, die er am wenigsten wieder zu treffen wünschen konnte, den Hohenpriester. Der römische Befehlshaber, Claudius Lysias, beschloß, Paulus vor den Sanhedrin zu bringen, dessen Vorsitz der Hohepriester innehatte, um herauszufinden, weshalb das Volk von Jerusalem so massiven Anstoß an Paulus genommen hatte, genauer gesagt, ob es sich dabei um eine rein innerjüdische Auseinandersetzung über religiöse Fragen gehandelt hatte (in diesem Falle hätte er nichts weiter unternehmen müssen) oder ob eine wie auch immer geartete Gefahr für die römische Besatzung bestand.

Diese Situation war äußerst unangenehm für Paulus, nicht so sehr weil er vor dem Sanhedrin erscheinen mußte, sondern weil er dem Hohenpriester persönlich gegenübertreten sollte. Denn letzterer hatte allen Grund, dem Paulus gram zu sein, war er doch einst eine Stütze des Regimes gewesen, hatte dann aber plötzlich und in unverantwortlicher Weise während einer wichtigen Mission seinen Auftrag verraten. Aus Sicht des Hohenpriesters war Paulus durchaus ein Mensch, von dem eine Gefahr für die römische Besatzung ebenso wie für sein eigenes Kollaborateursregime ausging, da er ja Mitglied einer revolutionären Organisation war, eben der Nazarener. Obwohl diese Bewegung in den letzten Jahren, solange sie auf die Rückkehr Jesu wartete, sich politisch ruhig verhalten hatte, war bekannt, daß es eine Fraktion in der Partei gab, die es eher nach Aktivitäten drängte und die auch in Jesu zeitweiliger Abwesenheit seine Ziele aktiv weiterverfolgen wollte. Soweit dem Hohenpriester bekannt war, gehörte Paulus diesem radikalen Flügel an; auf jeden Fall aber hatte der Hohepriester jeden Grund, Paulus dessen Desertion an einem kritischen Punkt einer offiziellen Mission nachzutragen.

Welch ein Drama sich bei dieser Konfrontation zwischen Paulus und dem Hohenpriester abspielte, scheint den Religionswissenschaftlern entgangen zu sein, die sich an seine früheren Verbindungen zur Behörde des Hohenpriesters nicht mehr zu erinnern scheinen. Es war natürlich nicht mehr jener Hohepriester, in dessen Diensten Saulus gestanden hatte; Behörden und Beamte haben aber ein langes Gedächtnis, und man würde sich selbstverständlich daran erinnern, daß Paulus doch dieser hochrangige Polizeioffizier war, der die Mission in Damaskus damals so spektakulär in den Sand gesetzt hatte und dann auch noch zu den Dissidenten übergelaufen war.

Der Hohepriester war dementsprechend ein persönlicher Feind des Paulus, und die jetzt folgenden Ereignisse mußten ihn noch mehr erbittern; denn als Paulus sich vor dem Sanhedrin wiederfand, von dem er wußte, daß er mehrheitlich aus Pharisäern bestand, die bei früherer Gelegenheit Petrus vor dem Hohenpriester gerettet hatten, beschloß er mit großer Geistesgegenwart und ebensolcher Abwesenheit von Gewissensbissen, diese Situation zu seinen Gunsten zu nutzen und der drohenden Verurteilung zu entgehen. Seine Taktik bestand darin, sich an die Gegner des Hohenpriesters um Unterstützung zu wenden, was ihn letzterem nicht sympathischer machen konnte. Die Alternative jedoch, sich wieder für romloyal zu erklären, würde dem Hohenpriester gegenüber wenig nützen, der ihn nur als einen Angestellten in Erinnerung hatte, welcher sich in einer bestimmten Situation auffällig illoyal gegenüber dem von ihm vertretenen pro-römischen Regime erwiesen hatte.

Paulus beschloß also, so gut er eben konnte, in die Rolle eines Nazareners vom Typus des Jakobus oder Petrus zu schlüpfen, weil er ganz genau wußte, daß solch ein Mensch der Sympathie der pharisäischen Mehrheit im Sanhedrin sicher sein konnte. Hier der Bericht der Apostelgeschichte über die Verhandlung:

> Paulus aber sah den Rat an und sprach: Ihr Männer, liebe Brüder, ich habe mit allem guten Gewissen gewandelt vor Gott, bis auf diesen Tag. Der Hohepriester aber, Ananias, befahl denen, die um ihn standen, daß sie ihn aufs Maul schlügen. Da sprach Paulus zu ihm: Gott wird dich schlagen, du getünchte Wand! Sitzest du, mich zu richten nach dem Gesetz, und heißest mich schlagen wider das Gesetz? Die aber umherstanden, sprachen: Schiltst du den Hohenpriester Gottes? Und Paulus sprach: Liebe Brüder, ich wußte es nicht, daß er der Hohepriester ist. Denn es steht geschrieben: »Dem Obersten deines Volkes sollst du nicht fluchen.« Da aber Paulus wußte, daß ein Teil Sadduzäer war und der andere Teil Pharisäer, rief er im Rat: Ihr Männer, liebe Brüder, ich bin ein Pharisäer und eines Pharisäers Sohn; ich werde angeklagt um der Hoffnung und Auferstehung willen der Toten. Da er aber das sagte, war ein Aufruhr unter den Pharisäern und Sadduzäern und die Menge zerspaltete sich. (Denn die Sadduzäer sagen, es sei keine Auferstehung noch Engel noch Geist; die Pharisäer aber bekennen beides.) Es ward aber ein großes Geschrei; und die Schriftgelehrten von der Pharisäer Teil standen auf, stritten und sprachen: Wir finden nichts Arges an diesem Menschen; hat aber ein Geist oder ein Engel mit ihm geredet, so können wir mit Gott nicht streiten. Da aber der Aufruhr groß ward, besorgte sich der oberste Hauptmann, sie möchten Paulus zerreißen, und hieß das Kriegsvolk hinabgehen und ihn von ihnen reißen und in das Lager führen. (Apg. 23,1-10)

Dieser Bericht enthält zahlreiche ganz offenkundig unhistorische Details. Der Sanhedrin war kein undisziplinierter Haufen, sondern ein gesittetes Gremium, das seine Geschäfte mit großer Schicklichkeit durchführte, immer im Einklang mit den Vorschriften des Gesetzes: es ist doch sehr auffällig, daß das Neue Testament, das sich sonst andauernd darüber beklagt, daß die Juden im allgemeinen, allen voran aber die Pharisäer, mit übergroßem Eifer dem Gesetz anhingen, sie an dieser Stelle so darstellt, als ob sie es schamlos verhöhnen würden. Bestimmte Vorgänge können wir wohl als historisch richtig aus diesem Bericht herauslesen, z.B. die Darstellung, daß der Hohepriester persönlich Paulus gegenüber feindselig war, daß Paulus sich an die Pharisäer um Hilfe wandte und erklärte, selbst Pharisäer zu sein und an die Auferstehung zu glauben, insbesondere die Auferstehung Jesu, ebenso wie den Bericht, daß, als die Angelegenheit zur Abstimmung kam, die Pharisäer ebenso wie im Falle des Petrus dafür stimmten, Paulus freizusprechen mit dem Argument, Nazarener zu sein, sei kein Verstoß gegen das Gesetz, und möglicherweise sei den Nazarenern (wie Gamaliel argumentiert hatte) eine Offenbarung Gottes zuteil geworden. Bei seiner Darstellung von Petrus vor dem Sanhedrin und der Rede des Gamaliel hat der Verfasser der Apostelgeschichte einiges aus der Atmosphäre der Debatte im Sanhedrin erhalten; im vorliegenden Bericht aber, wo er zuzugeben gezwungen ist, daß die Pharisäer Paulus gerettet haben, tut er alles, um ihnen dieses Verdienst abzusprechen, und tut so, als entspränge ihre Haltung bloßem Parteigeist, der zu grotesker Zänkerei verkommen ist.

Trotz dieser bösartigen Darstellung trägt der Vorfall dazu bei, das Bild der Pharisäer, wie wir es in diesem Buch gezeichnet haben, weiter abzurunden. Die Pharisäer waren keineswegs Gegner der Jesusbewegung, ja, diese war in Wirklichkeit Teil der Pharisäerbewegung. Es war ausschließlich Anliegen des paulinischen Christentums, das Ansehen der Pharisäer in den Schmutz zu treten, indem sie sie im Neuen Testament, der paulinischen Heiligen Schrift, falsch und verzerrt darstellten. Unter den vier Gerichtsverhandlungen, die im NT dargestellt werden, nämlich diejenigen von Jesus, Stephanus, Petrus und Paulus, welche alle vor dem Sanhedrin stattgefunden haben sollen, können nur zwei, nämlich die von Petrus und von Paulus, tatsächlich als echte Sanhedrinprozesse gelten, und während beider zeigen sich die Pharisäer auf der Seite von Humanität und Toleranz.

Darüber hinaus zeigt die Verhandlung von Paulus endgültig, daß die Vorstellung, die an einer früheren Stelle der Apostelgeschichte vorgetragen wurde, nämlich, er sei generell allen frommen Juden verhaßt gewesen, nicht stimmen kann. Paulus' neue Lehren über Jesus waren ausschließlich unter den Nazarenern bekannt. Der Großteil der Juden, falls er Paulus überhaupt kannte, hielt ihn für ein Mitglied der Nazarenersekte und ging davon aus, daß er die gleichen Lehren vertrat wie Petrus und Jakobus. Es war also nicht schwer für Paulus, vor dem Sanhedrin in die Rolle des frommen Pharisäers und Nazareners zu schlüpfen und sich auf diese Weise der Unterstützung der Pharisäer zu versichern.

Die meisten Bibelkommentatoren scheinen über die Doppelzüngigkeit des Paulus bei diesem Anlaß hinwegzugehen. Seine Behauptung, immer noch zu den Pharisäern zu gehören, war schlichtweg eine Lüge, und wenn seine wirklichen Ansichten bekannt gewesen wären, hätten ihn die Pharisäer sicher nicht unterstützt. Seine Strategie, allen alles zu sein, mochte eine gewisse höhere Berechtigung im Rahmen der Konvertitenanwerbung für den Glauben an Jesus als den neuen Messias gehabt haben, aber vor dem Sanhedrin ging es ausschließlich darum, seine eigene Haut zu retten. In der erfundenen Geschichte über Stephanus wird viel Gewese gemacht über dessen Festigkeit bei der Bezeugung seines Glaubens ungeachtet der Gefahr für Leib und Leben; warum sollten wir im Vergleich dazu die Weigerung des Paulus, für seinen Glauben einzustehen, bzw. seine absichtliche falsche Darstellung desselben, so gar nicht fragwürdig finden? Man muß zugeben, daß Paulus kein Märtyrer war und sich der Wahrheit nicht einmal besonders verpflichtet fühlte; er war zuallererst und ganz überwiegend jemand, der es schaffte, durchzukommen. Trotz seines unzweifelhaften Glaubens an die Echtheit seiner Damaskusvision und der folgenden Offenbarungen war er in bestimmten Bereichen skrupellos, vor allem dann, wenn er der Meinung war, die Sache des Herrn mache eine Strategie der Täuschung nötig. Angesichts dessen, wie sich Paulus während seiner Gerichtsverhandlung verhielt, erstaunt es nicht weiter, daß er auch in weniger brenzligen Situationen Lügen erzählte: so z.B. sein Anspruch, aus dem Stamme

Benjamin zu kommen, oder dem, geborener Pharisäer und Sohn von Pharisäern, oder dem, römischer Bürger von Geburt zu sein (obwohl er dieses vielleicht gar nicht selbst behauptet hat, da dieser Anspruch ihm nur von Lukas, dem Verfasser der Apostelgeschichte, zugeschrieben wird und sich nicht in seinen Briefen findet).

Der Trick jedenfalls, den er bei seiner Gerichtsverhandlung anwandte, war höchst erfolgreich; er wurde freigesprochen und entlassen. Die Darstellung der Apostelgeschichte, nach der Paulus von römischen Soldaten aus der Sitzung des Sanhedrin hätte gerettet werden müssen, weil durch die randalierenden Mitglieder des Rates sein Leben in Gefahr gewesen wäre, ist schlicht unhistorisch. Der Brief des Hauptmannes Claudius Lysias an den Statthalter Felix erwähnt keinerlei Tumult im Sanhedrin, sondern faßt einfach nur zusammen, daß der Befehlshaber als Ergebnis der Verhandlung vor dem Sanhedrin zu dem Schluß kam, daß »er beschuldigt ward von wegen Fragen ihres Gesetzes, aber keine Anklage hatte, des Todes oder der Bande wert« (Apg. 23,29). Der Verfasser der Apostelgeschichte hat zweifellos diesen Brief in den Archiven gefunden und ihn eingearbeitet, ohne daran zu denken, daß er in mehreren Punkten dem widersprach, was er selber behauptet hatte.

Soweit Claudius Lysias zu entscheiden hatte, war Paulus jetzt frei und konnte gehen, wohin er wollte. Der Sanhedrin hatte sich geweigert, ihn zu verurteilen, und da Paulus bewiesen hatte, daß er römischer Bürger war (vermutlich hatte er Papiere, die seine römische Bürgerschaft dokumentierten), kam der Hauptmann nicht auf den Gedanken, er könne der Auflehnung gegen Rom schuldig sein – eine Schlußfolgerung, die sich wegen seiner Verbindung zu den Nazarenern hätte ergeben können. Wahrscheinlich hatte man den Eindruck, Paulus müsse der friedlichen Fraktion der Nazarener angehören und sei keine politische Bedrohung, hatte er doch große Anstrengungen unternommen, seine Rom-Freundlichkeit durch Erwerb der römischen Bürgerschaft unter Beweis zu stellen.

Paulus war jedoch keineswegs aus dem Schneider, denn unmittelbar darauf erfolgte ein eindeutiger Mordversuch an ihm. In der Apostelgeschichte sind natürlich wieder einmal »die Juden« daran schuld. Zwar wird nicht erklärt, wer diese »Juden« sein sollen, aber das ist auch nicht nötig, denn im NT wird generell vorausgesetzt, daß »die Juden« Feinde des Lichts sind und immer darauf aus, jeden zu ermorden, der sich als Anhänger Jesu erweist. Es sollten ja auch »die Juden« gewesen sein, die Paulus schon vorher angegriffen hatten und vor denen die Römer ihn retten mußten, obwohl wir gute Gründe für die Annahme kennengelernt haben, daß die Angreifer in Wirklichkeit Judenchristen waren. Zum jetzigen Zeitpunkt wäre es sicherlich schwierig gewesen, zu erklären, warum Paulus nach seinem Freispruch durch den Sanhedrin immer noch Gegenstand erbitterter Feindschaft seitens ganz normaler frommer Juden sein sollte, die doch Anhänger der Pharisäer waren und deren Anordnungen befolgten. Wer waren also diesmal diese »Juden«, die Paulus umbringen wollten?

Wir können nicht die gleiche Schlußfolgerung ziehen wie in der Episode zuvor und davon ausgehen, diese »Juden« seien Judenchristen gewesen, da ungeachtet gewisser Versuche des Autors, den früheren Angriff als versuchten Lynchmord darzustellen, in Wirklichkeit klar ist, daß es sich im Gegenteil eher um den Versuch handelte, Paulus vor Gericht zu bringen. Die jüdischen Christen waren keine Mörder oder ein lynchwütiger Mob, sondern fromme Juden, für die es zum Verhaltenskodex eines anständigen Menschen gehörte, daß niemand ohne ein Verfahren, wie es das Gesetz vorschreibt, getötet werden dürfe. Das Vorkommnis, um das es nach der Verhandlung vor dem Sanhedrin geht, ist nichts anderes als der Plan, Paulus durch Mord zu beseitigen:

> Da es aber Tag ward, schlugen sich etliche Juden zusammen und verschworen sich, weder zu essen noch zu trinken, bis daß sie Paulus getötet hätten. Ihrer aber waren mehr denn vierzig, die solchen Bund machten. Die traten zu den Hohenpriestern und Ältesten und sprachen: Wir haben uns hart verschworen, nichts zu essen, bis wir Paulus getötet haben. So tut nun kund dem Oberhauptmann und dem Rat, daß er ihn morgen zu euch führe, als wolltet ihr ihn besser verhören; wir aber sind bereit, ihn zu töten, ehe denn er vor euch kommt. (Apg. 23,12–15)

Diese Verschwörer können keine Judenchristen gewesen sein, nicht nur wegen ihrer Mordbereitschaft, sondern auch wegen ihrer Nähe zu den »obersten Priestern«, d.h. zum Hohenpriester und seiner Umgebung. Der Schlüssel zur Erklärung dieser Episode liegt in der Beteiligung des Hohenpriesters. Es war Paulus gelungen, den Judenchristen zu entkommen, dem Sanhedrin und den Römern. Es gab aber noch einen Feind, mit dem er rechnen mußte, dem tödlichsten von allen, dem Hohenpriester, von dem Paulus aus eigener Erfahrung wußte, daß ihm eine Truppe von Raufbolden und Schlägern zu Gebote stand, die es gewohnt waren, öffentlich inszenierte oder geheim durchgeführte Morde zu begehen, um die Stellung des Hohenpriesters als Gauleiter der Römer zu stabilisieren. Der Hohepriester war nicht willens, Paulus ungestraft davonkommen zu lassen, nachdem er – immerhin zwanzig Jahre zuvor – desertiert war: er traf daher Vorkehrungen, um ihn auszuschalten.

Der Verfasser der Apostelgeschichte bringt natürlich wieder Verwirrung in die Angelegenheit, indem er den Hohenpriester bei der Planung des Mordes in Zusammenhang mit den »Ältesten« und »dem Rat« bringt. Angesichts dessen, daß er gerade beschrieben hat, daß Paulus von ebendiesen »Ältesten« und ebendiesem »Rat« gerade erst freigesprochen worden ist, hätte man annehmen können, er hätte sich gescheut, sie in Verbindung mit der folgenden Verschwörung zu bringen; aber innere Folgerichtigkeit oder gar Logik sind nicht seine Stärke.

Paulus war jedoch einmal mehr so gewitzt, daß er dem Hohenpriester entkam. Er erfuhr von dem Komplott und konnte ihm ausweichen. Der Informant war sein Neffe, aber Paulus war zweifellos längst klar gewesen, daß seitens des Hohenpriesters Gefahr drohte; dafür kannte er ihn und seine Methoden zu gut und hatte seinen Freunden Anweisung gegeben, das Terrain für ihn zu sondieren und ihm alle bedrohlichen Gerüchte zuzutragen. Paulus drang beim römischen Befehlshaber darauf, zweifellos unter erneuter Nutzung seines Status als römischer Bürger, ihn aus der Gefahrenzone heraus und unter bewaffneter Begleitung von Jerusalem nach Caesarea zu bringen.

Doch selbst in Caesarea war Paulus dem Hohenpriester noch nicht ganz entkommen, der die Angelegenheit für wichtig genug hielt, ihn bis nach dort zu verfolgen und Anklage gegen ihn zu erheben:

> Über fünf Tage zog hinab der Hohepriester Ananias mit den Ältesten und mit dem Redner Tertullus; die erschienen vor dem Landpfleger wider Paulus. Da er aber berufen ward, fing an Tertullus zu verklagen und sprach: Daß wir in großem Frieden leben unter dir und viel Wohltaten diesem Volk widerfahren durch deine Fürsichtigkeit, allerteuerster Felix, das nehmen wir an allewege und allenthalben mit aller Dankbarkeit. Auf daß ich aber dich nicht zu lange aufhalte, bitte ich dich, du wolltest uns kürzlich hören nach deiner Gelindigkeit. Wir haben diesen Mann gefunden schädlich, und der Aufruhr erregt allen Juden auf dem ganzen Erdboden, und einen Vornehmsten der Sekte der Nazarener, der auch versucht hat, den Tempel zu entweihen; welchen wir auch griffen und wollten ihn gerichtet haben nach unserm Gesetz. Aber Lysias, der Hauptmann, kam dazu und führte ihn mit großer Gewalt aus unsern Händen und hieß seine Verkläger zu dir kommen; von welchem du kannst, so du es erforschen willst, das alles erkunden, um was wir ihn verklagen. Die Juden aber redeten auch dazu und sprachen, es verhielte sich also. (Apg. 24,1-9)

Es ist eindeutig, daß die Anklage des Hohenpriesters gegen Paulus auf ein politisches und nicht auf ein religiöses Vergehen zielt; zugrunde liegt die Behauptung, Paulus stelle eine Gefahr für die römische Herrschaft dar, deren Vorzüge der Vertreter des Hohenpriesters in servilen Wendungen preist. Trotzdem kann der Verfasser der Apostelgeschichte der Versuchung nicht widerstehen, die »Ältesten« ins Spiel zu bringen (diesmal schreibt er allerdings freundlicherweise nur von »einigen« Ältesten) und schließlich schon wieder »die Juden«. Der Gebrauch der Kollektivbezeichnung »die Juden« in der Apostelgeschichte, der diesbezüglich nur vom Johannesevangelium übertroffen wird, trägt ganz wesentlich zur allgemeinen antisemitischen Wirkung des Buches bei, obwohl viele Details bei näherer Betrachtung der Absicht des Autors widersprechen. Die »Ältesten« des Sanhedrin hätten keinerlei Grund gehabt, sich an diesem Fall und in diesem Stadium überhaupt zu beteiligen, nachdem der Sanhedrin Paulus hinsichtlich aller religiösen Anklagen freigesprochen hatte. Wer »die Juden« in diesem Fall sein sollen, ist noch weniger ersichtlich als gewöhnlich (die Juden von Caesarea vielleicht?), und sie tauchen hier nur auf, um die allgemeinen Anschuldigungen des Textes gegen die Juden als solche zu verstärken.

Obwohl der Hohepriester eine politische Anklage vorbringt (und sogar einen römischen Anwalt mit diesem Fall betraut), fügt er als nachträgliche Überlegung noch die Anklage wegen eines religiösen Vergehens hinzu, nämlich, Paulus habe versucht, »den Tempel zu entweihen«. Diese Anklage war von den »Juden aus Asien« als ersten erhoben worden – auch hier in einer Art nachträglicher Überlegung –, die Paulus zunächst auf dem Tempelgelände öffentlich angegriffen und angezeigt hatten (Apg. 21,28). Bemerkenswerterweise wird diese Anklage jedoch während der Verhandlung vor dem Sanhedrin nicht erwähnt. Es spricht daher einiges dafür, daß dieser Vorwurf eigentlich erst seitens des Hohenpriesters in Caesarea erhoben wurde und vom Verfasser der Apostelgeschichte nachträglich in die Anzeige der »Juden von Asien« eingefügt wurde (mit der holperigen Begründung, sie hätten Paulus in der Gesellschaft des Heiden Trophimus durch Jerusalem gehen sehen und fälschlicherweise angenommen, er hätte diesen Heiden in jene Tempelbezirke mitgenommen, die für Heiden verboten waren). Der Hohepriester beschuldigt Paulus, ein Unruhestifter zu sein und darüber hinaus nicht nur gegen römische Gesetze, sondern auch gegen seine eigene Amtsgewalt im Tempel irgendwie verstoßen zu haben. Auch das, so würde der römische Statthalter annehmen, hatte mehr den Charakter des Unruhestiftens als den der Stellungnahme zu religiösen Fragen. Möglicherweise finden wir hier einen Nachhall der Anklage, die man gegen Jesus erhob und später gegen Stephanus: sie hätten nämlich gegen den Tempel gepredigt und erklärt, er sei dazu bestimmt, zerstört und wieder aufgebaut zu werden, eine Prophezeiung, die typisch für messianische Bewegungen ist. Der Hohepriester fügt dieses Detail nur deshalb hinzu, um sein Bild von Paulus als prominenter Gestalt in einer ketzerischen und rebellischen, gefährlichen Messiasbewegung abzurunden.

Die Anklage des Hohenpriesters bestätigt auf diese Weise, daß er einen persönlichen Rachefeldzug gegen Paulus verfolgt, weil dieser aus dem pro-römischen Lager desertiert ist. Es kommt dem Hohenpriester gar nicht in den Sinn, daß Paulus in Wirklichkeit nach wie vor pro-römisch gesinnt ist, weil dessen persönliche Interpretation des Glaubens an Jesus gänzlich unpolitisch ist und keinerlei Erfüllung auf Erden im Sinne eines unabhängigen Judäa mit einschließt. Für den Hohenpriester sind alle Nazarener ein politisches Ärgernis, und dieser spezielle Nazarener ist ihm am verhaßtesten, weil er von der Partei der Kollaborateure desertiert ist und sich dem Widerstand angeschlossen hat. Diese Rede des Hohenpriesters ist ein weiterer wertvoller Beweis für die Einstellung der Nazarener, wie wir sie in diesem Buch herausgearbeitet haben, und sie zeigt, daß die Jesusbewegung von Jerusalem ausgesprochen politische Zielsetzungen hatte.

Der Statthalter beschloß jedoch, Paulus nicht auszuliefern, sondern ihn unter Beobachtung zu halten, einesteils wegen dessen Eigenschaft als römischer Bürger, zum anderen, weil er die Vermutung hatte, daß Paulus über reichlich Geld verfügte, und selber hoffte, sich einen Teil davon zu verschaffen. Es ist sehr wohl möglich, daß Paulus dem Statthalter Felix tatsächlich ein Bestechungsgeld gab und sich deswegen bis zum Ende von dessen Statthalterschaft zwei Jahre später unbehelligt in Caesarea aufhalten konnte.

Als der neue Statthalter, Festus, eintraf, fing der Hohepriester wieder mit seiner Anklage gegen Paulus an und brachte sie so energisch vor, daß Paulus einen neuen Ausweg finden mußte, um sich zu retten: er verlangte ein Verfahren vor dem Kaiser in Rom, wozu er als römischer Bürger berechtigt war.

Es folgt nun in der Apostelgeschichte ein »Bühnenstück«, in dem Paulus vor den jüdischen Titularkönig Herodes Agrippa II. gebracht wird und seine Ansichten so beredt vertritt, daß der König ihn voll und ganz bewundert und scheinbar drauf und dran ist, selbst Christ zu werden. Diese ganze Episode atmet eine romanhafte Atmosphäre, wirkt ganz und gar unecht und steckt voller unhistorischer Einzelheiten. Herodes Agrippa II., dessen Vater, Herodes Agrippa I., den Nazarenerführer Jakobus, Sohn des Zebedäus, hatte hinrichten lassen, konnte wohl kaum so blauäugig sein, daß er gar nichts von den politischen Zielen der Nazarener-Bewegung wußte, die ja immerhin auch für seine eigene Herrschaft eine Bedrohung darstellte (da sie die Dynastie der Herodianer nicht als rechtmäßige Könige anerkannte). Dennoch erhebt er keine Einwände gegen die unpolitische Darstellung der Jesus-Anhänger durch Paulus, der behauptet, deren Ziel sei ausschließlich, Israel zur inneren Umkehr aufzurufen, im Einklang mit dem, was Jesus angestrebt habe, der nicht als Messiasgestalt dargestellt wird. Lukas, der Verfasser der Apostelgeschichte, hatte einen Hang zum Romancier und konnte der Versuchung nicht widerstehen, die farbigen Charaktere des Herodes und seiner Schwester Berenike einzuführen sowie gleichzeitig seinem Helden Paulus die Gelegenheit zu geben, mit einer feierlichen Ansprache deren Achtung und Aufmerksamkeit auf sich zu lenken.

Paulus wurde also nach Rom geschickt, wie er das verlangt hatte, um sich dort einer vom Hohenpriester vorgebrachten Anklage wegen Illoyalität gegenüber Rom zu stellen. Um Verstöße gegen die jüdische Religion konnte es in der Anklage nicht gehen, denn derlei hätte den römischen Kaiser wohl schwerlich interessiert. Lukas, der ja in *cap.* 24 die vom Hohenpriester vorgebrachte Anklage ganz eindeutig als politisch charakterisiert hatte, ordnet sie in 25,19 und 28,22 wieder unter »Verstoß gegen die Religion« ein. Sonst wäre es ihm nämlich nicht möglich, »die Ältesten« und »die Juden« wieder mit einzubeziehen, denen die Schuld an den Schwierigkeiten von Paulus in die Schuhe geschoben werden soll, gerade so, wie sie ja schon für die Leiden Christi verantwortlich gemacht worden waren.

Was mit Paulus in Rom geschah, wissen wir nicht. Es ist sehr wahrscheinlich, daß es ihm gelang, den römischen Behörden einzureden, er habe alle Verbindungen zu der aufrührerischen Nazarenerbewegung gekappt, deren Schwerpunkt ja in Jerusalem lag. Allerdings könnte der schwerwiegende Verstoß gegen seine Amtspflichten im Dienste Roms damals in Damaskus erheblich gegen ihn gesprochen haben. Daß er römischer Bürger war, könnte dagegen hilfreich gewesen sein, um seine dauerhafte Bindung an Rom trotz seiner damaligen Verfehlung zu beweisen. Nach der Legende, die die Kirche später verbreitete, erlitt Paulus in Rom den Märtyrertod, doch diese Geschichte verdient kein Vertrauen. Es kann sehr gut sein, daß er bis ins hohe Alter weiterlebte und die heidenchristliche Kirche weiter aufbaute, deren Grundlagen er gelegt und für die er seinen großen Einfallsreichtum und seine ganze Person eingesetzt hatte.

Kapitel 15

Das Zeugnis der Ebioniten

In den vorangehenden Kapiteln haben wir alleine auf der Grundlage des NT ein Bild von Paulus rekonstruieren können, das sich von dem althergebrachten sehr unterscheidet. Wir haben gesehen, daß Paulus, wenn er sich selbst als profunde ausgebildeten Pharisäer hinstellt, nicht die Wahrheit sagt. Im Gegenteil, wir haben Gründe zu der Vermutung, daß Paulus seinen Mißerfolg beim Streben nach dem anerkannten Pharisäerrang dadurch verarbeitete, daß er eine synthetische Religion aus jüdischen und heidnischen Elementen kreierte, und daß das in seinem Jesuskonzept tief verwurzelte Heidentum mehr für eine außerjüdische denn eine jüdische Herkunft desselben spricht. Weiterhin ist uns aufgefallen, daß der Eindruck von Einmütigkeit zwischen Paulus und den Führern der Jerusalemer Jesusbewegung, der so eifrig vom Verfasser der Apostelgeschichte kultiviert wird, eine Fiktion ist und daß es sowohl in den Paulusbriefen wie in der Apostelgeschichte selbst viele Belege dafür gibt, daß ein heftiger Konflikt zwischen der paulinischen und der Jerusalemer Auffassung der Sendung Jesu bestand. Nachdem dieser Konflikt jahrelang geschwelt hatte, führte er am Schluß zu einem vollständigen Bruch, an dessen Ende die Gründung der durch und durch paulinistischen christlichen Kirche stand, der organisatorischen Hülle einer im Gehalt neuen Religion, die vom Judentum getrennt war, wohingegen die Jerusalemer Nazarener ihre Verbindungen zu jenem keineswegs kappten, sondern sich ihrem Wesen nach für gläubige Juden hielten, die zusätzlich noch an die Auferweckung Jesu, d.h. einer ihrer Natur nach menschlichen Messiasgestalt, glaubten.

Kein Forscher hat abstreiten können, daß die von Jakobus geführte Jerusalemer Kirche aus praktizierenden, der Thora ergebenen Juden bestand, aber etliche versuchten diese Tatsache mit dem Konstrukt einer »Rejudaïsierung« zu erklären, d.h. einer Neigung, trotz entgegengesetzter Lehren Jesu ins Judentum zurückzufallen. Wir haben gesehen, daß alle Versuche, die Jerusalemer Nazarener als Zwischenglied in der Entwicklung des Christentums zu umgehen, indem man (auf dem Wege über die »Griechenchristen« und Stephanus) einen alternativen Übermittlungsweg von Jesus zu Paulus herbeikonstruierte, der Überprüfung nicht standhalten. Auf die gleiche Weise haben NT-Philologen alle Belege dafür, daß auch Jesus selbst ein treuer Thora-Anhänger war, durch dasselbe Konzept einer »Rejudaïsierung« wegzuerklären versucht; wenn beispielsweise Matthäus ihn sagen läßt: »Wer nun eines von diesen kleinsten Geboten auflöst und lehrt die Leute also, der wird der Kleinste heißen im Himmelreich; wer es aber tut und lehrt, der wird groß heißen im Himmelreich« (Mt. 5,19), dann heißt es, dies habe Jesus nicht gesagt, sondern vielmehr ein »Rejudaïsierer« in den Matthäustext eingefügt. Da das Matthäusevangelium eine ganze Menge solcher Sprüche enthält, wurde es schon in seiner Gesamtheit als »rejudaïsierendes Evangelium« charakterisiert, das speziell für judenchristliche Gemeinden geschrieben worden sei.

Einige Gelehrte haben allerdings in den letzten Jahren eingesehen, daß diese Position unhaltbar ist (z.B. Gager 1983, p. 129 u. 141). Denn die Haupttendenz und der Standort des Matthäusevangeliums ist weit entfernt davon, dem Judentum eine fortbestehende Gültigkeit zuzuerkennen oder die Juden weiterhin für Gottes auserwähltes Volk zu halten. Stellen wie etwa das Gleichnis von den »bösen Weingärtnern« (Mt. 21,33–43) predigen die unverbesserliche Sündhaftigkeit der Juden und ihre Ablösung in der Gunst Gottes durch die Heiden. Gerade Matthäus unterstreicht wohl mehr als jedes andere Evangelium den angeblichen Fluch, der wegen ihres Verbrechens des Gottesmordes über die Juden gekommen sein soll, z.B. 23,33–37, bes. 23,35: »auf daß über euch komme all das gerechte Blut, das vergossen ist auf Erden« [*sc.* von euch: »Jerusalem, Jerusalem, die du tötest die Propheten und steinigst, die zu dir gesandt sind!«] oder 27,25: »Sein [*sc.* Jesu] Blut komme über uns und unsre Kinder!« Die Anathematisierung der Juden paßt schwerlich mit Treue zur »Thora« zusammen, welche die Juden für alle Zeit zum Priestervolk erklärt. Keine judenchristliche Gemeinde hätte den zitierten Aussprüchen zugestimmt.

Daraus folgt: Wenn eben dieses Matthäusevangelium Sprüche enthält, in denen Jesus die Gültigkeit der Thora bestätigt, dann ist das ein ernster Beleg dafür, daß Jesus diese Bestätigungen auch wirklich ausgesprochen bzw. vorgelebt hat, denn nur eine beharrliche und unauslöschbare Überlieferung, daß Jesus derlei gesagt habe, konnte einen solchen Evangelisten dazu bewegen, Material in seine eigene Erzählung aufzunehmen, das deren Tendenz derart gegen den Strich ging.

Wenn aber Jesus selber ein Thora-Anhänger war, dann bestand kein Anlaß zu einer Rejudaïsierung bezüglich der Jerusalemer Nazarener, welche einfach Jesu Haltung zum »Gesetz« beibehalten hatten. In jedem Fall haben sich immerhin mittlerweile etliche Gelehrte mit dem Gedanken anfreunden können, daß die Thoratreue der Jerusalemer Jesusbewegung selber ein gültiger Beleg dafür ist, daß Jesus genau dieselbe Thoratreue aufwies. Es leuchtet nach alledem zumindest nicht im geringsten ein, daß enge Anhänger Jesu, seine Gefährten zu Lebzeiten und unter der Führung seines Bruders, ihren Meister derart gründlich mißverstanden haben sollten, daß sie seine Ansichten sofort nach seinem Tode in deren Gegenteil verkehrten. Das »Dummheitsmotiv«, welches im Zusammenhang mit den Jüngern in den Evangelien so häufig erklingt, läßt sich am besten als paulinischer Versuch verstehen, die Bindung der Jerusalemer Kirche an das Judentum zu erklären, nicht etwa als das Echo eines historischen Kerns.

Wenn nun auch das Konstrukt der Rejudaïsierung in der Fachwelt hinsichtlich der Evangelien und der Jerusalemer Jesusanhänger merklich suspekt geworden ist, scheint es derselben Fachwelt nicht in den Sinn gekommen zu sein, diese Einsicht auch auf gewisse etwas später bezeugte Gruppen anzuwenden. Denn wir kennen eine Anzahl judenchristlicher Gruppen oder Sekten aus den ersten vier Jahrhunderten der christlichen Zeitrechnung, am besten darunter die »Ebioniten«. Die Zeugnisse über diese Gruppen sind zwar spärlich und bisweilen widerspruchsvoll; aber es könnte unserem Verständnis des Judenchristentums zum Vorteil gereichen, wenn wir uns nicht mehr gegen die Kritik der zweifelhaften Vorstellung sträuben, jenes habe seinem Wesen nach und allemal aus rejudaïsierenden Sekten bestanden, die sich vom paulinischen Christentum abgespalten hätten und wieder ins Judentum »zurück«gefallen seien. Es kann sehr wohl sein, daß wenigstens einige dieser Gruppen echte historische Fortsetzungen der von Jakobus und Petrus geleiteten Nazarenergemeinde waren und damit dem Geiste Jesu näher standen als die offizielle, auf den Lehren des Paulus basierende katholische bzw. »orthodoxe« Kirche. Wenn das stimmt, würden wir doch gerne und aufmerksamer als bisher vernehmen, was sie über Leben und Herkunft des Paulus mitzuteilen haben, denn durch ihre ungebrochene Überlieferung müßte ihnen die Wahrheit über die Ursprünge der christlichen Religion und deren frühester innerer Kämpfe zugänglicher geblieben sein.

Die »Jerusalemer Kirche« selbst hat eine traurige Geschichte. Diese wurde von der kirchlichen Legendenbildung verdunkelt, welche mit Eusebius begann und von Epiphanius fortgesponnen wurde, daß vor dem Ausbruch des Jüdischen Krieges (gegen Rom) im Jahre 66 chr. Ztr. die gesamte Nazarenergemeinde, von einem Vorzeichen gewarnt, Jerusalem verlassen und sich im transjordanischen Pella angesiedelt habe. Daß diese Geschichte nur eine Legende ist, hat S. G. F. BRANDON (1951, p. 168–173) zeigen können, und spätere Forschung hat ihn bestätigt (siehe LÜDEMANN 1980). Die Jerusalemer Nazarener haben ihre Stadt während des Jüdischen Krieges nie verlassen; sie harrten dort aus und trugen als loyale Juden ihren Teil zum Kampf gegen Rom bei. Als die Juden 70 chr. Ztr. von den Römern schließlich besiegt und ihr Tempel zerstört wurde, erlitten die Judenchristen gemeinsam mit allen anderen Juden des Hl. Landes die Schrecknisse der Niederlage, und die Jerusalemer Nazarener wurden nach Caesarea und in andere Städte zerstreut bis hin nach Alexandria in Ägypten. Ihre Macht und ihr Einfluß als Mutterkirche und Mittelpunkt der Jesusbewegung waren beendet; und die paulinische christliche Bewegung, die bis zum Jahre 66 gegen die heftige Mißbilligung Jerusalems hatte um ihr Überleben kämpfen müssen, kam jetzt zum Durchbruch. Es dauerte noch fast siebzig Jahre, bis es wieder eine christliche Kirche in Jerusalem gab, dies erst, nachdem die Stadt von den Römern ein zweites Mal verwüstet (nach dem Bar-Kochba-

Aufstand) und als judenfreie Stadt namens Aelia Capitolina wiedererbaut worden war. Diese neue christliche Kirche verband nichts mit der frühen »Jerusalemer Kirche« unter Jakobus. Ihre Mitglieder waren getaufte Heiden, wie Eusebius bezeugt, und ihre Lehren waren diejenigen des paulinischen Christentums (Eus. hist. eccl. III 5,2-3, ferner Epiphanius, De mensuris et ponderibus XV [PG Migne, vol. XLIII]). Allerdings versuchte sie, wie die von der Apostelgeschichte bekundete paulinische Taktik gebot, ihre Kontinuität mit der frühen »Jerusalemer Kirche« zu behaupten, und verleugnete daher den Grabenbruch zwischen Paulus und den Jerusalemer Gemeindevorstehern. Die Pellalegende wurde geschaffen, um dieser angeblichen Kontinuität Farbe zu verleihen, zumal einige Mitglieder der neuen Kirche wirklich aus Pella stammten, wie bei der Neubesiedlung einer künstlichen Großstadt ganz natürlich. Dennoch erlangte Jerusalem/Aelia Capitolina nie wieder seinen früheren Status als christliche Zentrale. In der jetzt dominierenden paulinischen christlichen Kirche war Rom das Zentrum; dagegen wurden die mittlerweile zerstreuten und verarmten Nachfahren der früheren stolzen »Kirche von Jerusalem« als Ketzer verachtet, da sie sich weigerten, die Lehren des Paulus anzunehmen. (Ihre Armut war wohl der Grund des Spitznamens »Ebioniten«, den sie nach dem hebräischen **אביונים** [»arme Leute«] verpaßt bekamen.)

Ein anderer Name, unter dem diese späteren Judenchristen bekannt waren, lautete nach dem Zeugnis der Kirchenväter »Nazarener«. Dieser Name muß sehr alt sein, denn er findet sich im NT selbst, wo er nicht nur auf Jesus bezogen wird (»Jesus der Nazarener«), sondern auch (Apg. 24,5) auf die Mitglieder der »Jerusalemer Kirche«, nämlich in deren Denunziation durch den Hohenpriester. Es scheint also, daß »Nazarener« die Originalbezeichnung für die Anhänger Jesu gewesen wäre; die Bezeichnung Christen ist eine spätere Entwicklung, die sich nicht in Jerusalem, sondern in Antiochia vollzog (Apg. 11,26). In den jüdischen rabbinischen Schriften lautet der für Jesu Anhänger gebrauchte Name ähnlich wie »Nazarener«, nämlich *notzerim* **נוצרים**. Ob dieser Name von Jesu Geburtsort stammt oder anderswoher, ist unter Wissenschaftlern umstritten.[1] Aber es ist klar,

[1] Anm. d. Übs.: Das war es schon in der frühen Kirche; s. Hieron. Interpr. hebr. nom. und Aug. c. ep. Manich. 6, die beide die von Mt. 2,23 gegebene Etymologie für so falsch halten wie das schon für alle biblischen Etymologien notorisch ist, hauptsächlich wegen der Stimmhaftigkeit des S-Lautes (griech. Z = ζ entsprach etwa franz. z, Σ = ς war stets stimmlos). Andererseits ist ein Ort Nazareth zu Jesu Lebzeiten oder davor nicht bezeugt, obwohl durch Flavius Josephus und andere Autoren die Topographie des Hl. Landes im Vergleich zu anderen römischen Provinzen außergewöhnlich gut belegt ist. Ein Ort »Nazareth« taucht erst in byzantinischer Zeit auf, d.h. in der Zeit machtgestützter Kreuzauffindungen, in der selbst drittrangige Reliquien wie z.B. Weinkrüge von der Hochzeit von Kana auftauchten und das Bedürfnis nach einem besuchbaren Geburtsort Jesu gebieterisch geworden war, während die ziemlich völkermordähnliche Aktivität der römischen Truppen gegen Bar Kochba jede jüdische Siedlungskontinuität in Palästina nachhaltig zerstört hatte. Topographische Unkenntnis des Hl. Landes ist bei den Evangelisten gewöhnlich; Jesus gewann durch einen Wohnort aber an Plastizität, und die Bethlehemlegende, ein

daß das Weiterleben dieses Namens in den Bezeichnungen für Sekten im dritten und vierten Jahrhundert auf eine Kontinuität zwischen diesen Sekten und den Originalanhängern Jesu in Jerusalem hinweist. Was die Frage betrifft, warum manche judenchristlichen Sekten nun Nazarener, andere aber Ebioniten genannt wurden, sind verschiedene Theorien vorgebracht worden. Wahrscheinlich war es am ehesten so, daß die ursprüngliche Bezeichnung »Nazarener« war und daß man ihnen irgendwann den Namen »Ebioniten« als Spitznamen mit abfälligem Unterton gab, den jedoch einige dieser Sekten mit Stolz übernahmen, da seine Bedeutung – »arme Leute« – an die Worte Jesu »Selig sind die Armen« ebenso wie an seine und des Jakobus Sprüche gegen die Reichen erinnerte.

Dennoch gewinnt man aus den ziemlich konfusen Berichten der frühen Kirchenhistoriker den Eindruck, daß sich die Judenchristen im Laufe der Zeit in zahlreiche Sekten aufsplitterten, von denen sich einige von den Lehren der ursprünglichen Nazarener weit entfernten. Wir lesen so z.B. von gewissen gnostischen Ebioniten, deren Gründer Cerinthus war, die den Glauben an die menschliche Natur Jesu und die Gültigkeit der Thora mit dem gnostischen Glauben an einen Demiurgen (»Schöpfer«) und eine höchste Gottheit verbanden (siehe Iren. adv. haer. I xxvi 1,2). Wir hören auch von einer Nazarenersekte, die sowohl an die Thora als auch an die Jungfrauengeburt und die göttliche Natur Jesu glaubte. Diese Sekten entstanden jedoch durch den allmählichen Zerfall der ursprünglichen nazarenischen Glaubensinhalte, da deren Träger sowohl vom Christentum als auch vom Judentum isoliert waren und sich daher von allen Seiten unter Druck sahen, was der Entstehung ungewohnter Synkretismen Vorschub leistete.

Im allgemeinen jedoch hielten die Nazarener oder Ebioniten an ihren ursprünglichen Glaubenssätzen fest, die wir immer wieder in den christlichen Quellen erwähnt finden: Jesus war ein Mensch, auf natürliche Weise Sohn Josephs und Marias; ihm waren von Gott prophetische Gaben verliehen worden, er war ein gesetzestreuer Jude, der die Thora befolgte und ihr auch niemals abgeschworen hatte, so daß sie weiterhin volle Gültigkeit besaß; es war Paulus, der, verblendet von Visionen, die

durchsichtiger, von der paulinischen Strategie der Prophetenannexion angeregter, ja fast erzwungener Reflex auf Mi. 5,1-2, war zunächst noch nicht erfunden. (Außerdem liegt hier eine Konkurrenz zwischen einer Annexion der besagten Michastelle und der berühmteren Jes. 11,1 vor; wahrscheinlich wurde das fiktive »Nazareth« zunächst einfach in der zu Jesajas Prophezeiung passenden Gegend lokalisiert, bis es dann durch die präzisere Micha-Lokalisierung durch einen realen Ort Konkurrenz bekam; dadurch wurde die Weihnachtslegende mit ihrem Ortswechsel nötig, und es entstand ein zeitliches Nacheinander von neuem [existierendem] Geburtsort und älterem [fiktivem] Geburtsort, der jetzt nur noch Wohnort sein durfte.) Denn Jesus könnte, worauf sogar seine ikonographisch langen Haare hindeuten mögen, ein jüdischer Asket (aram. *nasoraje*) gewesen sein; der unverstandene, gräzisierende Beiname (etwa Ναζοραῖος aus Νασοραῖος) könnte den fiktiven Ortsnamen ergeben haben. Wenn das stimmt, ergeben sich neue Aspekte zu Jesu mysteriösem, im neuen Erzählzusammenhang ziemlich absurdem »Abstinenzgelübde« Lk. 22,18; siehe dazu auch Maccoby 2013, p. 170.

Botschaft Jesu verdreht und verzerrt und fälschlicherweise behauptet hatte, Jesus habe die Thora abgeschafft.

Eingedenk unserer These, die Nazarener seien eine monarchistische Bewegung gewesen, der Jakobus als Prinzregent und Jesus als der von allen erwartete König galt, erhebt sich die Frage, ob es Anhaltspunkte dafür gibt, daß die Nazarener oder Ebioniten späterer Zeit Jesus für ihren König hielten. Die meisten christlichen Quellen, die uns vorliegen, erwähnen diesen Punkt nicht. Stattdessen betonen sie, daß die Ebioniten einerseits darauf bestanden, Jesus sei nur ein Mensch gewesen, daß er aber andererseits dadurch, daß der Heilige Geist, identisch mit »Christus«, einer göttlichen Macht, über ihn kam, den Rang und die Fähigkeiten eines Propheten erreicht habe. Man muß bedenken, daß die heidenchristlichen Geschichtsschreiber, die diese Berichte verfaßten, von der paulinischen Definition des Begriffs »Christus« stark beeinflußt waren, in der er dessen ursprünglichen jüdischen monarchistischen Sinn verlor und zum Titel eines göttlichen Wesens wurde (teilweise auch deswegen, weil er im hellenistischen Denken mit dem griechischen Wort χρηστός verschmolz, das »gut« bedeutet, einer in Mysterienreligionen üblichen, inzwischen gleich ausgesprochenen Bezeichnung göttlicher Gestalten). Abgesehen von diesem nicht authentischen Gebrauch des Wortes »Christus« klingen diese Berichte durchaus glaubhaft, denn die Vorstellung, daß man dadurch Prophetenschaft erlangen kann, daß eine göttliche Kraft (in jüdischen Quellen »Heiliger Geist« oder *ru'ach ha-qodesch* רוח הקדש, manchmal auch *schechina* שחינה oder innere Gegenwart Gottes genannt) über einen Menschen kommt, ist im Judentum üblich und muß auch von den Ebioniten geteilt worden sein. Der monarchistische Unterton des Wortes »Christus« (dem hebräischen *Messias/maschiach*) ist in den meisten dieser christlichen Berichte verlorengegangen. Dieser monarchistische Aspekt taucht jedoch wieder auf, wenn gelegentlich die Rede auf die Endzeit-Vorstellungen der Ebioniten kommt: sie glaubten nämlich, Jesus werde nach seiner Wiederkunft tausend Jahre auf Erden herrschen.[2] An dieser Stelle wird die Vorstellung von Jesus als dem König der Juden und (mittels der Rolle des jüdischen Volkes als Priestervolk) als spiritueller König über die gesamte Welt deutlich, und man erkennt, daß Jesus für die Ebioniten Nachfolger Davids und Salomos war. Die tausendjährige Herrschaft ist dabei kein Zeichen dafür, daß Jesus für ein übernatürliches Wesen gehalten wird, sondern spiegelt die weitverbreitete Vorstellung wider, daß die Lebensdauer des Menschen im Zeitalter des Messias wieder die Größenordnung annehmen werde, die vor der Sintflut üblich war.

Die Vorstellung eines tausendjährigen Reiches fehlt natürlich auch nicht völlig im paulinischen Christentum, bleibt hier aber in eigenartiger Weise im Untergrund.

---

2 Dieser Zug hat sich nur im Zusammenhang mit Cerinthus erhalten (Iren. adv. haer. I xxvi; Epiph. panar. XXVIII), aber er war wohl allen ebionitischen Gruppen gemeinsam.

Die Offenbarung des Johannes, ursprünglich ein judenchristliches, jedoch stark überarbeitetes Werk, wurde in den Kanon des Neuen Testaments aufgenommen, wo sie sich übrigens nur knapp behaupten konnte, und aus dieser Quelle stammten die Vorstellungen vom tausendjährigen Reich, die nicht so recht zur paulinischen Christologie passen wollen. Der Glaube an ein tausendjähriges Reich auf Erden mit Jesus als König am Ende der Zeiten inspirierte zahlreiche politische Aufstandsbewegungen innerhalb des Christentums und bedrohte die Machtstellung von Papst und Kaiser: denn zu diesen Vorstellungen gehört, daß Gerechtigkeit auf Erden erreichbar sein muß und daß Gottes Reich ein verwirklichtes Utopia auf Erden sein soll, nicht die Seligkeit in einer anderen Welt. Die Rolle des Antichrist, der weltlichen Macht, die sich dem dann auftretenden Jesus *redivivus* entgegenstellt, wurde gewöhnlich den Juden zugewiesen, was dazu führte, daß populistische Endzeitbewegungen oft bösartig antisemitisch waren (hierzu Maccoby 1999a, p. 274–277); dann und wann aber wurden die tatsächlichen Unterdrücker der Armen mit dem Antichrist identifiziert, und bei solchen Gelegenheiten drohten die politischen Ziele, die aus dem Judentum und dem Judenchristentum stammten, das Christentum zur »Befreiungsreligion« zu machen, ganz im Gegensatz zu der Theologie des Paulus, die ihre Blicke auf die Welt, die da kommen soll, richtete und immer im Sinne der Herrschenden und der Fortsetzung der bestehenden Zustände funktionierte. Es ist daher auch nicht überraschend, daß Papst und Kaiser Endzeitvorstellungen trotz deren Beglaubigung durch das NT immer mißbilligt haben und sie aus der offiziellen christlichen Lehre ausschlossen (siehe Cohn 1957). In die Glaubensinhalte der Ebioniten jedoch sind sie auf organische Weise integriert und tragen dazu bei, den Glauben der Ebioniten als geradlinige Fortsetzung des Judentums, aber auch der vom Jesusbruder Jakobus geführten »Kirche von Jerusalem« zu charakterisieren.

Einige Worte noch zur Prophetenrolle, die die Ebioniten Jesus zuschrieben. Selbst im NT gibt es zahlreiche Anhaltspunkte dafür, daß Jesus sich selbst für einen Propheten hielt und auch von seinen Anhängern für einen Propheten gehalten wurde. Einige seiner Jünger hielten ihn für eine Wiedergeburt des Propheten Elias (Mt. 16,14; Mk. 6,15; Lk. 9,19), mit dem auch Johannes der Täufer schon identifiziert worden war. Jesus sah sich selbst zunächst als einen Propheten, der die Ankunft des Messias vorhersagt; erst in einem recht späten Stadium seiner Laufbahn war er zu der Überzeugung gelangt, er selbst sei der Messias, den er vorhergesagt hatte. Von da an vereinigte er die Rolle des Messias mit der des Propheten. Er handelte damit durchaus nach dem Vorbild seiner Vorläufer, denn auch von seinen »Vorfahren« David und Salomo sagt die jüdische Überlieferung, der Heilige Geist sei über sie gekommen und habe ihnen ihre Schriften eingegeben (David galt als Verfasser der meisten Psalmen und Salomo als Autor kanonischer Werke, des ›Buches der Sprüche‹, des ›Predigers Salomo‹ sowie des ›Hohenliedes‹). Dennoch ging man davon aus, daß diese Werke nicht den höchsten Grad an Inspiration enthielten:

denn sie waren in der Bibel unter »Schriften« zusammengefaßt, nicht unter »Propheten«. Jesus verfaßte keine Schriften, die ihm der Heilige Geist eingegeben hätte, sah sich aber selbst durchaus in einer Reihe mit den Propheten, die nicht geschrieben, aber Wunder gewirkt hatten wie z. B. Elias und Elischa. Vor ihm hatte es zwar nie Propheten gegeben, die ihr Prophetenamt mit der Stellung eines Messias oder Königs vereinigt hätten, doch es war auch nichts Ketzerisches an der Kombination von Messias und Prophet. Eine derartige Vorstellung wird im elften Kapitel von Jesaja beschrieben, wo der Messias dargestellt wird als eine Persönlichkeit, die den Heiligen Geist in sich trägt und Wunder wirken kann, ganz wie ein Prophet. Daß Jesus zusätzlich die Rolle eines Propheten für sich beanspruchte, unterscheidet ihn von den einfacher gestrickten Messiasgestalten seiner Zeit wie z. B. Judas von Galiläa oder später Bar Kochba (Theudas, so scheint es allerdings, hat auch versucht, Prophet und Messias gleichzeitig zu sein). Der Glaube der Ebioniten, daß Jesus der Rang eines Propheten zukomme, stand also ganz und gar nicht im Widerspruch zu ihrem Glauben, er sei der König Israels, der bei seiner Wiederkunft die jüdische Königsmacht wieder aufrichten werde. König und Prophet gleichzeitig zu sein bedeutete im Gegenteil, daß Jesus nicht nur ein Übergangs-Messias wie Bar Kochba war, gesandt, um die Juden einmal mehr von der Unterdrückung durch die Heiden zu befreien, sondern der endgültige Messias, der Höhepunkt der Geschichte, der das Königreich Gottes auf Erden einleiten würde, wie es die jüdischen Propheten vorhergesehen hatten, eine Zeit des Friedens und der Gerechtigkeit auf der ganzen Welt, in der das Land voll sein wird der Erkenntnis des Herrn, »wie Wasser das Meer bedeckt« (Jes. 11,9).

Andererseits war es gerade dieser Glaube der Ebioniten an Jesus als begnadeten Propheten, der die Ebioniten schließlich vom Judentum als Ganzem schied. Solange Jesus am Leben war, war sein Anspruch auf den Rang eines Propheten und Messias in einer Person in keiner Weise als ketzerisch zu werten; die Führer der Pharisäer, wie z. B. Gamaliel, waren bereit, abzuwarten, was tatsächlich aus dem Anspruch Jesu werden würde, und sich bis dahin jeder Wertung zu enthalten. In Gamaliels Worten: »Ist der Rat oder das Werk aus den Menschen, so wird's untergehen; ist's aber aus Gott, so könnet ihr's nicht dämpfen; auf daß ihr nicht erfunden werdet als die wider Gott streiten wollen« (Apg. 5,38–39). Selbst nach dem Tode Jesu – das beweisen Gamaliels Worte, der ja nach Jesu Tod spricht – waren die Pharisäer bereit, noch eine beträchtliche Zeit abzuwarten, bis sie ihr Urteil trafen, da ja die Nazarener für sich in Anspruch nahmen, die Bewegung Jesu sei keineswegs »zusammengebrochen«, Jesus noch am Leben und kurz davor, wiederzukehren. Aber als noch mehr Zeit verging, kamen den meisten Juden die Behauptungen der Nazarener zunehmend fadenscheinig vor. Wie lange würde man wohl warten müssen, bis man die Entscheidung über den Zusammenbruch der Nazarener-Bewegung treffen konnte? Jesus war gescheitert, das bewies schon sein Tod am Kreuz, und die Versicherung der Nazarener, er werde wiederkommen, hatte sich nicht bewahrheitet. Die meisten Juden kamen daher zu dem Schluß, daß Jesus nur einer der vielen gescheiterten Messiasse war. Was seine angeblichen prophetischen Gaben anging, so mußte es sich dabei um Täuschung gehandelt haben. Er konnte nach alledem kein echter Prophet sein, sonst hätten sich ja seine Prophezeiungen über die eigene Person bewahrheitet. Die Ebioniten aber weigerten sich weiterhin, dies zu akzeptieren; wohl kehrten manche von ihnen, des Wartens auf Jesu Wiederkehr müde, in den Schoß des orthodoxen Judentums zurück und gaben ihren Glauben an Jesus als Propheten und Messias auf. Die übrigen aber hielten zwar weiterhin die Thora hoch, verfaßten aber eine zusätzliche Heilige Schrift oder ein Evangelium (das unglücklicherweise mittlerweile verloren ist, da es wie andere Schriften der Ebioniten seitens der paulinischen christlichen Kirche unterdrückt wurde), in dem sie die Sprüche Jesu niederschrieben, der in ihren Augen mindestens so vom Heiligen Geist durchdrungen war wie Jesaja oder Jeremia und deswegen in den Kanon aufgenommen zu werden verdiente. Diese neue Schrift galt den allermeisten Juden als ketzerischer Zusatz zum Kanon der Heiligen Schrift, sein Erscheinen kennzeichnete die Ebioniten klar als ketzerische Sekte ähnlich den Samaritern oder den Sadduzäern. Da die Ebioniten zudem der Meinung waren, daß das Zeitalter der Propheten in der Person Jesu wiedergekommen sei, können sie nicht bereit gewesen sein, die Autorität der pharisäischen Weisen zu akzeptieren, die nach Jesu Tod unter der Annahme, das Zeitalter der Propheten sei mit Maleachi, dem letzten biblischen Propheten, nun endgültig zu Ende gegangen, eine Gesetzes- und Lehrsammlung aufstellten. Die Ebioniten waren also durch ihr Festhalten am Glauben an Jesus als Messias und Propheten zunehmend von den Aktivitäten des rabbinischen Judentums abgeschnitten. Dennoch dauerte es bis etwa 135 christlicher Zeitrechnung[3], bis die Ebioniten von pharisäischen Rabbis schließlich zu Ketzern erklärt wurden. Diese Entscheidung wurde zweifellos dadurch beeinflußt, daß den Rabbis klar war, daß der nichtjüdische Zweig des Christentums in Befolgung der Lehren des Paulus der Thora abgeschworen hatte und eine antisemitische Grundhaltung einnahm. Das nun war der zwingende Beweis, daß Jesu Anspruch, der Messias zu sein, nicht »von Gott« gewesen war. Nichtjüdische Christen wurden allerdings im Gegensatz zu Ebioniten nie zu Ketzern erklärt, da die paulinische Lehre sich vom Judentum so weitgehend unterschied, daß man sie nicht als ketzerische Abweichung davon hätte bezeichnen können.

---

[3] Die allgemeine Ansicht der Gelehrten, die Nazarener seien etwa im Jahre 90 durch die Formulierung gegen sie als *birkat ha-minim* בירכת המנים auf der »Synode von Jabne« aus der Synagoge ausgeschlossen worden, wurde von Kimelman (1981) widerlegt. Tatsächlich wurden die Nazarener nicht vor der Zeit des Bar-Kochba-Aufstandes ausgeschlossen, weil sie an diesem nicht teilnehmen wollten (siehe p. 87).

Die Ebioniten fanden sich also in der unglücklichen Lage, von beiden Seiten, von der katholischen bzw. »orthodoxen« Kirche, mittlerweile Mehrheitsfraktion der Christen, und gleichzeitig von den Juden geächtet zu sein. Der Druck, sich einer der beiden Religionen anzuschließen, war stark, und im vierten Jahrhundert existierten die Ebioniten als eigenständige Glaubensgemeinschaft schließlich nicht mehr. Dementsprechend neigen die Geschichtsschreiber dazu, sie nicht zu beachten oder geringzuschätzen. Dennoch ist das, was von ihrem Zeugnis über die Ursprünge des Christentums überliefert ist, von einzigartiger Bedeutung, denn im Unterschied zur katholischen Kirche standen sie in direkter Kontinuität zur »Kirche von Jerusalem« und dementsprechend zu Jesus selbst. Was sie über Paulus und die Umstände schreiben, unter denen er mit der »Kirche von Jerusalem« brach, verdient Beachtung und Respekt, nicht, wie üblich, Häme und Ablehnung.

Das Zeugnis der Ebioniten ist uns in zweierlei Gestalt überliefert. Zunächst finden sich in den Schriften der Kirchenväter Justinus Martyr (2. Jhd.), Irenäus, Hippolyt und Tertullian (Ende 2. Jhd./1. Hälfte 3. Jhd.), Origenes (Mitte 3. Jhd.), sowie Epiphanius und Hieronymus (4. Jhd.), wie schon erwähnt, Zusammenfassungen ihrer Anschauungen. All diese Autoren bestätigen, daß die Ebioniten sich gegen Paulus wandten, den sie als falschen Propheten ablehnten.

Der zweite Zweig der Überlieferung ist eher indirekter Art, Ergebnis der Detektivarbeit neuzeitlicher Gelehrter, nichtsdestoweniger aber sehr überzeugend. Bestimmte Texte, die uns aus der Antike und dem Mittelalter überliefert sind, stammen nach außen hin nicht von den Ebioniten, sondern von anderen religiösen Gruppierungen; doch aufwendige Analysen von Spezialisten konnten zeigen, daß alle diese Schriften eine Textebene enthalten, die von einem ebionitischen Autor stammt und später von einem nicht-ebionitischen Verfasser übernommen und überarbeitet wurde. Folgende zwei Schriften sind für unser Thema am aussagekräftigsten:

Die pseudoclementinischen Schriften. Diese Schriften blieben als anerkannte Schriften der Kirchenväter erhalten, da man fälschlicherweise annahm, sie stammten von dem ziemlich legendären Papst Clemens I., von dem man seinerseits gemeinhin annahm, er sei Schüler von Petrus selbst gewesen. In Wirklichkeit – das hat F. C. Baur im 19. Jahrhundert schon nachgewiesen, und nachdem eine Zeitlang gestritten und Baurs Arbeit verleumdet wurde, wird es mittlerweile vom größten Teil der Fachwelt akzeptiert – ist das Kernstück dieser Schriften judenchristlicher oder ebionitischer Provenienz; es kommt aus dem Syrien des 2. Jahrhunderts. Es zeugt von einer standhaften Treue zur Thora und enthält einen leidenschaftlichen Angriff gegenüber Leuten, die Petrus gegen die Thora gerichtete Ansichten unterstellen. Paulus wird nicht namentlich erwähnt, aber es gibt überdeutliche Hinweise auf ihn als den schlimmsten Feind unter der Maske des »Simon Magus«, gegen den Petrus im Text polemisiert. Petrus greift den nur oberflächlich verkleideten Paulus mit der Begründung an, er sei ein falscher Prophet, er habe Lügen über ihn, Petrus, verbreitet und, was das Wichtigste ist, er wisse nichts über die wahren Lehren Jesu, da er ihn nie von Angesicht getroffen habe und seine Vorstellungen über Jesus nur auf trügerische Visionen baue. Daß es sich bei diesem »Simon Magus« wirklich um Paulus handelt, wird mittlerweile von der Fachwelt akzeptiert, nachdem zahlreiche Religionswissenschaftler Baurs Ergebnisse in dem verzweifelten Versuch angegriffen hatten, eben diese Schlußfolgerung nicht nachvollziehen zu müssen, da ihnen durchaus klar war, zu welch weitreichenden Folgerungen ein solches Zugeständnis führen würde.[4] Denn damit ist bewiesen, daß Paulus keineswegs eine einmütig akzeptierte Stütze der Kirche war wie Petrus, sondern eine umstrittene Figur, über deren Rolle bei der Gründung des Christentums erbittert gestritten wurde.

Die arabische Handschrift, die Shlomo Pines entdeckte. Der israelische Wissenschaftler Shlomo Pines entdeckte ein interessantes Zeugnis der Ansichten einer judenchristlichen Gemeinde zu einem späteren Zeitpunkt, vermutlich im Syrien des 5. Jahrhunderts. Er untersuchte in Istanbul ein arabisches Werk aus dem 10. Jahrhundert, verfaßt von einem 'Abd al-Jabbar, und konnte dabei zeigen, daß ein Abschnitt dieses Werkes in Wirklichkeit aus judenchristlicher Quelle stammt und in das arabische Manuskript eingearbeitet worden war. Der Text verrät eine ebionitische Grundhaltung: Glaube an die fortdauernde Gültigkeit der Thora, Bestehen darauf, daß Jesus ein Mensch und Prophet war, und entschlossene Gegnerschaft zu Paulus als dem Fälscher der Lehren Jesu. Folgen wir diesem Text, dann hat Paulus vor allem deswegen die Befolgung der Thora aufgegeben, um dadurch die Rükkendeckung Roms sowie Macht und Einfluß für sich selbst zu erreichen. Der Text gibt Paulus sogar Schuld an der Zerstörung des Tempels in Jerusalem durch die Römer: seine antijüdische Propaganda habe die Römer gegen die Juden aufgehetzt. Sein Christentum, so unsere Quelle, war in Wirklichkeit »Römertum«; anstatt die Römer zu Christen zu machen, machte er aus den Christen Römer.

Diese judenchristliche Quelle enthält gleichzeitig einige Äußerungen heftiger Kritik an den Evangelien, von denen es heißt, sie seien nicht vertrauenswürdig und widersprächen sich selbst. Zuverlässig sei einzig und allein das ursprüngliche, hebräisch geschriebene Evangelium; ob jedoch die Gemeinde, die unsere Quelle hervorgebracht hat, immer noch über ein Exemplar dieses Evangeliums verfügte, bleibt unsicher. Eine Bemerkung in diesem Text über die Geschichten in den Evangelien, in denen Jesus angeblich die Thoravorschriften abschafft, ist von besonderem Interesse. Sie bezieht sich auf die Episode, in der die Jünger am Sabbat

[4] Anm.d.Übs.: Als Kuriosum sei nicht verschwiegen, daß das Buch DETERINGS (1995), welches jetzt international die Runde macht, weil Paulus der Kirche offenbar peinlich geworden ist, dessen sämtliche Briefe einfach Simon Magus zuschreibt! So wird eine lästige Erkenntnis auf einmal wundersam nützlich für verkappte Apologeten.

Kornähren rupfen (Mk. 2,23), und erklärt das Verhalten der Jünger als bare Notfallmaßnahme, weil die Jünger halbverhungert gewesen seien; der Fachausdruck, mit dem auf Arabisch erklärt wird, daß das Ährenrupfen durchaus im Einklang mit den Sabbatgesetzen gestanden habe, ist eine wortgetreue Übersetzung des hebräischen Ausdrucks *piqquah nefesch* פיקוח נפש (»eine Seele retten«), den der Talmud benutzt, wenn die Sabbatgesetze in Fällen, in denen Menschenleben auf dem Spiel stehen, außer Kraft gesetzt werden.

Insgesamt ergibt sich aus dem Text das Bild einer judenchristlichen Gemeinde aus dem 5. Jahrhundert, die in vielerlei Hinsicht die Verbindung zu den eigenen Quellen verloren hat und es gerade eben schafft, im Untergrund zu überleben, aber immer noch an Glaubenselementen festhält, die aus einigen Jahrhunderten vor ihrer Zeit stammen, einer Gemeinde, die an bestimmten Punkten immer noch die Verbindung zu den allerfrühesten Judenchristen überhaupt bewahrt hat, der Nazarener-Gemeinde von Jerusalem unter der Führung von Jakobus und Petrus.

Die Ebioniten konnten nicht überleben – aus dem einfachen Grund, weil sie erbarmungslos von der katholischen Kirche verfolgt wurden. Wurde jedoch diese Unterdrückung aus irgendeinem Grund unwirksam (z. B. dadurch, daß ein Landstrich aus christlicher unter moslemische Herrschaft geriet), kamen sie gelegentlich aus ihren Verstecken und konnten sich offen zu ihrem Glauben bekennen. Es gibt sogar Anzeichen dafür, daß dies noch im 10. Jahrhundert vorkam, und zwar im Werk des jüdischen Philosophen Saadia.[5] In den allermeisten Fällen jedoch waren die Ebioniten gezwungen, sich hinter der Maske der Rechtgläubigkeit zu verbergen, und nach und nach führte dies zu vollständiger Assimilation. Während der Zeit allerdings, als sie an ihrem heimlichen Glauben noch festhielten, hatten sie oft einen tiefgehenden Einfluß auf das gesamte Christentum; es gibt Gründe für die Annahme, daß zahlreiche »judaïsierende« Ketzereien in der Geschichte des Christentums einschließlich des Arianismus auf im Untergrund aktive ebionitische Gemeinden zurückzuführen sind. Ihr Einfluß ging in Richtung Humanisierung und Sorge für das Diesseits, richtete sich gegen die schlaffe Anpassung an Sklaverei und Unterdrückung und war bemüht, den Antisemitismus der Christen in Schranken zu halten. Die Ebioniten standen für eine alternative Tradition im Christentum, die nie vollständig ausstarb.

Aus diesen Gründen sind die Ebioniten keineswegs eine zu vernachlässigende oder gar lächerliche Gruppe. Ihr Anspruch, die wahren Lehren Jesu zu vertreten, muß ernstgenommen werden. Es ist daher auch ganz falsch, ihre Aussagen und Wertungen über Paulus als nicht der Beachtung wert abzutun.

Beschäftigen wir uns also genauer mit der ältesten noch nachweisbaren Formulierung der ebionitischen Einschätzung des Paulus, die sich in den Schriften

---

5 LANDAUER 1880, p. 90. Siehe auch PINES 1968, p. 276.

des hl. Epiphanius (4. Jhd.) findet! »Sie sagen, er sei Grieche gewesen [...] Er ging hinauf nach Jerusalem, und als er dort eine Weile gelebt hatte, ergriff ihn eine große Leidenschaft für die Tochter des Priesters, und er wollte sie heiraten. Aus diesem Grunde trat er zum Judentum über und ließ sich beschneiden. Als er das Mädchen schließlich doch nicht bekam, packte ihn rasende Wut, und er verfaßte Schriften gegen die Beschneidung, gegen den Sabbat und gegen das Gesetz« (Epiph. panar. XXX 16,6–9). Dieser Bericht entspricht natürlich nicht der geschichtlichen Wahrheit. Er entspricht dem, was Epiphanius als Aussagen der Ebioniten im 4. Jahrhundert wiedergibt, und trägt den Stempel sowohl der Feindseligkeit des Epiphanius gegenüber den Ebioniten als auch der Feindseligkeit der Ebioniten gegenüber Paulus. Dennoch findet sich ein Kern in diesen Aussagen, der durchaus der Wahrheit entsprechen könnte.

Vor allem zwei Elemente der Geschichte haben sich schon in unseren vorherigen Erwägungen als wichtig herausgestellt: die Tatsache, daß Paulus »Grieche« war (d.h. ein Nicht-Jude aus dem hellenistischen Umfeld) und daß er mit dem Hohenpriester (hier einfach »Priester« betitelt) zu tun hatte. Als drittes Element, das historische Wahrheit beanspruchen kann, findet sich darin, daß Paulus mit seinem Ehrgeiz gescheitert sei, unter den Juden etwas zu gelten, und daß er daraufhin aus den Diensten des Hohenpriesters desertierte und sich in der Jesusbewegung engagierte. Daß Paulus hier als enttäuschter Liebhaber dargestellt wird, ist ein typisches Produkt volkstümlicher Einbildungskraft, geht aber doch nicht ganz am Kern der Sache vorbei. Paulus war tatsächlich verliebt, wenn auch nicht in die Tochter des Hohenpriesters, so doch in das Judentum, dessen Symbol (wenn auch nicht gültiger Repräsentant) der Hohepriester war. Es war die enttäuschte Liebe zum Judentum, die Paulus zur Erfindung des Christentums trieb.

Auf einer weniger emotionalen, realistischeren Ebene war der Hohepriester ja wirklich die Schlüsselfigur im Leben des Paulus: er war sein Dienstherr, als er die Nazarener verfolgte, er war sein unerbittlicher Feind, als er durch seinen Abfall von dessen Kollaborateursregime in Damaskus aus seinen Diensten desertierte, und er stand ihm wieder als Todfeind gegenüber, als er, der feindseligen nazarenischen Volksmenge entkommen, sich unter den Schutz der römischen Polizei geflüchtet hatte.

Der Bericht des Epiphanius ist eindeutig unvollständig, denn er enthält keinerlei Hinweis auf die Beziehungen zwischen Paulus und den Nazarenern von Jerusalem. Die Ebioniten zu Epiphanius' Zeiten hatten sicherlich eine eigene Einschätzung des Verhältnisses zwischen Paulus auf der einen und Jakobus und Petrus auf der anderen Seite.

Dennoch: so unvollständig und romantisierend der von Epiphanius überlieferte Bericht sein mag, so ist er doch in mehreren Aspekten genauer als der Bericht über Paulus, den die Kirche weitergibt, oder gar die Angaben, die Paulus über seine

Person in seinen Briefen macht. Anstelle des respektablen Pharisäers makellos jüdischer Abstammung, anstelle des Freundes von Jakobus und Petrus und mit ihnen ranggleichen Führers entdecken wir hinter den verstümmelten und verzerrten Aussagen im Bericht des Epiphanius über die Ansichten zeitgenössischer Ebioniten doch noch Spuren des realen, historischen Paulus – Spuren eines innerlich zerquälten Abenteurers, der mit List und Verstellung seinen Weg findet, sich immer wieder knapp aus gefährlichen Situationen windet und schließlich eine Religion stiftet, die ganz und gar seine individuelle Schöpfung ist.

Kapitel 16

Der Mythenschmied

Bücher über Paulus pflegen mit einem Kapitel über dessen Theologie zu enden, in welchem die Verfasser die Ansichten des Paulus über Gegenstände wie Prädestination, Erbsünde, Dreifaltigkeit, das Weltende oder die Wesenheiten des Heilands dessen Schriften zu entlocken suchen. Gewöhnlich kommt dabei heraus, daß Paulus zu all diesen abstrakten Fragen keine dezidierte Position bezog, obwohl er späteren Berufstheologen zu diesem Behufe ausreichend Material hinterließ. Paulus war nicht in erster Linie ein Denker, aber dafür besaß er eine religiöse Vorstellungskraft von seltener Intensität und hohem Rang. Es scheint daher gewinnbringender zu sein, Paulus als Mythenschöpfer zu betrachten statt als spekulativen Theologen. Keine Religion beruht primär auf theoretischer Theologie. Am Anfang stand die Erzählung (story, μῦθος); und erst später, wenn die Feuerwerke der Imagination abgebrannt sind und die mythenbildende Kraft erlahmt ist, kommen die Theologen und destillieren aus Erzählungen Gedankensysteme. Was war dann die neue Erzählung, der neue Mythos, den Paulus erschuf? Denn das populäre Bild von einem Paulus, der zu den einfachen Lehren Jesu ein intellektuelles Gestell zimmerte, entspricht nicht den Tatsachen. Dieses Bild setzt Jesus als den Gründer des Christentums voraus, und Paulus soll der intellektualisierende Epigone gewesen sein. Die Wahrheit ist aber, wie wir gesehen haben, daß Jesus überhaupt keine neue Religion gegründet hat, sondern einfach darauf aus gewesen war, eine allgemein akzeptierte Rolle im Phantasiekonzept einer schon bestehenden Religion auf sich zu nehmen, nämlich derjenigen des Judentums. Paulus hat das Christentum gegründet, und er tat dies, indem er ein neues Phantasiekonzept aufbaute, einen Mythos, der machtvoll und packend genug war, um eine neue Weltreligion auf die Bühne zu bringen. In diesem neuen Mythos bekam Jesus zwar die zentrale Rolle, aber dadurch wird er nicht zum Schöpfer des Christentums, so wenig wie der altdänische Prinz Hamlet oder der historische Schottenkönig Macbeth Shakespeares Stücke schrieb. Der Jesus, um den sich der von Paulus geschaffene Mythos rankt, der Jesus, dessen Geschichte uns Paulus erzählt, ist ein ebenso fiktiver Handlungsträger wie jener Hamlet, dessen längst in einem dänischen Grab vermoderten Gebeinen die dramatische Vorstellungskraft Shakespeares neues Leben einhauchte.

Das Grundthema des paulinischen Mythos läßt sich in einem Schlagwort zusammenfassen: die Herabkunft des himmlischen Erlösers. Jedes Element seiner sogenannten Theologie stammt von daher; denn da die Erlösung oder Seelenrettung von »oben« kommt, ist jede menschliche Initiative oder Handlung zur Wirkungslosigkeit verurteilt. Daraus ergibt sich eine Art Prädestinationslehre: sobald der göttliche Erretter herabsteigt, sieht er nicht darauf, wer diese Errettung *verdient*, weil dieses darauf hinausliefe, menschlicher Eigenleistung oder -anstrengung doch eine gewisse Wirksamkeit hinsichtlich Erlösung zuzuerkennen, da besagte Eigenbemühung eine gewisse Verdienstlichkeit einschließen könnte. Woher aber sollen wir unter diesen Umständen noch wissen, wem die Errettung zuteil werden wird? – Nirgendwoher. Es werden diejenigen errettet werden, deren Errettung der Erlöser beschlossen hat. – Was können wir unter diesen Umständen zu unserer Errettung tun? Nichts, außer *glauben* und *vertrauen*. Was soll das heißen? Es heißt, sich vollständig von dem herniedersteigenden Erlöser abhängig zu machen und jede andere Hoffnung auf Errettung fahrenzulassen. Aber mit Sicherheit benötigt selbst dieser Erwerb des nötigen Glaubens und Vertrauens eine gewisse Anstrengung, und so gesehen stammt dann doch nicht jeder Beitrag zur Erlösung ausschließlich vom Erlöser. Diese logische Zwickmühle typisch christlicher Art hat die Aufmerksamkeit späterer Theologen an sich gezogen, ihre Gemüter erhitzt und mit den dann austretenden spekulativen Schmelzflüssen ganze christliche Theologiebibliotheken gefüllt, aber Grundlage bleibt immer dieselbe Geschichte: die Errettung kam von oben.

Die Herabkunft des göttlichen Heilands impliziert weitere Erzählmotive. Sie bedeutet, daß es zwei Bereiche gibt: Oben und Unten. Oben ist der Bereich des Lichtes, und Unten ist der Bereich der Finsternis, das finstere Gefängnis, aus dem wir Befreiung benötigen und aus dem uns niemand herausholen kann, der selbst zu der Unteren Welt gehört. Darum kann uns kein auf dieser Welt angesiedelter Befreiungsakt irgendeinen Nutzen bringen, keine Versetzung von einer Ecke der Unteren Welt in eine andere, wie etwa von Ägypten nach Palästina oder aus der Knechtschaft in die Freiheit. Was uns gefangen hält, ist die *conditio humana* selbst, die unausweichlich die Gebundenheit an die Mächte des Bösen einschließt. Aus diesem Blickwinkel heraus entsteht das, was Theologen die Lehre von der Erbsünde nennen, eine Neuinterpretation der hebräischen Geschichte von der Vertreibung Adams und Evas aus dem Garten Eden, durchgeführt von Paulus, der in der Geschichte selbst ebenso wie in deren traditioneller jüdischer Auslegung eine derart radikale Konnotation fehlte.

So weit ist die grundlegende Geschichte dieselbe, die sich in dem als »gnostisch« bekanntgewordenen Religionstyp findet. Neuere Entdeckungen haben gezeigt, daß im Gegensatz zu früheren Annahmen die Gnosis *vor* dem Christentum existierte, auch wenn sie später christliche Spielarten entwickelte (siehe MacRae 1976, p. 618). Die Essenz des gnostischen Mythos war die, daß die Welt sich in der Hand des

Bösen befinde, weshalb ein Besucher (oder mehrere) aus der Welt des Lichtes nötig wird, der einigen bevorzugten Seelen das geheime Wissen, eben die Gnosis, bringen kann, die ihnen ermöglicht, der Knechtung durch diese Welt zu entkommen. Nach gnostischer Auffassung ist die Welt so schlecht, daß sie nicht von Gott geschaffen sein kann. Sie wurde vielmehr von einer beschränkten oder bösen Macht geschaffen, dem »Demiurgen« (also »Schöpfer, Macher«). Der wahre Oberste Gott lebt in einer Region noch über den Himmeln, aber aus Mitleid mit den Menschen schickt Er ihnen einen Gesandten, der sie zu lehren hat, wie sie sich von dem Demiurgen befreien können. In einigen gnostischen Sekten wird dieser Demiurg mit dem Gott der Juden gleichgesetzt, und man dachte, die Thora, die jüdische Kernschrift, sei dessen Werk. Die Juden galten diesen Sekten daher als Sondervolk des Demiurgen, denen in der Geschichte die Aufgabe zugedacht war, das Erlösungswerk der Gesandten des Obersten Gottes zu behindern. Wenngleich Antisemitismus (im Sinne intensiver Abneigung gegen Juden) auch in der Antike nichts Außergewöhnliches war, dürfte dessen radikalste Form doch am ehesten in diesen gnostischen Sekten aufgekommen sein – die Ansicht, die Juden seien Repräsentanten des weltumfassenden Übels, ja das Volk des Teufels.

Die Paulusbriefe sind von einer Sonderform der Gnosis geprägt, die es verdient, von anderen abgegrenzt und aus der Nähe betrachtet zu werden – auch wenn sie mit anderen, nicht-gnostischen mythologischen Bestandteilen verwoben ist, die wir später betrachten wollen. Die gnostische Grundempfindung ist in Paulus gewiß präsent: diese Welt ist im Übel so sehr versunken, daß ihre Rettung von oben eine Notwendigkeit ist. Aber die mythologischen Einzelheiten werden verändert. Paulus glaubt nicht wirklich, die Welt sei von einer bösen Macht erschaffen worden; er akzeptiert den biblischen Bericht, daß die Welt von Gott erschaffen sei. Aber er glaubt, sie sei unter die Kontrolle und Herrschaft einer bösen Macht geraten; die Erde ist besetztes Territorium. Aus diesem Grunde kann die Rettung nur von außen kommen.

Die Bedeutung dieses Konzepts von einer bösen Macht – dem »Teufel« (διάβολος) – im Denken oder vielmehr der Mythologie des Paulus kann nicht überschätzt werden. Wenn er sich auf diese Macht (oder Mächte) bezieht, benutzt er gewöhnlich Ausdrücke aus dem gnostischen, nicht dem jüdischen Wortgebrauch. So gibt er etwa in 1. Kor. 2,8 ein Bild von dem Anschlag der bösen Mächte des Kosmos auf Jesus mit den Worten: »welche [*sc.* unsere, d.h. der Christen Herrlichkeit] keiner von den Obersten dieser Welt erkannt hat; denn wo sie die erkannt hätten, hätten sie den Herrn der Herrlichkeit nicht gekreuzigt.« Mit den »Obersten der Welt« (ἀρχόντων τοῦ αἰῶνος τούτου) sind nicht etwa weltliche Machthaber wie die Römer oder der Hohepriester gemeint, sondern übernatürliche Kräfte, welche »diese Welt« im Sinne »dieses kosmischen Zeitalters« regieren – »der Fürst dieser Welt«, wie der christliche Teufel öfters heißt, oder die »bösen Archonten« des späteren Manichäismus. In gleicher Weise benutzt er den Ausdruck »Fürstentümer und Gewalten« und andere solche Ausdrücke aus der gnostischen Terminologie, wenn er die übernatürlichen Heerscharen bezeichnen will, die sich Jesus und ihm selber in den Weg stellen (z.B. Röm. 8,38). Bei einer Gelegenheit nennt er die oberste böse Macht sogar einen »Gott«, nämlich den »Gott dieser Welt, [der] der Ungläubigen Sinn verblendet hat, daß sie nicht sehen das helle Licht des Evangeliums« (2. Kor. 4,4).

Paulus stellt sich solcherart die Heerscharen der Finsternis als hierarchisch organisiert vor, ausgestattet mit einer von Gott unabhängigen Macht, zumindest für einen gewissen kosmischen Zeitabschnitt. Es ging primär darum, die Macht dieser Kräfte zu brechen, als Jesus in die »Welt« kam; wenngleich die irdische Macht, die sich ihm in den Weg stellte, diejenige der Juden, seine Hauptfeinde abzugeben schien, so blieb das doch nur an der Oberfläche; denn in Wahrheit befand er sich in einen umfassenden, den ganzen Weltraum einbeziehenden Kampf verwickelt, in welchem irdische Gegenspieler nur die Marionetten böser übernatürlicher Mächte waren.

Sogar in der altiranischen Religion, dem Zoroastrismus oder Parsismus, von dem der Dualismus der Gnosis letztlich abstammt, galt die böse übernatürliche Macht als letztlich der guten dergestalt unterlegen, daß die gute am Ende siegen würde. Dergestalt ist der Dualismus des Paulus schwerlich weniger extrem als derjenige der altiranischen oder der gnostischen Religion. Es wurde kürzlich vorgebracht, Paulus habe seinen Dualismus aus jüdischen, nicht hellenistischen Quellen; denn die jüdischen Apokryphen und Pseudepigraphen geben Satan wirklich eine wichtige Rolle, und die Qumranschriften (die Rollen vom Toten Meer) schreiben auch viel vom Übel in der Welt den Aktivitäten eines bösen Engels namens Belial zu. Natürlich blieben diese Schriften vom Kanon der Pharisäer ausgeschlossen, die sich dem Dualismus heftig widersetzten und Satan (wörtlich freilich: den »Widersacher«) nur als einen der Engel Gottes betrachteten, der nie gegen Ihn rebelliert hatte, sondern Seine Anweisungen (als eine Art Polizist oder Staatsanwalt) befolgte, sei es als Todesengel oder als Ankläger von Menschen vor dem göttlichen Gerichtshof. Auch in eigentlich jüdischer Terminologie hätte sich Paulus durch seinen Dualismus aus der pharisäischen Denkweise ausgegrenzt. Doch es gibt allemal einen großen Unterschied zwischen dem Dualismus des Paulus und demjenigen der erwähnten jüdischen Schriften, die, so groß die in ihnen ausgedrückte Verzweiflung auch sein mag, niemals den paulinischen Nadir erreichen, jenes Maximum an weltlicher Hoffnungslosigkeit, dem seine Schriften entspringen. Obwohl die jüdischen Pseudepigraphen und die Qumranschriften ein Empfinden für ein den ganzen Kosmos durchwaltendes Übel aufweisen, halten sie den Glauben an die Thora, die letztliche Wirksamkeit ihrer Befolgung sowie die Erwählung Israels aufrecht; sie benötigen keinen Heiland aus außerirdischen Gefilden, um das menschliche Leben wieder mit einem Ausweg zu versehen. Durch Befolgung des »Gesetzes« wird die Macht des Bösen eines Tages gebrochen; und das bedeutet, daß der menschliche Wille zum Guten (*jetzer ha-tov*) immer noch der wichtigste Faktor in der realen Geschichte geblieben ist. Der Schauplatz des Kampfes zwischen Gut und Böse bleibt immer noch die Menschenseele und ist nicht in außerweltliche Räume verlegt, unter denen die Menschen als hilfloser und passiver Widerschein des kosmischen Konflikts zurückbleiben. Im Gegenteil, die Schlacht zwischen übernatürlichen Mächten ist nur ein Widerschein des Kampfes auf Erden; und am Ende dieses Kampfes wird eine Umorganisation der Erde stehen, nicht ein wohlgeplantes Entweichen von ihr.

Für die paulinische Spielart des Dualismus läßt sich keine einleuchtende jüdische Vorlage finden; die einzige zeitgenössische Parallele ist die Gnosis. Natürlich gibt es ein paar Unterschiede, aber selbst in diesen Unterschieden bemerken wir eine grundsätzliche Geistesverwandtschaft; und an dieser Stelle sollten wir nicht vergessen, daß es viele Varianten der Gnosis gab und daß deren Zentrallehren vom wesenhaft bösen Charakter dieser Welt und der Notwendigkeit einer Erlösung extraterrestrischer Herkunft eine nahezu unbegrenzte mythologische Ausgestaltung und Abwandlung erfahren konnten. Die paulinische davon enthält zwar nicht die Feststellung von der Erschaffung der Welt und der Thora durch eine böse Macht; aber sie enthält sehr wohl Untertöne, die die gleiche Funktion wie jene gnostische Urlegende erfüllen und ähnliche Wertungen suggerieren.

Paulus gehört zu jener Sorte von Gnostikern, die von den Juden und dem Judentum fasziniert waren und beides in ihr mythologisches Muster hineinzuweben suchten, gewöhnlich mit einer antisemitischen Wirkung. Die Thora, so wird in diesem Schema durchaus zugegeben, ist zwar von übernatürlicher Herkunft, aber sie kommt aus der falschen übernatürlichen Quelle. Dennoch enthält die Thora für Gnostiker dieses Typs eine geheime Botschaft: wider Willen erteilt sie Auskunft über die Weitergabe der wahren Gnosis seit Adam. Über die offizielle, in der hebräischen Bibel enthaltene Tradition hinaus und in Opposition zu ihr gibt es Hinweise auf eine alternative Tradition, die die Autorität der Juden und des Judentums umgehen konnte. So sehen wir die Blicke der Gnostiker auf biblische Figuren konzentriert, die keine Juden waren, aber dennoch als Autoritäten angesehen werden können: etwa Seth, den Sohn Adams, der nach der Ermordung Abels durch Kain geboren wurde; oder Henoch, von dem geglaubt wird, er sei in der Art Ganymeds lebend in den Himmel aufgenommen worden; oder Melchisedek, den Priester des Allerhöchsten, der der jüdischen, d.h. levitischen Priesterschaft nicht angehörte. An diesen Figuren konnte sich die Phantasie von einer verborgenen Alternativtradition emporranken, welche nicht von dem Gott der Juden herstammte, sondern von dem Höchsten Gott oberhalb desselben, dessen Botschaft diejenige des Judentums bei weitem transzendierte.

Etliche gnostische Sekten gingen tatsächlich noch viel weiter als das, und anstatt eine auf nichtjüdischen, aber in der Bibel mit Achtung behandelten Personen beruhende Alternativüberlieferung zu konstruieren, verkehrten sie die Wertungen der Bibel allesamt ins Gegenteil und konstruierten ihre Alternativüberlieferung aus Figuren, die in der Bibel möglichst schlecht wegkommen. So verehrten die Kainiten Kain und alle sonstigen Träger von Schurkenrollen in der Bibel. Aber sogar dies ist eine Art Tribut, welcher der Suggestionsmacht der biblischen Erzählung gezollt wird; nur eine Art parasitischer Bibelnutzung konnte die Gnostiker mit Stoff für *ihren* Mythos versorgen. Die Gnostiker dieses Typs wurden von Ambivalenzgefühlen gegenüber dem Judentum geplagt. Sie spürten den Sog, den diese Religion dadurch auf sie ausübte, daß sie eine sehr große Leinwandfläche mit packenden Bildern der Menschheitsgeschichte hatte bemalen können; aber sie konnten dieses mythische Panorama nicht akzeptieren, da der Stolz auf ihre hellenistische Kultur sie an der Annahme einer »barbarischen« Religion hinderte; und auch der grundsätzliche Optimismus des Judentums mit dessen Dankbarkeit für die Gottesgabe dieser Welt widerte sie an.

Wie wir gesehen haben, übernahm Paulus nicht den gnostischen Mythos von der Weltschöpfung durch den minderwertigen Demiurgen; aber er übernahm den nahezu gleichwertigen Mythos von dem »Herrn dieses Äons«, dem »Gott dieser Welt«, der bösen Macht, die die Welt beherrschte, auch wenn sie sie nicht erschaffen hatte. In ähnlicher Weise übernahm Paulus auch nicht den gnostischen Mythos, die Thora sei von einer bösen Macht gegeben worden und daher selbst ein Werk des Bösen; stattdessen brachte er die Ansicht auf, daß die Thora ein Werk von nur begrenzter Gültigkeit sei. Dieser Ansicht verlieh er dadurch mythischen Ausdruck, daß er die Thora nicht von Gott, sondern von Engeln übergeben sein ließ. Diese Rückstufung des Status der Thora wird so ausgedrückt: »Was soll denn das Gesetz? Es ist hinzugekommen um der Sünden willen, bis der Same käme, dem die Verheißung geschehen ist, und ist gestellt von den Engeln durch die Hand des Mittlers. Ein Mittler aber ist nicht eines Mittler; Gott aber ist einer. Wie? Ist denn das Gesetz wider Gottes Verheißungen? Das sei ferne! Wenn aber ein Gesetz gegeben wäre, das da könnte lebendig machen, so käme die Gerechtigkeit wahrhaftig aus dem Gesetz. Aber die Schrift hat alles beschlossen unter die Sünde, auf daß die Verheißung käme durch den Glauben an Jesum Christum, gegeben denen, die da glauben« (Gal. 3,19–22). Verschiedene Gelehrte brachten das Argument vor, schon jüdische Quellen enthielten die Aussage, die Thora sei von Engeln und nicht von Gott selbst übergeben worden, weswegen Paulus nichts Sensationelles oder auch nur Neues in diesem Passus aussage. Nun ist das Wort διαταγεὶς [δι΄ ἀγγέλων] deutlich: Luther hat es mit »verordnet«, die Herder-Einheitsfassung mit »erlassen« übersetzt.[1] Paulus sagt recht eindeutig, daß Engel die Urheber der Thora gewesen seien und nicht »Gott«. Trotz aller verzwickten Argumentationen

[1] Hier habe ich Maccobys Vorführung der englischen Versionen durch diejenige ihrer deutschen Analoga ersetzt, F.E.H.

der Neutestamentler gibt es keine Parallele dazu in jüdischen Quellen, die alle nachdrücklich Gott den einzigen Thora-Autor sein lassen und diesen selbst, nicht irgendwelche Engel, am Sinaï Seine Stimme ertönen lassen, um die Thora zu »geben«, d.h. mitzuteilen.[2]

Die einzige echte Parallele zu dieser mythischen Neuerung des Paulus findet sich in der gnostischen Literatur, welche darauf besteht, daß die Thora von einer niederen Macht erlassen wurde, dem Demiurgen. Dergestalt übernimmt Paulus die gnostische Doktrin von der relativen Minderwertigkeit der Thora: statt von einer nachgeordneten und außerdem bösen Macht erlassen worden zu sein, ist sie von einer nachgeordneten, aber gutartigen Macht erlassen worden. Das paßt zu Pauli Sicht der Thora als nur zeitweilig gültig und ihren Wert hauptsächlich daraus beziehend, daß sie etwas Größeres als sich selbst ankündigt, welches sie überwinden und überlagern werde, nämlich die Ankunft des Erlösers in der Welt. Die beiden anderen NT-Stellen, die Engel als Thora-Autoren auftreten lassen (Apg. 7,53 und Hebr. 2,2), sind einfach Derivate unserer Paulus-Stelle. Paulus ist der alleinige Schöpfer dieses Mythos von der Thora-Urheberschaft der Engel. An diesem Punkt machen wir schon wieder die Erfahrung, wie massiv das jahrhundertelange Öffentlichkeitsmonopol christlicher Überlieferung und Gelehrtentätigkeit auf die allgemeine Wahrnehmung drückt und Paulus seiner historischen Originalität berauben, als Erfinder der christlichen Religion verleugnen will.

Der »Mittler«, auf den Paulus sich bezieht, ist Moses, aber seine Bemerkung »Ein Mittler aber ist nicht eines Mittler; Gott aber ist einer« ist etwas undurchsichtig. Die beste Erklärung scheint zu sein, daß Paulus herausstellt, daß die Thora einen »Bund« oder Vertrag zwischen *zwei* Parteien darstelle, Gott und Israel. Dagegen war Gottes Versprechen an Abraham einseitig, Abraham nur dessen passiver Empfänger, von dem außer »Glauben« nichts verlangt wurde; also war kein »Mittler« nötig.

---

2 Die hebräische Bibel stellt ohne Umschweife fest, Gott selbst habe die Thora (»Das Gesetz«) gegeben, z.B. »Und der Herr redete mit euch mitten aus dem Feuer« (Dtn. 4,12) oder »Vom Himmel hat er dich seine Stimme hören lassen« (Dtn. 4,36). Manche haben dazu Dtn. 33,2 und Jes. 63,9 zitiert, Stellen, die nur sagen, daß Gott bei dieser Gelegenheit von Engeln begleitet wurde, aber nicht, daß diese selbst die Thora gegeben hätten. Andere zitieren Josephus (ant. XV 5,3), doch diese Stelle bezieht sich nur auf die Mittlerschaft des Moses und anderer Propheten (hierzu W. D. Davies 1984, p. 85*sq.*). Allerdings bezieht sich Davies zu Unrecht auf eine »gutbelegte Überlieferung«, das Gesetz sei von Engeln gegeben worden. Diese sogenannte Überlieferung haben christliche Theologen mißverständlich aus Rabbah 1,2 zum Hohenlied abgeleitet. Diese unter dem Namen von Rabbi Jochanaan überlieferte Midraschstelle besagt nicht, das Gesetz sei von Engeln gegeben oder erlassen worden, sondern nur, daß Engel als *Überbringer* jedes einzelnen Gotteswortes an jeden einzelnen Israeliten tätig waren; eine Feststellung, die die Herkunft jedes einzelnen entsprechenden Wortes von Gott persönlich gerade hervorhebt und nicht abschwächt, ebenso wie die Sorge Gottes um den Empfang und die Annahme jedes einzelnen Seiner Worte durch jeden Einzelmenschen. Aber sogar diese Vorstellung Rabbi Jochanaans wurde von anderen Rabbanen zurückgewiesen, da sie darauf bestanden, jedes entsprechende Wort ergehe von Gott unmittelbar zu jedem Einzelmenschen, ohne Einsatz irgendwelcher Engel als Überbringer.

Diese einseitige Segensübertragung ist für Paulus eine weitaus höherstehende und direkte Kommunikationsform zwischen Mensch und Gott, da sie den hilflosen Zustand des Menschen in dessen Angesicht widerspiegelt, gründlich abhängig von einer von oben kommenden Erlösung. Auf diese Weise lehnt Paulus das jüdische Konzept der naturinhärenten Menschenwürde ab, auf dessen Grundlage die Thora einen Bund und eine Übereinkunft zwischen zwei Partnern darstellen soll, nämlich Gott und Israel.

Wie Paulus im Galaterbrief und andernorts Abraham in die Diskussion bringt, ist im Zusammenhang mit unserer Erörterung interessant, wie nahe er der Gnosis steht. Wir sahen, wie die Gnostiker nichtjüdische Bibelfiguren, etwa Seth, Henoch oder Melchisedek, als vorgebliche Repräsentanten einer alternativen Weitergabe der Gnosis genutzt haben. Paulus nutzt Abraham gerade in der gleichen Art. Abraham, wenn auch Ahn der Israeliten, war auch Ahn anderer Völker und weiter eine vormosaïsche Figur, die nichts mit der Thora zu tun hatte. Darum behandelt ihn Paulus als Exponenten des »Glaubens« als einer Grundhaltung, die das Veralten der Thora schon vorwegnimmt, bevor diese überhaupt erlassen werden konnte. Diese Tendenz wird im Hebräerbrief weiterentwickelt (der von einem späteren Jünger des Paulus verfaßt ist, wenn auch die kirchliche Tradition ihn fälschlich diesem selbst zugeschrieben hat), in dem die Figur des Melchisedek in der gleichen Weise benutzt wird, nämlich um zu zeigen, daß es eine alternative Priesterschaft zur jüdisch-aaronitischen gebe, und dieser überlegen.

Jedoch ist diese Nutzung nicht-jüdischer Bibelgestalten, die so sehr an die Gnosis erinnert, nicht die Hauptstrategie des Paulus und seiner Kirche im Umgang mit der hebräischen Bibel. Die Gnostiker sahen sich selbst als Außenseiter und bastelten daher eine »Außenseitertradition« aus geeigneten biblischen Materialien, wobei sie von dem neutralen Erzählstrang der Bibel nichts wissen wollten, da er sich mit dem Volk des Demiurgen befaßte und somit von den Schlacken der Weltlichkeit durchsetzt war. Paulus hingegen, ebenso wie die ganze Tradition des ihm folgenden Christentums, verfolgte eine viel kühnere Linie. Er versicherte, alle wichtigen Propheten der hebräischen Bibel seien Vorläufer des Christentums, sozusagen Protochristen, gewesen. Nicht einer davon, nicht einmal Moses, habe die Thora als unbegrenzt gültig betrachtet; alle hätten samt und sonders freudig die Ankunft des Erlösers vorhergeschaut, welcher die Thora abschaffen und den wahren Weg des Glaubens und der individuellen Seelenrettung weisen werde.

Dieser Ansatz führte zu einer flächendeckenden Usurpation des religiös-historischen Schemas der Juden. Etwas sehr ähnliches passierte auch sechs Jahrhunderte später, als der Islam die gleiche Usurpation sowohl am Juden- wie am Christentum vollzog, indem er erklärte, Abraham, Moses und Jesus seien alle Moslems *ante datum* gewesen. Dagegen übernahm der Islam nicht die heiligen Schriften der Juden und der Christen in seinen Kanon; das erlaubte ihm, großzügig Einzelheiten zu ändern, z.B. Ismael (den man für den Urahn der Araber hielt) in der Akedah bzw. Opferungsgeschichte an die Stelle Isaaks zu setzen.[3] Derlei Überlieferungsänderungen blieben Paulus versperrt, da er das Alte Testament zur Gänze als Wort Gottes akzeptierte, wohl aber stattdessen die ihm passenden Bedeutungen in es hineinlas und es dadurch in eine verschlüsselte Botschaft der paulinischen Mythologie transformierte. Solcherart wurde die Abfolge der hebräischen Propheten in eine Abfolge von »Außenseitern« umgeschmiedet, die eine besondere Gnosis besaßen, wie sie schon die gnostischen Bibelausleger vor Augen gehabt hatten. Die Propheten waren deshalb jetzt die Außenseiter geworden, weil sie die christliche Bedeutung ihrer Botschaft kannten, welche von den Juden abgewiesen wurde, da sie auf der dauerhaften Gültigkeit ihres »Gesetzes« bestanden und darum die Propheten gerade so behandelten, wie sie später Jesus behandeln sollten. Die Trennung zwischen den Juden und den inspirierten Außenseitern wie im Gnostizismus wird also beibehalten, aber die Linien werden anders gezogen, was zur Folge hat, daß das paulinische Christentum, statt sich in Opposition zum jüdischen Prophetentum zu stellen, dieses für seine eigenen Zwecke annektiert.

Die Haltung des Paulus zum Gesetz (der »Thora«) soll jetzt zu dem Zwecke untersucht werden, seine Nähe zur gnostischen Gesetzesverwerfung zu zeigen. Es ist die Essenz seines religiösen Standpunkts, daß das Gesetz nicht zu retten vermag, denn könnte es dieses, wozu wäre dann, wie Paulus selber sagt, das Opfer Jesu noch nötig? Im Judentum sind diese Alternativen nicht einmal verständlich, da es in diesem überhaupt nicht um die Seelenrettung geht; denn durch Mitgliedschaft im »Bund« ist jeder schon ausreichend gerettet, und auf dieser Grundlage geht es dann darum, mit Gott durch Erfüllung Seiner in der Thora gegebenen Gebote sozusagen zusammenzuarbeiten. Für den Juden kann ausschließlich ein außer Rand und Band geratener Mutwille seinen Status als längst schon »erlöst« oder »gerettet« aus den Angeln heben, und deshalb gibt es die hier in Anführungszeichen gesetzten, wohlbekannten Ausdrücke im religiösen Vokabular der Juden nicht einmal. Für Paulus dagegen ist die *condition humaine* an sich verzweifelt, und übernatürliche Erlösung bleibt der einzige Ausweg. Darum ist das »Gesetz« irrelevant, denn wozu sollte man einem Ertrinkenden Vorträge darüber halten, wie er sich langfristig verhalten solle? Der Sinn des »Gesetzes« (= der Thora), so sagt es Paulus im Galaterbrief und andernorts[4], besteht nicht darin, uns Verhaltensmaßregeln zu geben, sondern uns von der hoffnungslosen Natur unserer moralischen Situation zu überzeugen. Indem es bzw. sie uns ein Modell dafür liefert, wie das richtige Verhalten aussehen würde, zeigt sie uns, wie wenig wir zu einem solchen imstande sind, nämlich aufgrund des gefallenen Zustands der menschlichen Natur, und

[3] Koran 37,100–111. Siehe dazu Torrey 1967, p. 102*sqq*.

[4] Gal. 2,16; Röm. 3,19–21.

deshalb treibt sie uns dazu an, eine neue Natur zu erwerben. Die *condition humaine* muß geändert werden, denn so, wie sie ist, ist sie nicht gangbar.

Diese Haltung zum Gesetz entspricht derjenigen der Gnosis. Denn auch dort geht es nicht um Verhaltensbelehrungen, sondern um die Erlösung. Andererseits gibt es etliche Unterschiede zwischen paulinischer und gnostischer Gesetzesverwerfung. Die Gnostiker verzweifelten nicht einfach am Gesetz wie Paulus; in Wahrheit verachteten sie es als etwas der Gnosis wesenhaft Unterlegenes. Denn das Gesetz war unauflöslich mit Aktivitäten des Körpers verknüpft, welcher antithetisch dem Geist (πνεῦμα) gegenüberstand. Das geistliche, das »pneumatische« Sein stand über dem Operationalismus des Moralgesetzes oder, mit den Worten eines modernen Denkers mit einigen Berührungspunkten zu den Gnostikern, also Nietzsche, »jenseits von Gut und Böse«. Ganz in der Art Nietzsches wurden auch die Gnostiker durch diese Haltung zur Entwicklung einer menschlichen Typologie gebracht, nach welcher nur ein Bruchteil der Menschheit zu wahrer Geistigkeit fähig sei; die meisten Menschen waren unrettbar an den Körper und die Materie gefesselt. Auch Paulus verwendet den Ausdruck »Geist« (πνεῦμα) analog zum Wortgebrauch der Gnostiker; so legt er bei Gelegenheit immer wieder nahe, daß nur diejenigen, die schon von ihrer eigenen Beschaffenheit her zum »Geist« neigen, vom Opfer Jesu etwas haben können, und an dieser Stelle wird die Tendenz zur Prädestination, die in Paulus' Schriften steckt, durch die Lehre von der Bestimmtheit des persönlichen Wesens und Charakters noch einmal verstärkt. Dennoch ist seine Haltung zum Gesetz selber nicht rundweg gnostisch. Bisweilen sieht er das Gesetz, wie es in vollkommener Weise in der Thora verkörpert ist, durchaus als letztes Ziel an, aber als eines, das nur mittels vorangegangener »Erlösung« und geistlicher Wiedergeburt erreicht werden kann. Nur wer geistlich wiedergeboren ist, vermag das Ziel zufriedenstellender Gesetzesbefolgung zu erreichen.

Man hat vorgebracht, in Paulus hallten hier nur Gedanken des rabbinischen Judentums wider, weil dieses die Idee ins Auge faßte, in der »Welt, die da kommen wird«, werde Gott den »bösen Trieb« austilgen und die Menschheit dadurch befähigen, die Thora ohne innere psychische Kämpfe und Behinderungen zu befolgen. Dies ist das von Hesekiel (11,19) formulierte Konzept: »Ich will euch ein einträchtiges Herz geben und einen neuen Geist in euch geben und will das steinerne Herz wegnehmen aus eurem Leibe und ein fleischernes Herz geben.« Der einzige Unterschied zwischen Paulus und den Rabbanen, so heißt es, bestehe darin, daß Paulus glaubte, die versprochene künftige Welt sei schon da, nämlich mit dem Kommen Jesu. Indem man »Glauben« an Jesus und Anteil an Seiner Kreuzigung habe, werden laut Paulus die »Herzen aus Stein« durch bessere ersetzt und werde die Thora endlich einhaltbar. Doch damit wird die Feinstruktur der rabbinischen Haltung zu jener Frage mißverstanden. Die Rabbanen glaubten schon, der »böse Trieb« werde letztendlich ausgetilgt, aber zur Belohnung der Menschheit für ihren langen Kampf gegen das Böse. Es war nicht die übernatürliche Auflösung des Problems, wie mit der Sünde umzugehen sei, welches als die Aufgabe dieser Welt und ihrer Menschheit galt; es war die Beseitigung des Problems zwecks Belohnung der Menschheit mit einem Segenszustand. Darum sagen die Rabbanen in der Mischna: »Eine Stunde Reue und gute Werke in dieser Welt ist mehr wert als ein ganzes Leben in der künftigen, und eine Stunde Seligkeit in der künftigen Welt ist besser als ein ganzes Leben in dieser Welt« (Pirke Avot 4,17). Eine solche Haltung konnte Paulus nicht verstehen. Sie weist einen Scharfsinn und eine innere Reife auf, die sich scharf von der pubertären Verzweifeltheit und dem ungeduldigen Vollkommenheitsdrang eines Paulus abhebt. Für die Rabbanen liegt der Schwerpunkt des Lebens mehr auf der Bemühung als der Belohnung. Für Paulus ist die Belohnung der unverzichtbare Ersatz der Bemühung geworden, welche er für aussichtslos und darum sinnlos hält.

Auf diese Weise zerstört Paulus sogar dort, wo er gerade geneigt ist, die Thora als wahre Norm menschlichen Verhaltens zu behandeln, deren angestrebte Wirksamkeit: im »gefallenen« Stande (der Sünde) kann die Menschheit sie nicht erfüllen, im »geretteten« Stande braucht sie es nicht, da die Vorkehrungen der Thora ihr dann zur zweiten Natur geworden sind und automatisch befolgt werden. Aber diese vergleichsweise achtungsvolle Behandlung läßt Paulus der Thora nicht durchgehend zuteil werden. Bisweilen (besonders, wenn er den Einfluß der Jerusalemer Jesusbewegung bekämpft) nimmt er eine feindselige Haltung gegen sie ein und stuft sie als materiegebunden und dem Geiste zuwider ein, ganz im gnostischen Stil. So läßt er verlauten, wer immer den Sabbat und die von der Thora gebotenen Feste einzuhalten wünsche, sei ein Knecht der »schwachen und dürftigen Satzungen« (Gal. 4,9), ein gnostischer Ausdruck für die niederen Mächte der Natur. Gelegentlich scheint er zu verkünden, daß es nun ein neues Gesetz gebe, genannt »das Gesetz Christi«, welches das alte der Thora überwunden habe, das jetzt abgeschafft ist und immer unvollkommen gewesen war. Aber dabei geht es nicht einfach um eine inhaltliche Reform, denn das neue »Gesetz Christi« funktioniert ganz anders als das alte, nämlich auf der Grundlage von Gnade und Glaube, nicht praktischem Verhalten (»Werke«). Es geht auch nicht darum, einfach die Zeremonialvorschriften des alten Gesetzes zu streichen und seine moralischen beizubehalten, denn Paulus führt auch neue Zeremonien ein wie die Eucharistie, und das von Paulus ins Leben gerufene Christentum war ganz gewiß besser mit Ritualen ausgestattet als das Judentum jemals.

Tatsache ist, daß Paulus wie alle Gnostiker nicht in der Lage ist, in seiner Weltsicht einen einleuchtenden Platz für das Gesetz zu finden, und dennoch muß er es versuchen, weil der Bedarf an verbindlicher Regelung einfach nicht aus der Welt zu zaubern ist. Alle Gnostiker wollen das Gesetz abschaffen und es durch eine Art instinktives »erlöstes« Verhalten ersetzen, welches alle Leistungen eines Gesetzes zu erbringen imstande wäre, ohne daß man ein Gesetz haben müßte. Aber in der Praxis funktioniert das leider nie. Unerklärlicherweise verhalten sich Leute, von denen man annehmen sollte, daß sie »erlöst« seien, gerade so übel wie zu jener Zeit, als sie dieses noch nicht waren, so daß man doch wieder eine verbindliche Regelung braucht, eben ein Gesetz, um sie wieder einigermaßen unter Kontrolle zu bekommen. Ferner gibt es immer wieder Leute mit einem Hang zu ärgerlich logischem Denken, die uns erzählen werden, nachdem sie einmal »erlöst« seien, könnten sie nichts mehr falsch machen, weswegen sie alles machen könnten, was ihnen gerade gefällt – Gruppensex oder Mord beispielsweise –, im Vertrauen darauf, daß alles, was »Erlöste« tun, wesenhaft in Ordnung sein müsse. Mit anderen Worten: sobald sie einmal »erlöst« sind, werden die Menschen bisweilen eher schlimmer als besser. Auch Paulus hatte sich mit diesem Libertinismus der »Erlösten« herumzuschlagen und war zu diesem Anlaß genötigt, auf die Methoden moralischer Ermahnung zurückzugreifen, die doch gerade durch den »Glauben« sowie den Ersatz der »Werke« durch die »Gnade« veraltet geworden sein sollten. Das gleiche Problem machte sich in der ganzen Gnosis bemerkbar, wie sich z.B. an den ausschweifungsfreudigen gnostischen Sekten in der Art der Karpokratianer beobachten läßt.

Auf diese Weise schließt die paulinische Haltung der partiellen Gültiglassung des Gesetzes unter dem Druck gelegentlicher Umstände ihren Träger nicht aus der Kategorie der Gnostiker aus, wie das hin und wieder zu lesen war, denn die Nötigung, das Gesetz bzw. dessen Notwendigkeit, wenngleich ungern, wenigstens irgendwie in ihr Schema zu pressen, bestand für alle gnostischen Fraktionen, von denen jede auf ihre Art mit der Sache fertig wurde. Es ist interessant, beispielsweise die valentinianische Gnosis mit dem paulinischen Christentum unter diesem Aspekt zu vergleichen. Beide sind gemäß ihrer grundlegenden Theorie gesetzesfeindlich, aber beide reservieren unter dem Druck praktischer Notwendigkeit dem Gesetz dennoch ein Plätzchen. Dies führte zu dem witzigen Resultat, daß das Christentum, welches als Revolte gegen das Gesetz angefangen hatte (weshalb jene Paulinisten, die später die Evangelien schrieben, sogar Jesus mancherlei »Gesetzes«-kritik in den Mund legen und ihn zum ritualkritischen Rebellen stilisieren), ein riesenhaftes Korpus von kanonischem Recht aufbaute, das womöglich an Elaboriertheit und Ausdehnung alle anderen Religionen in den Schatten stellt. Wohl galt das neue Gesetz als gründlich verschieden vom alten Gesetz der Thora, da es ein Gesetz der »Gnade« war, aber in Wahrheit wurde es haargenau in derselben Weise gehandhabt, nur mit dem Unterschied, daß ihm jene Menschlichkeit und jener Schliff fehlte, den Jahrhunderte rabbinischer Entwicklungsarbeit der Thora verliehen hatten. Beispielsweise wurden alle rabbinischen Absicherungen der Position der Frauen, welche das pharisäische Gesetz erarbeitet hatte, vom paulinischen wieder über Bord geworfen.[5] Nachdem es von einem selbstgewählten Nullpunkt

[5] Z.B. das Recht der Frauen auf Scheidung oder das Recht der Ehefrauen auf separates Eigentum.

angefangen hatte, mußte das christliche Gesetz mühsam alle jene Einsichten von neuem erlangen, über welche das pharisäische Gesetz längst souverän verfügt hatte. Beispielsweise betrachtet das pharisäische Gesetz alle gewaltsam erzwungenen Aussagen als ungültig. Nach christlichem (kanonischem) Recht wurden noch sechzehn Jahrhunderte, nachdem Paulus die Thora zum alten Eisen geworfen und das »Gesetz Christi« erklärt hatte, Menschen zwecks Erlangung von Aussagen gefoltert, die als gesetzlich gültig betrachtet wurden. Das Paradox einer bekennend gesetzesfeindlichen Religion mit einem hochkomplizierten Rechtssystem führte in deren Geschichte beständig zu Versuchen, die altersgeheiligten gesetzesfeindlichen Haltungen der Frühzeit wiederzubeleben; die Reformation bietet dafür den massivsten Beleg. Aber die aus ihr hervorgegangenen Kirchen befanden sich bald in genau demselben Dilemma und entwickelten eigene Systeme kanonischen Rechts. Die Dichotomie zwischen einem gesetzesfeindlichen Kern und einer gesetzeshaltigen Schale ist der Entwicklung eines möglichst guten Gesetzes nicht eben förderlich; das Ergebnis wird schnell formalistisch, ganz anders als das von jener Wärme und sogar Begeisterung für gerechte Lösungen getragene jüdische Gesetz, dessen Schöpfer sich diese guten Eigenschaften durch die Abwesenheit jedes schlechten Gewissens bei der bewußten Arbeit an jener Schöpfung ohne weiteres leisten konnten. Es ist eine Ironie der Geschichte, daß sich die besten Beispiele für die »trockenen Pharisäer« unter christlichen Kirchenjuristen finden lassen (man vergleiche ruhig einmal eine zufällig ausgewählte Mischnastelle mit einer ebensolchen Gratianstelle oder dem heute gültigen kanonischen Recht!).

Indem Paulus den gnostischen Mythos vom herabsteigenden Erlöser übernahm, schuf er Doktrinen, die für die Gnosis typisch waren – in Gestalt seines Dualismus, seines judenfeindlichen Gebrauchs der jüdischen Schriften und seiner Gesetzesfeindschaft, wenn auch in allen diesen Tendenzen die extremeren Gnosisformen durch die Tatsache ausgeschlossen bleiben, daß Paulus die hebräische Bibel als Wort Gottes akzeptiert. Er stellt sich nach dieser ganzen Untersuchung als ein gemäßigter Gnostiker heraus, aber eben doch als Gnostiker. Er stellt die Welt nicht als Schöpfung eines bösen Gottes hin; ebensowenig läßt er die Thora von einem solchen ausgehen; er sagt auch nicht, das Gesetz sei definitiv verworfen als eine bloße Verordnung für die Körperwelt; aber alle seine Lehren enthalten Analogien zu diesen Lehren und summieren sich zu einem gnostischen System der Erlösung durch einen himmlischen Besucher der Erde.

Warum hat dann die paulinische christliche Kirche jene Gnostikerfraktionen, die sich dem Christentum anschlossen, als ketzerisch betrachtet? Diese für sich genommene Tatsache hat viele Gelehrte behaupten lassen, das paulinische Christentum verdanke der Gnosis nichts Wesentliches. Aber dieser Schluß ist nicht

---

Siehe Amram 1897, Kahana 1966 und Falk 1973.

folgerichtig. Denn das paulinische Christentum, also das Christentum überhaupt, bestand nicht nur aus gnostischen Elementen, sondern auch aus anderen, auf deren Übernahme die zum Christentum strebenden Gnostiker nicht vorbereitet waren. Es ist die Verschmelzung dieser anderen Elemente mit dem Gnostizismus, die die Einzigartigkeit der paulinischen Mythologie ausmacht. Paulus erfand keines der Elemente, aus denen seine Mythologie hinterher bestehen sollte; was er wirklich erfand, war die Art, in der alle diese Elemente zusammengeschmiedet wurden, so daß sie einen kraftvollen neuen Mythos ergaben.

Das zentrale nicht-gnostische Element entstammte den Mysterienreligionen. Aus diesen und keiner anderen Quelle entnahm Paulus seine Idee von Jesus als einem sterbenden und wiederauferstehenden Gott, der Erlösung und Unsterblichkeit bringt mittels einer mystischen Teilhabe an seinem Tode und seiner Auferstehung. Wohl mag auch im gnostischen Mythos der Träger bzw. Überbringer der Gnosis von seiten der geistfeindlichen Anhänger des Demiurgen auf Feindseligkeiten stoßen und sogar von ihnen getötet werden, aber das war nicht der Grund seines Advents. Seine Hauptaufgabe bzw. -absicht bestand in der Übermittlung der Gnosis, d.h. eines Geheimwissens magischer oder mystischer Natur, das ihn zur Durchführung jener spirituellen Reise befähigt, die ihn der Knechtung durch die niederen Mächte entziehen kann. Es gibt also kein **Opferungs**motiv im Gnostizismus. Der Heiland steigt nicht zur Erde herab, um sich für die Menschheit zu opfern, sondern um ihr Wissen zu bringen, zumindest denen, die fähig sind, es aufzunehmen.

Andererseits ist im Christentum des Paulus die Gnosis, die der Heiland bringt, nichts als die Kenntnis der erlösenden Kraft seines eigenen Todes. Wohl dient er als Opfer, aber nur, wenn der Eingeweihte seine Opferwirkung begriffen hat, durch den »Glauben« eben, und hat dann Anteil am Leidensweg und Opfer des Erlösers. Diese Idee stammt vollständig aus den Mysterienkulten, in denen genau dasselbe Mysterium von der Teilhabe an Tod und Auferstehung der jeweiligen Gottheit zentral war.

Dies erklärt, warum die gnostischen Christen als Häretiker verdammt wurden, denn diesen Opferaspekt der paulinischen Erlösungsdoktrin konnten sie niemals akzeptieren, jenen Aspekt, der aus den Mysterienkulten stammte. Für sie war Christus ein Überbringer geheimen Wissens, keine Opferfigur. Folglich leugneten sie, daß er je am Kreuz gestorben sei – dies sei bloße äußere Erscheinung gewesen, habe bloß so ausgesehen (woher sie ihren Namen »Doketisten« bekamen: gr. δοκεῖν »scheinen, nur so aussehen«). Mit ihrer kompromißlosen Gegenüberstellung und Trennung von Geist und Materie konnten die Gnostiker nicht mitmachen, daß Christus materiell genug gewesen sei, um einen richtigen Opfertod zu erleiden; dies hätte bedeutet, daß er wahrhaft Fleisch geworden war, da nur Fleisch derart wirkliche Leiden ausstehen kann. Aber für Paulus war es wesentlich, daß Christus ein reales Opfer sein sollte, nicht nur ein scheinbares. Andernfalls hätte sich die

Sündenlast, für die die ganze Menschheit den Tod verdiente, nicht aufheben lassen. Folglich mußte Christus materiell genug gemacht werden, um sich einem solchen Tode unterziehen zu können.

Der Abstieg des göttlichen Erlösers in die Materie gehörte zu beiden Mythenkreisen, den gnostischen wie denen der Mysterienreligionen; aber für die Gnostiker war schon der Abstieg genug des Opfers und hatte nur stattgefunden, weil sonst die Verbreitung der Gnosis nicht gegangen wäre. Aber für Paulus, dessen Kopf voller Bilder von Opferungen war, dessen Vorstellungswelt von Opfermetaphorik durchtränkt und dessen Seele von der Überzeugung von der rettenden Kraft des Blutvergießens und des Erleidens von Torturen erfüllt war (was seine Jugenderlebnisse mit dem gruseligen Attiskult bewirkt hatten), war solch eine unblutige Mitteilung von himmlischen Geheimnissen unbefriedigend. Es mußte eine kosmische Qual geben als Antwort auf die Qual seiner eigenen Seele. Er wandte sich daher von der Bildungshöhe und Intellektualität der Gnostiker ab (die immerhin ihren Plato und manches mehr gelesen hatten) und der waldursprünglichen Bilderwelt der Mysterienkulte zu, die von vorgeschichtlichen Menschenopferbräuchen ihren Ausgang genommen hatte.[6]

Dergestalt sind die Gehalte der Gnosis und der Mysterienreligionen im Geiste des Paulus zu einem echten Amalgam geworden, und ein solches hatte es zuvor noch nicht gegeben. Aus dem Gnostizismus stammte das Bild von einer in höllischer Finsternis lebenden Welt, die nach ihrer Erlösung seufzt und in welche eine Gestalt der Lichtwelt herabsteigt. Diese Gestalt durchwandert die Welt und verbreitet dabei verborgenes Erlösungswissen, wobei sie nur wenige anzieht, aber von den dumpf bellenden Kräften der Finsternis umringt ist. Aus den Mysterienreligionen kommt die Geschichte vom Tode des Heilands: von den Kräften des Bösen überwältigt, stirbt er auf grausame Weise, aber genau dieser grausame Tod ist die Quelle des Heils, weitaus mehr als irgend etwas, was er gelehrt hat (und eben dieses stellt sich als wenig mehr heraus als die Kunde von der Erlösungswirkung seines anstehenden Todes).

Auch aus den Mysterienreligionen kommt das Paradox von der Erlösung durch Opfer: nichts anderes haben die bösen Kräfte bewirken können. Hätten diese bei der Überwältigung des Erlösers keinen Erfolg gehabt, so hätte die Welt nicht erlöst werden können; sein Tod muß seiner Auferstehung vorangehen, und ohne diesen Tod gibt es keine Versöhnung für die Menschheit, die niemanden aus ihren eigenen Reihen stellen kann, der einer solchen Opferfunktion würdig wäre. Also hat der

[6] Natürlich gab es noch weitere Faktoren, die zur Verurteilung der Gnostiker als Ketzer führten; ihre Verwerfung des Alten Testaments als das Werk des Demiurgen; ihre Ablehnung eines göttlichen Ursprungs der Welt; und ganz allgemein ihr extremer kosmischer Dualismus. Ihr Christusbild war nur die offensichtlichste ketzerische Konsequenz aus diesem extremen Dualismus.

sterbende und wiederauferstehende Gott in den Mysterienreligionen einen bösen Gegenspieler – Seth gegen Osiris, Mot gegen Baal, Loki gegen Baldur –, der für die Erzählung wesentlich ist, denn ohne ihn käme keine Erlösung zustande, auch wenn es sein Los bleibt, verflucht und verdammt zu bleiben; er ist der Böse Christus, der mit der Sünde beladen ist, den Guten Christus getötet zu haben.

Es sollte betont werden, daß weder die Gnosis noch die Mysterienreligionen jeweils alleine diesen derart wirkmächtigen Mythos hätten hervorbringen können. Denn die Gnosis enthält kein Konzept eines geopferten Gottes. Andererseits enthalten die Mysterienreligionen verschiedene Zutaten des paulinischen Mythos nicht, vor allem nicht das Konzept von der Welt als einer Hölle der Dunkelheit, in welche der benötigte Gott herabsteigt, und auch nicht dasjenige, daß die von ihnen angebotene Erlösung von der Verurteilung zu ewiger Höllenqual errette.[7] Im typischen Fall bietet eine Mysterienreligion die Unsterblichkeit als eine Art Bonus für Eingeweihte; die Nichteingeweihten gelten nicht als verdammt, sondern haben nur einen Extravorteil versäumt. Erst durch den entscheidenden Schuß Gnosis wird der paulinische Mythencocktail virulent; er weckt den Geschmack am Entrinnen vor einer entsetzlichen Verdammnis. Denn wenn er auch nicht gänzlich fehlt, so ist der Vorstellungsbaustein der Inkarnation im mysterienreligiösen Gebäude nicht tragend.[8] Bisweilen erleidet der Gott – wie Baldur – den Tod ohne vorherige Inkarnation bzw. Abstieg zur Erde. Der Grund für deren Betonung im von Paulus gegründeten Christentum liegt nicht in dessen relativer Wertschätzung des Fleisches gegenüber den Mysterienreligionen (wie das einige christliche Apologeten behaupten), sondern darin, daß der gnostische Abstieg des Gottes in die Niederungen der Materie nötig ist, um sein Opfer vollständig zu machen. Nur weil die Welt eine Art Hölle ist, die gesprengt werden muß, wird Christi Herabkunft in sie nötig, nicht etwa weil Er aus unerfindlichen Gründen das Fleisch seligsprechen oder durch Seine Gegenwart adeln wollte. In gleicher Weise bedeutet Paulus' Bestehen auf der Wirklichkeit der Kreuzigung Jesu gegen das gnostische Konzept Seiner Scheinkreuzigung keineswegs eine

[7] Indem sie die Differenzen zwischen dem Christentum und den Mysterienreligionen einerseits, Christentum und Gnosis andererseits akzentuieren, versuchen christliche Apologeten den Eindruck zu erwecken, ihre Religion schulde allen beiden anderen nichts. Aber **alle** Züge des Christentums (außer den vom Judentum übernommenen natürlich) lassen sich restlos durch eine **Verschmelzung** zwischen mysterienreligiösen und gnostischen Zentralelementen erklären, und diese Verschmelzung ist selber das einzige, was am Christentum wirklich originell ist.

[8] Daraus haben etliche Interpreten einen fundamentalen Unterschied zwischen dem Christentum und den Mysterienreligionen konstruieren wollen, weil Jesus doch eine historische Person gewesen sei. Aber auch Osiris soll einmal eine historische Person gewesen sein, ein echter ägyptischer Pharao. Ob das nun faktisch stimmt oder nicht, tut nichts zur Sache, denn der ägyptische Mysterienmythos schließt das Konzept von Leiden und Vergöttlichung einer historischen Person ein und damit alle Konsequenzen, die eine Inkarnation mit sich bringt.

Höherstufung des Fleisches in der metaphysischen Skala durch den Apostel, sondern viel eher dessen Sorge darum, daß besagtes Fleisch auch ordentlich gequält und dadurch im Interesse der Menschheit geläutert werde, da deren eigene Leiden noch nicht ausreichen, weshalb sie durch bloße Erleuchtung noch lange nicht zu retten ist.

Dennoch ist der paulinische Mythos nicht nur aus gnostischen und mysterienreligiösen Bestandteilen zusammengesetzt; eine dritte Zutat war nötig, um daraus den überwältigendsten Mythos zu destillieren, den die Menschheit bisher kennt, und diese Zutat ist das Judentum. Aus dieser Quelle fügte Paulus seinem Gebräu die historische Dimension hinzu. Die Historisierung der Mythologie ist ein Spezifikum des Judentums; dieses entrollt ein ausgedehntes Geschichtspanorama von der Erschaffung der Welt bis zu den letzten aller Tage, und dieses von subjektiven Zielen aufgeladene Geschichtsschema des Judentums war zumindest auf weite Strecken für den tiefen Eindruck verantwortlich, den es bei antiken Beobachtern hinterließ, denn es wirkte ganz anders als die nüchtern annalistische Herangehensweise der griechischen Historiker. Die Mysterienreligionen blieben gänzlich unhistorisch; ihr Erlösungsangebot galt nur dem isolierten Individuum. Die Gnosis andererseits verfügte zwar über eine Art historisches Schema, das sie in parasitärer Weise dem jüdischen entnommen hatte: eine Sukzession heimlich erleuchteter Außenseiter, die mit dem biblischen Seth begann und die Gnosis mit einer Tradition versorgte, indem sie eine Tradition der Gnosis-Übermittlung fingierte. Aber auch dies verließ nicht die individualistische Ebene und ließ keinen Sinn für die Entwicklung einer Gemeinschaft aufkommen – tatsächlich war die einzige klar umschriebene Gemeinschaft im gnostischen Weltschema diejenige des Demiurgen, also die Juden. Gnostische Historie war eine Art Gegenhistorie. Paulus dagegen übernahm kühn das ganze jüdische Geschichtsschema von Adam bis zu den letzten Tagen, nämlich als Rahmen seines Erlösungsmythos, den er selbsttätig durch alle verschiedenen Geschichtsabschnitte wirksam sein ließ. Freilich entstammte der tatsächliche Inhalt dieses historischen Rahmens nicht dem Judentum. Der jüdische Mythos von einer wundersam befreiten Nation, die Ägypten verläßt und dem Gelobten Land entgegen durch die Wüste zieht – das Paradigma der politischen und gesellschaftlichen Utopie des Judentums –, ließ Paulus völlig kalt; er verwandelte es vielmehr in eine Art Gleichnis seines eigenen Schemas vom individuellen Erlösungswege mittels der Opferung Christi. Trotzdem bewahrte ihn seine frühe Bewunderung für das Judentum vor dem Absinken in die bloß individualistische Erlösungssuche; er konzipierte seine Kirche als eine durch die Geschichte wandernde Gemeinschaft, und zu diesem Zweck vereinnahmte er den jüdischen »Segen an Abraham« als das Grundmuster für ein neues »Israel«, das die Funktion eines auserwählten Volkes von dem echten übernehmen konnte. Die Hineinnahme des Alten Testaments in den christlichen Kanon sicherte die Zukunft des von Paulus begründeten Christentums als einer auf fester Grundlage errichteten menschlichen Institution, ganz im Gegensatz zu den gnostischen Sekten flüchtigen Bestandes und den Geheimgesellschaften der Mysterienkulte.

Diese dreiteilige Synthese aus Judentum, Gnosis und Mysterienkulten war von Paulus gewiß nicht bewußt konstruiert, sondern bildete sich sozusagen spontan und schon fertig in dessen Seele auf dem Weg nach Damaskus, wie in einem früheren Kapitel schon erläutert, empfunden als Lösung seiner bislang erfolglosen spirituellen Anstrengung und Suche. Es wurde eine die Vorstellungskraft anregende Schöpfung von durchschlagender poetischer Kraft, und über ihr Aufblühen in der griechisch-römischen Welt muß man sich kaum wundern. Ihre Kernelemente sind in der Tat mehr griechisch-römisch als jüdisch, und sie richtete sich auch eher an die diesseitsmüden Hellenisten, die sich nach einem Ausweg aus ihrer Orientierungslosigkeit und Verzweiflung sehnten, als an die Juden, welche gerade energisch dabei waren, die Implikationen ihres eigenen höchst unterschiedlichen Mythos und ihrer dazugehörigen Weltsicht praktisch auszuarbeiten. Das paulinische Christentum, so sehr es sich um eine rhetorische Verankerung im Judentum mittels Usurpation dessen religiös-historischen Schemas abmüht, ist von einem ganz anderen Geiste als dieses getragen. Seine grundsätzliche Haltung zur Welt ist die der Gnosis, verstärkt durch sadomasochistische Elemente aus den Mysterienreligionen, die ihrerseits ein Echo primitiver Opferkulte aus dem Dunkel der Vorzeit darstellen.

Ein wichtiges Element des Geistes der Gnosis in Paulus' religiöser Grundhaltung ist seine negative Sicht der Sexualität. Eine erhellende Passage seiner Schriften ist die folgende:

> Es ist dem Menschen gut, daß er kein Weib berühre. Aber um der Hurerei willen habe ein jeglicher sein eigen Weib, und eine jegliche habe ihren eigenen Mann. Der Mann leiste dem Weibe die schuldige Freundschaft, desgleichen das Weib dem Manne. Das Weib ist ihres Leibes nicht mächtig, sondern der Mann. Desgleichen der Mann ist seines Leibes nicht mächtig, sondern das Weib. Entziehe sich nicht eins dem andern, es sei denn aus beider Bewilligung eine Zeitlang, daß ihr zum Fasten und Beten Muße habt; und kommt wiederum zusammen, auf daß euch der Satan nicht versuche um eurer Unkeuschheit willen. Solches sage ich aber aus Vergunst und nicht aus Gebot. Ich wollte aber lieber, alle Menschen wären, wie ich bin; aber ein jeglicher hat seine eigene Gabe von Gott, einer so, der andere so. Ich sage zwar den Ledigen und Witwen: Es ist ihnen gut, wenn sie auch bleiben wie ich. So sie aber sich nicht mögen enthalten, so laß sie freien; es ist besser freien denn Brunst leiden. Den Ehelichen aber gebiete nicht ich, sondern der Herr, daß das Weib sich nicht scheide von dem Manne – so sie sich aber scheidet, daß sie ohne Ehe bleibe oder sich mit dem Manne versöhne – und daß der Mann das Weib nicht von sich lasse. (1. Kor. 7,1–11)

Diese Passage zeigt, daß Paulus sexuelle Aktivität als geistlicher entgegengesetzt sah, aber die »Gabe« der Keuschheit als etwas Rares betrachtete und sie darum nicht von allen Anhängern verlangte. Diese und ähnliche Paulusstellen haben im

Christentum zur Errichtung zölibatärer Orden geführt und ganz allgemein zu dessen Bewunderung des Zölibats und der Jungfernschaft als Idealen; dadurch wird Jesus selbst in den Evangelien auf einmal geschlechtslos oder wenigstens zölibatär, und seine Geburt verliert auf wundersame Weise ihre sexuellen Voraussetzungen. Weiter, als wolle er seinen inneren Widerwillen gegen seine Erlaubnis zu sexueller Aktivität für jene, denen die ihm zuteil gewordene »Gabe« abgeht, noch einmal herausstreichen, umgibt er auch die von ihm erlaubte sexuelle Aktivität mit einer Verbotshecke: Scheidung und Wiederheirat sind von ihm verboten. Dieses Verbot hat die von ihm gegründete Kirche festgeschrieben (egal zu welchen praktischen Konzessionen sie bisweilen von außen genötigt wird).

Nichts davon stammt aus dem Judentum. Unverheiratete wurden in der jüdischen Tradition bemitleidet und nicht bewundert. Heiraten wurde als Pflicht betrachtet. Von allen Rabbinern erwartete man, daß sie verheiratet waren, und die wenigen Ausnahmen unter ihnen wurden als in ihrer menschlichen Vollwertigkeit eingeschränkt angesehen. Der Marienkult mit seiner Apotheose der Jungfernschaft ist dem Judentum gänzlich fremd, und Pauli Erwähnung einer »Gabe« der Keuschheit würde als unnachvollziehbar gelten. Die jüdische Mystik (die vom biblischen Hohen Lied ihren Ausgang nimmt) schreibt dem Geschlechtsverkehr eine hohe mystische Bedeutung als irdisches Analogon göttlicher Seligkeit zu. (Ganz fremd ist dem späten Christentum diese Mystik allerdings auch nicht geblieben, aber man wird sie bei den Kirchenvätern oder gar im NT vergeblich suchen; sie ist sekundäres Produkt einer ganz anderen als der weitaus direkteren jüdischen oder althinduistischen Entwicklung. [Anm. d. Übs.])

Scheidung und Wiederheirat sind im Judentum erlaubt. Es wird oft fälschlich behauptet, aktive Scheidung sei nur den Männern erlaubt, den Frauen nicht. Nur in einem technischen Sinne trifft das zu: wenn die Scheidungszeremonie abläuft, ist es der Mann, der den von ihm unterzeichneten Scheidebrief an seine Frau zu übergeben hat. Aber nach rabbinischem Recht kann die Frau, worauf es ja ankommt, genauso von sich aus den Gerichtshof um Scheidung ersuchen wie ihr Mann, und dieser Gerichtshof kann diesen zur Einwilligung in die Scheidung zwingen. Die Scheidungsgründe sind großzügig festgelegt: beispielsweise kann eine Frau die Scheidung einreichen, wenn ihr Mann an einen Ort zu ziehen beabsichtigt, wo sie nicht wohnen will. Reicht der Mann die Scheidung ein, so genießt die Ehefrau allerhand gesetzlichen Schutz: jedes von ihr in die Ehe eingebrachte Eigentum muß ihr zurückerstattet werden, und ihr wird eine Unterhaltszahlung zugesprochen. Obwohl die Scheidung nach jüdischem Recht einfach ist, hat dies nicht zu einer entsprechenden Leichtfertigkeit geführt; jüdische Ehen sind notorisch haltbar. Dagegen ist die jüdische Haltung zur Scheidung an sich unverkrampft und nicht schulmeisterlich. Eine solche Haltung zur Scheidung gilt allgemein als Ausdruck einer positiven Sicht der Sexualität, aus der heraus die Grausamkeit voll gewürdigt werden kann, die darin besteht, Menschen zu einem sexuell glücklosen Leben zu verdammen.

Dagegen waren sexualfeindliche Einstellungen in der hellenistischen Welt nicht ungewöhnlich, besonders ausgeprägt bei den gnostischen Sekten, die im Großen und Ganzen Geschlechtsverkehr als Befleckung des Körpers ansahen und sexueller Aktivität schädliche Wirkungen auf den geistlichen Fortschritt ihrer Adepten zuschrieben. In einigen wenigen gnostischen Sekten führte der Versuch, die Sexualität auszutreiben, statt zu der üblichen Abstinenz zu wildem und regellosem Durcheinander. Dieses Phänomen ist in asketischen und mystischen Gemeinschaften wohlbekannt. Die paulinische Position wäre in den gnostischen Sekten gut angekommen; einige von ihnen, z.B. die Valentinianer, übten genau die gleiche Toleranz an ihren »schwächeren« Brüdern und Schwestern wie Paulus, an denen eben, denen die Gabe der Enthaltsamkeit anscheinend hartnäckig versagt worden war. Darum sollte dieser Zug des Paulinismus unter dem Aspekt seiner allgemeinen Affinität zu gnostischen Ansichten auch auf diese zurückgeführt werden; den jüdischen ist er gewiß gründlich entgegengesetzt.

Dagegen hat man Pauli Haltung zu den Frauen oft jüdischem Einfluß zugeschrieben. Eine weitverbreitete Formulierung lautet so: Jesus zeigte eine neuartige Wertschätzung des weiblichen Geschlechtes, wie sie im Judentum fehlte, in welchem Frauen keine Rechte besessen haben sollen; Paulus aber fiel in dieses an jener Stelle zurück und schaute auf die Frauen mit Verachtung. Diese Aussage verbiegt den Tatbestand. Jesus hatte auch Jüngerinnen und richtete seine Lehrreden an Männer und Frauen gleichermaßen. Darin, daß Jesus auch Jüngerinnen hatte, verließ er keineswegs die jüdische Gewohnheit, sondern folgte nur dem wohlbekannten Muster bedeutender Propheten, wie sie die Geschichten der hebräischen Bibel von Elias und Elischa erzählen. Und wenn Jesus seine Lehrreden an Frauen wie Männer gleichermaßen richtete, so folgte er nicht nur dem prophetischen, sondern auch dem zeitgenössischen rabbinischen Muster, da deren heute noch in den dicken Bänden des Midrasch zugängliche Reden vor einem aus beiden Geschlechtern zusammengesetzten Publikum gehalten wurden. Die Unterstellung, Frauen seien im Judentum rechtlos gewesen, beweist nur eine hartnäckig festgehaltene Unkenntnis der rabbinischen Rechtsprechung, wo immer die Rechte von Frauen ins Spiel kamen, Rechte, die sie später, nämlich im siegreichen Christentum, gänzlich verlieren sollten, da die Abschaffung des pharisäischen Rechts, anstatt eine neue Ära spontan heiligmäßigen Verhaltens einzuleiten, wie das Paulus vorschwebte, einfach ein Vakuum gesetzlicher Regelung zurückgelassen hatte, in welchem es für die Frauen keinen artikulierten gesetzlichen Schutz mehr gab.

Die Haltung des Paulus gegenüber Frauen war in Wahrheit recht vielschichtig und läßt sich keineswegs in geradliniger Weise aus seiner Ablehnung der Sexualität deduzieren. Tatsächlich kann eine solche auch oftmals zu einer Lehre führen, die

die Frauen als gleichwertig mit den Männern betrachtet, denn ohne Geschlechtlichkeit gibt es auch keine Geschlechtsdifferenzen, so daß sich alle Menschen ohne Ansehen ihrer Geschlechtszugehörigkeit betrachten und werten lassen. Dies war durchaus in einigen Gnostikergruppen der Fall, welche die Sexualität als überwunden ansahen und daher Frauen ohne Seitenblick auf ihre Geschlechtszugehörigkeit betrachten konnten, ununterscheidbar von Männern (oder auch als eine Art Männer ehrenhalber[9]).

Darum lassen sich auch viele frauen*freundliche* Einzelheiten und Bemerkungen aus den Schriften des Paulus zusammenstellen. So sagt er beispielsweise: »Hier ist kein Jude noch Grieche, hier ist kein Knecht noch Freier, hier ist kein Mann noch Weib; denn ihr seid allzumal einer in Christo Jesu« (Gal. 3,28). Seine Briefe zeigen, daß er mit vielen Frauen auf freundschaftlichem Fuße stand, denjenigen nämlich, die sich als Helfer bei seinem Werk als Missionar und Apostel profiliert hatten.

Andererseits zeigt die folgende Stelle auch eine gewisse Misogynie: »Wie in allen Gemeinden der Heiligen lasset eure Weiber schweigen in der Gemeinde; denn es soll ihnen nicht zugelassen werden, daß sie reden, sondern sie sollen untertan sein, wie auch das Gesetz sagt. Wollen sie aber etwas lernen, so lasset sie daheim ihre Männer fragen. Es steht den Weibern übel an, in der Gemeinde zu reden« (1. Kor. 14,34-35). Gewöhnlich wird diese Stelle damit erklärt, hier sei Paulus in sein früheres Pharisäertum zurückgefallen, das nach weitverbreiteter Ansicht Frauen in der Synagoge nicht zu Wort kommen ließ. Also muß das »Gesetz«, mit dem Paulus seinen Appell abstützen will, gemäß dieser gedankenlosen, doch verbreiteten Ansicht das pharisäische sein. Nun hat sich Paulus aber in seinen Briefen mit solcher Energie darüber ausgelassen, daß dieses nicht länger gültig sei, daß zumindest Einwände gegen diese Deutung erlaubt sein sollten.

Wenn Paulus dagegen, wie manche Autoren vorbrachten, sich direkt auf die Hl. Schrift bezieht, wenn er sagt »wie auch das Gesetz sagt«, welche Schriftstelle schwebte ihm vor? Man hat vorgeschlagen, er habe an Gen. 3,16 gedacht: »Und dein Verlangen soll nach deinem Manne sein, und er soll dein Herr sein.« Wenn Paulus wirklich an diesen Vers gedacht haben sollte, dann hätte er ihn in einer neuartigen Weise eingesetzt, denn niemals in den Gesetzesschriften der Pharisäer finden wir ihn als Grundlage irgendeiner Bestimmung, die Frauen irgendwelche Rechte abspricht. Sie galt als dem Erzählteil der Bibel zugehörig, nicht ihrem Gesetzesteil. Sie galt als eine Art ätiologische Legende, die die Unterwerfung der Frauen unter die Männer erklären sollte, nachdem sie vor dem Sündenfall deren Rang geteilt haben mochten. Wenn also Paulus diese Formulierung benutzt, um ein neues Gesetz abzuleiten, wie sich Frauen in der Kirche zu verhalten hätten,

[9] Vgl. dazu Spruch 114 des (stark gnostischen) Thomasevangeliums: »Jede Frau, die sich selbst männlich macht, wird eingehen in das Himmelreich.«

dann war dies kein pharisäisches Gesetz, sondern jenes »Gesetz Christi«, auf das er sich hin und wieder beruft: eine Art neuer, christlicher Halachah sozusagen, welche er nach eigener Aussage teils von persönlichen Offenbarungen ableitete, die er von dem himmlischen Jesus empfangen hatte, teils von seinen eigenen, zugegebenermaßen menschlichen Entscheidungen, zu denen ihn aber sein Rang als Apostel befugte.

Darüber hinaus hätte Paulus, falls er in dieser Frage in der hebräischen Bibel nach einer Norm gesucht hätte, mancherlei Widersprüchliches zu seiner Regel gefunden, daß Frauen nicht in einem religiösen Kontext sprechen dürften. Etliche Frauen kommen genau in diesem in der Bibel zu Wort: z.B. die Prophetinnen Mirjam, Deborah und Hulda sowie die »weisen Frauen«, die verschiedentlich eine führende Rolle einnehmen und in biblischer Zeit offenbar eine Institution darstellten.[10]

Ferner ist es nicht richtig, anzunehmen, daß als Folge der pharisäischen Religionsauffassung die Frauen in den Synagogen die Aschenputtel gewesen wären. Neuere Forschung hat gezeigt, daß erst einige Zeit nach Paulus den Frauen beispielsweise ihr Platz auf der Synagogengalerie angewiesen worden ist, wie wir es aus der Spätantike und danach kennen. Wie Inschriftenfunde zeigen, trugen Frauen bisweilen den Titel ἀρχισυναγογίσσα (Synagogenvorsteherin) und πρεσβυτέρα (wörtl. »Ältere«, d.h. Vorstandsmitglied). Wenngleich die allgemeine Organisation der jüdischen Gesellschaft ohne Zweifel patriarchalisch war, so konnten doch Frauen mit ungewöhnlicher Begabung dennoch auch in einem religiösen Kontext an gewisse Schaltstellen gelangen; jedenfalls wurde dies nicht in Bausch und Bogen *a limine* abgewehrt, wie Paulus das an der oft zitierten Stelle vorschlägt (siehe dazu Brooten 1982).

Es erstaunt vielmehr, daß Paulus eine solch illiberale Anordnung traf, wenn man sich anschaut, was sonst noch über die Position der Frauen in der frühchristlichen Kirche bekannt ist. Die Apostelgeschichte berichtet von Frauen mit Prophetengabe – z.B. die vier Töchter des Apostels Philippus (Apg. 21,9). Hätte sich das paulinische Verbot, Frauen in der Kirche zu Wort kommen zu lassen, auch auf sie bezogen? Die Gabe des »Zungenredens« wurde Männern wie Frauen offenbar gleichermaßen zuteil (Apg. 2,17-18, nach Joel 3,1-2).

Die Antwort wird sein, daß zunächst Frauen wie Männer die gleiche Redefreiheit bei den kirchlichen Mitgliederversammlungen genossen, gerade wie der Geist über sie kam. Theoretisch sollte das einen spontanen und ekstatischen Kultablauf bewirken, aber praktisch, wie auf anderen Feldern der paulinischen Regelfeindschaft auch, kam oft nur ein wenig erhebendes Chaos dabei heraus. Liest man zwischen

10 Z.B. 1. Sam. 25,3-35 (Abigail); 2. Sam. 14,1-21 (die weise Frau von Tekoah), 2. Sam. 20,16-22 (die weise Frau von Abel).

den Zeilen unserer Stelle aus dem 1. Korintherbrief, wo es zu Pauli Ausbruch gegen die Frauen kommt, so merkt man, daß er mit dem Problem störender Unordnung auf den christlichen Versammlungen zu kämpfen hatte, welche durch spontanes »Zungenreden« provoziert wurde. Wie es in gesetzesfeindlichen Bewegungen so oft vorkommt, führt eine Reaktion gegen das selbstverschuldete Chaos leicht zu repressiver Nachbesserung mittels neuer Gesetze – oft mit viel repressiveren Ergebnissen als in Gemeinschaften, die von vornherein auf gesetzliche Regelungen den größten Wert legen. So bewegte sich Paulus wohl von regellosen Anfängen, die beiden Geschlechtern eine für den Kultablauf allerdings bald destruktive Freiheit eingeräumt hatten, zu einer abschließenden repressiven Regelung, mit der wieder Ordnung eintreten sollte.

So stimmt die Erklärung vom »pharisäischen Rückfall« einfach nicht. Wo Paulus wirklich vom Pharisäertum beeinflußt ist, sind es mehr seine eher liberalen oder menschlichen Bemerkungen zum Geschlechterverhältnis. Etwa »Das Weib ist ihres Leibes nicht mächtig, sondern der Mann. Desgleichen der Mann ist seines Leibes nicht mächtig, sondern das Weib« (1. Kor. 7,4); diese Stelle entspricht dem pharisäischen Konzept, daß ein Ehemann seiner Ehefrau den Geschlechtsverkehr nicht verweigern dürfe, welche in diesem Falle berechtigt wäre, die Scheidung einzureichen (siehe Mischna, Ketuvot 5,6). Ebenso finden sich für Eph. 5,33: »Doch auch ihr, ja ein jeglicher habe lieb sein Weib als sich selbst« mancherlei rabbinische Parallelsprüche; doch unglücklicherweise stammt der Epheserbrief wahrscheinlich nicht von Paulus.

Paulus' Stellung zu den Frauen war also nicht völlig konsistent. Seine freundlichen Beziehungen zu seinen weiblichen Helfern wiegen wenig gegen seinen späteren wenig liberalen Standpunkt, Frauen hätten in der Kirche zu schweigen; es sei anstößig, wenn sie dort das Wort ergriffen. Nun wurden schon zum Judentum viele Frauen von hoher Geburt hingezogen und traten ihm schließlich bei; als Konvertiten erhielten sie dank ihres mitgebrachten Ranges einen Status, dessen sich gewöhnliche geborene Jüdinnen nicht erfreuen konnten. Dasselbe Phänomen trat während der Missionstätigkeit des Paulus zweifellos auch auf, und manche Berichte zeigen, in welch hohem Ansehen etliche seiner neubekehrten weiblichen Mitglieder standen. Auch der gnostische Einfluß machte sich bemerkbar: durch die Tilgung der Sexualität aus Leben und Wahrnehmung wurden Frauen geschlechtslose Wesen, besonders, wenn sie dem Keuschheitsideal nachstrebten, und waren dadurch ihre aus der umgebenden bürgerlichen Gesellschaft mitgeschleppten Diskriminierungen los. Schließlich verlieh das Prophetenmodell, das auch Jesus selbst beeinflußt hatte, weiblichen Helfern eines solchen Propheten einen Sonderstatus (wie etwa bei Elias und Elischa), und Paulus, selber eine Art Prophet, mag das gespürt haben. Es läßt sich kaum sagen, welche dieser genannten Ausgangsbedingungen für ihn die größte Rolle gespielt hat.

Wir finden also in seinen Haltungen zu Frauen die Notwendigkeiten und Schwierigkeiten gespiegelt, die sich bei der Gründung neuer Bewegungen ergeben und die mancherlei Widersprüche aufkommen lassen.

.—.

Ein wichtiger Aspekt der paulinischen Mythologie ist deren starkes antisemitisches Potential; dieses hat sie mit der Gnosis gemeinsam. War Paulus der Schöpfer des christlichen Mythos, dann war er auch der Schöpfer jenes Antisemitismus, der sich von diesem Mythos nicht trennen läßt und welcher später die mittelalterliche Verteufelung der Juden hervorbrachte, wie sie sich in der Ritualmordlegende und dem Hostienschändungsvorwurf niederschlug.

Sogar wenn man den deutlichsten Ausbruch von Feindseligkeit gegen die Juden in den Paulusbriefen (1. Thess. 2,15-16) für eine spätere Einschiebung hält, was keineswegs erwiesen ist, gibt es doch genug Ansatzstellen für das Aufkommen eines Antisemitismus in seinen gemäßigteren Ausführungen über die Juden sowie im ganzen Muster seines Opfermythos, weil dieser ihnen erstmals in der Geschichte die Rolle des »Heiligen Henkers« zuweist, jener Gestalt, die den Tod des Erlösers bewirken muß. Er schreibt im Römerbrief (11,28), die Juden seien »nach dem Evangelium [zwar] Feinde um euretwillen«, eine Wendung, welche die Rolle der Juden in der christlichen Mythologie zusammenfaßt: der kollektivierte »Schwarze Christus«, der die Last der Schuld für jene Bluttat tragen muß, ohne die es keine Erlösung gäbe.

Die Verantwortlichkeit Pauli für den christlichen Antisemitismus ist wegen des festgefahrenen Vorurteils übersehen worden, Paulus habe einen höchst jüdischen Hintergrund. Es erschien unmöglich, ein »Hebräer der Hebräer«, ein Abkömmling des Stammes Benjamin, ein Pharisäer von Rang könne der Urheber antisemitischer Haltungen sein. (Die bisweilen vorgebrachte Lösung, Paulus sei ein von Selbsthaß befallener Jude gewesen, ist anachronistisch. Juden mit Selbsthaß wie etwa Otto Weininger sind aus vielen Jahrhunderten verächtlicher Behandlung durch die Christen entstanden, die dann im Falle einiger Juden, die diesen Druck unerträglich fanden, verinnerlicht wurde. In der Antike gab es keine solche Bedrückung durch allseitige Verachtung, und folglich gab es in ihr keinen jüdischen Selbsthaß.)

Aber das Bild, das sich durch die vorliegende Untersuchung abzeichnet, macht durchaus verständlich, daß er der Urheber des christlichen Antisemitismus war. Er gehörte zu den Randgruppen, die das Judentum umgaben, also Leuten, die zwar das Judentum beeindruckte und auch anzog, die aber andererseits gegen anerzogene gefühlsmäßige Widerstände zu kämpfen hatten, wenn sie ihm dann näherkamen. Oftmals konnten solche Leute alle Schwierigkeiten erfolgreich meistern und wurden dann »Gottesfürchtige« oder Proselyten; wie der Talmud sagt, wurden sie dann die besten aller Juden.[11] Aber hin und wieder war der Einfluß der kulturellen Kindheitsumgebung zu stark; dann fielen diese Leute entweder wieder ins Heidentum zurück oder brüteten eigentümliche religiöse Phantasien aus, die teils jüdischen, teils hellenistischen Ursprungs waren, in denen die Juden häufiger als Schurken denn als Helden auftauchten. Ein gewisses Gefühl des Versagens oder der Ablehnung liegt auf dem Grunde dieser Phantasien.

Paulus war der größte Fantasy-Autor von allen. Er schuf den christlichen Mythos, indem er Jesus vergottete, eine jüdische Messiasfigur, dessen wirkliche Pläne sich in der Bandbreite des jüdischen politischen Utopismus bewegt hatten. Paulus schmiedete Jesu Tod in ein kosmisches Opfer um, in welchem die Kräfte der Finsternis die Macht der guten zu überwältigen suchten, aber gegen ihren Willen nur ein Heilsgeschehen zustande brachten. Dies verwandelt auch die Juden, wie die Paulusschriften ausführen, in Werkzeuge der Erlösung, die von ihrer Funktion nichts wissen; ihre Bosheit, mit der sie Jesu Tod bewirkten, schlägt zum allgemeinen Heil aus, weil dieser Tod genau das war, was die Menschheit zu ihrer Rettung benötigte. Die Kombination von Bosheit und Blindheit, die hier beschrieben wird, ist die genaue Analogie zum Baldurmythos der nordischen Mythologie, in der die Bosheit durch den bösen Gott Loki personifiziert wird, die Blindheit durch den blinden Gott Hödur, die beide zusammen den heilbringenden Tod Baldurs bewirken, der alleine eine gute Ernte bewirken kann, welche vor dem allgemeinen Hungertod errettet.

Paulus übernahm das kosmische Drama vom Kampf zwischen Gut und Böse von der Gnosis, und daher übernahm er auch die Juden als Dramenbestandteil, also als die Vertreter des kosmischen Bösen. Aber indem er den Mythos der Gnosis mit dem Mythos der Mysterienreligionen kombinierte (die selbst nicht judenfeindlich waren), verschärfte und intensivierte er den in der Gnosis schon präsenten Antisemitismus. Die Juden blieben nicht einfach die Gegner jener vom Himmel herabgestiegenen Lichtgestalt, sondern wurden die Vollzieher des kosmischen Opfers, durch welches allein der Besucher aus der Lichtwelt die Erlösung bringen kann. Damit verschmolzen die Juden mit den düsteren Figuren, die in Mythen jenen Tod von Göttern bewirken, welcher alleine die Rettung bewirken kann – mit Seth, Mot und Loki; und die Bühne steht offen für die lange imaginäre Laufbahn der Juden in der christlichen Einbildungskraft als das Volk des Teufels. Was immer Paulus vom Judentum übernahm, um seinen Mythos weiter aufzuputzen – das historisierend-religiöse Element, das Jesu Tod in ein welthistorisches Panorama

[11] Siehe beispielsweise das talmudische »Gleichnis vom König und dem Hirsch« (Lev. Rabbah 4,5), dessen Botschaft lautet, Gott liebe den Proselyten mehr als den geborenen Juden aufgrund des von dem Proselyten vollzogenen Opfers seiner angeborenen Umgebung, nur um sich dem Volk Gottes anschließen zu können.

versetzte –, verstärkte nur den dabei herauskommenden Antisemitismus, denn jetzt gab es einen Zug von Usurpation im paulinischen Mythos, eine Tendenz, das jüdische Zeugnis zwecks Rechtfertigung der christlichen Selbstüberschreibung der »Abrahamsverheißung« anzuschwärzen. Was immer den Juden in der bisherigen Geschichte begegnet war, wurde jetzt als Vorprägung ihrer zentralen Rolle ausgemünzt, nämlich der Ermordung des Gotteslammes, eine Rolle, die ich in meinem ›Heiligen Henker‹ näher beleuchtet habe; sie wurden – in der christlichen Ideologie – von ihren Propheten abgeschnitten, die jetzt als Vorläufer der Christen galten und, ganz wie Jesus, von den Juden zu Tode gehetzt worden waren.

Der von Paulus vorgefertigte Mythos entfaltete später ein bilderreiches Leben in den Evangelien, die unter dem Einfluß seiner Ideen zum Einsatz in seiner Kirche geschrieben wurden. Eine abgerundete, romanhafte Erzählung von mythologischem Tiefgang wird dort auf der Grundlage historischer Materialfragmente ausgestaltet, wenn diese sich dafür eignen, ein Melodrama von Gut und Böse abrollen zu lassen. Es entsteht das wirkmächtige Bild des Judas Ischariot: eine Person, vom Schicksal oder sogar seinem Opfer Jesus dazu ausersehen, die böse Tat zu vollbringen, besessen von Satan und unter innerem Zwang seine üble Rolle erfüllend – eine perfekte Verkörperung der Rolle des Heiligen Henkers, designiert für den Vollzug seiner Bluttat und dennoch für deren Ausführung verflucht.[12] Dabei füllt Judas seine Rolle auf der persönlichen Ebene aus, das jüdische Volk – im Evangelienmythos – auf der kollektiven: indem es abwechselnd von Blindheit oder Bosheit befallen wird und auf dem Höhepunkt der Erzählung in der Barabbas-Szene Jesu Kreuzigung fordert und zugleich für dieses Opfer die Verantwortung durch den Sprechchor übernimmt: »Sein Blut komme über uns und über unsre Kinder!« (Mt. 27,25). Was in den Paulusbriefen nur ein Umriß eines Mythos gewesen war, wurde jetzt ausgeformt und mit erzählerischer Qualität versehen, ein Instrument kultureller Indoktrination und ein Vehikel unzerstörbarer Kindheitseindrücke, wenn Kinder die Geschichte zu hören bekommen.

So wurde der von Paulus geschaffene Mythos auf sein Gleis gesetzt und begann die Welt zu durchqueren: eine Erzählung, die der Menschheit mancherlei Trost in Verzweiflung brachte, aber auch jede Menge Übel hervorrief.

Aus seiner eigenen Qual und Verzweiflung erschuf Paulus seinen Mythos. Sein Glaube daran, er habe ihn vom inzwischen im Himmel befindlichen Jesus persönlich erhalten, hat seine eigene Schöpferrolle verdunkelt. Die Mißverständnisse, die

---

[12] Daß sich der Judasmythos zur Zeit des Paulus noch nicht entwickelt hatte, ergibt sich aus 1. Kor. 15,5, da an dieser Stelle von den *zwölf* Aposteln die Rede ist – in der späteren christlichen Mythologie gab es zu diesem Zeitpunkt nur noch elf Apostel, da Judas für seine Verfehlung schon gestorben war. Zur Analyse des Judasmythos siehe Maccoby 1999a, *cap.* 10 sowie – für eine ausschließlich literarische Analyse – Kermode 1980.

er über seine eigene Herkunft förderte und nährte, hielten die Leser des Neuen Testaments davon ab, den paulinischen Mythos von den historischen Tatsachen über Jesus abzupräparieren, über die Jerusalemer Kirche, über die Abenteuer und Zusammenstöße des Paulus persönlich mit dessen Zeitgenossen. Sein Charakter war viel farbiger, als christliche Frömmigkeit es wahrhaben will; sein wirkliches Leben entspricht mehr einem Picaroroman als einer gewohnten Heiligenvita. Aber aus den Religionseinflüssen, deren Niederschläge in seinem Hirn spukten, schmiedete er ein bilderreiches Amalgam, das, ob zu ihrem Nutzen oder Schaden, die zentrale Phantasiegrundlage der abendländischen Kultur wurde.

Anhang

Zur Methode

Die Geschichte der wissenschaftlichen Beschäftigung mit dem Neuen Testament läßt sich etwa folgendermaßen zusammenfassen: Wenn es auch schon sporadisch Versuche gegeben hatte, bei der Untersuchung des NT wissenschaftliche Prinzipien anzuwenden – durch jüdische Gelehrte des Mittelalters und englische wie deutsche Deïsten des 18. Jahrhunderts –, so hat dies auf breiterer Basis doch erst im 19. Jahrhundert angefangen. Man ließ das Dogma von der Unfehlbarkeit der Schrift fallen und erkannte an, daß Widersprüche und Inkonsistenzen in deren Erzählungen nicht wegharmonisiert werden dürfen, sondern als Konsequenz menschlicher (und daher fehlbarer) Aktivität behandelt werden müssen. Man merkte, daß die Bücher des NT verschiedenen Quellen entstammten, so gut zusammengestoppelt, wie es deren Bearbeiter vermochten, welche ihrerseits unter dem Druck vorgefaßter Ansichten und propagandistischer Erfordernisse schrieben. Dabei unterdrückten oder veränderten sie, was nicht zu ihrer Position in den inneren Streitigkeiten der frühen Kirche paßte.

Die Tendenz aller dieser Bemühungen bestand im Herausschälen der Tatsache, daß Jesus selbst und seine frühesten Anhänger, die »Jerusalemer Kirche«, höchst jüdische Persönlichkeiten gewesen waren, die von den Lehren, wie sie später die christliche Kirche auszeichnen sollten – die göttliche Natur Jesu, die Rücknahme des »Gesetzes«, die Kreuzigung als Erlösungs- und Sühnemittel an dessen Statt –, noch gar nichts wußten oder wissen konnten. Wie Julius Wellhausen das ausdrückte: »Jesus war kein Christ.« Die Analyse der Bearbeitung des Evangelienmaterials durch die Evangelisten zeigte, daß diese darin bestanden hatte, in jenes die Positionen bzw. Lehren der späteren Kirche einzuschmuggeln, was sich unter ihren vielen Retuschen mehr oder weniger deutlich erkennen ließ. Der durch und durch jüdische Charakter der frühen »Jerusalemer Kirche« (die sich selbst keineswegs für eine jüdische Dissidenzbewegung hielt) wurde von den NT-Autoren maskiert, um die Tatsache zu verschleiern, daß es in Wahrheit zwischen dieser echten »Urkirche« und der von ihnen selbst vertretenen Religion einen katastrophalen Bruch gegeben hatte. F. C. Baur (1792–1860) und der von ihm begründeten »Tübinger Schule« kommt das Verdienst zu, den jüdischen Charakter der »Jerusalemer Kirche« herausgearbeitet zu haben, auch wenn sie die Implikationen dieser Einsicht, jedenfalls soweit Jesus selbst betroffen war, keineswegs vollständig wahrhaben wollten.

Doch im 20. Jahrhundert fand sich ein pfiffiger Ausweg, diese der Kirche wenig mundende Entwicklung wissenschaftlicher Durchdringung der NT-Überlieferung zum Stillstand zu bringen. Dieser bestand darin, Zweifel daran zu schüren, ob das NT überhaupt *irgendwelches* Material von historischem Wert enthalte. Die Schule der »Formkritik«, deren führender Exponent Rudolf Bultmann wurde, verneinte jegliche historische Schicht im NT-Material, da dessen wohlbekannte Rahmenhandlung nur ein Mittel gewesen sei, irgendwelche Textteile miteinander zu verbinden, die im kirchlichen Gemeindeleben des späten ersten und des zweiten nachchristlichen Jahrhunderts gewisse (z.B. liturgische) Funktionen zu erfüllen hatten. Dieser hochgradige Skeptizismus diente freilich einem frommen Zweck, denn indem dadurch Jesus der historischen Forschung entzogen wurde, ließ es sich verhindern, daß er durch nähere Scharfeinstellung allzu jüdische Züge annahm. Statt das traditionelle Jesusbild durch den Versuch zu verteidigen, in den Bearbeitungstendenzen der Evangelisten gerade den Weg zu sehen, den wahren Jesus unter einer Art früher Fehlwahrnehmung wieder herauszuholen (eine Falle verzweifelter Rettung eines angestammten Glaubens, in welche Apologeten des 19. Jahrhunderts oft getreten waren), wurde es jetzt möglich, die rechtgläubige Position durch die ultraskeptische Verkündigung zu schützen, daß der historische Jesus sich mit den Mitteln der Forschung einfach gar nicht fassen lasse. Damit konnte man alle Belege des jüdischen Wesens Jesu, wie sie sich in den Evangelien fanden, einfach einer hypothetischen »Rejudaïsierungsphase« in der frühen Kirchengeschichte zuschreiben: auch davon hatte die Kirche etwas. Denn wenngleich jetzt der historische Jesus dem historischen Zugriff entzogen war, so konnte man sich doch mittels spontanen Glaubens an ihn heranrätseln; und wundersamerweise kam dabei stets heraus, daß er eine gewisse Affinität zu den späteren Lehren der Kirche gehabt haben müsse. So fanden sich unsere Ultraskeptiker nach einer *tour de force* über das ganze Spielbrett auf einmal glücklich wieder auf Feld Eins.

Bultmann selbst hat in seinen frühen Werken eine etwas andere Position eingenommen: der historische Jesus, so sagt er es ausdrücklich, kann sehr wohl eine ganz und gar jüdisch bestimmte Figur gewesen sein (eine Messiasfigur, die das Banner des Aufruhrs gegen Rom entrollt). Dies lasse sich weder beweisen noch widerlegen, sei aber in jedem Fall bedeutungslos, da das Christentum sich nicht auf den historischen Jesus gründe, wie er in Palästina lebte und starb, sondern auf den mythischen Jesus, welcher gleich den Mysteriengöttern vom Tode auferstanden war und mittels dieser Auferstehung das Heil brachte. Dieser hellenistische Mythos schnitt Jesus von seinen historischen Bezügen ab, worin sie auch bestehen mochten, da Religion auf Mythen und nicht Tatsachen aufbaue. Später hat Bultmann diese radikale Position wieder verlassen (sehr zum Ärger von Jaspers, der ihn dafür tadelte, seine eigene Haupteinsicht zu verraten) und nahm seine Zuflucht zu jener Strategie, die ich im letzten Absatz vorführen will und durch welche sich eine Leugnung der historischen Faßbarkeit Jesu mit einer verblüffend rechtgläubigen Spekulation darüber verbinden läßt, wie und was er denn nun eigentlich doch gewesen sein müsse.

Dennoch läßt sich gerade auf den frühen Bultmann eine sehr interessante und bedeutende Erscheinung in der NT-Philologie des 20. Jahrhunderts zurückführen, nämlich das Werk S. G. F. Brandons. Da Bultmann dem historischen Jesus jede theologische Bedeutung absprach, war der Weg für jemanden wie Brandon eröffnet, der nicht damit übereinstimmte, die »Suche nach dem historischen Jesus« sei unmöglich (sondern ganz im Gegenteil davon ausging, daß die Evangelien lauter Hinweise auf ihn enthielten), und sich jetzt ausschließlich als Historiker an eben jene Suche begab, bei betontem Desinteresse an möglichen theologischen Konsequenzen. Einfach dadurch, daß Bultmann auf der Bedeutungslosigkeit des historischen Jesus bestanden hatte, hatte er Brandon die Freiheit verschafft, ein Bild eben jenes sozusagen neutraler Stoff gewordenen Jesus aus den Hinweisen der Evangelien zu rekonstruieren, ohne von den theologischen Kümmernissen geplagt zu werden, die eine solche Unternehmung bislang immer begleitet und in erster Linie dazu beigetragen hatten, daß Bultmann der historischen Wirklichkeit Jesu jeden primären Wert abgestritten hatte. Brandons theologische Ansichten, wie sie sich aus über seine Schriften verstreuten Bemerkungen erkennen lassen, ähnelten denen Bultmanns: er hielt das mythische Schema des Paulus für demjenigen der Jerusalemer Nazarener und in der Tat auch Jesu selbst geistlich bei weitem überlegen, wobei er die beiden letzteren durchaus gleichsetzte. An dieser Stelle teile ich seine Ansicht voll und ganz. Wie sich beim Lesen des vorliegenden Buches zeigt, neige ich freilich ganz und gar nicht zu der Ansicht, die paulinische Mythologie habe eine Verbesserung des Judentums bedeutet, also der Religion Jesu sowie der Jerusalemer Nazarener. Aber ich bin Brandon dafür dankbar, daß er das Tübinger Modell in großartiger Weise brauchbar gemacht und von all dessen wuchernden philosophischen und theologischen Irrelevantheiten gereinigt hat, so daß dessen wertvolle Teile auf dem soliden Boden moderner historischer und philologischer Forschung gedeihen können.

Daher betrachte ich mich, so sehr meine Ansichten vielfach mit denjenigen Brandons und der Tübinger Schule übereinstimmen, dennoch nicht als deren Mitglied, sondern viel eher einer anderen Schule, die man »die Sicht auf den Juden Jesus« genannt hat. Eine interessante und gelehrte, allerdings feindselige Darstellung dieser Schule findet sich in Catchpoles Buch ›The Trial of Jesus‹ (Leiden 1971), welches vorführt, wie über dreihundert Autoren, keineswegs allesamt Juden, seit dem 18. Jahrhundert zu dieser Schule beigetragen haben. Catchpole erwähnt allerdings nicht, daß die ersten Beiträge zu ihr schon im Mittelalter von gelehrten Juden geleistet wurden, insbesondere Joseph Kimchi, Profiat Duran und Isaak Troki. Prominente Fortsetzer im 20. Jahrhundert waren Joseph Klausner, Robert Eisler, Solomon Zeitlin, Samuel Sandmel, Paul Winter, Hugh J. Schonfield, Haim Cohn, David Flusser, Geza Vermes, Robert Ranke-Graves mit Joshua Podro, Joel Carmichael und H. J. Schoeps. Wenn auch alle diese Autoren ihre eigene Herangehensweise haben, so ist der ganzen Schule doch eines gemeinsam: die Nutzung des Talmuds zum Zwecke der Demonstration, daß alle Lehren Jesu sowie sein ganzes Leben auf dem Hintergrund des zeitgenössischen Judentums restlos verständlich und mit diesem kongruent sind, besonders des rabbinischen bzw. pharisäischen Judentums. Die Schlußfolgerung ist stets, daß Jesu Tod, da Jesus mit dem Judentum in keinerlei Konflikt stand, politische Gründe hatte, welche später von herbeiphantasierten religiösen überlagert wurden, da die christliche Kirche aus nicht ganz grundloser Befürchtung heraus ungern die Tatsache ans Licht ließ, daß Jesus ein Freiheitskämpfer gegen die römische Besatzungsmacht gewesen war.

Was macht dann die »Sicht auf den Juden Jesus« mit Paulus? Unglücklicherweise hielten es viele ihrer Vertreter, darunter Klausner und Schoeps, für naheliegend und angemessen, nach der Hervorkehrung des Judentums Jesu auch noch das Judentum des Paulus zu »beweisen«. Träfe das zu, wie wäre dann aber der christliche Bruch mit dem Judentum zu erklären, durch den sowohl die christliche Kirche entstand wie auch die Neigung, eine Abspaltung schon Jesu vom Judentum vorzutäuschen bzw. zu suggerieren? Nun haben nicht alle Vertreter der »Sicht auf den Juden Jesus« diesen falschen Schritt unternommen: Kaufmann Kohler beispielsweise, der angesehene Talmudphilologe und Herausgeber der ›Jüdischen Enzyklopädie‹, schrieb 1902: »Nichts in Pauli Schrift zeigt irgendeine Vertrautheit mit rabbinischer Bildung« – ein Urteil, dem ich mich voll anschließe (siehe *cap.* 7). Das Ärgerliche ist, daß wohlmeinende »ökumenische« Überlegungen um des lieben Friedens willen die Wahrnehmung der Tatsachen behindern. Viele Juden (und Nichtjuden wie z.B. W. D. Davies) glaubten, den Graben zwischen Juden und Christen überbrücken zu können, indem sie das »rabbinische Judentum« des Paulus herausstrichen (obwohl früher eben dieses angebliche »rabbinische Judentum« des Paulus gerade zu dessen Nachteil verwendet worden war, etwa von Gelehrten wie Renan, die Jesus als eine Art »romantischen Rebellen« gegen »verkrustete Konventionen« stilisierten und jene Verzwicktheiten beklagten, welche paulinische Pedanterie in die süße Simplizität der Botschaft Jesu hereingebracht habe).

Unter christlichen Neutestamentlern ist nach wie vor der Ansatz Bultmanns am einflußreichsten, und gegen die »Sicht auf den Juden Jesus« wird mit der Behauptung angekämpft, der historische Jesus sei eine Chimäre, und alle Versuche, ihn durch Nutzung der Evangelientexte zu rekonstruieren, seien naiv, da sie die Subtilitäten der »Formkritik« nicht gebührend einbezögen. Sogar etliche jüdische Gelehrte (z.B. Trude Weiss-Rosmarin) haben den Bultmann'schen Ansatz gepriesen, da sie hofften, mit dem historischen Jesus zusammen verschwinde auch der christliche Antisemitismus, wobei sie darüber hinwegsahen, daß auch ein von mythischen Juden zu Tode gehetzter mythischer Jesus nicht weniger Antisemitismus bewirken kann als ein von historischen Juden zu Tode gehetzter historischer Jesus – wie viel Antisemitismus haben zugegebene Fiktionen wie etwa Shakespeares ›Kaufmann von Venedig‹ wohl auf dem Gewissen?

Andererseits hat sich eine wachsende Menge christlicher Gelehrter in der letzten Zeit gegen den Bultmann'schen Ansatz aufgelehnt und den historischen Jesus wieder zu Ehren zu bringen gesucht, dabei aber zugleich ihre Aufgabe ausdrücklich in der Zerstörung der »Sicht auf den Juden Jesus« gesehen. Die repräsentativen und abschließenden Produktionen dieser »Retourkutschenbewegung«, wie ich sie genannt habe, sind David Catchpoles obenerwähnter ›Prozeß Jesu‹ sowie ›Jesus and the Politics of His Day‹, ein von Ernst Bammel und C. F. D. Moule (1984) herausgegebener Sammelband.

Immerhin hat die »Retourkutschenbewegung« das Verdienst, die von ihr heftig abgelehnte »Sicht auf den Juden Jesus« wenigstens ernst zu nehmen und nicht wie die Bultmannanhänger (außer Brandon, der dies mehr auf der theologischen als der methodischen Ebene war) einfach zu übergehen, weil sie nicht unentwegt die höheren Weihen ultra-fachmännischer »Formkritik« zelebrieren, durch die der ungeliebte Wald realer Geschichte schon hinter dem kleinsten verbalen Bäumchen unsichtbar gemacht werden kann. Im Gegenteil, die Gelehrten der »Retourkutschenbewegung« (wie etwa K. Schubert) weisen gerne bis sarkastisch auf die Mängel der bultmannistischen »Formkritik« hin, vor allem deren arbiträre und dogmatische Art, die ihre Vertreter als peinlich genaue Anwendung eines unanfechtbaren Methodeninventars zu verkleiden bzw. hinzustellen suchen. In dieser Hinsicht bin ich froh, mich im Einklang mit der »Retourkutschenbewegung« zu finden, ebenso mit ihrer Überzeugung, daß sich der historische Jesus nicht so leicht unter den Teppich kehren läßt wie das den »Formkritikern« passen würde. Andererseits wetteifern die »Retourkutschen«-Adepten untereinander darin, diejenigen der »Sicht auf den Juden Jesus« mit dem Einsatz von Talmud-Material noch in den Schatten zu stellen, wobei unter ihrem talmudischen Breitbandbeschuß der »Sicht auf den Juden Jesus« freilich ein ganz anderes Ergebnis herauskommen soll als jenes, das mit ihr ursprünglich erzielt wurde. Das geht nicht ohne Vergewaltigung des Sinnes vieler in die Retourkutschenarmee sozusagen zwangseingezogener Texte, und ich begegne bei dieser Schule vergleichbar vieler – freiwilliger? – Unkenntnis und Voreingenommenheit, wie sie schon die Unzulänglichkeiten früher deutscher Kritiker des pharisäischen Judentums wie Billerbeck und Schürer bewirkt hatte. Auch nehmen die Vertreter der »Retourkutschenbewegung« gerade so gerne wie die »Formkritiker« eine »hyper-fachmännische« Pose ein, und das tun sie auch ebenso selbstgefällig und lautstark wie diese. Obwohl die »Retourkutschen«-Vertreter die Formkritik selbst umgehen, setzen sie doch die gleichen inhaltlichen Hypothesen wie diese ein, insbesondere die Hypothese von der »Rejudaïsierung«, wo immer der vorliegende Sachverhalt einen mit der Nase auf den gediegen jüdischen Charakter der ersten Schichten des Christentums sowie von Lehren Jesu selber stößt. Um diese nicht eben minimalistische Hypothese unterstützen zu können, müssen sie mit quellenkritischer Zielsetzung Winzigkeiten ausquetschen, und so »wissenschaftlich« sie sich dabei gebärden, sagt uns dennoch der Verstand, daß die Ergebnisse ihres Vorgehens nicht weniger befangen und bestreitbar sind als deren inhaltsgleiche Parallelen, welche aus Winzigkeiten der Formkritik herausdestilliert worden waren. Zum Beispiel wird um gewisse Stilkriterien viel Wind gemacht, die schon deshalb nichts beweisen können, weil ein späterer Schreiber beim Kopieren einer Passage aus älteren Quellen diese ganz leicht bei dieser Gelegenheit in seinem eigenen Stile umschreibt; noch waren die frühchristlichen Texte ja weder in zahlreichen Exemplaren vorhanden noch durch langen Gebrauch geheiligt. Darum sprechen solche Stilkriterien nicht gegen ein mögliches hohes Alter des **Inhalts** einer Erzählstelle, auch wenn die Stilanalyse als solche zwingend ist, was freilich aufgrund der Spärlichkeit des Vergleichsmaterials, die eine statistisch valide Analyse unmöglich macht, ohnehin nur selten der Fall sein kann.

Im vorliegenden Werk wurden die allgemein üblichen Prinzipien der historischen und philologischen Untersuchung des NT verwandt, ohne Rückgriff auf pseudowissenschaftliche Krümeltomographie. Diese Prinzipien sind die Aufspürung innerer Widersprüche, von Voreingenommenheit bzw. **Tendenz** der Texte; die Isolation von Textstellen, welche dieser Tendenz widersprechen, verweist somit auf deren Herkunft aus einer früheren Schicht, denn sie können ja nach erfolgter Festigung der vorliegenden Tendenz nicht mehr **hinzugekommen** sein. Bei dieser Art von Forschung ist die **Datierung** der Hauptquellen wichtig, insbesondere die Priorität des Markusevangeliums vor den drei anderen kanonischen, denn ohne diese Datierung ließe sich das Wachsen und Erstarken der Tendenz nicht veranschaulichen; man könnte auch nicht durch hypothetische Rückverlängerung der historisch fortschreitenden Tendenz in die Gegenrichtung den früheren Zustand rekonstruieren, nämlich den, der bestand, bevor die Evangelien geschrieben wurden. Obwohl die Forschung des 20. Jahrhunderts auf vielen Gebieten große Fortschritte gemacht hat, besonders beim Datieren der zentralen Texte, so hat sie doch oft die Grundprinzipien der Tendenzkritik aus den Augen verloren, so glanzvoll sie auch im 19. Jahrhundert angefangen hatte. Der Hauptgrund für diese fortschreitende Sehschwäche nach verheißungsvollen Anfängen war programmbestimmt, im Klartext: theologisch; nur ungern ließ man sich die Wahrnehmung eines durch und durch jüdischen Jesus und einer ebensolchen Urkirche als Folge der eigenen Forschung gefallen, und so entwickelte man in der Folge immer verzwicktere Methoden, um ihr wieder zu entgehen.

Das heißt nicht, daß dieses Buch sich nicht noch verbessern und ergänzen ließe. Weil es mein Ziel war, auch für die Nicht-Fachleute unter den Lesern stets verständlich zu schreiben, mußte ich auch einige Aspekte in etwas vereinfachter Form präsentieren. Wer immer diese etwas akademischer dargestellt zu lesen wünscht, möge zu meinem Buch ›Paul and Hellenism‹ (London/Philadelphia 1991) greifen.

Danksagungen

Ich möchte Dr. Francis T. Glasson Dank sagen, mit dem ich längere Zeit verschiedene Gegenstände diskutierte, die für dieses Buch von Bedeutung sind. Seine Bemerkungen regten stets zum Denken an, auch wenn ich mit ihrem Inhalt nicht immer einverstanden war.

Ebenso möchte ich Prof. E. P. Sanders für seine großzügigen und anregenden Kommentare danken. Höchst dankbar bin ich auch Prof. A. R. C. Leaney, Prof. P. R. Ackroyd, Kanonikus J. W. Packer und Rabbi Jonathan Sacks, die alle die rabbinischen Aspekte meiner Arbeit vertiefen halfen.

Dank gebürt auch Herrn Jack Eisner für die warme und großzügige Unterstützung, die er mir bei meiner Arbeit zuteil werden ließ.

Sehr hob meine Stimmung das tiefe Verständnis für die Ursprünge des christlich-jüdischen Konflikts, das Prof. Roy Eckhart und Dr. Robert Everett zeigten und dabei auch einigen Mut an den Tag legten, den ich als Unterstützung empfand.

Besonders danke ich Prof. Yehuda Bauer, der mich zu meinem Werk ermutigte, und dem Internationalen Zentrum für Antisemitismusforschung an der Hebräischen Universität Jerusalem, das mir ein Stipendium zukommen ließ, damit mein Buch zügig vorankam.

Ebenso danke ich meinen Kollegen und Studenten am Leo Baeck College, deren Aufmunterung und Kameradschaft mich bei der philologischen Forschung nie im Stich ließ.

Der Dichter Samuel Menashe erwies sich als ein unermüdlicher Freund und Ratgeber, und ich freue mich, ihm hier meinen Dank aussprechen zu können.

Meine Hauptdankbarkeit gilt allerdings gerechterweise meiner Frau Cynthia, deren kundiger Rat und deren Kritik auf jeder Seite dieses Buches ihren Niederschlag gefunden haben und deren unablässige, liebevolle Unterstützung seinen Abschluß ermöglicht hat.

H.M.

Nachwort zur 2. Auflage

TROTZ DER nicht eben günstigen Vertriebsbedingungen, denen dieser Verlag unterworfen ist, hat das große Publikumsinteresse in kurzer Zeit eine Neuauflage dieses bahnbrechenden Buches nötig gemacht, welches ohne die aufopferungsvollen Bemühungen der Unterstützer des AHRIMAN-Verlages den deutschen Leser ebensowenig erreicht hätte wie etwa ohne meine »Listen und Ränke« dasjenige des ebenfalls englischen Spitzenanthropologen Robert Foley über den neuesten Forschungsstand unserer biologischen Abstammung, welches zwar ansonsten längst in alle Kultursprachen, auch recht kleine, übersetzt war, aber aufgrund seiner wissenschaftlichen Anschaulichkeit und vor allem seiner Verweigerung der popperistischen Gleichschaltung (die es auch mit Maccobys ›Heiligem Henker‹ gemeinsam hat) aus dem zentraleuropäischen »päpstlichen Dreieck« Frankreich/Deutschland/Italien hatte verbannt bleiben sollen – *habent sua fata libelli* ...

Nun ist der Diskurs dieser beiden in so unterschiedlichen Disziplinen tätigen Gelehrten, des Altphilologen Maccoby wie des Paläoanthropologen Foley, unzweifelhaft wissenschaftlich – und die Wissenschaft soll sich doch, so die landläufige Meinung, ja nahezu Ideologie, von der Politik fernhalten, stehe sie doch, heißt es, »darüber« und spiele sich sozusagen in einer Art gesellschafts- und daher gewaltlosen, ausschließlich vom Ideal der »Wahrheitssuche« o.ä. bestimmten Raume ab; der wahre Wissenschaftler habe außerhalb der Wissenschaft, am besten auch seines Winkelchens derselben, am besten den Mund zu halten, sonst riskiere er, gewissermaßen wegen unstandesgemäßen Verhaltens, eine Art inoffiziellen, doch wirksamen Entzug seiner ansonsten zugestandenen Partikular-Würde.

Leider hält sich die sogenannte Politik, d.h. der Staatsapparat, seine Derivate und Symbionten, ganz und gar nicht seinerseits an diese von ihm unterstützte Abgrenzung, am wenigsten, wenn er, wie dieser hier und das angrenzende, ihm ehemals und vorübergehend angeschlossene Österreich, durch das als einziger »internationaler« Vertrag des 3. Reiches fortgeltende Hitlerkonkordat, mit dem Papst und dessen Organisation verbandelt ist. So konnten Maccobys deutscher Verlag sowie sein autorisierter Übersetzer und Herausgeber, der auch diese Zeilen der Öffentlichkeit zugänglich macht, als sie für die Präsentation des vorliegenden Buches auf verschiedenen deutschen Buchmessen werben wollten, von der Bundesbahnverwaltung, welcher die Bahnhofswerbung untersteht bzw. die entsprechende kommerzielle Organisation weisungspflichtig ist, folgenden Brief im schönsten zeittypischen Heuchel- und Ämterdeutsch lesen:

Deutsche
Eisenbahn-Reklame GmbH

Verkaufsbüro Karlsruhe

Deutsche Eisenbahn-Reklame GmbH, Kaiserstraße 86, 76133 Karlsruhe

AHRIMAN Verlag
Frau Seidel

Kaiserstraße 86
76133 Karlsruhe
Telefon 0721 225-497-61
Telefax 0721 23527
karlsruhe@derg.de
www.derg.de

- Fax: 0761 – 502247 -

Ihre Zeichen	Ihre Nachricht vom	Unsere Zeichen	Durchwahl	Datum
		Nicole Mundi	49	24.07.2007

DIN A1 Plakatierung
MOTIV Ablehnung

Sehr geehrte Frau Seidel,

wie uns die DB AG mitteilte, wurde Ihr Plakatmotiv für die angefragte Plakatierung in Stuttgart, Frankfurt und Karlsruhe in der KW 41 + 48 leider abgelehnt, mit der Begründung, dass sich das vorgestellt Buch „ der Mythenschmied" gegen die Werte der katholischen Kirche richtet.

Die DB AG ist der politischen und weltanschaulichen Neutralitä t verpflichtet.

Wir bitten hierfür um Ihr Verständnis.

Mit freundlichen Grüßen

Deutsche Eisenbahn-Reklame GmbH
VB Karlsruhe

i. V. Joachim Schmidt

i. A. Nicole Mundi

Welchen der Verlag folgendermaßen beantwortete:

AHRIMAN-Verlag GmbH
Unser Programm ist die
Wiederkehr des Verdrängten

Tel.: 0761/502303, Fax: 0761/502247
e-mail: ahriman@t-online.de
Internet: www.ahriman.com

AHRIMAN-Verlag GmbH • Postfach 6569 • D-79041 Freiburg

An die
Deutsche Eisenbahn-Reklame GmbH
Verkaufsbüro Karlsruhe
Kaiserstraße 86
76138 Karlsruhe

Freiburg, 26.7.2007

Betrifft: Ihr Schreiben vom 24.7.2007, Plakatierung/Ablehnung

Der von der DB AG zensierte Hyam Maccoby, für dessen Buch "The Mythmaker" (deutsch eben, und sehr gut übersetzt: "Der Mythenschmied") unser Plakat wirbt, zählt zu den herausragendsten Talmud-Philologen und Bibelwissenschaftlern weltweit während der letzten Jahrzehnte. Er lehrte zuletzt als Professor für Judaistik an der Universität von Leeds; seine Veröffentlichungen erschienen in den renommiertesten Verlagen des angelsächsischen Raums (Harvard, Cambridge, New York, Philadelphia u.a.). Sein Werk "The Sacred Executioner" ("Der Heilige Henker") erschien auf deutsch im – katholischen!! – Thorbecke Verlag (Stuttgart 1999, ISBN 3-7995-0096-0) und auf französisch sogar bei den erzkatholischen Editions du Cerf. Und Sie entblöden sich nicht, einen international bekannten und geschätzten Wissenschaftler auf den Index librorum prohibitorum zu setzen?! Das "Plakatmotiv", das Sie benörgeln, ist im übrigen eine Replik des Dürerbildes, das in der Münchner Alten Pinakothek zu bewundern ist – Sie sollten konsequenterweise die Schließung des Museums beantragen.
Ist das alles nun blanke Dummheit oder neumittelalterlich-"postmoderne" Dreistigkeit?!
Wir wissen nicht, was die "Werte der katholischen Kirche" sein sollen. Wir wissen aber, daß dieser Verein, als er konnte, Hunderttausende von Juden – und nicht nur diese – gefoltert und verbrannt hat. Wir wissen, daß dieser Verein, in Gestalt seiner Führung, dem Vatikan, als erster Staat der Welt das Hitler-Regime anerkannt hat und auf der Grundlage dieses bis heute gültigen Konkordats alljährlich Steuermilliarden in die Kirchenkasse fließen. Freilich sind das auch "Werte" – sollten Sie etwa diese gemeint haben?
Reicht es Ihnen denn nicht, daß mit deutschen Zügen Millionen von Juden zu den Gaskammern gekarrt wurden? Müssen Sie auf den Hitlerschen Massenmord an den Juden unbedingt noch Ihren Zensurköttel draufsetzen?
Wenn ja, schlagen wir einen neuen Slogan für Ihr Unternehmen vor: "Tut nichts, der Jude wird verbrannt!" (frei nach Lessing). Dann haben Sie neben den "Werten" auch noch die Tradition, vom hl. Augustinus bis Auschwitz sozusagen. Inwiefern dies allerdings der "politischen und weltanschaulichen Neutralität" entspricht, der sich Ihr Haus angeblich verpflichtet fühlt, bleibt uns so rätselhaft wie der biochemische Vorgang der Transsubstantiation.
Daß die Deutsche Bahn mittlerweile so ungeniert auf den Gleisen Hitlers und der Catholica fährt, erfüllt uns gleichermaßen mit Ekel und Verachtung.
Kurz:
Wir erwarten, daß Sie diese schändliche Zensur sofort rückgängig machen.
Wir erwarten ferner, daß Sie dieses Schreiben an die zuständige Stelle der DB AG weiterleiten.

Peter Priskil

Dr. Peter Priskil

Dies hätte die Täter kaum gejuckt, wenn wir nicht ein paar internationale Freunde besäßen, welche ebenso schnöde wie unseren Verlag zu behandeln der letzte Kriegsausgang nicht rätlich erscheinen ließ und von denen wir zwei bekannte AHRIMAN-Autoren hier zu Wort kommen lassen möchten:

מרכז שמעון ויזנטל
מכון סניידר למעורבות ציבורית
Simon Wiesenthal Center
Snider Social Action Institute

המשרד בישראל Israel Office
רח' מנדלי 1 1 Mendele Street
ירושלים 92147 Jerusalem 92147
טל. (02) 563-1273/4 Tel: (02) 563-1273/4
פקס: (02) 563-1276 Fax: (02) 563 1276
email: swcjerus@netvision.net.il

ד"ר אפרים זורוף Dr. Efraim Zuroff
מנהל *Director*

07-130

August 22, 2007

Deutsche Eisenbahn Reklame
Mr. Joachim Schmidt
Kaiserstr. 86
D-76133 Karlsruhe
GERMANY

Dear Mr. Schmidt,

I recently was informed by Ahriman Verlag of Freiburg that your company has categorically refused to allow them to advertise the publication of Hyam Maccoby's book Der Mythenschmied: Paul und die Erfindung des Christentums in railway stations in Frankfurt, Stuttgart and Karlsruhe.

To be perfectly honest, I am personally shocked and outraged by your decision. Is the Catholic Church completely above criticism in the Federal Republic? Is it forbidden for Jewish scholars to print a critical view of the development of the Christian Church during its initial years? In this regard the late Hyam Maccoby's book is no different than any polemical and/or controversial work and I cannot imagine ads announcing its publication being forbidden in railway stations or anywhere else, for that matter, in the Federal Republic.

I therefore urge you to reconsider your particularly upsetting decision in this matter which clearly reflects extremely negatively on the nature of German democracy

Sincerely yours,

Dr. Efraim Zuroff
Director

Dr Ervin Varga,
FAPA
Clin.professor of Psychiatry
Member of Royal College (London)
21 Exeter Court, Princeton, NJ 08540

Mr Hartmut Mehdorn
Deutsche Bahn AG 8,21,2007
Potsdamer Platz 2
D-10765, Berlin

Dear Mr. President

I learned that the Deutsche Bahn refused to accept a paid advertisement of the book by prof. Hyam Mccoby: "The Mythmaker" because you, and/or your subsidiary claims:"...the book is directed against Catholic Church..." I consider such censure on your part grossly inappropriate. I question your authority to judge weather the book threatens Christian values. The author is a world famous biblical scholar and the book deals with early history of Christianity and Judaism. You are not an expert either in ancient history, or in theology. But even if you would be, in a free society you let the reader decide if his Christian values are threatened by historical analysis, or not. Such capricious censorship brings back the memories of the role of the German Eisenbahn system in the deportation – and memories of the autodafe during the Cristalnacht.

Sincerely

Dr Ervin Varga

Aber richtig ärgerlich für die – echten – Verfassungsfeinde, besonders der zentralen Artikel 3 und 5 mit ihrer ganzen »Drittwirkung von Grundrechten«, wurde das erst, als wir den ganzen Vorgang mittels Flugblättern bekannt machten und damit aber auch – ich schreibe hier als der universitäre Diplom-Psychologe, der ich ja *auch* bin – mit einem »Starken Sender« in »Kontingenz« gebracht wurden, der sich vom Propagandaapparat nicht einfach niederschreien und wegverleumden läßt, nämlich dem Simon-Wiesenthal-Institut – als Antisemiten beispielsweise,

Rechtsradikale, Scientologen, »kuriose Psychosekte«, Terroristensympathisanten usw. – *anything goes*, das beweist der Hexen»wahn« des Mittelalters so gut wie jede Ritualmordlegende und vieles mehr, aber eben nur, wenn das Opfer ein »Schwacher Sender« ist. Diese Bequemlichkeit für die Täter war jetzt gefährdet.

Also wurde nichts Geringeres als das Flaggschiff betuchter Seriosität und scheingemäßigter Biederkeit unseres Landes flottgemacht, das radikal systemtreue konservative Intelligenzblatt Nr. 1, also die FAZ, und auf Maccobys deutschen Verlag losgeschickt. Was der FAZ-Mensch denn von AHRIMAN wolle, fragte dessen Leitung zurück; er möge seine Fragen doch schriftlich einreichen. Hier die FAZ-Mail:

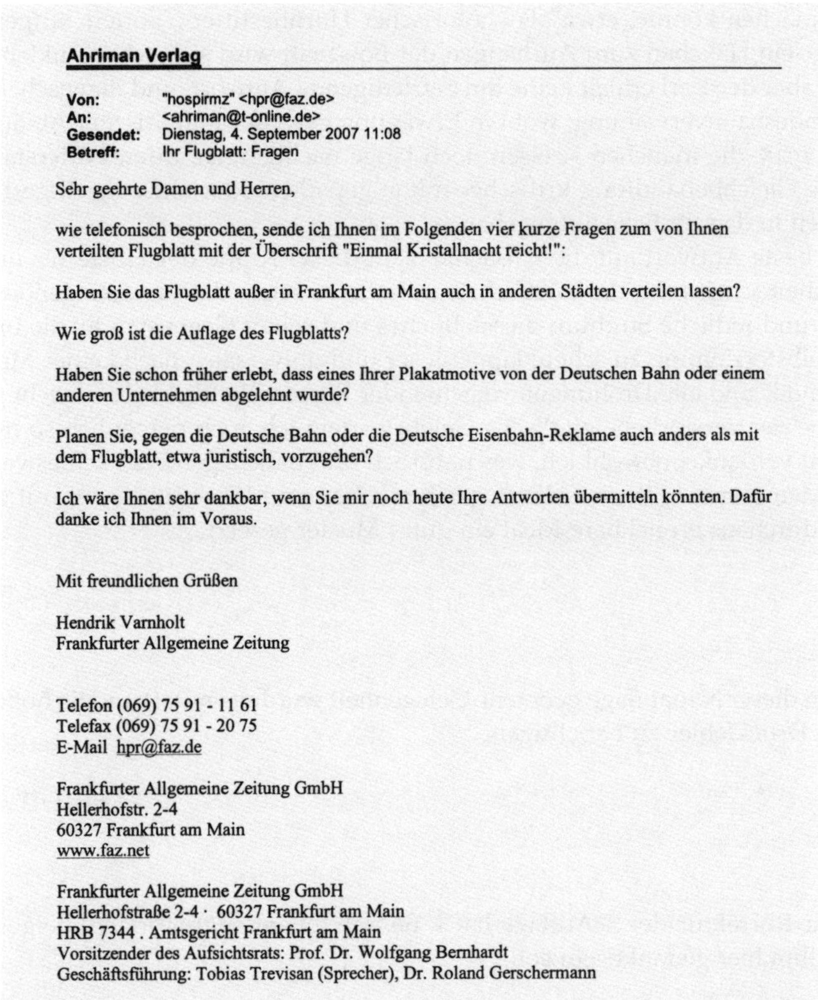

Ahriman Verlag

Von: "hospirmz" <hpr@faz.de>
An: <ahriman@t-online.de>
Gesendet: Dienstag, 4. September 2007 11:08
Betreff: Ihr Flugblatt: Fragen

Sehr geehrte Damen und Herren,

wie telefonisch besprochen, sende ich Ihnen im Folgenden vier kurze Fragen zum von Ihnen verteilten Flugblatt mit der Überschrift "Einmal Kristallnacht reicht!":

Haben Sie das Flugblatt außer in Frankfurt am Main auch in anderen Städten verteilen lassen?

Wie groß ist die Auflage des Flugblatts?

Haben Sie schon früher erlebt, dass eines Ihrer Plakatmotive von der Deutschen Bahn oder einem anderen Unternehmen abgelehnt wurde?

Planen Sie, gegen die Deutsche Bahn oder die Deutsche Eisenbahn-Reklame auch anders als mit dem Flugblatt, etwa juristisch, vorzugehen?

Ich wäre Ihnen sehr dankbar, wenn Sie mir noch heute Ihre Antworten übermitteln könnten. Dafür danke ich Ihnen im Voraus.

Mit freundlichen Grüßen

Hendrik Varnholt
Frankfurter Allgemeine Zeitung

Telefon (069) 75 91 - 11 61
Telefax (069) 75 91 - 20 75
E-Mail hpr@faz.de

Frankfurter Allgemeine Zeitung GmbH
Hellerhofstr. 2-4
60327 Frankfurt am Main
www.faz.net

Frankfurter Allgemeine Zeitung GmbH
Hellerhofstraße 2-4 · 60327 Frankfurt am Main
HRB 7344 . Amtsgericht Frankfurt am Main
Vorsitzender des Aufsichtsrats: Prof. Dr. Wolfgang Bernhardt
Geschäftsführung: Tobias Trevisan (Sprecher), Dr. Roland Gerschermann

Bemerkenswert an diesem in seiner Zielsetzung ausschließlich denunziatorischen Katalog der FAZ ist die sorgfältige Vermeidung jeder Sachbezogenheit, das absolute Fehlen jedes Sachinteresses. Von Maccoby, Paulus, Dürer, der katholischen Kirche usw. will der Bursche nicht das Geringste wissen – es geht seiner Zeitung (wie jeder anderen auch nur etwas auflagenstarken natürlich auch) nur darum, herauszukriegen, wie groß der »Schaden« für die flächendeckende Lügenmaschine schon geworden ist, d.h. wieviel Massenpublikum schon eine Kontingenz zwischen einem starken Sender und einem ausersehenen Diskriminierungsopfer hergestellt hatte und wie man letzteres vielleicht doch noch unter Einsatz eines besonders starken Senders, eben dem todsoliden Neutralissimo einer FAZ, propagandistisch niedermachen könnte, etwa als »notorischer Unruhestifter«, »öfters aufgefallen« oder so, ein Häkchen zum Aufhängen der Botschaft wird sich schon ankleben lassen … aber der Kerl erhielt keine ihn befriedigende Antwort, und inzwischen hatte die Bundesbahnverwaltung, wohl in Erwägung gewisser militärischer Abläufe des Jahres 1945, die manchen Kreisen noch lange nachhängen, ihren Widerstand gegen die Gleichbehandlung kritischer mit angepaßten oder aktiv machtgestützten Stimmen in diesem Falle aufgegeben. –

Die beste Antwort auf die Unsachlichkeit dieser Kräfte der Finsternis und der Unreinheit scheint mir die Rückkehr zur Sache zu sein – das unvoreingenommene, ruhige und redliche Studium dieses Buches und seiner Gegenstände, die unbeirrbare Selbsterziehung zu scheuklappenloser und universaler, nach keiner Mehrheit schielender und alle Drohungen verachtender Wissenschaftlichkeit. Es sieht so aus, als habe der verstorbene englische Gelehrte, dem ich auch persönlich so manche Einsicht verdanke, obwohl ich, was natürlich und naheliegend ist, keineswegs alle seine Meinungen teilte, in seinem ganzen Leben und Werk für dieses mit einiger Mühe durchaus erreichbare Ideal ein gutes Muster gesetzt.

.—.

Die von dieser Neuauflage gebotene Gelegenheit wurde genutzt, um die hoffentlich letzten Druckfehler zu berichtigen.

Fritz Erik Hoevels

PS: Zur Korrektur der 3. Auflage hat J. Bensch (ehem. Sigmaringen) beigetragen, wofür ihm hier gedankt sein soll.

Stellenregister

Eigentliche Bibel

Neues Testament: a) Paulusbriefe

Neues Testament: b) Sonstige Schriften

Apokryphe Schriften (zu AT u. NT)

Talmud und Verwandtes

Klassiker

Literatur

David W. **Amram** 1897: The Jewish Law of Divorce, London

Augustinus, Contra epistulam Manichaei, quam vocant fundamenti, in: **Migne** 1844–64, PL XLII

Leo **Baeck** 1947: *The Pharisees*, New York

Ernst **Bammel** and Charles F. D. **Moule** (*edd.*) 1984: *Jesus and the Politics of His Day*, Cambridge

Walter **Bauer** 1964: *Rechtgläubigkeit und Ketzerei im ältesten Christentum*, [2]Tübingen, Eng. tr. *Orthodoxy and Heresy in Earliest Christianity*, Philadelphia, 1971

Joseph M. **Baumgarten** 1980: ›The Pharisaic-Sadducean Controversies about Purity, and the Qumran Texts‹, *Journal of Jewish Studies*, XXXI. 2 (Autumn 1980)

F. C. **Baur** 1853: *Geschichte der christlichen Kirche, vol. 1*, Tübingen, Eng. tr. *The Church History of the First Three Centuries*, London/Edinburgh, 1878

Harris **Birkeland** 1954: ›The Language of Jesus‹, *Avhandlinger utgitt av Det Norske Videnskaps-Akademi i Oslo, II. Historisk-Filosofisk Klasse, 1 (1954), Oslo*

Joseph **Bonsirven** 1939: *Exégèse rabbinique et exégèse paulinienne*, Paris

Samuel G. F. **Brandon** 1951: *The Fall of Jerusalem and the Christian Church*, London

id. 1967: *Jesus and the Zealots*, Manchester

id. 1968: *The Trial of Jesus of Nazareth*, London

William G. **Braude** 1940: *Jewish Proselyting in the First Five Centuries of the Common Era*, Providence, R.I.

Bernadette J. **Brooten** 1982: *Women Leaders in the Ancient Synagogue*, Chico

Adolf **Büchler** 1902: *Das Synedrion in Jerusalem und das grosse Beth-Din in der Quaderkammer des jerusalemischen Tempels*, Wien

Rudolf **Bultmann** 1910: *Der Stil der Paulinischen Predigt und die kynisch-stoische Diatribe*, Göttingen

id. 1921: *Geschichte der synoptischen Tradition*, Göttingen

id. 1952: *Gnosis*, London

id. 1958: *Jesus and the Word*, London

Henry J. **Cadbury** 1933: ›The Hellenists‹, in **Lake** and **Cadbury**, *pp.* 59–74

Joel **Carmichael** 1963: *The Death of Jesus*, London

David R. **Catchpole** 1971: *The Trial of Jesus*, Leiden

Bruce **Chilton** (*ed.*) 1984: *The Kingdom of God*, London

Felix L. **Cirlot** 1939: *The Early Eucharist*, London

Haim **Cohn** 1967: *The Trial and Death of Jesus*, London

Leopold **Cohn** 1898: ›An Apocryphal Work Ascribed to Philo of Alexandria‹, *Jewish Quarterly Review* x, 1898, *pp.* 277–332
Norman **Cohn** 1957: *The Pursuit of the Millennium*, London
Nils A. **Dahl** 1981: ›The Arrogant Archon and the Lewd Sophia: Jewish Traditions in Gnostic Revolt‹, in **Layton** 1981, *pp.* 689–712
Jean **Daniélou** 1964: *The Theology of Jewish Christianity*, London
David **Daube** 1956: *The New Testament and Rabbinic Judaism*, London
id. 1966: ›He that Cometh‹ (lecture), London
Alan T. **Davies** (*ed.*) 1979: *Antisemitism and the Foundations of Christianity*, New York
William D. **Davies** 1965: *Paul and Rabbinic Judaism*, London
id. 1984: *Jewish and Pauline Studies*, London
Hermann **Detering** 1995: *Der gefälschte Paulus. Das Urchristentum im Zwielicht*, Düsseldorf
Gregory **Dix** 1945: *The Shape of the Liturgy*, London
A. Roy **Eckardt** 1973: *Elder and Younger Brothers: the Encounter of Jews and Christians*, New York
Robert **Eisenman** 1998: *Jakobus, der Bruder von Jesus* (übs. D. u. G. **Bandini**), München
Robert **Eisler** 1931: *The Messiah Jesus and John the Baptist*, London
George Bethune **English** 1813: *The Grounds of Christianity*, Boston
Epiphanius, *Panarion (Refutatio omnium heresium)*, in **Migne** 1857–66, *pp.* XLII–XLIII
Eusebius, *Ecclesiastical History*, *tr.* Kirsopp **Lake** (Loeb Classical Library 153), London/Cambridge, Mass., 1926
Ernest **Evans** 1930: *Corinthians. Clarendon Bible*, London
David **Flusser** 1969: *Jesus*, New York
Sean **Freyne** 1980: *Galilee from Alexander the Great to Hadrian*, Notre Dame
Moritz **Friedländer** 1898: *Der vorchristliche jüdische Gnosticismus*, Göttingen
John G. **Gager** 1983: *The Origins of Anti-Semitism*, New York/Oxford
Percy **Gardner** 1893: *The Origin of the Lord's Supper*, London
Lloyd **Gaston** 1970: *No Stone on Another: Studies in the Significance of the Fall of Jerusalem in the Synoptic Gospels*, Leiden
id. 1979: ›Paul and the Torah‹, in **Davies** 1979, *pp.* 48–71
Edward **Gibbon** 2003: *Verfall und Untergang des römischen Imperiums*, 6 vol., München (dtv) [engl. Originalausg.: The History of the Decline and Fall of the Roman Empire, London 1776–1788]
Margret D. **Gibson** (ed. and tr.) 1913: *The Commentaries of Isho'dad of Merv, vol. 4: Acts of the Apostles and Three Catholic Epistles*, in: Horae Semiticae, X (1913), Cambridge
T. Francis **Glasson** 1980: *Jesus and the End of the World*, Edinburgh
Maurice **Goguel** 1910: *L'eucharistie des origines à Justin Martyr*, Paris
Werner **Goossens** 1931: *Les origines de l'eucharistie, sacrament et sacrifice*, Paris
Jaya **Gopal** 2006: *Gabriels Einflüsterungen. Eine historisch-kritische Bestandsaufnahme des Islam*, [2]Freiburg i.Br. (Ahriman)
Frederick C. **Grant** 1962: *Roman Hellenism and the New Testament*, Edinburgh/London
Michael **Grant** 1976: *Saint Paul*, New York

id. 1977: *Jesus*, London
Robert von **Ranke-Graves** and Joshua **Podro** 1953: *The Nazarene Gospel Restored*, London
Ithamard **Gruenwald** 1981a: ›Jewish Merkavah Mysticism and Gnosticism‹, in *Studies in Jewish Mysticism, ed.* Joseph **Dan** and Frank **Talmage**, Cambridge, Mass., *pp.* 41–55
id. 1981b: ›Aspects of the Jewish-Gnostic Controversy‹, in **Layton** 1981, *pp.* 713–23
Heinrich **Guggenheimer** 1967: ›Logical Problems in Jewish Tradition‹, in *Confrontations with Judaism, ed.* Philip **Longworth**, *pp.* 171–96, London
Klaus **Haacker** 1972: ›War Paulus Hillelit?‹, *Das Institutum Judaicum der Universität Tübingen in den Jahren 1971–72, pp.* 106–20
Horton **Harris** 1975: *The Tübingen School*, Oxford
Martin **Hengel** 1983: *Between Jesus and Paul*, London
R. Travers **Herford** 1924: *The Pharisees*, London
Hieronymus, Liber de nominibus hebraicis (= Liber interpretationis hebraicorum nominum), in: Migne 1844–64, PL XXIII
Angus J. B. **Higgins** 1952: *The Lord's Supper in the New Testament*, London
Fritz Erik **Hoevels** 2004: Praktische Theaterwissenschaft oder: die deutsche Uraufführung von Maccobys »Disputation«. In: Ketzerbriefe 123, *pp.* 12–31
Hans **Hübner** 1973: ›Gal. 3,10 und die Herkunft des Paulus‹, *Kerygma und Dogma*, 19 (1973), *pp.* 215–31
IDB – The Interpreter's Dictionary of the Bible, 4 vol., New York 1962; supplementary volume: Nashville 1976
Irenaeus, *Against Heresies*, in *Early Christian Fathers, ed.* and *tr.* C. C. **Richardson**, London, 1953
William **James** 1902: *The Varieties of Religious Experience*, New York
Karl **Jaspers** and Rudolf **Bultmann** 1958: *Myth and Christianity*, London
Joachim **Jeremias** 1969: *Jerusalem in the Time of Jesus*, London/Philadelphia
Hans **Jonas** 1963: *The Gnostic Religion*, [2]Boston
id. 1974: *Philosophical Essays: from Ancient Creed to Technological Man*, Englewood Cliffs
Kopel **Kahana** 1966: *The Theory of Marriage in Jewish Law*, Leiden
Ernst **Käsemann** 1964: *Essays on New Testament Themes*, London/Napperville
Frank **Kermode** 1980: *The Genesis of Secrecy*, Cambridge, Mass.
Reuven **Kimelman** 1981: ›*Birkat ha-Minim* and the Lack of Evidence for an Anti-Christian Jewish Prayer in Late Antiquity‹, in **Sanders** 1981, *pp.* 226–44, 391–403
Joseph **Klausner** 1929: *Jesus of Nazareth: His Life, Times and Teaching*, London
id. 1942: *From Jesus to Paul*, London
Albertus F. J. **Klijn** and Gerrit J. **Reinink** 1973: *Patristic Evidence for Jewish-Christian Sects*, Leiden
Kaufmann **Kohler** 1905: ›Saul of Tarsus‹, *Jewish Encyclopedia*, New York/London
Alf T. **Kraabel** 1981: ›The Disappearance of the »God-fearers«‹, *Numen*, 28 (1981), *pp.* 113–26
Werner G. **Kümmel** 1972: *The New Testament: the History of the Investigation of its Problems*, London
id. 1975: *Introduction to the New Testament*, London
id. 1984: ›Eschatological Expectations in the Proclamation of Jesus‹, in **Chilton** 1984

Kirsopp **Lake** and Henry J. **Cadbury** (*edd.*) 1933: *The Beginnings of Christianity*, London
Samuel **Landauer** (*ed.*) 1880: Kitâb al-Amânât wa'l-I'tiqâdât von Sa'adja b[en] Jûsuf al Fajjûmî, Leiden
Nicholas R. M. de **Lange** 1976: *Origen and the Jews*, Cambridge
Bentley **Layton** (*ed.*) 1981: *The Rediscovery of Gnosticism, vol.* 2, Leiden
Alfred R. C. **Leaney** 1984: *The Jewish and Christian World 200* BC *to* AD *200*, Cambridge
Johannes **Leipoldt** 1923: *Sterbende und auferstehende Götter*, Leipzig
Saul **Lieberman** 1950: *Hellenism in Jewish Palestine*, New York
id. 1965: *Greek in Jewish Palestine*, New York
Hans **Lietzmann** 1955: *Messe und Herrenmahl*, [3]Berlin (de Gruyter)
Alfred F. **Loisy** 1908: *Les Évangiles synoptiques*, Ceffonds
Richard N. **Longenecker** 1970: *The Christology of Early Jewish Christianity*, London
Gerd **Lüdemann** 1980: ›The Successors of Pre-70 Jerusalem Christianity: A Critical Evaluation of the Pella-Tradition‹, in **Sanders** 1980, *pp.* 161–173, 245–254
id. 2001: *Paulus, der Gründer des Christentums*, Lüneburg (zu Klampen)
Hyam **Maccoby** 1980: ›The Parting of the Ways‹ (Cardinal Bea Memorial Lecture), *European Judaism*
id. 1982a: *Judaism on Trial: Jewish-Christian Disputations in the Middle Ages*, E. Brunswick/London
id. 1982b: ›The Washing of Cups‹, *Journal for the Study of the New Testament* 14, *pp.* 3–15
id. 1988: *Early Rabbinic Writings*, Cambridge (Cambridge University Press)
id. 1991: *Paul and Hellenism*, London/Philadelphia
id. 2013: *Jesus und der jüdische Freiheitskampf*, [2]Freiburg (Ahriman)
id. 1999a: *Der Heilige Henker*, Stuttgart (Thorbecke)
id. 1999b: *Ritual and Morality. The Ritual Purity System and its Place in Judaism*, Cambridge (Cambridge University Press)
George H. C. **MacGregor** 1928: *Eucharistic Origins*, London
George W. **MacRae** 1970: ›The Jewish Background of the Gnostic Sophia Myth‹, *Novum Testamentum* 12, *pp.* 86–101
id. 1976: ›Naġ Hammadi‹, *The Interpreter's Dictionary of the Bible* (Supplementary Volume), Nashville
Johann **Maier** 1978: *Jesus von Nazareth in der talmudischen Überlieferung*, Darmstadt
Hugo **Mantel** 1965: *Studies in the History of the Sanhedrin*, Cambridge, Mass.
Wayne A. **Meeks** (*ed.*) 1972: *The Writings of St. Paul*, New York
id. 1983: *The First Urban Christians: the Social World of the Apostle Paul*, New Haven
Otto **Michel** 1929: *Paulus und seine Bibel*, Gütersloh
J.-P. **Migne** (*ed.*) 1844–64: *Patrologia Latina*, Paris
id. (*ed.*) 1857–66: *Patrologia Graeca*, Paris
Claude G. **Montefiore** 1901: ›Rabbinic Judaism and the Epistles of Paul‹, *Jewish Quarterly Review*, XIII (1901), *pp.* 161 *sqq.*
George Foot **Moore** 1927: *Judaism in the First Centuries of the Christian Era*, Cambridge, Mass.
William **Morgan** 1917: *The Religion and Theology of Paul*, Edinburgh

Johannes **Munck** (*ed.*) 1967: *The Acts of the Apostles* (Anchor Bible). Revised by William F. Albright and C. S. Mann, Garden City, N.Y.
George W. E. **Nickelsburg** 1981: *Jewish Literature between the Bible and the Mishnah*, London
William O. E. **Oesterley** 1925: *The Jewish Background of the Christian Liturgy*, Oxford
John C. **O'Neill** 1975: *Paul's Letter to the Romans*, Harmondsworth
Elaine H. **Pagels** 1975: *The Gnostic Paul*, Philadelphia
ead. 1979: *The Gnostic Gospels*, New York
James **Parkes** 1934: *The Conflict of the Church and the Synagogue*, London
id. 1936: *Jesus, Paul and the Jews*, London
id. 1960: *The Foundations of Judaism and Christianity*, London
Birger A. **Pearson** 1973: ›Friedlander Revisited: Alexandrian Judaism and Gnostic Origins‹, *Studia Philonica*, 2 (1973), *pp.* 23–39
id. 1984: ›Jewish Sources in Gnostic Literature‹, in *Jewish Writings of the Second Temple Period*, *ed.* Michael E. **Stone**, Assen/Philadelphia
Norman **Perrin** 1967: *Rediscovering the Teaching of Jesus*, London
Jakob J. **Petuchowski**, and Michael **Brocke** (*edd.*) 1978: *The Lord's Prayer and Jewish Liturgy*, London
Shlomo **Pines** 1968: ›The Jewish Christians of the Early Centuries of Christianity According to a New Source‹, *Proceedings of the Israel Academy of Sciences and Humanities 2*, *pp.* 237–310, Jerusalem
Pseudo-Clemens 1965: *Recognitiones*, *ed.* B. **Rehm**, Berlin
id. 1969: *Homilien*, *ed.* B. **Rehm**, Berlin
Pseudo-Philo 1971: *Liber Antiquitatum Biblicarum*, *ed. and tr.* Montague R. **James**, with a Prolegomenon by Louis H. **Feldman**, New York
A. Filemon **Puukko** 1928: *Paulus und das Judentum*, Helsingfors
Richard **Reitzenstein** 1927: *Die Hellenistischen Mysterienreligionen*, ^{3}Leipzig/Berlin
Ellis **Rivkin** 1969–70: ›Defining the Pharisees: the Tannaitic Sources‹, *Hebrew Union College Annual*, 40 (1969–70), *pp.* 234*sqq.*
id. 1978: *A Hidden Revolution*, Nashville
John M. **Robertson** 1911: *Pagan Christs*, ^{2}London
James McC. **Robinson** and Marvin **Meyer** (*edd.*) 1977: *The Nag Hammadi Library in English*, London/San Francisco
Christopher **Rowland** 1982: *The Open Heaven: a Study of Apocalyptic in Judaism and Early Christianity*, London
id. 1985: *Christian Origins*, London
Kurt **Rudolph** 1983: *Gnosis* (*ed. and tr.* Robert McL. **Wilson**), Edinburgh/New York
Rosemary **Ruether** 1974: *Faith and Fratricide*, New York
Shemuel **Safrai** und Menahem **Stern** 1974–1976: *The Jewish People in the First Christian Century*, *2 vol.*, Assen
Ed Parish **Sanders** 1977: *Paul and Palestinian Judaism*, London
id. (ed.) 1980: *Jewish and Christian Self-Definition*, *vol.* 1: *The Shaping of Christianity in the Second and Third Centuries*, London

id. with Albert I. **Baumgarten** and Alan **Mendelson** 1981: *Jewish and Christian Self-Definition, vol.* 2: *Aspects of Judaism in the Graeco-Roman Period*, London

id. 1983: *Paul, the Law and the Jewish People*, Philadelphia

id. 1985: *Jesus and Judaism*, London

Samuel **Sandmel** 1970: *The Genius of Paul*, New York

Lawrence H. **Schiffman** 1985: *Who Was a Jew?*, Hoboken, N.J.

Hans J. **Schoeps** 1949: *Theologie und Geschichte des Judenchristentums*, Tübingen

id. 1961: *Paul: the Theology of the Apostle in the Light of Jewish Religious History*, London

Gershom G. **Scholem** 1955: *Major Trends in Jewish Mysticism*, London

id. 1960: *Jewish Gnosticism, Merkabah Mysticism and Talmudic Tradition*, New York

id. 1973: *Sabbatai Sevi: the Mystical Messiah, 1626–1676*, London

Hugh J. **Schonfield** 1946: *The Jew of Tarsus*, London

id. 1968: *Those Incredible Christians*, London

Rosemarie **Schuder** und Rudolf **Hirsch** 1989: *Der gelbe Fleck*, ²Berlin

Steven S. **Schwarzschild** 1962: ›Do Noachites Have to Believe in Revelation?‹, *Jewish Quarterly Review*, LII, 4, *pp.* 297–308, LIII, 1, *pp.* 30–65

Albert **Schweitzer** 1912: *Paul and His Interpreters*, London

id. 1948: *The Quest of the Historical Jesus*, London

Alan F. **Segal** 1977: *Two Powers in Heaven*, Leiden

Giulia **Sfameni Gasparro** 1985: *Soteriology and Mystic Aspects in the Cult of Cybele and Attis*, Leiden

Massey H. **Shepherd** Junior 1962: ›Lord's Supper‹, *The Interpreter's Dictionary of the Bible*, New York

Adrian N. **Sherwin-White** 1963: *Roman Society and Roman Law in the New Testament*, Oxford

Abba H. **Silver** 1927: *A History of Messianic Speculation in Israel*, New York

Marcel **Simon** 1958: *St. Stephen and the Hellenists in the Primitive Church*, London

id. 1964: *Verus Israel*, ²Paris

Simeon **Singer** (*tr.*), *The Authorised Daily Prayer Book*, London, viele Ausgaben

Davinderpal **Singh** 2007: *The Golden Temple and the City of Amritsar*, ²Amritsar

E. Mary **Smallwood** 1976: *The Jews under Roman Rule*, Leiden

Solomon J. **Spiro** 1980: ›Who Was the *Haber*? A new Approach to an Ancient Institution‹, *Journal for the Study of Judaism* 11 (1980), *pp.* 186–216

Krister **Stendahl** 1976: *Paul Among Jews and Gentiles*, Philadelphia

Menahem **Stern** 1974: *Greek and Latin Authors on Jews and Judaism*, Leiden

Hermann L. **Strack** und Paul **Billerbeck** 1922: *Kommentar zum Neuen Testament aus Talmud und Midrasch, 5 vol.*, München

Georg **Strecker** 1958: *Das Judenchristentum in den Pseudoklementinen*, Berlin

Guy G. **Stroumsa** 1984: *Another Seed: Studies in Gnostic Mythology*, Leiden

Talmudic Encyclopedia (Hebrew), ab 1947, Jerusalem

John **Toland** 1718: *Nazarenus: or Jewish, Gentile and Mahometan Christianity*, London

Charles C. **Torrey** 1967: *The Jewish Foundation of Islam*, New York

John T. **Townsend** 1968: ›1 Corinthians 3:15 and the School of Shammai‹, *Harvard Theological Review* 61 (1968), *pp.* 500–4
Willem C. van **Unnik** 1962: *Tarsus and Jerusalem*, London
Maarten J. **Vermaseren** 1977: *Cybele and Attis: the Myth and the Cult*, London
Geza **Vermes** 1973a: *Jesus the Jew*, London
id. 1973b: *Scripture and Tradition in Judaism*, Leiden
id. 1983: *Jesus and the World of Judaism*, London
Voltaire 2010: *Die Affäre Calas*, Berlin
Johannes **Weiss** 1959: *Earliest Christianity*, 2 *vol.*, New York
Trude **Weiss-Rosmarin** (*ed.*) 1977: *Jewish Expressions on Jesus*, New York
George A. **Wells** 1971: *The Jesus of the Early Christians*, London
Denys E. H. **Whiteley** 1964: *The Theology of St. Paul*, Oxford
Arthur L. **Williams** 1935: *Adversus Judaeos*, Cambridge
Robert McL. **Wilson** 1958: *The Gnostic Problem*, London
Paul **Winter** 1961: *On the Trial of Jesus*, Berlin
Yigael **Yadin** 1971: *Bar-Kokhba*, Jerusalem
Edwin M. **Yamauchi** 1983: *Pre-Christian Gnosticism: A Survey of the Proposed Evidences*, [2]Grand Rapids
Solomon **Zeitlin** 1962: *The Rise and Fall of the Judaean State*, *vol.* 2, Philadelphia